btb

Jan Kraus arbeitet als Altenpfleger in Berlin. Geboren ist er in Vimperk, dem früheren Winterberg, im Böhmerwald, seit 1986 lebt er in Deutschland. Unter welchen Umständen er die Tschechoslowakei verlassen hat, das bleibt sein Geheimnis. Und sein Trauma. Kraus begleitet Schwerkranke in den letzten Tagen ihres Lebens. Die Tage, Wochen, Monate, die er mit seinen Patienten verbringt, nennt er »Überfahrt«. Einer von denen, die er auf der Überfahrt begleiten soll, ist Wenzel Winterberg, geboren 1918 in Liberec, Reichenberg. Als Sudetendeutscher wurde er nach dem Krieg aus der Tschechoslowakei vertrieben. Als Kraus ihn kennenlernt, liegt er gelähmt und abwesend im Bett. Es sind Kraus' Erzählungen aus seiner Heimat Vimperk, die Winterberg aufwecken und ins Leben zurückholen. Doch Winterberg will mehr von Kraus, er will mit ihm eine letzte Reise antreten, auf der Suche nach seiner verlorenen Liebe – eine Eisenbahnreise, die die beiden durch die Geschichte Mitteleuropas führt. Von Berlin nach Sarajevo über Reichenberg, Prag, Wien und Budapest. Denn nicht nur Kraus, auch Winterberg verbirgt ein Geheimnis.

Jaroslav Rudiš, geboren 1972, ist Schriftsteller, Drehbuchautor und Dramatiker. Im Luchterhand Literaturverlag erschienen seine aus dem Tschechischen übersetzten Romane »Grand Hotel«, »Die Stille in Prag«, »Vom Ende des Punks in Helsinki« und »Nationalstraße«, bei btb außerdem »Der Himmel unter Berlin«. »Winterbergs letzte Reise«, der erste Roman, den Jaroslav Rudiš auf Deutsch geschrieben hat, wurde 2019 für den Preis der Leipziger Buchmesse nominiert. 2012/13 hatte Jaroslav Rudiš die Siegfried-Unseld-Gastprofessur an der Humboldt-Universität zu Berlin inne. Für sein Werk wurde er außerdem mit dem Usedomer Literaturpreis, dem Preis der Literaturhäuser sowie dem Chamisso-Preis/Hellerau ausgezeichnet.

Unter #winterbergsletztereise hat Jaroslav Rudiš Bilder von Stationen der Reise gepostet.

Jaroslav Rudiš

Winterbergs letzte Reise

Roman

btb

Die Handlung und alle handelnden Personen dieses Romans sind frei erfunden. Jegliche Ähnlichkeit mit lebenden oder realen Personen wäre rein zufällig.

Die beiden Hauptfiguren reisen mit *Baedekers Oesterreich – Ungarn. Handbuch für Reisende.* Neunundzwanzigste Auflage. Leipzig. Verlag von Karl Baedeker 1913. Winterberg bezieht sich immer wieder auf diese Ausgabe.

1. Auflage
Genehmigte Taschenbuchausgabe August 2021
btb Verlag in der Penguin Random House Verlagsgruppe GmbH,
Neumarkter Str. 28, 81673 München

Covergestaltung: semper smile, München
nach einem Entwurf von buxdesign | Ruth Botzenhardt, München
unter Verwendung von Motiven von © plainpicture/Hanka Steidle/
donkeysoho/Thao/Peter Hamel/Amadeus Waldner/Baertels
Karte auf Vor- und Nachsatz: © Peter Balm, Berlin
Satz: Uhl + Massopust, Aalen
Druck und Einband: GGP Media GmbH, Pößneck
mr · Herstellung: sc
Printed in Germany
ISBN 978-3-442-71967-9

www.btb-verlag.de
www.facebook.com/btbverlag

Für Egbert

VON KÖNIGGRÄTZ NACH SADOWA

»Die Schlacht bei Königgrätz geht durch mein Herz«, sagte Winterberg und schaute aus dem beschlagenen Fenster des Zuges. Er fasste sich so fest an seine Brust, als ob er in seiner Hand nicht nur den grauen dicken Stoff seines alten Wollmantels zerquetschen wollte, sondern auch sein neunundneunzig Jahre altes Herz.

»Die Schlacht bei Königgrätz ist der Anfang von meinem Ende«, erzählte er weiter und schaute durch seine Hornbrille auf die verschneite böhmische Landschaft, die an uns vorbeizog.

Die kleine Bahn fuhr langsam, sie wankte wie ein einsames, verlassenes Schiff ohne Kapitän auf hoher See. Die junge Schaffnerin schaute auf ihr Handy und wankte mit. So wie wir.

»Die Schlacht bei Königgrätz ist der Anfang von allen meinen Katastrophen, der Anfang von allen unseren Katastrophen, wenn man im Zeichen der Schlacht bei Königgrätz geboren wurde, ist man für immer verloren. So bin ich verloren, so ist dieses Land verloren und so sind Sie, lieber Herr Kraus, verloren, ob Sie wollen oder nicht, ja, ja, es gibt kein Entkommen, das kann man nicht so einfach überschienen wie die Alpen. Die Schlacht bei Königgrätz ist wie eine Falle, die wir uns selbst gestellt haben, in die wir uns gelockt haben, in die wir uns freiwillig begeben, die Schlacht bei Königgrätz ist eine tiefe Schlucht, in die wir alle abstürzen, die Schlacht bei Königgrätz greift nach unseren Hälsen, sie drückt an meine Kehle, sie ist wie ein Strick, wie eine Schlinge, die immer enger wird, ja, ja, wie ein Strang, an dem wir uns am Ende alle erhängen, ob wir wollen oder nicht, ja, ja, und Strangleichen sind keine schönen Leichen, wie mein Vater immer sagte«, erzählte Winterberg und schaute weiter aus dem Fenster.

»Sehen Sie, Herr Kraus, die Wildschweine dort am Waldrand, sind sie nicht schön, man möchte sie gleich malen. Früher habe ich sehr gern gemalt, vor allem die ruhigen winterlichen Landschaften, so wie diese, doch auch die Wildschweine sind verloren, ja, ja, die Schlacht bei Königgrätz ist eine wuchernde Cornus sanguinea.«

Winterberg erzählte, und ich schaute den Tieren am Waldrand nach.

»Damals eine halbe Million Soldaten, heute eine halbe Million Geister, man muss es sich nur vorstellen können, ich stelle es mir vor, ja, ja, ich schaue historisch durch, ja, ja, ich bin historisch nicht blind, mir ist egal, wie Sie dazu stehen, lieber Herr Kraus, ob Sie sich das vorstellen können oder wollen. Die Schlacht ist da, und wir sind da auch.«

»Das waren Rehe.«

»Was?«

»Dort am Wald. Es waren keine Wildschweine.«

»Genau, Wildschweine, sage ich doch.«

»Es waren aber Rehe.«

»Genau, genau, Rehe und Wildschweine und Hirsche und Füchse und Menschen und Häuser und Felder und Wälder und die winterlichen Landschaften und die malerischen Aussichten, alles ist verloren, traurig, traurig. Mein Großvater war Jäger, und er sagte, die Tiere zu töten sei nicht gut, doch wenn du schon ein Tier töten musst, dann tu es schnell, ja, ja, doch die Schlacht bei Königgrätz tötet nicht schnell, die Schlacht bei Königgrätz kennt keine Gnade, die Schlacht bei Königgrätz ist unser tiefster Abgrund, die Schlacht bei Königgrätz ist unser Untergang, und das schon über hundertfünfzig Jahre. Warum schauen Sie historisch nicht durch, lieber Herr Kraus? Sie sollten endlich etwas über Geschichte lesen, dann würden Sie verstehen, dann würden Sie mich verstehen, so wie mich der Engländer und meine Lenka verstanden haben, dann würden Sie wissen und verstehen, was ich mit Cornus sanguinea meine. Sie würden mich nicht so dumm anschauen und schweigen.«

»Das waren Rehe.«

Winterberg hustete ein wenig.

»Rehe?«

»Ja, Rehe. Die Tiere vorhin. Eine ganze Herde Rehe.«

Er hustete immer noch. Ich reichte ihm die Wasserflasche. Er wollte nicht trinken.

»Was für Rehe denn?«

»Egal.«

Er schaute mich ernst an. Dann schaute er die Schaffnerin an. Dann schaute er wieder aus dem Fenster auf verschneite Felder. Und dann erzählte er weiter.

»Die Schlacht bei Königgrätz geht nicht nur durch mein Herz, sie geht auch durch meinen Kopf und durch mein Gehirn und durch meine Lunge und Leber und den Magen, sie ist Teil meines Körpers und meiner Seele. Zwei meiner Verwandten haben hier ihr Leben verloren, lieber Herr Kraus, der eine auf der Seite von Preußen, der andere auf der Seite von Österreich, Julius Ewald und Karl Strohbach, Ja, ja, ich kann mir die Seiten aussuchen, doch am Ende liege ich mit den beiden im Grab, ich weiß nicht, ob Sie sich das vorstellen können, ich will es begreifen, ich will alles in meinem Leben endlich begreifen, verstehen Sie, lieber Herr Kraus, deshalb sind wir jetzt hier, um es zu begreifen, verstehen Sie, lieber Herr Kraus, hier bei Königgrätz fängt die ganze Tragödie an«, erzählte Winterberg und schaute weiter aus dem Fenster.

»Sind wir nicht schon in Sadowa? Das ist sicher schon Sadowa. Da müssen wir aus diesem verdammten kalten Zug aussteigen.«

»Nein, das ist noch nicht Sadová. Das ist … Ach, egal.«

Winterberg hörte mir nicht zu.

Winterberg hörte mir nie zu.

»Die Schlacht bei Königgrätz riss mich entzwei«, erzählte er weiter, und die Schaffnerin setzte sich auf die Bank gegenüber und machte kurz die Augen zu. »Die Schlacht bei Königgrätz raubte mir den Schlaf. Wegen der Schlacht bei Königgrätz habe ich meine erste Frau verloren, wegen der Schlacht bei Königgrätz ist meine zweite Frau verrückt geworden, ja, ja, sie wuchs in Berlin in der Stresemannstraße auf, die früher Königgrätzer Straße hieß, das kann doch kein Zufall sein, lieber Herr Kraus. Kennengelernt haben wir uns in einem Tanzlokal auf der Skalitzer Straße, ja, ja, richtig, Sie haben recht, lieber Herr Kraus, das ist alles kein glücklicher Zufall der Geschichte, das ist ein tragischer Unfall der Geschichte, ein Missverständnis, das man nie wiedergutmachen kann, ja, ja, nur wegen der Schlacht bei Königgrätz leide ich an der Geschichte und an historischen Anfällen, ja, ja, lieber Herr Kraus, ich weiß, was Sie sagen möchten, die Schlacht bei Königgrätz kann man nicht so leicht überschienen wie die Alpen, es gibt zu viele Störzonen, wenn Sie verstehen, was ich meine, lieber Herr Kraus.«

Ich wollte sagen, dass ich von den Störzonen keine Ahnung habe, doch ich wusste, es macht keinen Sinn. Sein Kopf ist eine einzige Störzone. Ich nickte, wie ich immer nickte, wenn ich ihm zuhörte, und dachte mir, was ich mir immer dachte, wenn ich ihm zuhörte. Winterberg hustete wieder ein wenig, und ich reichte ihm die Wasserflasche. Er wollte nicht trinken.

»Bei Skalice wurde 1866 auch heldenhaft gekämpft, da müssen wir auch hin, das steht auch alles in meinem Baedeker. Und auch nach Trautenau und Jitschin, die Stadt von Wallenstein, die er zur Hauptstadt seines Reiches auswählte, ja, ja, dort müssen wir hinfahren, auch um Jitschin wurde gekämpft, viele Sachsen und Österreicher haben sich dort im Teich ertränkt und viele Preußen später im Bier, als sie die Brauerei von Jitschin gestürmt haben.«

Ich wollte sagen, dass ich mal in Jičín gewesen war, damals noch, mit meinen Eltern, doch es ging nicht, Winterberg war nicht zu bremsen.

»In der Gitschiner Straße in Berlin lebte ein guter Freund von mir, mein bester Berliner Freund, auch ein Straßenbahnfahrer, er spielte vor dem Krieg Fußball in Oberschöneweide. Sie wissen natürlich nicht, da Sie nicht historisch durchschauen, dass das Stadion lange Sadowa hieß, ja, ja, genau, nach Sadowa hier in Böhmen, wo wir gleich aussteigen müssen, ja, ja, genau, benannt nach dem glorreichen preußischen Sieg und der glorreichen österreichischen Niederlage. Doch der Sieg wurde auch für Preußen später zu einer unheldenhaften Niederlage, so wie alle Siege in der Geschichte, ja, ja, wie oft ließ ich mich dort von einem erbärmlichen Fußballspiel quälen, Fußball hat mich eigentlich nie interessiert, ja, ja, nur wegen Sadowa, nur wegen Königgrätz bin ich dorthin gegangen. Keinen anderen interessiert es, aber ich weiß es, alles hängt mit Königgrätz zusammen, ja, ja, unsere ganze Katastrophe fängt bei Königgrätz an, ich weiß, was Sie sagen möchten, lieber Herr Kraus, verrückt, alles verrückt. Sie haben recht, es ist verrückt«, erzählte Winterberg weiter und schaute mich die ganze Zeit nicht an.

Er schaute aus dem Fenster auf ein verschlafenes Feld.

Auf Landhäuser.

Auf eine alte Kirche.

Auf zwei Kinder mit dem Hund auf der Landstraße.

»Schön ist es hier, wunderschön, wirklich the beautiful landscape of battlefields, cemeteries and ruins, wie der Engländer immer sagte.«

»Der schon wieder.«

»Ja, ja.«

»Wer war das eigentlich?«

»Der Engländer schaute historisch durch, anders als Sie.

Warum lesen Sie keine Geschichtsbücher, lieber Herr Kraus? Sie könnten das alles längst wissen mit Cornus sanguinea und Königgrätz und Sarajevo und mit der Eisenbahn. Nur wegen der Schlacht bei Königgrätz ist meine dritte Frau schwer erkrankt. Nur wegen der Schlacht bei Königgrätz musste ich sie dreißig Jahre lang pflegen. Nur wegen der Schlacht bei Königgrätz müssen Sie mich pflegen. Warum schauen Sie historisch nicht durch? Die Fabrik dort, ist das nicht schon die Zuckerfabrik von Sadowa, lieber Herr Kraus, wo sich die österreichischen Feldjäger so tapfer verteidigten, ja, ja, die berühmte böhmisch-mährisch-österreichische Zuckerindustrie, ich wusste lange nicht, dass Würfelzucker aus Datschitz in Mähren kommt, wussten Sie es, lieber Herr Kraus, wo bin ich hängen geblieben, ja, ja, die Österreicher waren nicht aus Zucker, sie bauten die Zuckerfabrik in eine österreichische Festung um, an die Wand schrieben sie ganz groß ›Hinter uns ist Wien‹, das habe ich alles gelesen. Doch alles war vergeblich. In drei Stunden waren alle tot.«

»Nein, das ist noch nicht Sadová, das ist keine Zuckerfabrik, das ist ein Umspannwerk«, sagte ich, doch Winterberg hörte nicht zu und zitterte wie so oft bei seinen historischen Anfällen.

»Das muss schon der Fluss Bystřička sein, der hart umkämpft war. Und das dort, da muss der berühmte Wald von Svíb sein! Ein Paradies der Cornus sanguinea, ja, ja, da müssen wir gleich hin, zur Allee der Toten, die sich durch den Wald zieht, da müssen wir hin. Womöglich finden wir gerade dort die beiden Gräber, von meinem preußischen Urgroßvater aus Tangermünde und meinem österreichischen Urgroßvater aus Ottensheim bei Linz, der eine an der Elbe groß geworden, der andere an der Donau, beide am selben Tag tot, hier, bei Sadowa, bei Königgrätz, am 3. Juli 1866, der deutsche Krieg im Böhmischen Paradies, verrückt, verrückt, ich weiß, Sie haben recht, lieber Herr Kraus, völliger Unsinn, der doch einen Sinn ergibt, Cornus sanguinea, die Allee der Toten. Da müssen wir hin.«

Ich nickte, wie ich immer nickte, und dachte, was ich immer dachte. Ich halte es nicht mehr lange mit Winterberg aus.

»Ich weiß, schon gut, jetzt ein bisschen ruhiger, alles ist gut, ja, wir sind nicht im Krieg.«

Ich machte mir ein Bier auf. Schaum spritzte auf den Boden.

»Sie sollten nicht so viel trinken, sonst sind Sie wieder benebelt, so wie gestern und vorgestern, Bierleichen sind keine schönen Leichen, sagte mein Vater, und er musste es wissen, er hat viele Bierleichen gesehen und hat selbst gerne Bier getrunken, traurig, traurig, das ist nicht schön, dass Sie so viel trinken, das ist nicht gesund, das ist nicht anständig, so werden Sie nicht neunundneunzig, so werden Sie nicht so alt wie die Tschechoslowakische Republik, so alt wie die Feuerhalle in Reichenberg, ja, ja, so werden Sie nicht so alt wie ich.«

»Das ist mir egal, ich will nicht so alt werden, ich will nicht, dass mir alles wehtut.«

»Mir tut nichts weh. Ich fühle mich immer noch jung, ich bin nicht durchsichtig.«

»Durchsichtig?«

»Durchsichtig. Für die Frauen, meine ich.«

»Ich verstehe nicht.«

»Das ist egal. Sie sollten weniger trinken.«

»Aber ich will trinken. Ich mag Bier. Und Sie sollten auch mehr trinken. Sie haben heute noch nichts getrunken.«

»Ich habe getrunken.«

»Haben Sie nicht.«

»Sie haben mir nicht zu sagen, ob ich trinke oder nicht trinke, ja, ja, ich weiß, wann ich trinke oder nicht trinke, ja, ja, ich trinke vielleicht ein bisschen wenig, aber Sie, lieber Herr Kraus, trinken zu viel.«

»Einer muss das machen. So entsteht das Gleichgewicht, sagte mein Vater immer. Die einen trinken, die anderen nicht.«

Der Zug fuhr und ich dachte daran, dass ich mit dem Trinken nicht gleich wieder anfangen wollte. Während einer Überfahrt trank ich nie. Immer erst danach.

Ich trank, um zu vergessen.

Um mich zu befreien.

Um neu anfangen zu können bei der nächsten Überfahrt.

Doch diesmal war es anders. Es war die erste Überfahrt, die unterbrochen wurde. Und so musste ich trinken.

Sonst wäre ich längst tot und Winterberg auch. Ohne Bier hätte ich ihn umgebracht und mich gleich danach, denn wer hätte diese bescheuerte Reise ohne Bier ausgehalten? Keiner. Nur ich.

Der Zug schnürte an einem Bach vorbei, vielleicht wirklich die Bystřička, denn plötzlich sagte die Schaffnerin:

»Sadová.«

Winterberg sprang auf.

Zwei verlassene, leicht krumme Gleise. Ein verlassenes Bahnhofsgebäude. Und ein verlassener Hund, der gegen die Wand pinkelte.

Sonst nichts.

Wir waren die Einzigen, die aus dem Zug ausstiegen. Ich half Winterberg aus dem Wagen, was ihm nicht gefiel. Die Bahn fuhr ab, ich zündete mir eine Zigarette an.

»Sie sollten nicht so viel rauchen, lieber Herr Kraus«, sagte Winterberg und hustete wieder ein wenig.

Dann atmete er die kalte winterliche Luft ein.

»Schön, so schön ist es hier. Etwas sehr Schönes liegt in der Luft, ja, ja, wir haben großes Glück mit dem Wetter, lieber Herr Kraus. Die Schlacht spielte sich zwar im Hochsommer ab, das wissen Sie hoffentlich, doch das Wetter war damals genauso wie jetzt im November, nach ein paar heißen Tagen folgte ein Tag wie im frühen Winter, ja, ja, ein Tag wie heute. Einen Wetterumsturz nennt man das, mit viel Nebel und Regen, ja, ja, dazu noch der Nebel des Krieges, ja, ja, so muss es bei einem richtigen Umsturz auch sein, schön, schön, wir haben großes Glück mit dem schlechten Novemberwetter, lieber Herr Kraus. Ich liebe schlechtes Wetter, denn dann ist man an den Orten, die man besuchen möchte, meistens allein. Ich brauche keine Touristen, nein, nein, wirklich nicht, Touristen sind historisch blind, so wie Sie, mit Ihnen ist es auch schwer, Historisches zu bereden.«

»Wollen wir nicht gehen?«

»Was?«

»Oder wollen Sie noch was erzählen?«

Winterberg schwieg kurz und schaute sich das verlassene Bahnhofsgebäude an. Die leeren, zerschlagenen Fenster. Die zugemauerte Tür. Die feuchten grauen Mauern. Ich zündete mir die nächste Zigarette an, ging ein paar Schritte weiter und schaute mir zwei Jungs in einem Auto auf der Dorfstraße an, die uns anschauten und rauchten und kicherten.

»Schön, schön ist es hier bei Königgrätz, viel schöner, als ich es mir vorgestellt habe. Sehen Sie, es fängt an zu schneien. Meine letzte Frau mochte kein schlechtes Wetter, sie wollte immer in den Urlaub ans Meer fahren, traurig, traurig, von Anfang an ein Missverständnis, Sie können es sich nicht vorstellen, lieber Herr Kraus, was für ein Glück wir mit dem schlechten Wetter haben. Meine Lenka liebte schlechtes Wetter und die Einsamkeit, ja, ja, wenn man in Reichenberg geboren wurde, muss man das schlechte Wetter und die Einsamkeit lieben, immer nur Regen und Nebel und Schnee, oft von Oktober bis April nur Schnee und Wind und Einsamkeit, das liegt an den Bergen, die die Stadt wie eine hohe Mauer umstellen, ja, ja, und so ist es im ganzen Land, wenn man in Böhmen geboren wurde, muss man das schlechte Wetter und die Einsamkeit lieben, schlechtes Wetter macht viele

Leute melancholisch, schlechtes böhmisches Wetter hat schon viele unserer Landsleute in die geistige Umnachtung getrieben, egal, ob sie Deutsch oder Tschechisch geredet haben, ja, ja, doch Lenka liebte das schlechte Wetter, sie liebte, wenn es schneite, so wie jetzt, ja, ja, meine Lenka, die erste Frau im Mond.«

Winterberg beruhigte sich und schaute in den Himmel. Es stimmte, die ersten feinen Schneeflocken schwebten auf uns nieder. Mir war kalt. Ich dachte, morgen würden wir beide verkühlt im Krankenhaus liegen, und ich hätte endlich meine Ruhe bei Tee mit Rum, Winterberg würde mit dem Hubschrauber zurück nach Berlin gebracht, da kann er erzählen, was er will. Und ich würde mich endlich in Bier und Schnaps ertränken wie nach jeder Überfahrt und alles vergessen.

Ich dachte, vielleicht bleibe ich hier.

In diesem Land, das ich verlassen habe.

Das ich verlassen musste.

Das mich verlassen hat.

»Wir haben Glück mit dem schlechten Wetter, schön, schön, der Bahnhof war damals natürlich nicht hier, diesen Teil von Böhmen hat man erst später überschienen lassen, davon lassen wir uns aber nicht stören und ablenken. Dort, sehen Sie, an der Hauptstraße, das muss das Gasthaus sein! Ein einfaches Gasthaus am Schlachtfeld, wie es in meinem Baedeker steht, ja, ja, alles wie damals, alles wie 1913, als mein Buch erschienen ist, alles wie 1866. Da gehen wir jetzt hin, vor der Schlacht braucht jeder Soldat Stärkung, auch ein Soldat der Armee der letzten Hoffnung, ja, ja, ein Soldat wie Sie, lieber Herr Kraus, denn mehr als ein wenig Hoffnung können Sie als Krankenpfleger nicht bieten, da haben Sie recht. Den Sterbenden die Windeln wechseln, das können Sie. Mehr nicht.«

Da hatte Winterberg ausnahmsweise recht.

So standen wir kurz danach vor dem Gasthaus auf einer dicht befahrenen Straße.

Winterberg schaute sich die ersten Gräber der Schlacht bei Königgrätz an. Er las die Namen der Toten, die Namen der Geister, wie er sagte. Die Namen der Julileichen, wie er sagte. Er las sie laut und zugleich ernst und langsam vor, so als wollte er die Geister erwecken und im gleichen Augenblick wieder beruhigen und zum Schlaf bringen. Er las sie vor und es schneite, und aus seinem Mund dampfte es.

Ein Name.

Eine kleine Dampfwolke.

Er las die deutschen und tschechischen und kroatischen und polnischen und ungarischen Namen vor, kenne ich nicht, kenne ich nicht, kenne ich nicht, fügte er immer dazu, als ob er die anderen Namen kennen würde, als wären die anderen Gefallenen seine Freunde, mit denen er gestern beim Bier saß.

Als er sich dann endlich umdrehte und die Straße zum Gasthaus überqueren wollte, wurde er beinah von einem polnischen Lastwagen überfahren.

Ich riss ihn zur Seite.

Im Gasthaus *Zum Kanonier Jabůrek* war es nicht voll. Wir bestellten eine Gulaschsuppe und ein normales und ein alkoholfreies Bier.

Winterberg schlug sein kleines rotes Buch auf.

Sein Geschichtsbuch.

Seine Bibel.

Seinen Reiseführer von 1913.

Den Baedeker für Österreich-Ungarn.

Den Baedeker für sein Leben.

Sein Buch, das so dunkelrot ist wie das vergossene preußische und sächsische und österreichische Blut von Königgrätz, wie er sagte. Cornus sanguinea. Sein Buch, das Winterberg und mich bis ans Ende der Welt begleiten sollte. Bis ans Ende unserer Reise, an der ich unfreiwillig teilnehme. Bis ans Ende seiner Schicksalsreise, wie er sagt. Bis nach Sarajevo.

Winterberg nahm sein Vergrößerungsglas und blätterte in seinem Buch, bis er die richtige Stelle fand, und las sie schnell und laut vor, wie vom Sturm mitgenommen, der ihn in Richtung Vergangenheit und Geschichte trieb.

So wie immer.

»In dem hügeligen Gelände nordwestlich von Königgrätz zwischen der Bistritz und der Elbe …«

Doch gleich danach blieb er stehen und schaute hoch und dachte laut nach.

So wie immer.

»Wenn man über die Monarchie redet, redet man oft über die Donaumonarchie, man vergisst dabei aber die Elbe, lieber Herr Kraus, das darf man nicht, ich mag diese Vereinfachungen nicht, ja, ja, die Geschichte ist nie einfach, die Geschichte ist kompliziert, und für Böhmen war die Elbe immer viel wichtiger als die Donau. Ja, ja, eigentlich sollte man statt der Donaumonarchie die Donauelbemonarchie schreiben. Auch die Moldau darf man nicht vergessen, ein schicksalhafter Fluss, wie mein Vater immer sagte, dann vielleicht doch besser die Elbemoldaudonaumonarchie, aber dann melden sich gleich die Kroaten und Slowenen und fragen, wo ist unsere Save geblieben, ja, ja, auch ein schicksalhafter Fluss, dann vielleicht die Elbemoldaudonausavemonarchie, ja, ja, das wäre gerecht, doch dann kommen sicher noch Bosnier dazu und sagen, wo ist unsere Bosna geblieben, ja, ja, auch ein schicksalhafter Fluss, dann also die Elbemoldaudonausavebosnamonarchie? Nein, nein, ich fürchte, das kann sich keiner merken, es ist zu kompliziert, warum ist es immer so kompliziert, dann lieber doch nur die Donaumonarchie, obwohl es eine dreiste Vereinfachung ist. Wo bin ich hängen geblieben? Sie unterbrechen mich die ganze Zeit, Herr Kraus.«

»Ich?«

»Ja, wer denn sonst.«

»So kann ich mich nicht konzentrieren, ständig werde ich unterbrochen, von Ihnen, von anderen Menschen, von den Gedanken, von der Geschichte, wo bin ich hängen geblieben, hier, hier … Nordwestlich von Königgrätz … wurde am 3. Juli 1866 die Schlacht bei Königgrätz geschlagen, die österreichische Armee, Gesamtstärke 178 000 Österreicher und 20 800 Sachsen, ja, ja, die armen Sachsen, warum werden die Sachsen in der Geschichte immer vergessen, 770 Geschütze unter Feldzeugmeister Benedek, traurig, traurig, er hätte in Italien bleiben sollen. Also … Die Armee … Hatte auf dem von der Bistritz allmählich ansteigenden Hügellande eine sehr starke Defensivaufstellung genommen, die sich im Halbkreise nördlich von Račice, Hořiněves und Benátek über Sadowa südlich bis Probluz und Přím, ja, ja, sächsisches Korps, klar, klar, die Sachsen werden in der Geschichte so oft vergessen, traurig, traurig … Wo bin ich denn schon wieder hängen geblieben … ja, ja … erstreckte.«

Seine kratzige Stimme vermischte sich mit der Country-Musik aus dem Radio. Doch das störte ihn nicht.

»Der rechte Flügel der Preußen, die Elbarmee unter Herwarth von Bittenfeld, stand bei Smidar, die Erste Armee, unter Prinz Friedrich Karl, bei Hořitz, die Zweite Armee, unter dem Kronprinzen, bei Königinhof, da sind wir doch mit dem Zug durchgefahren, ja, ja, die Bahnstrecke von Reichenberg nach Königgrätz, warum war es bloß in dem Schnellzug so kalt, das verstehe ich nicht, wo bin ich denn hängen geblieben … Ja, ja, und Gradlitz, 22 Kilometer entfernt, Gesamtstärke der Preußen 220 984 Mann, ja, ja, um acht Uhr morgens begann die Schlacht, ja, ja, richtig, eine Schlacht muss immer spätestens um acht anfangen wie der Schulunterricht, die Preußen drangen gegen Sadowa und Benátek vor, hielten unter bedeutenden Verlusten das gewonnene Gelände, waren aber gegenüber der feindlichen Artillerie zu weiterem Vordringen nicht imstande, so dass mittags die Schlacht zum Stehen kam. Gegen zwei Uhr griff die Zweite Armee in die Schlacht ein … Zielpunkt des Vormarsches waren die zwei weithin sichtbaren Linden auf dem Tummelplatz bei Hořiněves, ja, ja, haben wir die Linden gesehen? Wir sind doch vorbei an Hořiněves gefahren, ich meine, wir haben die Linden gesehen, ja, ja, sicher, sicher, wir sind doch nicht blind, und Chlum, der Schlüssel der österreichischen Stellung, wurde um drei Uhr von der I. Garde-Division erstürmt und hiermit die Schlacht entschieden, haben wir die Linden gesehen, lieber Herr Kraus, oder haben wir die Linden nicht gesehen?«

»Ich weiß nicht.«

»Das macht mich ein wenig melancholisch, dass wir es nicht wissen, dann vielleicht auf dem Rückweg, aber dann wird es schon dunkel, oder morgen, wir müssen doch die Linden sehen, ja, ja, der Verlust der Österreicher betrug einschließlich der Gefangenen 1313 Offiziere und 41 499 Mann, der der Sachsen 55 Offiziere und 1446 Mann, die armen Sachsen, man vergisst immer die Sachsen, wenn man über die Schlacht bei Königgrätz redet, wenn man über die Geschichte redet, man vergisst immer die Sachsen, sowohl die lebenden als auch die toten Sachsen, warum werden die Sachsen in der Geschichte so oft vergessen, lieber Herr Kraus? Mein Buch hat die Sachsen nicht vergessen und ich auch nicht, ja, ja, die Preußen verloren 360 Offiziere und 8812 Mann, viele Denkmäler erinnern an die Gefallenen, ja, ja, the beautiful landscape of battlefields, cemeteries and ruins, wie der Engländer immer sagte.«

Seine Stimme vermischte sich mit dem nächsten Countrysong aus dem Radio, wo es um Weihnachten, eine Zugreise und eine verlassene Kirche ging. Das Lied störte Winterberg nicht. Er las und redete weiter vor sich hin.

»Der Besuch des Schlachtfeldes erfordert zu Wagen zehn, elf Stunden, ja, ja, mit Mittagsrast in Sadowa, ja, ja, der Besuch ist vorzugsweise für Militärs von Interesse, genau, genau, alles richtig, Mundvorrat angenehm, haben wir Mundvorrat, Herr Kraus?«

Er schaute kurz zu mir hoch.

Ich sagte, ich hätte nur zwei Bier und eine Schachtel Zigaretten, sonst hätten wir nichts, doch sterben würden wir nicht, wir könnten sicher noch etwas kaufen, und außerdem fände man in jedem Dorf ein Gasthaus, wir sind nicht in Sachsen oder Brandenburg, wir sind in Böhmen.

»Genau, genau, machen Sie das bitte. Und fragen Sie, lieber Herr Kraus, ob sie hier einen Kutscher haben.«

»Kutscher?«

»Ja, Kutscher, schauen Sie nicht so blöd, so steht es in meinem Buch. Fragen Sie nach dem Kutscher oder Ähnlichem, wie es hier steht.«

Die Wirtin kannte keinen Kutscher und auch keinen Taxifahrer. Sie kannte nur Josefa.

»Sie kommt um zwölf ins Gasthaus zum Mittagessen.«

Sie sagte, vielleicht könnte sie uns zum Schlachtfeld fahren, sie wohne dort.

Als ich zum Tisch zurückkam, lag Winterberg mit seinem Kopf auf dem aufgeschlagenen Buch und schlief, wie so oft nach einem historischen Anfall.

»Ist er tot?«, fragte die Wirtin.

»Er ist nur eingeschlafen. Das macht er immer so. Stöpsel raus. Luft raus. Augen zu. Gute Nacht.«

»Sagt er das so?«

»Nein, das sage ich so.«

Sie lachte.

»Ganz schön alt, dein Vater.«

»Er ist nicht mein Vater.«

»Ich dachte, er ist dein Vater.«

»Ist er nicht.«

»Ihr seid euch aber ähnlich.«

»Was? Sind wir nicht.«

»Doch.«

»Das kann nicht sein. Wir sind uns ähnlich?«

»Ja. Wie ihr euch benehmt. Wie ihr dasitzt.«

»Das kann nicht wahr sein, dass wir uns ähnlich sind.«

»Ihr seid euch einfach ähnlich.«

Ich schaute zu Winterberg. Endlich Ruhe. Ich bestellte noch ein Bier und Tee mit Rum. Ich aß meine Suppe. Ich aß seine Suppe. Und bestellte noch ein Bier. Und Winterberg schlief auf seinem Buch, auf den Seiten mit der Schlacht bei Königgrätz.

Eine Stunde später saßen wir in Josefas Kutsche, die keine Kutsche war und auch kein Auto, sondern ein alter Traktor der Marke Zetor aus Brno. Josefa war um die vierzig und arbeitete auf einem Bauernhof. Hundert Schweine und fünfzig Rinder und zwei Pferde und ein Hund. Josefa sprach ein wenig Deutsch, weil sie nach der Schule in Niederösterreich bei einem Großbauern in der Nähe von Krems gearbeitet hatte, was ihr aber nicht gefiel, weil er mit ihr schlafen wollte.

Winterberg gähnte. Er war wieder wach. Er schaute auf die hügelige Landschaft.

»Sehen Sie, lieber Herr Kraus, genau hier wurde die kaiserliche Artillerie aufgestellt und zielte auf die Preußen, ja, ja, hier hat die Schlacht angefangen, eigentlich schon kurz nach sieben Uhr morgens, bei Nebel und Regen, nicht erst um acht, wie es in meinem Baedeker steht, das hat auch kein Historiker geschrieben.«

Er gähnte wieder.

»Wir haben schon Nachmittag, doch davon lassen wir uns nicht stören, ich höre sie schon, die ersten Salven, die ersten Schreie, ich sehe schon den Angriff der Ersten Preußischen Armee. Hören Sie es auch?«

Ich hörte nichts, doch ich nickte, so wie ich immer nickte, und dachte mir, was ich immer dachte.

»Schön, schön, dass Sie es auch hören.«

Der Traktor fuhr am Rand der schmalen Straße entlang, und Josefa erzählte davon, wie ihr Mann sie vor Jahren verlassen hatte.

»Aber alles ist gut.«

Dann bog sie mit dem Traktor ab und fuhr den Berg langsam hoch. Der Traktor stöhnte und zitterte, und Josefa erzählte, wie ihre Mutter vor einem Jahr gestorben war.

»Aber alles ist gut.«

Es schneite und Josefa erzählte, dass ihr Sohn die falschen Freunde habe und Drogen nehme.

»Aber alles ist gut.«

»Sie müssen trotzdem eine sehr glückliche Frau sein«, sagte Winterberg zu Josefa. »Sie wohnen in Chlum, im Epizentrum, ja, ja, im Auge des Hurrikans der Schlacht bei Königgrätz. Ich kenne Leute, die davon träumen, in Chlum zu wohnen.«

»Wirklich?«

»Ja, ja, viele Leute träumen davon ...«

»Echt?«

»Ja, ja, Leute wie ich, die historisch durchschauen. Sie müssen eine glückliche Frau sein.«

»Ich weiß nicht. Mir ist es egal.«

Sie erzählte von Schweinen und Rindern. Von Mais und Kartoffeln. Von Roggen und Weizen. Von Dürre und Feldbrand und Hochwasser. Sie erzählte, was ihr der Großvater über den Krieg erzählte, was ihm sein Großvater erzählt hatte. Sie erzählte, wie sie im Dorf die Leichen begraben mussten. Die Leichen von Menschen und auch von den Pferden. Sie erzählte, die Erde wollte die Toten nicht verdauen. Sie erzählte, wie sich die Erde jahrelang bewegte. Wie die Erde niedersank. Wie sich die Erde öffnete. Wie die Bauern und Waldarbeiter über die Knochen stolperten. Wie sie in die tiefen Schlachtengräber fielen, die sich in Wasserquellen verwandelten.

»Doch das Wasser war kein Mineralwasser, das Wasser stank und war grün und gelb und ölig, denn die Erde wollte die Toten nicht verdauen, die Erde wollte sie ausbrechen und loswerden, vielleicht wiederbeleben, sagte mein Großvater immer, doch ich weiß nicht, wie es war ...«

»Doch, doch, so war es, genau so. Ja, ja, zu schwer, zu deftig war diese preußisch-österreichisch-sächsische Mahlzeit für die

Wiesen und Felder und Wälder und Menschen bei Königgrätz, ja, ja, zu schwer für diese wunderschöne böhmische Landschaft, ja, ja, wirklich, the beautiful landscape of battlefields, cemeteries and ruins, wie der Engländer immer sagte«, sagte Winterberg und schaute sich Felder mit einem Denkmal in der Ferne an.

»Die Erde spuckt die Toten hier immer noch aus«, sagte Josefa. »Vor drei Jahren hat man am Rande von dem Svíber Wald ein offenes Grab gefunden. Es war fast leer. Die Toten waren weg. Man sagt, die Geister taumeln immer noch durch den Wald.«

»Sehen Sie, Herr Kraus, ich kann schweres Essen auch nicht gut verdauen, das kommt alles von dieser Schlacht«, sagte Winterberg.

»Sie müssen Schnaps trinken. Einen Becherovka, das hilft immer, sagt mein Vater. Oder einen Sliwowitz, den trinke ich nach Schweinebraten gerne«, sagte Josefa. »Aber andererseits, auf dem Feld, wo die Gräber sind, hatte man immer eine schöne Ernte, und das ist bis heute so. Nur die Geister, die sind schlimm.«

»Hören Sie, Herr Kraus, Geister.«

»Ja, die Geister. Aber daran gewöhnt man sich. Hier hat schon jeder einen Geist gesehen, im Wald oder auf dem Feld.«

»Sie auch?«

»Ich auch.«

»Die Geister, das ist doch ein Märchen«, sagte ich.

»Ja, so ist es. Und doch leben sie hier mit uns. Wo sollten sie auch leben, oder? Die Geister ziehen nicht einfach weg, sagte mein Großvater immer. Und so müssen wir mit den Geistern leben.«

»Ja, ja, genau, the beautiful landscape of battlefields, cemeteries and ruins.«

»Ich verstehe kein Englisch.«

»Es ist schön hier. Ich würde hier auch gerne leben«, sagte Winterberg, der aus dem Fenster zu einem Friedhof schaute.

»Da liegen nur Preußen. Das Feld um den Friedhof herum, das gehört meinem Onkel. Der beste Dung für die Menschen sind die Menschen selbst, sagte er immer beim Bier. Unsere Dorfkneipe, dort müssen Sie auch mal hin, sie liegt direkt auf dem Schlachtfeld. Dort zerschlug mal ein betrunkener Bauer einem anderen betrunkenen Bauern den Kopf mit dem Beil.«

»Beilleichen sind keine schönen Leichen, sagte mein Vater immer.«

»Der eine Bauer war auf der Stelle tot, und der andere Bauer wurde verrückt. Er schlug auf ihn ein, weil er ihn um sein Feld beneidete, wo ein viel schönerer Weizen wuchs als auf seinem Feld.«

Der Traktor heulte, und Josefa wich einem Schlagloch aus.

»Und so ist es bei uns bis heute. Ach, ihr müsst im Sommer kommen. Nirgends auf der Welt ist es schöner als hier, alles blüht und duftet. Und im Svíber Wald findet man die schönsten Steinpilze weit und breit, um die uns alle beneiden, das alles auch wegen der Gräber, wegen der Toten, wegen der Schlacht.«

»Und die Geister?«, fragte ich.

»Ach, mit ihnen kommt hier jeder klar.«

»Sie müssen wirklich eine sehr glückliche Frau sein«, sagte Winterberg zu Josefa. »Ich sage zu den Toten auch Geister. Sie sind unter uns, ich weiß, ich weiß.«

Josefa lachte. Es schneite immer mehr.

»Ich weiß nicht, ob ich glücklich bin … Aber ja, vielleicht haben Sie recht … Vielleicht bin ich wirklich glücklich. Woanders könnte ich nicht leben.«

Winterberg sagte, der Bauer ist vermutlich das letzte Opfer der Schlacht bei Königgrätz 1866, die letzte Frucht der Cornus sanguinea, der letzte Geist.

»Natürlich ohne mich und ohne Sie, lieber Herr Kraus. Denn wir sind als Nächstes an der Reihe, egal, ob Sie wollen oder nicht, es ist so, ja, ja, aber die Toten und die Geister tun mir nicht leid, mir tun immer nur die Überlebenden leid, ja, ja, lieber Herr Kraus, nur die Leidtragenden tun mir leid.«

»Das letzte Opfer war der alte Málek aus Mlékojedy«, sagte Josefa. »Vor zwei Jahren fand er im Svíber Wald eine alte Artilleriegranate und versuchte mit ihr den verstopften Schornstein zu putzen.«

»Eine preußische oder eine österreichische Granate?«

»Das weiß ich nicht.«

»Oder vielleicht eine sächsische Granate?«

»Das weiß ich nicht.«

»Schade. Doch eins steht fest, auch Artilleriegranatenleichen sind keine schönen Leichen, wie mein Vater immer sagte, und er musste es wissen, er hat viel mehr Leichen gesehen als wir alle zusammen.«

»Ist doch egal, welche Granate es war.«

»Ich vermute, es war eher eine österreichische Granate, ja, ja, die waren viel besser gebaut, eine preußische Granate hätte sich in der Erde längst aufgelöst.«

»Aber schön zugerichtet, das war er. Seine rechte Hand hat man nicht gefunden, die hat die Granate gefressen.«

»Vor der österreichischen Artillerie haben die Preußen Angst gehabt, ja, ja, und trotzdem haben sie die Schlacht gewonnen.«

»Bis heute will sein Haus niemand haben. Alle haben vor dem Toten Angst.«

Josefa zeigte auf ein kleines Dorfhaus mit einem niedrigen roten Dach und einem alten Apfelbaum im Vorgarten. An den Ästen ohne Blätter hingen die vergessenen und erfrorenen roten Äpfel.

»Na, ja, vielleicht können wir das Haus kaufen, lieber Herr Kraus, wenn es niemand haben will?«

»Ja, vielleicht.«

»Ich habe keine Angst.«

Ein Schneegestöber tobte über die Straße.

Und dann waren wir schon in Chlum und bogen auf eine noch engere Straße ab.

Es schneite immer mehr. Als wir ausstiegen, lag das ganze Land still vor uns. Das ganze Schlachtfeld von Königgrätz wurde unter einer feinen Schneedecke begraben, mit all den Leichen und Geistern und dem ganzen Leid. Winterberg ging zu einem Wegweiser und schaute im Schneegestöber in die Ferne. Man sah nichts.

Man hörte nichts.

»Schöne Aussicht«, sagte ich. »Es hat sich gelohnt.«

»Ja«, sagte Josefa und lachte und drehte sich zu mir um. »Hast du eine Frau?«

»Nein.«

»Entschuldigung, dass ich so blöd frage, aber ich bin einfach so, ich frage immer gleich.«

»Schon gut.«

»Hast du Kinder?«

»Nein.«

»Und die kleine Birne da?«

»Birne?«

»Er sieht doch wie eine kleine dicke Birne aus. Was hat er eigentlich?«

»Cornus sanguinea.«

»Was heißt das?«

»Krieg.«

»Krieg?«

»Krieg.«

»Alle Deutschen haben Krieg.«

»Nicht nur die Deutschen. Vielleicht wir alle.«

»Ja, alle Männer. Die Frauen nicht, obwohl, wer weiß … Du musst es hier im Sommer sehen, im Juli, wenn sich die Schlacht jährt, da kommen so viele Männer hierher und spielen wie kleine Kinder den Krieg nach. Ein paar Frauen spielen auch mit. Und dann gehen alle wieder. Im Winter kommt keiner, im Winter haben wir Ruhe und die Toten auch. Im Winter kommen nur Birnen wie der da hierher.«

Wir lachten.

Wir rauchten.

Wir verabschiedeten uns.

»Vielleicht bis später im Gasthaus«, sagte ich.

»Ja, vielleicht.«

Es schneite, und ich schaute ihrem alten Traktor nach, wie er im Schnee langsam verschwand. Ich wollte gleich zurück ins Gasthaus. Mir war kalt. Mir war nach Tee mit Rum. Nach Bier. Mir war nicht nach Krieg. Nicht nach Winterberg. Nicht nach den Toten. Nicht nach diesem ganzen Blödsinn. Ich schaute in das Schneegestöber und wünschte mir, der Schnee würde Winterberg zuschütten und verschwinden lassen.

Man sah nichts, doch dann erkannte Winterberg etwas.

»Dort, sehen Sie, Herr Kraus, dort!«

Aus Schnee und Nebel ragte ein hoher Leuchtturm. Eine Säule aus Sandstein mit einer Frauenstatue, die einen kleinen Kranz hoch in der Hand hielt. So, als segnete sie. So, als wollte sie den Kranz über das ganze Land legen.

»Austria, Göttin der Liebe, Göttin der Freiheit, Göttin des Todes, Göttin der Cornus sanguinea, ja, ja, die Königin von Königgrätz, ist das nicht schön, lieber Herr Kraus, dass wir jetzt hier sind, hier in the beautiful landscape of battlefields, cemeteries and ruins, wie der Engländer sagte, den ich in Berlin getroffen habe, ja, ja, der Engländer schaute historisch durch, the beautiful landscape of battlefields, cemeteries and ruins.«

Winterberg, der während der Fahrt hierher müde wirkte, strahlte wieder. Er marschierte in Schnee und Wind zum Denkmal, das Eis auf dem Feldweg knirschte unter seinen Stiefeln.

»Den Helden der Batterie der Toten.«

Er las laut vor, was auf der Säule des Denkmals stand.

»Auf dieser Stätte fanden nach beharrlichem Kampfe den Heldentod in der Schlacht vom 3. Juli 1866 … Kenne ich nicht … Kenne ich nicht … Kenne ich nicht … August van der Groeben, den kenne ich.« Dann schaute er lange und entgeistert hoch zu Austria, die genauso lange und entgeistert auf ihn herunterschaute.

Auf ihn.

Auf uns.

Auf das verschneite Schlachtfeld bei Königgrätz.

Auf die eingefrorenen Blumen, die auf dem Sockel lagen.

»Cornus sanguinea. Sehen Sie, lieber Herr Kraus, jemand aus Budapest war auch hier, auch er hatte hier nach seinen Toten gesucht, nach seinen Leichen, nach seinen Geistern, ja, ja, die Ungarn sind treu, sie vergessen ihre Toten nicht. Ja, ja, da fahren wir auch hin, meine Lenka war auch in Budapest, sie schickte mir eine Postkarte, ja, ja, sie war in Brünn und Wien und in Budapest und in Zagreb und in Sarajevo, nachdem sie Reichenberg verlassen musste, ja, ja, sie hat mir von überall Postkarten geschickt, ja, ja, in Sarajevo sollten wir uns treffen und von dort gemeinsam weiterfahren, nach Griechenland und dann weiter mit dem Schiff nach Palästina, das war unser Plan, lieber Herr Kraus, doch alles vergebens, alles kam anders, so kommt es im Leben, ja, ja, und jetzt ist Lenka tot, meine Lenka, genauso schön, wie die Austria auf dem Denkmal, ja, ja, die einzige Frau, die ich wirklich heiraten wollte, Lenka Morgenstern, die erste Frau im Mond, traurig, traurig, mich macht es immer noch sehr melancholisch. Wenn wir auf dem Weg nach Sarajevo sind, wir müssen unbedingt in die Budapester Kurbäder, das macht uns schön warm. In Budapest werden wir auch einen Wetterumsturz erleben, ja, ja, Sie können sich jetzt schon darauf freuen.«

Winterberg zitterte vor Aufregung und zog mich durch den Schnee in den Wald.

»Herr Kraus, ich weiß, es ist kalt, aber wir müssen durchhalten, wie die Österreicher, wie die Preußen, wie die Sachsen, ja, ja, wir müssen es uns anschauen, die Stellungen der Batterie der Toten, die sich hier völlig aufopferte, die diesen Hügel in eine heldenhafte Feuerburg und in eine Feuerhalle und schließlich auch in eine Feuergruft verwandelte, so wie mein Vater den Monstranzberg in Reichenberg in eine Feuerburg und in eine Feuerhalle und in eine Feuergruft verwandelte, ja, ja, traurig, traurig, ist es nicht schön, dass wie hier sind.«

Er zog mich tiefer und tiefer in den Wald.

»Sehen Sie, lieber Herr Kraus, da steht auch ein Denkmal. Und dort noch eins! Sehen Sie, hier, ja, ja, und hier und hier, diese Senken, das waren die Stellungen der kaiserlichen Artillerie ... Die Batterie der Toten war nicht gleich tot, die Batterie der Toten schoss zum Svíber Wald und zu Sadowa, sie schoss in Richtung der Ersten Preußischen Armee, sie schoss und schoss und schoss, und sie traf, ja, ja, die Österreicher waren gute Kanoniere, das wusste man spätestens seit der Schlacht bei Solferino, wenn Ihnen Solferino ein Begriff ist, obwohl Österreich die Schlacht bei Solferino so großartig verloren hat, so wie viele andere Schlachten, so wie Königgrätz, trotzdem war die kaiserliche Artillerie allen anderen Artillerien überlegen, ja, ja, traurig, traurig, lieber Herr Kraus.«

Es schneite. Der Schnee war nicht mehr leicht, sondern schwer und nass. Winterberg zog mich weiter und weiter durch den stillen winterlichen Wald.

»Sie wusste leider nicht, dass sie die Zweite Preußische Armee im Rücken hatte, nein, nein, keiner wusste das, ja, ja, der berühmte Nebel des Krieges, sie sollten Clausewitz lesen, der Engländer hat Clausewitz gelesen, ja, ja, der Nebel des Krieges, sie haben sich alle aufgeopfert, als sie den Rückzug der österreichischen Armee zu Königgrätz mit ihrem Flammenfeuer deckten, nur ein einziger österreichischer Offizier hat die Schlacht überlebt, nur eine einzige Kanone wurde vor dem Feind aus dieser Flammengruft gerettet. Und so vergeht die Zeit, es geht alles vorüber, es geht alles vorbei, oh, wie die Zeit vergeht.«

Wir standen am Waldrand unter einem morschen Hochsitz. Es hörte auf zu schneien. Wir schauten das seichte Tal hinunter. In der Ferne sah ich ein Rudel Rehe. Auf der Landstraße fuhr ein kleines grünes Auto. Ich sah drei graue Stallgebäude, vielleicht war es der Bauernhof, auf dem Josefa arbeitet.

Auch Winterberg schaute auf Hügel und Wälder und Felder.

»Sehen Sie, lieber Herr Kraus, wie sich die Schlacht bei Königgrätz durch diese Landschaft zieht? Sie zieht sich nicht durch das Land, ja, ja, sie zieht sich durch ganz Europa, alles war nach dieser Schlacht anders als vorher, alles, da, da, sehen Sie, die zwei Bäume in der Ferne, das müssen die zwei Linden in Hořiněves sein, sehen Sie?«

Ich schaute in die Richtung, in die er zeigte, doch ich sah in dem Nebel nichts.

»Da müssen wir auch hin, lesen Sie endlich etwas über Geschichte, dann verstehen Sie das alles, lieber Herr Kraus, ja, ja, sehen Sie die Narbe, fassen Sie sie doch an, Herr Kraus, alles verrückt, alles immer noch hier, die armen Sachsen, die armen Österreicher, die armen Preußen, Cornus sanguinea.«

Winterberg griff in die gefrorene Erde, in den dunkelbraunen böhmischen Lehm, der dann an seinen Fingern klebte, die er sich an seinem grauen Mantel abwischte.

»Alles, was wir sehen, alles, was wir jetzt sind, ist diese Schlacht, die sich durch mein Herz zieht wie eine Wunde, die nicht zu heilen ist, ja, ja, das macht mich ein wenig melancholisch.«

Winterberg schloss die Augen und breitete die Arme aus, als würde er die ganze Landschaft umarmen wollen. Als würde er mit dieser Landschaft eins sein wollen. Als würde er sich nichts mehr wünschen, als von der Landschaft verschluckt zu werden. Als würde er so zur Ruhe kommen wollen.

Ich schaute ihn an, schüttelte den Kopf und zündete mir eine Zigarette an und sah wieder ein paar Rehe, plötzlich ganz nah, und eins der Rehe schaute auch mich lange an. Und dann verschwand es mit den anderen Rehen im Wald.

»Sie sollten nicht so viel rauchen, lieber Herr Kraus. Dort, dort muss es sein, das ist der Wald von Svíb, die Allee der Toten, die Paradestraße dieses Waldes, die Paradestraße der Schlacht bei Königgrätz, Cornus sanguinea.«

Er zeigte auf ein verschneites Waldstück auf der anderen Seite des Tales.

Im Wald war es still. Nur irgendwo weit in der Tiefe stöhnte eine Motorsäge. Unter unseren Füßen vermischte sich Schnee mit abgefallenen Ästen und grauen Blättern. Wir gingen an einer Reihe schlanker hoher Bäume entlang und standen plötzlich vor einem einfachen Kreuz aus schwarzem Metall. Drei Meter neben ihm ragte aus dem Schnee noch ein Kreuz. Und dann noch eins. Und dann sah Winterberg ein Gebüsch.

»Cornus sanguinea, ich wusste es!«

Er riss ein paar gefrorene Äste ab und zeigte sie mir.

»Cornus sanguinea, blutroter Hartriegel, auf Tschechisch Svída krvavá, krev wie Blut, das müssen Sie doch wissen, der wächst hier überall, ja, ja, das Blut, wir müssen nochmals im Sommer oder Herbst kommen, wenn die Blätter so schön blutrot sind, ja, ja, so rot wie ihre Lippen, so rot wie ihre Ohrringe mit den böhmischen Granaten, Lenka liebte diese Farbe, ja, ja, die Farbe der Blätter hat die Soldaten hierhergelockt wie in eine Falle, alle die Sachsen und Preußen und Österreicher, die hier jetzt übereinanderliegen und die die Erde nicht verdauen kann, ja, ja, genau, genau, wie es uns Josefa sagte, dieser Wald ist nach Cornus sanguinea benannt, schon wieder kein glücklicher Zufall der Geschichte, sondern der nächste tragische Unfall der Geschichte. Die Blätter sind blutrot, so wie die Erde unter uns, ja, ja, eine Öffnung des Leichnams bei lebendigem Leibe, es gibt kein Entkommen.«

»Ich verstehe Sie nicht.«

»Ja, ja, Sie verstehen mich die ganze Zeit nicht, weil Sie historisch nicht durchschauen, so ist es, traurig, traurig, das macht mich melancholisch.«

Wir gingen weiter, und unter unseren Füßen knirschten Schnee und Eis und Äste.

Die ganze Zeit hatte ich das Gefühl, jemand ist mit uns da. Jemand sieht uns. Jemand verfolgt uns. Vielleicht die Toten. Die Geister von Königgrätz, die die Erde unter uns nicht verdauen konnte.

Ich hörte die Motorsäge.

Ich schaute mich um.

Ich sah niemanden.

»Wir sollten gehen.«

»Wohin? Warum?«

»Zurück. Es wird bald dunkel.«

»Nein, nein, wir sind doch angekommen. Wir bleiben hier für immer.«

»Sie sind verrückt.«

Ich sah etwas im Gebüsch. Es bewegte sich. Vielleicht ein Tier. Ein Wildschwein oder ein Reh. Nein, es sah größer aus. Viel höher.

Wie ein Mann.

Wie ein Soldat.

Wie ein Geist.

»Da steht jemand«, sagte ich und zeigte in den Wald.

Doch Winterberg hörte nicht zu.

»Ja, ja.«

»Da ist jemand!«

Doch Winterberg war es egal. Er schaute sich ein Grab an.

»Wir sind hier.«

Ich schritt in den Wald.

»Hey! Hey!«

Ich nahm einen Ast, brach ihn entzwei und warf ihn dem großen Schatten im Gebüsch nach.

Etwas bewegte sich und rannte weg. Was das war, sah ich nicht.

Winterberg sah es auch nicht.

»Wir bleiben hier. Ist es nicht schön?«

»Nein, wir gehen.«

»Lenka, Lenka, wo bist du. Bist du hier?«

»Sie sind wirklich verrückt. Ich gehe jetzt.«

Ich schaute zum Gebüsch und sah dort nichts mehr. Mir war kalt. Ich wollte weg.

Und dann fing Winterberg an zu tanzen. Mit dem Strauß Cornus sanguinea in der Hand tanzte er von Baum zu Baum.

»Lenka, Lenka, ich weiß, du bist auch hier.«

Winterberg tanzte durch den Wald. Von Kreuz zu Kreuz. Von Grab zu Grab. Von Denkmal zu Denkmal. Der historische Anfall, dieser Sturm in seiner Seele hat ihn immer weitergetrieben, der Sturm, der kein Sturm mehr war, sondern ein Orkan. Der Wald von Svíb spielte ihm dazu Musik, die nur er hörte.

»Lenka, Lenka!«

»Lenka ist nicht hier, Lenka ist tot!«

Doch er hörte nicht zu.

»Kenne ich nicht … Kenne ich nicht … Kenne ich nicht … Ja, ja, den kenne ich … Den kenne ich nicht … Wir müssen sie finden.«

»Lenka? Lenka ist tot, Lenka liegt nicht hier.«

»Wir müssen sie finden, meine Verwandten, wenn wir sie finden, sind wir dem Mörder näher, dem Mörder, den wir suchen …«

»Welchen Mörder denn schon wieder?«

»Den Mörder von Lenka doch.«

»Aber das ist doch irgendwo in Sarajevo passiert, wenn nicht woanders.«

»Hier fängt die Geschichte an, verstehen Sie es nicht? Warum verstehen Sie es bloß nicht? Kenne ich nicht … Kenne ich nicht … Wir müssen sie finden.«

»Herr Winterberg, warten Sie … Warten Sie!«

Ich hielt ihn an seinem Mantel fest.

Er schaute mich an. Er schwitzte und zitterte.

Immer noch der historische Anfall.

»Das ist doch verrückt.«

»Ja, ja, verrückt, alles verrückt, so ist es.«

»Wir sollten gehen.«

»Alles verrückt, alles verrückt.«

»Wir gehen. Jetzt.«

»Ja, ja, alles verrückt. Sie haben recht.«

Doch er wollte nicht gehen. Er tanzte weiter von Grab zu Grab. Ich wollte ihn wieder aufhalten, doch er war nicht aufzuhalten, er war nicht zu beruhigen.

»Lenka, Lenka, Karl, Julius …«

Und dann blieb Winterberg doch an einem Baum stehen. Er atmete schwer und schaute mich an und fing an zu schreien.

»Sie haben keine Ahnung von der Geschichte, Sie haben keine Ahnung, wie es mir geht, Sie haben keine Ahnung, was mit Lenka passiert ist, Sie haben keine Ahnung, warum wir hier sind, Sie haben keine Ahnung, was sich hier abgespielt hat, bei Regen und Nebel, am 3. Juli 1866.«

»Weißt du was, dann bleib hier. Ich gehe jetzt. Hier kannst du krepieren. Ich habe die Schnauze voll. Ich brauch dein Geld nicht. Du gehörst in die Klapse, verstehst du? In die Klapse! Du bist krank. Du bist irre. Bleib bei deinen Toten. Ich gehe jetzt, sonst werde ich auch noch verrückt, leck mich am Arsch, du alter Depp.«

Er haute mir eine rein. Damit rechnete ich nicht. Und dann haute er ein zweites Mal zu. Ich spürte Blut im Mund.

»Du kannst nicht weg, das kannst du nicht machen. Du trägst für mich Verantwortung, es ist nicht meine Schuld, dass ich lebe. Ich wollte sterben, ich wollte endlich meine Ruhe haben, ja, ja, ich habe nicht darum gebeten, dass du mich rettest. Du hast mich zurück ins Leben gebracht, mich wieder geweckt, sonst wäre ich schon tot und alles wäre gut, du bist schuld, nicht ich, nur du und du und du, du Trottel. Wer hat dich darum gebeten? Ich wollte nicht mehr leben.«

Ich schaute ihn an.

Er schaute mich an.

Er schwitzte und zitterte und schwitzte und atmete schwer.

Und auch ich war erschöpft. Schon wieder hatte ich das Gefühl, jemand umarmte mich so fest, dass mich diese Umarmung zerquetscht. Mein Herz raste und brannte.

Wir standen unter dem Baum nebeneinander und lehnten uns an die kalte Baumrinde und schauten in den schon dunklen winterlichen Wald.

Es war eine alte Buche.

Wir sagten nichts mehr.

Wir schauten auf den umgefallenen Baum nach dem letzten Sturm, der vor uns lag.

Auf den verschneiten Waldweg.

Auf ein einfaches Kreuz über einem Grab.

Ich zündete mir eine Zigarette an. Ich wusste, dass Winterberg recht hatte. Ich war schuld. Als mich seine Tochter zu ihm brachte und mich für die Überfahrt bezahlte, für meine Begleitung in seinen Tod, lag er schon halbtot in seinem Bett.

Ein Satz, ein einziger Satz hat alles geändert. Ein einziges Wort.

»Es ist schon interessant, Sie heißen Winterberg und ich komme aus Winterberg, aus Vimperk in Böhmen, das früher Winterberg hieß.«

Das sagte ich ihm in jener Nacht.

Ich wusste nicht, dass er mich hörte.

Er lag da und schlief.

Doch er hörte mich.

Er machte die Augen auf.

Und danach war alles anders.

Und so sind wir jetzt hier.

Auf dem Schlachtfeld bei Königgrätz.

In diesem Wald im Schnee.

»Dann mach es, Rache für Sadowa, haben die Franzosen gerufen. Dann bring mich um«, schrie Winterberg mich plötzlich an. »Rache für Sadowa. Trau dich endlich was, du Schlappschwanz, bring mich um.«

Ich schaute ihn an.

Er schaute mich an.

Der Wald um uns herum war still, kalt und dunkel.

Und noch jemand schaute uns an. Ein Geist. Ein toter Soldat in Uniform mit einem Gewehr in der Hand.

»Was zum Teufel macht ihr hier?«, fragte er und kam näher zu uns.

Es war ein alter Förster, und in der Hand hielt er eine Motorsäge.

Winterberg sagte nichts, er atmete schwer, schwitzte und zitterte.

So wie ich.

»Wir suchen Karl Strohbach und Julius Ewald«, sagte ich.

Wir gingen den breiten, geraden Weg entlang, der den Wald wie eine endlose Narbe teilte.

»Das ist die Allee der Toten«, erzählte der Förster. »Links von uns Leichen, rechts von uns Leichen, unter uns Leichen.«

Ich musste Winterberg helfen. Der Sturm in seiner Seele, der historische Anfall, beruhigte sich. Er war erschöpft und klein und zerbrechlich wie die erfrorenen Äste von Cornus sanguinea, die er in der Hand hielt.

Wir gingen aus dem Wald.

Mitten im Feld stand ein einfaches Denkmal aus Sandstein.

»Karl Strohbach. Julius Ewald«, sagte der Förster und zeigte auf die eingemeißelten Namen.

»Ich kenne hier jeden Baum, jedes Grab und jeden Toten. Hat mir alles mein Vater beigebracht. Und ihm sein Vater. Wir waren immer Förster in diesem Wald.«

Der Himmel war dunkelgrau. Es schneite wieder, und Winterberg schaute sich den Obelisken an. Dann legte er seinen Strauß nieder.

Cornus sanguinea.

Wir saßen im Gasthaus. Ich, Winterberg und Josefa. Im Radio lief Country und im Fernsehen Fußball. Winterberg schlief mit dem Kopf auf seinem aufgeschlagenen roten Buch. Und ich bestellte noch ein Bier.

Eins für mich.

Eins für Josefa.

Wir tranken Bier, und ich schaute Josefa in die Augen. In ihre grauen, schönen tiefen Augen.

»Was ist?«

»Nichts.«

»Was glotzt du so?«

»Du hast schöne Augen.«

»Meinst du? Finde ich nicht. Ich mag blaue Augen. Deine Augen sind schön.«

Ich schaute in ihre Augen und sie schaute in meine Augen.

Und ich sah in ihren Augen andere Augen, die genauso schön, grau und tief waren.

Die Augen von Carla.

»Was ist?«, fragte Josefa nochmals.

»Nichts.«

DIE ÜBERFAHRT

Sein erstes Wort war Feuerhalle.

Wenn Kinder sprechen lernen, sagen sie oft als erstes Wort Mama oder Papa oder essen oder kacken oder von mir aus auch Pimmel, aber kein Kind sagt als erstes Wort Feuerhalle.

Doch Winterberg sagte:

»Feuerhalle.«

Ich weiß, Winterberg ist kein Kind. Winterberg bewegt sich gerade in eine eher andere Richtung. Er bewegt sich dorthin, wohin wir uns alle bewegen, der eine langsamer, der andere schneller, doch wir alle treiben dorthin.

Ob wir wollen oder nicht.

Ob wir bremsen oder nicht.

Ob wir gesund sind oder nicht.

Dort, wo wir alle hingehen und hinmüssen, dort, im Nebel am Ende der Strecke, am Ende der Reise, am Ende der Überfahrt, wie es bei uns, den Soldaten der letzten Hoffnung heißt, dort begegnen wir alle unserem eigenen Anfang. Kurz sehen wir uns im Spiegel wieder.

Wir sehen, was wir sind.

Wir sehen, was wir waren.

Vielleicht zerbricht der Spiegel in dem Augenblick, in dem wir uns sehen.

Vielleicht ist nichts dahinter. Vielleicht eine schwarze Wand. Vielleicht ein Sprungbrett in eine große Leere. In ein Loch. In die Unendlichkeit. In die Endlichkeit.

Vielleicht wartet dort Gott.

Vielleicht der Teufel.

Vielleicht eine Kneipe mit frisch gezapftem Bier, wo alle sitzen, die schon vor uns gegangen sind und auf uns warten. Wenn wir in der Tür stehen, heben sie die Biergläser und sagen: Sag mal, das hat aber lange gedauert.

Und trinken auf unsere Ankunft.

Auf unser Wiedersehen.

Auf unseren Tod.

Aber vielleicht ist auf der anderen Seite einfach nichts. Und wenn ich nichts sage, dann meine ich auch wirklich nichts. Vielleicht gehen wir einfach verloren. Wir lösen uns auf, so wie der Morgennebel. Vielleicht ist es auch gut so. Vielleicht ist es dann endlich vorbei.

Doch vielleicht steht dort wirklich der Spiegel, und wir schauen uns eine ganze Weile an. Ich erzähle das gerne mit dem Spiegel, mit dem Treffen mit uns selbst. Es ist keine Wiedergeburt oder so. Nur ein Treffen. Ein schneller Blickwechsel. Ich glaube daran. Ich will am Ende nicht die anderen treffen. Ich will nur mich treffen. Mich begreifen.

Das, was ich bin.

Das, was ich war.

Ich erzähle das gerne mit dem Spiegel, wenn meine Matrosen bei mir auf dem Schiff im Bett liegen. Tag für Tag und Nacht für Nacht. Ich erzähle es ihnen im Winter und im Frühjahr und im Sommer und im Herbst und wieder im Winter, wenn sie den nächsten Winter mit mir noch erleben. Das Erzählen bleibt die letzte und die einzige Hoffnung für meine Matrosen.

Was ich damit sagen will, ist, dass viele, die ich mit auf die Überfahrt nahm, die ich in den Tod begleitete und während der Reise bekochte und fütterte und mit Medikamenten versorgte und wusch und kämmte, viele, denen ich den Mund und die

Augen und den Arsch abwischte, viele, denen ich die Zähne und die Ohren und die Nase putzte, viele, die ich rasierte, viele, die ich wickelte und an der Hand hielt, viele, mit denen ich mich prügelte und die ich beruhigte, viele, denen ich aus Büchern und Zeitungen vorlas, und die ich danach wieder bekochte und fütterte und mit Medikamenten versorgte, und denen ich wieder Mund und Augen und Arsch abwischte, und die ich wieder rasierte und wieder wickelte und wieder an der Hand hielt, viele von denen waren und sind und werden nichts anderes als kleine, verlorene, wie aus dieser Zeit und dieser Welt rausgeschmissene heimatlose Kinder, die am Rand einer Straße warten, dass sie jemand mitnimmt.

Verlorene kleine Kinder, um die man sich kümmern muss.

Verlorene kleine Kinder, die weinen und schreien und beißen und spucken und schimpfen und kratzen und schlafen und träumen und wieder weinen.

Verlorene kleine Kinder auf der Überfahrt.

So wie Winterberg.

Doch dann sagte er: »Feuerhalle.«

Und ich sagte: »Feuerhalle?«

Und er sagte: »Feuerhalle.«

Und alles war anders.

Es hat mich ein wenig überrascht, und ich glaube, es würde jeden überraschen.

Ich kannte das Wort nicht. Ich hörte es zum ersten Mal. Ich wusste nicht, was es bedeutete. Ich wusste nicht, wie oft ich das Wort noch hören würde.

Ich wusste so vieles noch nicht.

Über Winterberg. Über Lenka Morgenstern. Über seine Tochter Silke. Über Reichenberg und über die Feuerhalle. Über die vielen Leichen und über die Liebe. Über den Krieg. Über die Geschichte und über die Eisenbahn. Über Königgrätz und über Sarajevo.

Über mich.

»Mein Vater hat einen schweren Schlaganfall erlitten.«

Wir saßen am großen Küchentisch und tranken Kaffee.

»Es ist der dritte Schlaganfall in kurzer Folge.«

Die Küche war der einzige Raum in der Wohnung, wo man die Züge nicht sah und nicht hörte.

»Der Arzt meinte, schon der erste war sehr schwer.«

Die Küche war wahrscheinlich der einzige Raum, wo man ruhig schlafen konnte.

»Der Arzt sagte, der zweite war noch schwerer.«

Doch es stand hier kein Bett. Das große Fenster führte zum Innenhof, ich sah die Mülltonnen und einen kleinen Wald.

»Der Arzt sagte, es sei ein Wunder, dass mein Vater ihn überlebt hat.«

Eine Fichte und zwei Birken und eine Linde.

»Doch er hat sich noch ein wenig erholt.«

Unter der Linde stand eine Bank, auf der zwei Bauarbeiter nur in Unterhemden saßen und rauchten und schwitzten und sich stritten.

»Doch dann ist er hier in der Küche umgekippt und wurde ins Krankenhaus gebracht. Kurz danach hat er den dritten Schlaganfall bekommen.«

Der Himmel war blau, die Luft feucht und warm.

An Tagen wie diesen ist mir manchmal ein wenig schwindelig. Agnieszka meinte, ich solle zum Arzt gehen, ich hätte einen viel zu hohen Blutdruck.

Doch ich gehe nicht gerne zum Arzt.

»Hier in der Küche hat er meine Mutter auch nach einem Schlaganfall gefunden. Er hat sich die ganzen Jahre um sie gekümmert, schon Wahnsinn, wenn ich es mir jetzt vorstelle.«

Agnieszka meinte, ich solle mich mehr bewegen und Sport machen.

Doch ich mag keinen Sport.

»Ich muss arbeiten. Und so habe ich Sie angerufen, Herr Kraus.«

»Ja.«

»Ich hoffe, wir kommen zusammen klar.«

Agnieszka meinte, ich solle nicht so viel trinken.

Doch ich musste mich jedes Mal betrinken, wenn ich von der Überfahrt zurückkam. Und oft auch während der Überfahrt, wenn die See zu rau ist und die Wellen zu hoch.

»Sie wissen wahrscheinlich besser als ich, was zu tun ist.«

»Ja.«

»Gut.«

Sie schaute mich an.

Silke Winterberg.

Ende dreißig oder Anfang vierzig und sehr schlank, vielleicht zu schlank, so gequält schlank, wie Agnieszka sagte. Mit schmalen Lippen und kurzem hellem Haar.

Sie sagte, sie lebe in ihrer eigenen Wohnung nicht weit von ihrem Vater. Sie sagte, sie sei viel unterwegs. Sie sagte, wenn was wäre, sollte ich sie gleich anrufen. Sie sagte, wenn sie nicht ranginge, sei sie wahrscheinlich in einer Sitzung und rufe gleich zurück.

»Hier sind die Schlüssel. Es ist ein Sicherheitsschloss und ein altes normales Schloss, das müssen Sie nicht abschließen.«

»Klar.«

»Ich zeige Ihnen noch das Zimmer, in dem Sie schlafen werden.«

Wir standen auf, und die zwei Bauarbeiter im Hof stritten sich immer noch darüber, wer von ihnen heute zu spät kam. Ich nahm meinen Koffer und folgte ihr. Die Wohnung war groß, viel größer, als ich dachte. Einige der Zimmer hat man offenbar nicht benutzt. Im langen Gang hingen historische Karten und Bilder.

»Ich wollte, dass meine Eltern in eine kleinere Wohnung ziehen, doch das wollte mein Vater nicht. Er sagte, ihm würden die Züge fehlen, er kann ohne Züge nicht einschlafen, na ja, ich bin sehr froh, dass ich in meiner Wohnung keine Züge höre. Ich hoffe, dass Sie sich an die Züge gewöhnen. Meine Wohnung ist viel ruhiger. Doch ich bin so viel unterwegs.«

Wir gingen.

»Ich mag Züge, das ist kein Problem.«

»Wirklich? Das würde meinen Vater freuen. Er liebt die Eisenbahn. Und die Geschichte.«

»Davon habe ich leider keine Ahnung.«

»Ich auch nicht. Aber er schon.«

»Hat er das studiert?«

»Nein.«

»Was hat er gemacht?«

»Er war Straßenbahnfahrer.«

»Straßenbahnfahrer? Um einen Straßenbahnfahrer habe ich mich noch nie gekümmert.«

»Er sagt, er war der letzte Straßenbahnfahrer in Westberlin.«

»Ach so. Und stimmt das?«

»Ich weiß nicht, doch er sagt das so. Er war der letzte Straßenbahnfahrer, dann wurde im Westen die Straßenbahn abgeschafft. Das stimmt, darüber habe ich etwas im Fernsehen gesehen. Im Osten wurde sie nicht abgeschafft.«

»Und Ihre Mutter?«

»Sie war Lehrerin.«

»Geschichte?«

»Mathematik und Physik.«

»Davon habe ich auch keine Ahnung.«

»Ich schon ein wenig.«

Sie schaute mich fragend an.

»Ich weiß, Sie waren im Gefängnis.«

»Ja.«

»Mit achtzehn … Für vier Jahre. Das war sicher nicht leicht.«

»Nein, das war nicht leicht.«

»Ich weiß nicht, warum, aber ich weiß, dass Sie da waren.«

»Das ist eine lange und alte Geschichte.«

»Sie wurden mir aber sehr empfohlen.«

»Aha.«

»Frau Sikorska sagte, Sie sind einer der Besten.«

»Das weiß ich nicht.«

»Doch, doch, das sagte sie.«

»Wenn das Frau Sikorska sagt.«

»Sie sagte auch, dass Sie trinken.«

»Na ja, trinken. Alle trinken. Es ist doch nicht verboten.«

»Dass Sie mit Alkohol ein Problem haben. Ein kleines Problem.«

»Ich trinke, ja, schon, ich trinke ein bisschen, aber immer erst danach.«

»Danach? Wie danach.«

»Erst danach einfach … Also … Meistens.«

»Meistens … Aha.«

»Manchmal ist es schwer, Sie können es ja versuchen.«

»Ich hoffe, ich kann mich auf Sie verlassen.«

»Ja, sicher.«

»Gut.«

»Das ist das Zimmer.«

Sie machte die Tür auf und zeigte mir mein Zimmer, das früher ihr Kinderzimmer war, wie sie sagte. Und in dem Augenblick, als sie es sagte, errötete sie ein wenig, als ob es ihr unangenehm und peinlich wäre, dass sie es mir sagte. Aber vielleicht war es auch die schwüle Hitze an diesem Tag.

Sie gab mir die Schlüssel und ging noch kurz zu ihrem Vater, der im Bett lag und aus dem offenen Fenster in die Ferne schaute, wo er das sah, was die anderen nicht sahen. Sie gab ihm einen Kuss auf die Stirn.

»Herr Kraus wird sich jetzt um dich kümmern. Er kennt sich gut aus. Tschüss, Papa, ich komme in drei Tagen wieder, ich muss heute noch nach Basel.«

»Mit dem Zug?«, fragte ich.

»Nein. Ich fliege.«

»Dann eine gute Reise. Und passen Sie auf sich auf.«

»Wie meinen Sie das?«

»Na, ja, ich meine, man weiß ja nie. Ich meine, beim Fliegen.«

Sie schaute mich streng an.

»Entschuldigung.«

Sie gab mir die Hand.

Die Hand war schmal und die Finger zart und lang.

Wie ihr Hals.

Wie ihre Arme.

Sie lächelte mich an.

Sie schaute auf die große Uhr an ihrem Handgelenk.

Sie ging.

Ich stand in der Küche und trank Kaffee. Ich schaute auf den Kalender an der Wand.

Es war der 21. August.

An diesem Tag wurde bei uns zu Hause in Vimperk immer gefeiert, obwohl es nichts zu feiern gab. Mein Vater kam aus der Kaserne, ging in die Garage, machte sich eine Flasche Wodka auf, obwohl er sonst nie Wodka trank, ließ die Musik im Radio laut spielen und fing an, über die Sowjets zu schimpfen, die am 21. August 1968 unser Land überfallen hatten. Er trank den russischen Wodka gegen die Sowjets, als könnte er die Rote Armee mit dem Wodkatrinken aus dem Land zurückjagen, als könnte er mit dem Wodkatrinken meine kleine Schwester aus dem Grab zurück zu uns holen.

Er trank nicht auf die Sowjets, er trank gegen die Sowjets. Doch vor allem trank er auf das Wohl und die Gesundheit meiner kleinen Schwester, die von den Sowjets an einem Sommerabend überfahren wurde.

Das war sein Widerstand.

Das war sein Krieg.

Danach stritt er sich mit meiner Mutter, die Angst hatte, jemand von den Nachbarn würde meinen Vater verpfeifen. Es waren ja alles Soldaten und Kommunisten wie mein Vater, die in unserer Platte wohnten. Und so sprach meine Mutter mit meinem Vater deshalb immer nur Deutsch, was ihr ihre deutsche Mutter und meine Großmutter beibrachten. Meine Mutter dachte, wenn sie Deutsch spricht, versteht sie keiner, nur mein Vater. Zugleich wusste meine Mutter sicher, wenn sie Deutsch spricht, fällt es immer auf.

Sie stritten sich auf Deutsch und Tschechisch. Sie umarmten

sich auf Deutsch und Tschechisch. Sie heulten auf Deutsch und Tschechisch am Tisch vor den Bildern meiner kleinen Schwester. Und dann liebten sie sich auf Deutsch und Tschechisch. Auch das habe ich alles in meinem Zimmer gehört, während ich das kleine Bett anschaute, in dem meine kleine Schwester früher schlief.

Nach dem Wodka musste sich mein Vater immer übergeben, denn er konnte zwar sehr gut Bier trinken, aber Wodka trinken, das konnte er nicht. Er ging schlafen, bevor wir schlafen gingen. In der Nacht musste er sich wieder übergeben, und am nächsten Tag musste er wieder in die Kaserne marschieren und darüber nachdenken, wie er mit seinen Panzern in drei Tagen am Rhein stehen kann.

Ich wusste nicht, ob Silke Winterberg wusste, was sich am 21. August 1968 in der Tschechoslowakei abgespielt hatte. Ich wusste nicht, ob sie wusste, was sich in mir abspielte, wenn sich der 21. August 1968 jährte.

Ich musste daran denken, dass es nicht nur Sowjets, sondern auch Polen waren, die die Tschechoslowakei am 21. August 1968 überfielen.

Und die Ungarn.

Und die Bulgaren.

Und die Ostdeutschen waren nur knapp davor, wie mein Vater immer sagte.

Als ich Winterberg zum ersten Mal im Bett liegen sah, dachte ich, unsere Überfahrt wird nicht lange dauern.

Drei Wochen vielleicht, wie bei Marianne in München, die mich Josef nannte, weil so ihr Mann hieß.

Sechs Wochen vielleicht, wie bei Jutta in Schwerin, deren Sohn sich während unserer Überfahrt eine Kugel in den Kopf jagte, wegen der Schulden, und Jutta durfte es nicht erfahren.

Zehn Wochen vielleicht, wie bei Annemarie in Potsdam, die mit mir nur Französisch sprach, obwohl sie das ganze Leben in Deutschland verbrachte. Doch ich wusste schon, dass es bei der Überfahrt oft vorkommt, dass man am Ende alles vergisst, nur seine Muttersprache nicht.

Dreizehn Wochen vielleicht, wie bei Johann aus Baden-Baden, der mich bat, ihm die Lippen mit Bier zu befeuchten, und zwar mit dem Bier aus der kleinen Brauerei in Görlitz, wo er aufwuchs, und der immer erkannte, wenn ich seine Lippen mit einem anderen Bier befeuchtete. Und so mussten wir das Bier aus Görlitz extra liefern lassen, denn kein Supermarkt in Baden-Baden führte das Bier aus Görlitz an der Neiße, weil kein Supermarktleiter in Baden-Baden wusste, dass es irgendwo in Deutschland eine Stadt namens Görlitz und einen Fluss namens Neiße gibt.

Johann war mein Mann. Denn wenn es um Bier geht, dulde ich keine Tricksereien.

Wenn es um Bier geht, werde ich ernst.

Wenn es um Bier geht, da greife ich gleich zur Waffe.

Wenn es um Bier geht, bin ich ein Tscheche.

Immer noch.

Ich schaute mir Winterberg an, den letzten Straßenbahnfahrer von Westberlin. Ich schaute mir Winterberg an, der sich für Eisenbahn und Geschichte interessiert, wie mir seine Tochter sagte, die seine Enkelin, wenn nicht Urenkelin, wenn nicht sogar Ururenkelin sein konnte. Ich schaute mir Winterberg an und hörte die Züge hinter dem Fenster an dem Haus vorbeifahren.

Ich schaute mir Winterberg an, und ich wusste, es wird nicht lange dauern. Ich kenne die Farbe des Todes. Sie ist nicht schwarz. Sie ist grau und weiß und blau. Ich kenne die fahlen Gesichter. Ich kenne die Augen, die immer tiefer liegen. Die Augen, die verlorengehen.

Ich schaute mir Winterberg an und hörte die Züge. Die S-Bahnen und die Regionalzüge und die Schnellzüge und die Expresszüge.

Ich schaute mir Winterberg an und sah das Dreieck des Todes. Ich kenne es gut. Dieses Dreieck zwischen Mund, Nase und Wangen, dieses Bermudadreieck menschlichen Lebens, wohin wir alle abstürzen, worin wir uns verlieren, wo wir für immer verschwinden.

Ich kenne diesen Blick, der nicht mehr in die weite Ferne, sondern nur in die eigene Tiefe schaut.

Ich kenne den flachen, kurzen Atem des Körpers, der nicht mehr nach vorne rast, nicht mal nach vorne geht, sondern nur stolpert und taumelt und zappelt und zuckt.

Ich kenne das Seufzen und Rascheln und Weinen und Schreien.

Ich kenne das alles.

Als ich mir das graue Gesicht von Winterberg ansah, seine kleinen, tiefen grünen Augen mit schwarzen Augenringen, seine bleichen, schmalen trockenen Lippen, wusste ich, ich bleibe hier nur ein paar Wochen, und dann ziehe ich weiter.

Doch dann sagte er:

»Feuerhalle.«

Es war Agnieszka aus Poznań, die mich hierher empfahl, sowie ich sie oft woanders empfehle. Es war Agnieszka aus Poznań, die mich anrief und fragte, hast du gerade frei, jemand wird gesucht, die Frau zahlt gut, ich habe dich empfohlen.

Frei haben heißt bei uns, man ist zurück in seinem Heimathafen.

Man hat es gerade geschafft.

Man hat gesoffen.

Man war verkatert.

Man nüchterte aus.

Man baute sich wieder auf.

Man war wieder bereit, und das Schiff konnte zu der nächsten Überfahrt auslaufen.

Es war Agnieszka, die nicht trinkt und weiß, dass ich trinke. Es war Agnieszka, die mich hierher empfahl. Es war Agnieszka, mit der ich öfters schlief. Es war Agnieszka, die weiß und versteht, warum ich trinke. Warum ich mich nach der Überfahrt immer betrinken muss.

Mit dem ersten Bier im Heimathafen fängt man die Überfahrt an zu vergessen. Ich wollte immer vergessen. Ich musste es. Ich kenne einen, der sich nach der zehnten Überfahrt aufhängte. Ich wollte mich nicht aufhängen. Wegen der Überfahrt nicht. Ich wollte nach jeder Überfahrt aufhören und was anderes machen, doch ich schaffte es nicht. Und so musste ich mich nach jeder Überfahrt im Bier ertränken. Nicht im Schnaps. Nur im Bier. In einem Meer von Bier.

Diesmal war aber alles anders.

Winterberg war schuld.

Es war Agnieszka aus Poznań, deren Heimathafen immer noch Poznań ist, weil dort ihre Familie lebt, die mich in die Wohnung in der Nähe vom Savignyplatz in Berlin empfahl.

Es war Agnieszka aus Poznań, deren Vater in Poznań in einer Plattenbauwohnung gerade von Olga aus Lviv aus der Ukraine den Arsch abgewischt und die Hand gehalten bekommt, weil er jetzt auch ein Pflegefall ist, und Agnieszka wischt in Deutschland die deutschen Ärsche ab und hält die deutschen Hände, damit sie Olga aus Lviv für das Abwischen des Arsches ihres Vaters und das Händehalten bezahlen kann. So verschiebt sich heute das Arschabwischen in Europa.

Wer in der Ukraine die Ärsche abwischt, das wusste Agnieszka nicht.

Es war Agnieszka aus Poznań, die mich Winterbergs Tochter empfahl. Man wird heutzutage immer von jemandem empfohlen.

Von Haus zu Haus.

Von Tür zu Tür.

Von Bett zu Bett.

Bei der Überfahrt muss man sich keine Sorgen um einen Arbeitsplatz machen, immer ist jemand da, der uns braucht, der es nicht schafft, der es nicht schaffen will. Wir sind nicht viele. Und wir werden immer mehr gebraucht.

So ziehe ich von Land zu Land.

Von Stadt zu Stadt.

Von Haus zu Haus.

Nur nach der Überfahrt bin kurz dort, wo ich eigentlich wohne. Im Wedding in Berlin. Und wo ich mein eigenes Schiff habe. Ich meine, ein richtiges Schiff, an dem ich zeichne und arbeite, für das ich Geld spare und mit welchem ich eines Tages aufs Meer verschwinden werde.

Als ich mir Winterberg ansah, war ich mir sicher, unsere Überfahrt dauert nicht lange. Doch dann kam die erste Nacht und ich sagte Winterberg, und Winterberg machte die Augen auf und schaute mich an.

Nachdem Winterberg am nächsten Tag nach meiner Ankunft aufgewacht war und ich ihn gewaschen und gewickelt und gefüttert hatte, zeigte ich ihm meine Bibel. Das graue deutsche Buch, den dicken und großen Duden von 1938, den ich in der Bibliothek geklaut habe und den ich seither mitschleppe. Ich fing an, mit ihm mein Spiel zu spielen.

Man hörte die Züge hinter dem Fenster vorbeifahren, und jedes Mal, wenn ein Zug an dem Haus vorbeifuhr, zitterte und stöhnte das Haus ein wenig.

Ich zeigte Winterberg die Bilder im Buch und wartete, was passiert. Doch wie ich mir dachte, passierte nichts. Winterberg schaute sich die Bilder stumm an und sagte kein Wort.

Doch ich blätterte weiter.

Seite für Seite.

Bild für Bild.

Mensch I.

Schweigen.

Mensch II.

Schweigen.

Mensch III.

Schweigen.

Mensch IV.

Schweigen.

Mensch V.

Schweigen.

Krankenpflege. Arzt. Zahnarzt. Unfallhilfe. Krankenhaus.

Schweigen.

Männerkleidung. Frauenkleidung. Kinderkleidung. Unterkleidung. Uniformen.

Schweigen.

Haar und Bart.

Schweigen.

Schmuck.

Schweigen.

Wohnhaus. Küche. Speisezimmer. Herrenzimmer. Wohnzimmer. Musikzimmer. Schlafzimmer. Badezimmer. Kinderzimmer.

Schweigen.

Das Spiel mit meinem Buch spielte ich gerne. Man wusste schnell, wie der Stand der Dinge war. Winterberg war wach. Ich sah seine Augen. Sie schauten sich die Bilder an. Das merkte ich.

Hof. Garten.

Schweigen.

Gemüsepflanzen. Obst I. Obst II. Gartenpflanzen.

Schweigen.

Pflanzenvermehrung. Unkräuter. Gartenschädlinge und Ackerschädlinge.

Schweigen.

Fensterpflanzen und Zimmerpflanzen.

Schweigen.

Bauernhof.

Schweigen.

Feldarbeiten I. Feldarbeiten II. Feldarbeiten III.

Schweigen.

Landmaschinen.

Schweigen.

Feldfrüchte.

Schweigen.

Viehhaltung I. Viehhaltung II.

Schweigen.

Futterpflanzen.

Schweigen.

Ich blätterte ein wenig vor.

Kirche I.

Schweigen.

Kirche II.

Schweigen.

Kirche III.

Schweigen.

Kirche IV.

Schweigen.

Bestattung.

Ich wollte weiterblättern. Doch plötzlich bewegten sich seine Lippen. Sie zitterten, und Winterberg rollte hin und her mit seinen Augen, als würde er alles sehen und mir etwas mit seinen grünen Augen sagen wollen, was sein Mund nicht sagen konnte. Ich sah, wie er sich das Bild anschaute, ein Bild mit einem Friedhof. Mit einer Kapelle. Und mit noch einem anderen Gebäude.

Und dann sagte er:

»Feuerhalle.«

»Was?«

»Feuerhalle.«

»Das ist ein Krematorium.«

»Eine Feuerhalle.«

Er schaute sich neugierig und fasziniert das Bild an. Auf der Zeichnung sah man, wie jemand ein Grab aushebt, wie gerade jemand beerdigt wird, eine Frau, ein Mann, ein Kind, das war nicht klar. Man sah, wie ein Priester am Grab steht und ins Grab auf den Sarg hinunterschaut.

Und ich begriff, dass Winterberg tief in seinem Kopf wieder nach etwas greifen wollte, nach einem Seil, das er nach oben ziehen wollte. Nach einem Seil, an dem etwas sehr Schweres hängt. Und das Schwere war das zweite Wort.

»Grab.«

»Grab?«

Winterberg nickte.

»Was für ein Grab?«

»Grab.«

»Hm. Ein schönes Grab ist es. Wo ist es?«

Schweigen.

Ich blätterte weiter und zeigte ihm die nächsten Bilder.

Kirche V.

Schweigen.

Verkehr. Schiffsverkehr. Automobilverkehr. Luftverkehr.

Schweigen.

Eisenbahn.

Und dann sagte er das dritte Wort.

»Dampflokomotive.«

»Siehst du, noch nicht alles vergessen, etwas ist noch da. Richtig, eine Dampflokomotive. Und das hier?«

Schweigen.

»Was ist das hier?«

Schweigen.

»Hier sind alle Züge zu Hause.«

»Ein Bahnhof.«

»Genau. Ein Bahnhof. Prima, vier Wörter! Dampflokomotive, Bahnhof, Grab, Feuerhalle. Klug bist du. Wir kriegen es hin.«

Ich lächelte ihn an, doch er fing an zu schreien. Er griff die Bettdecke. Er wollte aufstehen. Weggehen. Doch die Kraft dafür hatte er nicht. Er war erschöpft. Und schaute mich müde an.

Ich dachte, er schläft gleich ein. Doch er fing an zu reden.

»Mein Vater hatte …«

»Eine Dampflokomotive?«

»Nein …«

»Ein Grab?«

»Nein … Eine Feuerhalle.«

»Wo?«

»In Reichenberg.«

»In Liberec?«

»Ja.«

»Prima, dann haben wir eine Dampflokomotive, einen Bahnhof, ein Grab, ein Krematorium, also eine Feuerhalle, ich weiß … Und Ja und Nein und Reichenberg. Bin gespannt, was noch dazukommt.«

»Die Feuerhalle ist in Reichenberg.«

»Ach so … Und der Bahnhof auch?«

Er nickte und ich reichte ihm Wasser.

»Und das Grab auch?«

»Nein.«

Winterberg wollte noch etwas sagen. Doch in dem Augenblick schlief er ein.

Stöpsel raus.

Luft raus.

Augen zu.

Gute Nacht.

Am nächsten Tag lernten wir weiter.

Und am nächsten Tag auch.

Nach einer Woche konnte Winterberg einfache Sätze sagen.

Nach drei Wochen konnte er selbst mit einem Vergrößerungsglas im Duden lesen.

Und kurz danach fing er an, in seinem Lieblingsbuch zu lesen. Im Baedeker für Österreich-Ungarn von 1913. Dem letzten vor dem Krieg und Zusammenbruch, wie er sagte.

Ich brachte ihm das Essen bei.

Ich brachte ihm das Trinken bei.

Ich machte mit ihm Gymnastik.

Ich half ihm aufzustehen.

Ich half ihm, die ersten Schritte zu gehen.

In seinem Zimmer und in der Wohnung.

Auf der Straße und im Park.

Mit dem Rollator und ohne Rollator.

Mit dem Gehstock und ohne Gehstock.

Er zeigte mir den verlassenen Straßenbahnhof, wo er gearbeitet hatte.

Wir legten dort Blumen nieder.

Er zeigte mir den Friedhof Heerstraße, wo seine drei Ehefrauen an der Mauer begraben liegen und wo er auch begraben liegen wird, wenn er stirbt, denn der Friedhof Heerstraße ist an zwei Seiten von Bahnstrecken umgeben, und er kann sich nicht vorstellen, ohne Züge einzuschlafen.

Und wir legten dort Blumen nieder.

Er zeigte mir den Militärfriedhof am Columbiadamm, wo das Denkmal für die Toten aus der Schlacht bei Königgrätz 1866 steht.

Und wir legten dort Blumen nieder.

Er zeigte mir das Fußballstadion von Union Berlin, das früher Sadowa hieß.

Und wir legten dort Blumen nieder.

Er zeigte mir die Stresemannstraße, die früher Königgrätzer Straße hieß.

Und wir legten dort Blumen nieder.

Er zeigte mir die Skalitzerstraße.

Und wir legten dort Blumen nieder.

Er zeigte mir die Gitschiner Straße.

Und wir legten dort Blumen nieder.

Er zeigte mir die Bank am Bahnhof Zoo, wo er immer gerne gesessen und die Züge beobachtet hatte.

Wir schauten uns zusammen die Züge an.

Wir schauten uns die Frauen an.

Er las mir aus seinem Baedeker vor.

Er erzählte mir von der Geschichte.

Von den historischen Zufällen.

Von den historischen Unfällen.

Er erzählte von den historischen Anfällen, an denen er leidet.

Es war Sommer.

Und dann Spätsommer.

Und dann Altweibersommer.

Und dann kam der Herbst.

Und Winterberg strahlte und redete und war nicht zu bremsen.

Er war wieder da.

Er war zurückgekommen.

Keiner glaubte es.

Am wenigsten ich.

Doch es war so.

Winterberg war der erste Matrose, der meine Überfahrt überlebte.

Winterberg war der Erste, der mit mir zurückkam.

Ich legte mein Buch auf den schweren Holztisch. Ich stand auf, machte mir einen Kaffee, ging auf den Balkon und zündete mir eine Zigarette an. Der starke Wind wälzte die Bäume vor sich her. Es rauschte und stöhnte. Der erste Sturm in diesem Herbst.

Ich ging zu Winterberg. Er schlief und ich schaute mich in seinem Zimmer um. An der Wand neben seinem Bett hingen viele alte eingerahmte Karten. Ich dachte zuerst, vielleicht sind es alte Seekarten, vielleicht war jemand in Winterbergs Familie ein Kapitän, so wie der Vater und Großvater von Carla, um die ich mich in Bremen kümmerte. Und die ich liebte. Und die mich in letzter Zeit immer wieder in den Träumen besuchte und mich so fest an sich drückte und umarmte, dass ich davon immer aufwachte. Carla war weg. Doch ich schwitzte, und es drückte an meiner Brust, und mein Herz brannte und raste.

Es waren keine Seekarten. An der Wand hingen Schlachtpläne. Die Schlacht bei Austerlitz 1805. Die Schlacht bei Leipzig 1813. Die Schlacht bei Solferino 1859. Die Schlacht bei Königgrätz 1866. Die Schlacht bei Metz 1870. Die Militärkarte von Österreich-Ungarn. Daneben hingen die alten Stadtpläne. Berlin. Leipzig. Prag. Reichenberg. Graz. Wien. Brünn. Budapest. Preßburg. Agram. Laibach. Sarajevo. Und eine große Eisenbahnkarte von Mitteleuropa von 1913. Und eine Eisenbahnkarte für die Österreichisch-Ungarische Monarchie, auch von 1913.

Ich fand Bremen.

Und dachte an Carla.

Ich fand Poznań.

Und dachte an Agnieszka.

Ich fand Pilsen.

Und dachte an Bier.

Ich fand Vimperk.

Und dachte an meinen Vater und an meine Mutter und an meine kleine Schwester und auch an Winterberg.

Ich fand Karlsbad und dachte an meine Flucht.

Draußen fuhr wieder ein Zug vorbei. Es war ein weißer langer polnischer Intercity und das Haus zitterte.

Winterberg schlief und ich schaute mir nochmals die Karte mit der Schlacht bei Königgrätz an.

Und plötzlich sagte Winterberg:

»Die Schlacht bei Königgrätz geht durch mein Herz.«

Ich drehte mich um. Er schlief nicht mehr.

Winterberg starrte mich an.

»Hradec Králové?«

»Ich muss dorthin. Ich muss nach Königgrätz. Und nach Reichenberg. Und nach Sarajevo.«

»Sie sollten jetzt schlafen, Herr Winterberg. Alles wird gut. Schlafen Sie jetzt.«

»Nichts wird gut. Ich muss nach Sadowa bei Königgrätz. Und dann weiter. Ich muss die beiden finden.«

»Was?«

»Ich muss meine Vorfahren finden, sie liegen dort begraben, das ist der Anfang meiner Geschichte, meines Unglücks. Und ich muss auch sie finden.«

»Wen?«

»Meine erste Frau.«

»Die haben wir doch schon gefunden. Auf dem Friedhof Heerstraße.«

»Nicht die … Ich meine die erste Frau im Mond.«

»Schön. Sie wartet dort. Heute ist Vollmond, das habe ich im Radio gehört.«

»Ich muss die Reise machen.«

»Klar.«

»Unsere Hochzeitsreise, ja, ja, unsere Beerdigungsreise. Ich sehe sie. Lenka Morgenstern, die erste Frau im Mond.«

»Ihre erste Frau hieß Henriette, Ihre zweite Ute und Ihre dritte Johanna. Wir waren doch schon auf dem Friedhof.«

Ich dachte, vielleicht ist Winterberg wieder verloren. Vielleicht setzen wir unsere Überfahrt doch gleich fort.

»Ich sehe aber Lenka, sie ist immer noch da, sie wartet auf mich. Sie will, dass ich fahre. Dass wir fahren.«

»Sie sollten mehr schlafen. Ausruhen.«

»Sie brauchen mir nicht zu sagen, ob ich schlafen soll oder nicht. Ich will nicht schlafen«, sagte er und schlief ein.

Ich ging auch ins Bett. In mein Zimmer, was das Kinderzimmer von Winterbergs Tochter Silke war, die ständig auf Reisen war und einmal die Woche bei uns vorbeischaute, ob alles in Ordnung war.

Die erste Frau im Mond, ja, alles klar, dachte ich mir.

Ein Zug nach dem anderen fuhr an dem Haus vorbei, die Wände zitterten und ich dachte an Lenka Morgenstern und dann an Silke Winterberg und dann träumte ich von Carla de Luca.

Sie kam zu mir. Sie legte sich neben mich ins Bett und umarmte mich so, wie ich sie immer umarmt hatte, denn sie konnte mich damals nicht mehr umarmen, dafür waren ihre Arme schon zu schwach. So wie ihre Beine. So wie ihr ganzer Körper. Doch jetzt umarmte sie mich. Sie drücke mich an sich.

»Schlaf gut«, sagte sie. »Schlaf gut, mein Liebster.«

Sie drücke mich so fest, dass ich nicht atmen konnte.

»Versprich mir, dass du nie weggehst, versprich mir das.«

Ich wachte auf. Ich konnte keine Luft holen. Mein Herz raste.

Es war so, als ob meine Brust Feuer finge. Ich machte das Fenster auf. Der Sturm tobte immer noch. Ich hörte den Wind. Ich hörte die Züge. Die Wand zitterte und ich dachte, ich würde sterben.

Am nächsten Tag zeigte mir Winterberg sein Geheimzimmer.

Eigentlich waren es zwei Zimmer, mit einer riesigen Modelleisenbahn verbunden.

»Natürlich die H0, die königliche Spurweite«, sagte Winterberg und drückte auf einen Knopf.

Die Lichter und Signale gingen an und die Züge setzten sich in Bewegung

Die Güterzüge.

Die Personenzüge.

Die Schnellzüge.

Und auch die Militärzüge mit Soldaten und kleinen Panzern und Sanitätswagen.

Die Züge fuhren und Winterberg steuerte den Verkehr.

»Die Nordbahn, die Südbahn, die Westbahn, die Ostbahn, ja, ja, wie in meinem Buch«, zeigte mir Winterberg auf Teilen seiner Modelleisenbahn.

»In welchem Buch denn?«

»In meinem Baedeker. Ich habe sie nach dem Buch gebaut. Doch leider nicht fertig gebaut, wie Sie sehen, ja, ja, das macht mich ein wenig melancholisch … Diese Modelleisenbahn sollte meine Abschiedsreise, meine Hochzeitsreise sein, das alles habe ich nicht für mich, das alles habe ich für Lenka gebaut, Lenka Morgenstern.«

»Ich verstehe Sie nicht.«

»Es ist auch kompliziert.«

»Sie haben es für Lenka gebaut?«

»Ja, ja, so war es … Doch nur ein Drittel ist fertig, der Rest nicht, nach dreißig Jahren, nein, nein, ich werde es nicht schaffen, nein, nein, ich würde mindestens noch hundert Jahre brauchen, traurig, traurig, im Mittelpunkt meiner Anlage liegt natürlich Wien, das Eisenbahnherz von Mitteleuropa, wie Sie sehen können, lieber Herr Kraus, das Eisenbahnherz der Monarchie, dort ist Reichenberg mit Jeschken und der Feuerhalle, dort ist Königgrätz, an dem Schlachtfeld muss ich noch ein wenig arbeiten, ja, ja, die Soldaten habe ich schon vor längerer Zeit bestellt, natürlich nicht eine halbe Million, hundert Stück werden hoffentlich reichen, ja, ja, etwa vierzig Preußen, vierzig Österreicher und zwanzig Sachsen, ja, ja, immer, wenn ich mir das Schlachtfeld anschaue, tut es mir weh, immer, wenn ich es mir anschaue, fühle ich mich derangiert, fühle ich mich wie durchgestochen, ja, ja, da kommt alles wieder, die ganze Geschichte, die Öffnung des Leichnams bei lebendigem Leibe, ja, ja … Dort ist die Burgruine von Trosky, ja, ja, keiner in Deutschland kennt Trosky, aber der Engländer, der hat Trosky gekannt, ja, ja, der hat die Burgruine geliebt, ja, ja, the beautiful landscape of battlefields, cemeteries and ruins, wie er immer zu Böhmen und zu Mitteleuropa sagte, ja, ja, einen Friedhof muss ich auch noch bauen, ohne den Friedhof wäre meine Anlage nicht fertig, aber wann, wann …«

Die Signale wechselten die Farben und die Züge fuhren und Winterberg fing an zu zittern. Ein historischer Anfall.

»Ja, ja, der Engländer hat mich verstanden und ich habe ihn auch verstanden, ja, ja, der Engländer war auch historisch krank, so wie ich historisch krank bin, der Engländer litt an der Geschichte und an den historischen Anfällen, so wie ich an der Geschichte und an den historischen Anfällen leide, ja, ja, the beautiful landscape of battlefields, cemeteries and ruins, er hatte recht, so ist es, Schlachtfelder und Friedhöfe und Ruinen, alles so schön, alles so schrecklich … Dort ist der Böhmerwald mit Winterberg, da kommen Sie doch her, sehen Sie? Da ist Pilsen und die Brauerei, da Budweis und die andere Brauerei, da die ehemalige Pferdebahn nach Linz, die erste Eisenbahn in Österreich, ja, ja, den Böhmerwald zu überschienen war genauso schwer wie die Alpen zu überschienen, ja, ja, heute ziehen die Züge natürlich keine Pferde mehr, heute braucht man keine Pferde mehr, auch nicht beim Militär, nicht wie bei Königgrätz; meine Tochter wollte immer ein Pferd haben, ich fürchte, sie ist bis heute böse, dass ich ihr kein Pferd gekauft habe, sie ist bis heute deswegen ein wenig melancholisch … Wo bin ich hängen geblieben, Sie dürfen mich nicht unterbrechen, lieber Herr Kraus …«

»Ich sage doch nichts.«

»Doch, doch, Sie reden die ganze Zeit …«

»Ich? Ich schaue mir nur die Züge an. Sie reden die ganze Zeit.«

»Genau, genau … Wo bin ich denn hängen geblieben … Ja, ja, meine Tochter ist sehr einsam, vielleicht sollte ich ihr doch noch ein Pferd kaufen, oder einen Mann … Ja, ja, jetzt weiß ich …«

Winterberg zeigte mir Bad Ischl. Und Salzburg. Und Brünn. Und Krakau. Und Lemberg. Und Kaschau. Und Budapest. Und Agram. Und Laibach. Und Triest.

Und dann zeigte er mir Sarajevo.

»Ja, ja, genau, Sarajevo ist meine Endstation, die bosnische Schmalspurbahn … Der kleine schwarze Wagen da, sehen Sie, dort, das ist das Automobil mit dem Thronfolger, gleich wird er erschossen und seine Gattin auch, ja, ja, gleich bricht die ganze Welt zusammen …«

Die Signale wechselten die Farben und die Züge fuhren und Winterberg zitterte immer mehr.

»Nein, nein, ich wollte beim Bau nicht in die Details kommen, und doch wurde ich immer detaillierter, wie Sie sehen können, lieber Herr Kraus, die Geschichte ist leider so kompliziert und so detailliert, dass man schnell den Verstand verlieren kann, ja, ja, die geistige Umnachtung, doch am verrücktesten sind die Menschen, die behaupten, die Geschichte verstanden zu haben, die versuchen, uns die Geschichte zu erklären, ja, ja, die sind wirklich verrückt und krank und gefährlich, denn die Geschichte kann man nicht verstehen, Geschichte ist kein Handwerk, das man lernen kann, ja, ja, ich weiß einiges darüber, ich war der letzte Straßenbahnfahrer von Westberlin, drei Frauen und drei Linien, ich hatte sehr viel Zeit, Bücher über Geschichte zu lesen, Clausewitz oder *Die Überschienung der Alpen* oder meinen Baedeker zum Beispiel … Ja, ich weiß, lieber Herr Kraus, ich weiß, was Sie sagen möchten, zu viele Geschichten und zu viel Geschichte, ja, ja, es gibt kein Entkommen, man kann die Geschichte leider nicht so einfach wie die Alpen überschienen, so einfach wie den Böhmerwald, die Geschichte wehrt sich, sie greift uns an, ja, ja, in der Geschichte kann man sich nur verlieren, ja, ja, doch man muss sich sogar vielleicht in der Geschichte verlieren, um sie wirklich zu verstehen, man muss verrückt werden, um nicht verrückt zu sein.«

»Ich verstehe Sie wirklich nicht.«

»Das ist nicht schlimm. Nicht jeder kann historisch durchschauen.«

Die Züge fuhren durch die Tunnel und über die Brücken und durch die kleineren und größeren Bahnhöfe und Winterberg zitterte nicht mehr. Er hielt sich an der Stuhllehne fest und schaute traurig und müde vor sich hin

»Ich kriege es nicht hin.«

»Was denn?«

»Sie zu verstehen.«

»Wen?«

»Die Geschichte … Doch man darf nicht aufgeben. Man muss versuchen zu verstehen.«

»Ich verstehe Sie wirklich nicht.«

»Sie müssen mir helfen, lieber Herr Kraus.«

»Wie helfen?«

»Sie müssen mitfahren.«

»Wohin denn?«

»Nach Königgrätz, nach Reichenberg, nach Brünn, nach Wien, nach Budapest, nach Zagreb, nach Sarajevo. Dort verliert sich die Spur von Lenka.«

Plötzlich stand jemand in der Tür. Es war Silke.

»Papa, du spielst.«

»Spielen, das ist nicht spielen, das, was wir machen, heißt Geschichte lernen.«

»Ja, ja, wie geht es dir heute?«

»Gut … Bist du mir böse, dass ich dir das Pferd nicht gekauft habe?«

»Papa …«

»Ich kann es dir kaufen, wenn du willst … Oder einen Mann.«

»Papa, ich bitte dich.«

»Warum hast du keinen Mann … Herr Kraus fragt sich das sicher auch, oder, Herr Kraus?«

»Also … Ich … Nein …«

»Papa!«

»Ich wollte immer Großvater werden.«

»Papa!«

»Oder eine Frau, du kannst auch eine Frau haben …«

»Was?«

»Meinst du, ich hätte etwas dagegen? Ich bin modern, ich bin doch fast hundert … Das war schon vor achtzig Jahren in Reichenberg modern, und in Berlin sowieso … Nur im Krieg, da war es anders, da war es nicht modern, obwohl …«

»Papa, ich bitte dich …«

»Ich hätte nichts dagegen … Oder, Herr Kraus, hätten Sie etwas dagegen, wenn Ihre Tochter mit einer Frau zusammen wäre?«

»Also … Ich … Nein …«

»Siehst du, Silke, auch Herr Kraus ist modern …«

»Papa, lass das bitte … Ich meine, das ist …«

»Ich weiß, ich weiß … Du musst arbeiten, ich weiß …«

»Ich habe mit deinem Arzt gesprochen.«

»Und?«

»Du bist gesund.«

»Was?«

»Ja, kerngesund.«

»Nein.«

»Doch.«

Ich schaute Winterberg an.

»Genau, ich meine auch, Sie sind wirklich gesund. Ich glaube, ich werde jetzt gehen.«

Winterberg drückte auf den Knopf und die Lichter erloschen und die Züge blieben stehen.

Er schaute uns an.

»Das geht nicht. Ich bin nicht gesund.«

Silke schaute ihn an.

»Papa, du bist alt, du darfst dir nicht so viel zumuten, aber für dein Alter bist du mehr als gesund. Der Arzt meinte, so was hat er noch nie erlebt.«

»Ich auch nicht. Ich habe hier nichts mehr zu tun, wirklich.«

»Nein, ich bin nicht gesund.«

»Doch, Papa, du bist gesund.«

»Ich bin es nicht! Du brauchst mir nicht zu sagen, ob ich gesund bin oder nicht.«

»Aber Papa!«

»Der Arzt hat keine Ahnung, wie es mir geht! Du hast keine Ahnung, wie es mir geht. Ich bin krank! Man sieht es vielleicht nicht, aber ich bin krank, ja, ja, ich bin es … Herr Kraus, Sie müssen hierbleiben, das geht nicht, ja, ja, Sie müssen hierbleiben.«

»Aber das geht nicht …«

»Ich brauche Sie, Herr Kraus.«

»Aber ...«

»Genau, Papa, das geht nicht, Herr Kraus hat sicher auch seine Familie, um die er sich kümmern muss.«

»Hat er nicht! Er bleibt hier!«

»Oder um andere Menschen, die seine Hilfe brauchen.«

»Er muss hierbleiben! Herr Kraus, ich bitte Sie ...«

Er schwitzte und zitterte und sein Gesicht wurde ganz rot.

»Ich komme Sie besuchen, Herr Winterberg. Versprochen.«

»Ja, das wird schön, er kommt dich besuchen«, sagte Silke. »Das Geld bis zum Monatsende kriegen Sie natürlich bezahlt, Herr Kraus.«

»So, ich werde jetzt meine Sachen packen. Eine schöne Eisenbahnanlage, Herr Winterberg, unglaublich schön.«

Ich ging in mein Zimmer und packte meine Sachen. Es war nicht viel. Dann rauchte ich auf dem Balkon eine Zigarette und hörte einen Streit. Ich wusste nicht, worum es ging, ich hörte nur einzelne Wörter und Sätze. Ich ging in das Zimmer und setzte mich auf das Bett. Draußen fuhren die Züge, die Wände zitterten und Winterberg schrie und seine Tochter weinte.

Und dann war es still.

Ich nahm meine Taschen und ging zur Küche und machte die Tür auf. Sie saßen sich am Tisch gegenüber.

»Herr Kraus, bleiben Sie bitte bei meinem Vater. Ich werde Sie weiter bezahlen. Bleiben Sie bitte.«

Ich lag in meinem Zimmer, das früher das Kinderzimmer von Silke Winterberg war. Sie war schon wieder unterwegs. Nach Köln. Oder nach Paris. Oder nach Warschau.

Ich lag in meinem Bett, das früher ihr Bett war, und hörte die Züge und sah die weißen Lichter an der Wand tanzen.

Von links nach rechts.

Und von rechts nach links.

Und wieder von links nach rechts.

Die Wände zitterten und ich konnte nicht einschlafen und dachte an Carla und dann an Silke und dann wieder an Carla.

Was mein erstes Wort als Kind war, weiß ich nicht mehr. Was mein erstes deutsches Wort war, das weiß ich genau. Es war nicht »Feuerhalle« oder »Dampflokomotive« oder »Grab«, sondern »Hitler«.

Als Kinder spielten wir immer Krieg. Die Guten waren die Russen. Die Bösen die Deutschen. Der Böseste war immer Hitler. Die Kinder wussten, dass ich eine deutsche Oma habe. Und dass meine Mutter sich mit meinem Vater auf Deutsch stritt.

Vielleicht musste ich deshalb im Krieg immer die Deutschen spielen. Hitler.

Vielleicht musste ich deshalb immer sterben.

Vielleicht nahm mich Hanzi deshalb auf die Reise mit.

Auch wenn ich zu Hause schon ein wenig Deutsch gehört habe, so richtig habe ich die Sprache erst mit meinem geklauten Duden gelernt.

Da war Hanzi schon tot.

Und meine Mutter auch.

Und mein Vater sowieso.

Nur Carla, die lebte noch.

An einem Abend sagte Winterberg:

»Ich muss den Mann kriegen.«

Wir schauten uns zusammen ein Fußballspiel an.

»Wen denn?«

»Das Arschloch.«

»Was?«

»Das Arschloch, das es ihr gemacht hat.«

»Klar. Wem denn.«

»Lenka. Und das schaffe ich auch.«

»Wollen Sie noch ein bisschen Tee?«

Doch Winterberg wollte keinen Tee.

»Er darf nicht entkommen. Ich weiß, wo er sich versteckt.«

»Oder Saft?«

Doch Winterberg wollte keinen Saft.

»In Sarajevo.«

»In Sarajevo, klar.«

»Oder bei Königgrätz … Vielleicht auch in Wien oder in Brünn oder in Budapest, irgendwo in meinem Buch einfach, ja, ja, in meinem Baedeker. Aber ich meine, es ist in Sarajevo passiert.«

»Klar. Soll ich den Fernseher ausmachen?«

Doch Winterberg wollte nicht, dass ich den Fernseher ausmache.

»Wie müssen überallhin.«

»Das machen wir. Vielleicht eine Banane?«

Doch er wollte keine Banane.

»Ich meine es ernst.«

»Und wann soll es passiert sein, mit Lenka?«

»Ich weiß nicht. Im Krieg. Wir müssen ihren Mörder finden, ja, ja, ich werde Sie gut bezahlen, lieber Herr Kraus.«

»Wofür?«

»Wenn Sie mitkommen.«

»Das geht doch nicht.«

»Doch, das geht.«

»Es ist doch so lange her. Der ist sicher schon tot.«

»Nein, nein, ist er nicht.«

»Woher wissen Sie das.«

»Ich weiß es einfach.«

»Ach so.«

»Ich muss diese Reise machen. Jetzt oder nie, ja, ja, ich bitte Sie, kommen Sie mit.«

Winterberg schaute mich an.

»Haben Sie einen Führerschein, Herr Kraus?«

»Ja. Aber ich habe kein Auto.«

»Ich auch nicht. Aber meine Tochter hat eins.«

»Ich mache es nicht.«

»Nein?«

»Nein.«

»Wirklich nicht? Ich bitte Sie.«

»Nein, tut mir leid.«

Ich weckte Winterberg um sechs Uhr auf.

Ich fragte ihn nochmals, ob er es wirklich tun wolle.

Er zeigte auf den Briefumschlag auf dem Tisch.

»Die zweite Hälfte bekommen Sie in Sarajevo.«

»Und danach, wenn wir dort sind, was machen Sie dann?«

»Das geht Sie nichts an.«

»Wollen Sie nicht einen Brief schreiben, wohin wir fahren?«

»Nein.«

»Sie werden uns suchen.«

»Ich weiß. Aber sie werden uns nicht finden, keine Angst.«

»Und Ihre Tochter?«

»Die Reise geht Silke nichts an. Sie geht niemanden etwas an, ja, ja, es geht nur um Lenka und mich. Und jetzt um Sie, lieber Herr Kraus.«

Wir fuhren los und Winterberg strahlte.

Er wollte, dass wir das Auto anzünden. In die Luft sprengen. In der Spree versenken.

»Wir dürfen keine Spur hinterlassen, lieber Herr Kraus.«

»Wir können auch mit dem Auto nach Sarajevo fahren.«

»Nein. Nie. Ich hasse Autos. Und so würden sie uns gleich finden. Das Auto ist nur Tarnung, damit sie glauben, wir sind mit dem Auto unterwegs.«

»Wohin soll ich denn fahren?«

»Ich weiß nicht.«

»Ich weiß es auch nicht. Ich weiß nur, wann unser Zug geht. Also zur Spree, oder was?«

»Fahren Sie einfach.«

»Fahren Sie einfach, fahren Sie einfach … Aber wohin?«

Wir fuhren mit dem Auto mehrmals um den Block und parkten den kleinen Wagen dann nur zwei Straßen weiter von seinem Haus entfernt. Ich rief uns ein Taxi.

Als das Taxi ankam, nahm Winterberg mein Handy, zertrat es, sammelte die Scherben auf und schmiss alles in eine Mülltonne. Und ich sah eine ältere Dame mit Hund, die uns sah und den Kopf schüttelte.

Wir fuhren und Winterberg schaute aus dem Fenster und sagte:

»Und so vergeht die Zeit, es geht alles vorüber, es geht alles vorbei, ja, ja, wie die Zeit vergeht.«

VON BERLIN NACH REICHENBERG

Obwohl der Hauptbahnhof viel näher gelegen war, wollte Winterberg zum Bahnhof in Spandau, denn er mochte den neuen Hauptbahnhof nicht. Im Taxi zählte er alle die Berliner Bahnhöfe auf, die nicht mehr existierten.

Er erzählte vom Görlitzer Bahnhof und vom Potsdamer Bahnhof. Vom Schlesischen Bahnhof und vom Lehrter Bahnhof.

Er erzählte auch vom Anhalter Bahnhof, wo die Züge aus Prag ankamen.

Er erzählte, wie man vor dem Krieg gegenüber in einem Hotel Pilsner Urquell trinken konnte.

»Jeder dieser Bahnhöfe, lieber Herr Kraus, auch der kleinste von ihnen, war im Vergleich mit dem neuen Berliner Hauptbahnhof ein richtiger Bahnhof. Der neue Hauptbahnhof ist eine Falle, ja, ja, ein Spatzennest, ein Obduktionssaal im Krankenhaus, ein Mausloch aus Glas und Stahl. Ein Königgrätz der Baukunst. Ein Bahnhof fast ohne Schienen, fast ohne Weichen, fast ohne Eisenbahner, ja, ja, ein Bahnhof ohne Eisenbahner ist kein Bahnhof. Ein Bahnhof ohne Eisenbahner ist ein Friedhof.«

Kurz danach standen wir mit den Fahrkarten auf dem Bahnsteig in Spandau und warteten auf den Zug von Hamburg, der weiter nach Leipzig fuhr. Winterberg schaute sich misstrauisch um. Denn auch der Spandauer Bahnhof war längst kein alter Bahnhof mehr.

Der Zug kam an und wir stiegen mit unseren Koffern und Taschen ein.

Und als unser Zug im Hauptbahnhof anhielt, in diesem feuchten Keller, wie Winterberg sagte, machte er die Augen zu und bat mich, ihn zu wecken, wenn wir hinter dem Südkreuz wären.

Und so machte ich es auch.

Wir saßen im Speisewagen. Ich hatte Lust auf Bier, ich wollte mich betrinken, gleich jetzt schon, als ob ich schon an diesem Morgen wüsste, dass diese Reise zu einer Falle werden würde. Als ob ich schon jetzt wüsste, dass es nicht gut enden konnte.

Ich bestellte ein alkoholfreies Bier und Winterberg Kaffee und Kuchen und die Landschaft verschwand im Nebel.

»Ja, ja, wie der Nebel die Landschaft immer umarmt, da muss ich immer an den Krieg und an das Schnitzel denken.«

»An Krieg?«

»Ja, an den Nebel des Krieges.«

»Was?«

»Das werden sie noch begreifen …«

»Und was hat der Nebel mit dem Schnitzel gemeinsam?«

»Ja, ja, viel mehr, als Sie denken … Ich muss immer an meine Mutter denken, wie sie die Schnitzel paniert hat. Sie sagte immer, eine Panade ist keine Panzerung, eine Panade muss so leicht und sanft sein wie ein leichter Nebel, der sich auf die Landschaft legt, ja, ja, wie ein leichtes Kleid, so muss eine gute Panade sein, die Panade wird oft unterschätzt, doch meine Mutter hat sie nie unterschätzt, meine Mutter hat die besten Schnitzel gebraten, gleich nach meiner Großmutter. Die beiden haben jahrelang einen Schnitzelkrieg geführt, ja, ja, die Schnitzel waren gleich gut, ja, ja, die einzigen Kriege, die Sinn machen, sind die Küchenkriege, die gehen immer gut aus, davon weiß ich einiges, die alte böhmische Kochtradition, ich freue mich endlich auf ein gutes Schnitzel, das bekommt man in Berlin einfach nicht … Die Preußen haben kein Verständnis für diese feine Kocharbeit, die Preußen würden einen Küchenkrieg mit Böhmen und Österreich immer verlieren, in Reichenberg gibt es sicher immer noch wunderbare Schnitzel, vom Kalb, das versteht sich, obwohl das Fleisch nicht das Entscheidende ist, es geht vor allem um die richtige Panierung, ja, ja, lieber Herr Kraus, das Paniermehl hat meine Mutter immer zu Hause selbst gemacht, sie würde es nie kaufen, ja, ja, schön, dass wir bald in Böhmen sind.«

Der Zug fuhr schnell und leise durch die winterliche, neblige Landschaft, und Winterberg fragte mich, ob es mich nicht störe, dass unsere Reise so schnell und leise anfinge. Eine leise Zugfahrt sei keine richtige Zugfahrt.

Und kurz danach sagte er es auch zu dem Schaffner.

Er beschwerte sich, dass der Zug zu schnell und zu leise führe. Er sagte, da brauche man sich nicht zu wundern, dass immer wieder jemand auf den Gleisen stehen bleibt, dass immer wieder jemand den Zug überhört, dass es auf den Schienen immer wieder zu einem kleinen Königgrätz kommt.

»Ja, ja, genau, so wie bei Königgrätz … Eisenbahnleichen sind keine schönen Leichen, sagte mein Vater immer, und er musste es wissen, er hat viele Leichen gesehen.«

Der Schaffner schaute ihn verwundert an, nickte, kontrollierte unsere Fahrkarten, lächelte Winterberg an und ging weiter.

Und Winterberg sagte:

»Er hat es nicht begriffen, traurig, traurig, er schaut historisch überhaupt nicht durch. Er weiß nichts über Königgrätz.«

Winterberg schaute aus dem Fenster in den Nebel, nippte an seinem Kaffee und rührte den Kuchen nicht an. Er schaute aus dem Fenster und sagte:

»Königgrätz. Wir wissen, wie und wo es geendet hat, doch wir wissen nie, wie und wo es angefangen hat. Verstehen Sie, lieber Herr Kraus? Die Lieben und die Krisen, ja, ja, und vor allem die Kriege, wir wissen immer, wenn es vorbei ist, doch wir wissen nie, wann es angefangen hat zu bröckeln.«

Und dann las Winterberg in seinem Buch, in seinem roten Baedeker für Österreich-Ungarn 1913.

»Die neunundzwanzigste Auflage mit allen Karten und Stadtplänen, ja, ja, natürlich die Ausgabe mit Galizien und Kroatien und Bosnien und Herzegowina. Die anderen Ausgaben zählen nicht, das sind nur Unterausgaben, nur diese letzte Ausgabe zählt.«

Er las in dem Buch und er las laut, als wollte er es mir vorlesen oder seiner Lenka oder uns beiden.

»Ja, ja, ein Passzwang besteht in Österreich-Ungarn nicht, doch ist ein Pass oder eine Passkarte stets angenehm, ja, ja, Geldsendungen oder eingeschriebene Briefe werden in Österreich-Ungarn auch gegen Vorweisung einer in Deutschland ausgestellten Postausweiskarte ausgehändigt, merken Sie sich das, lieber Herr Kraus, ja, ja, jetzt die Zolldurchsuchung … Tabak und Zigarren können bis zu drei Kilogramm gegen Begleichung des Zolles eingeführt werden, ja, ja, jetzt zur Sprache, in Österreich ist die Kenntnis der deutschen Sprache in den slawischen und italienischen Gebieten genügend verbreitet, um dem Reisenden Verlegenheiten zu ersparen, Bahn- und Zollbeamte, Gendarmen, Schutzleute, wie auch die Bediensteten der Hotels und Bahnrestaurants sprechen fast durchweg Deutsch. Dagegen darf man in Ungarn außerhalb der Haupt- und der Garnisonsstädte, besuchter Fremdenorte und der wenigen deutschen Sprachgebiete nur auf den großen Eisenbahnen, den Donaudampfern und in besseren Gasthäusern Verständnis des Deutschen erwarten, gut zu wissen, vielleicht müssen wir ein bisschen Ungarisch lernen, lieber Herr Kraus.«

Ich schaute aus dem Fenster und hatte Lust auf ein Bier und auf eine Zigarette und Winterberg las aus seinem Buch laut vor und die Menschen im Speisewagen schauten sich immer wieder nach ihm um. Winterberg erzählte und las so laut, dass er den ganzen Speisewagen beherrschte.

Es war ihm dabei egal, ob ich ihm zuhörte. Ob ihm jemand anders zuhörte. Ob er jemanden störte oder nicht. Er beherrschte den Raum so sicher und so selbstverständlich, wie ein Schauspieler die Bühne eines Theaters beherrscht.

»Ja, ja, lieber Herr Kraus, die Reisekosten sind in Wien, Budapest und den großen Kurorten etwa um ein Drittel höher als in deutschen Großstädten, merken Sie sich das, viel Trinkgelder nötig, man versorge sich reichlich mit 2- und 10-Hellerstücken, ja, ja, an Trinkgeld sollten wir immer denken, nichts ist peinlicher, als das Trinkgeld zu vergessen, lieber Herr Kraus.«

Winterberg sprach mich an, aber schaute dabei nicht von seinem Baedeker zu mir herüber. Wie später so oft. Er las in seinem Baedeker weiter, und ich wusste vielleicht schon in diesem Augenblick, er reist nicht mit mir, obwohl er mit mir spricht, er reist nur mit sich selbst. Und mit Lenka. Lenka Morgenstern. Und mit seinen Geistern.

»An Mannigfaltigkeit der Landschaft wie an Reichtum geschichtlich und kunstgeschichtlich bemerkenswerter Städte ist die österreichische Reichshälfte bei Weitem die bedeutendere, ja, ja, das ist klar, das ist bekannt, als besonders lohnend sind etwa folgende Reiseziele hervorzuheben, da bin ich gespannt.«

Er las weiter und weiter, und irgendwie wusste ich, er hatte es schon so oft gelesen, er weiß das alles schon. Und trotzdem tat er so, als lese er es jetzt zum ersten Mal.

Er las über Niederösterreich und Oberösterreich.

Über Salzburg und das Salzkammergut.

Über Wien und Umgebung.

Über die Semmeringbahn und die Südbahn.

Und dann erzählte er von den vielen Tunneln und Schluchten und Brücken.

Von dem historischen Durchstich.

Und von Carl Ritter von Ghega.

»Ja, ja, ohne Carl Ritter von Ghega wäre alles anders gelaufen, ja, ja, genau, die Semmeringbahn, da werden während der Fahrt heute noch manche verrückt und werden vom Bahnhof in Graz gleich in die Irrenanstalt gebracht, ja, ja, verrückt, ich weiß, was Sie sagen möchten, lieber Herr Kraus, alles verrückt, geistige Umnachtung… Sie haben recht, manche Tunnel sind so lang und manche Brücken so hoch, dass man heute noch leicht den Verstand verlieren kann, ja, ja, ich weiß, geistige Umnachtung… Wo bin ich denn schon wieder hängen geblieben, ja, hier…«

Er las über die Donau zwischen Passau und Wien. Über Gmunden und Traunsee. Über Bad Ischl.

»Genau, da fahren wir auch hin, Schafberg, Salzburg und Umgebung, mal sehen, ob wir es schaffen, ja, ja, Liechtenstein, das müssen wir wahrscheinlich weglassen, aus Eisenbahnersicht ist es auch eher uninteressant, aus historischer Sicht auch, mindestens für mich…«

Er las über Golling und Zell am See.

Über Tirol und Innsbruck.

Über den Achensee und Kufstein und das Zillertal.

»Ja, ja, die Zillertalbahn… Eine wunderschöne Schmalspurbahnstrecke der bosnischen Spurweite 760 Millimeter, da müssen wir eigentlich auch hin…«

Er las über das Kitzbühler Horn und die Hohe Salve.

Über die Arlbergbahn.

»Ja, ja, der bekannte Arlbergtunnel von Julius Lott, auch ein Meisterwerk, ja, ja, Lott ist so früh an Schwindsucht gestorben, ja, ja, alle Tunnel in seiner Lunge waren verstopft und sind schnell zusammengebrochen, wenn Sie an der Schwindsucht leiden, lieber Herr Kraus, gibt es oft kein Entkommen… Schwindsuchtleichen sind keine schönen Leichen.«

Er las über Bozen und Meran, über Südtirol, über den Balkon der Monarchie, wie er sagte.

Über die Brennerbahn.

»Ja, ja, richtig, genau wie es hier steht … Die Brennerbahn mit malerischen Aussichten … Eigentlich müssen wir auch dorthin.«

Er las über den Gardasee und die Dolomitenstraße.

Über Böhmen und Mähren.

Über Eger und Karlsbad und Marienbad.

Über Olmütz und Brünn und Reichenberg.

»Sehen Sie, lieber Herr Kraus, schon damals war Reichenberg von großer Bedeutung, auch wenn die Reichenberger Feuerhalle, das Herzstück der Stadt, erst 1918 eröffnet wurde und so natürlich in diesem Buch nicht erwähnt wird …«

Er las über Ostrau und Krakau und Lemberg und Galizien.

Über Preßburg und Budapest und Ungarn.

Über Klausenburg und Hermannstadt und Siebenbürgen.

Über Sarajevo und Mostar und Bosnien und Herzegowina.

»Schön, schön, lieber Herr Kraus, ich freue mich schon auf die bosnischen Schmalspurbahnen, teilweise auch als Zahnradbahnen ausgebaut, wie es hier steht, ob es das noch gibt, mal sehen … Ja, ja, hören Sie zu … Die ehemals türkischen Provinzen Bosnien und Herzegowina lohnen sich nicht nur in landschaftlicher Beziehung, sondern gewähren auch einen Einblick in orientalisches Wesen und werden neuerdings viel besucht … Deshalb fahren wir auch dorthin, aber alles der Reihe nach. Ach, ich freue mich, was für ein Land, finden Sie nicht. So groß, so schön und alles verloren … Und doch vielleicht nicht. Ist das schon Leipzig?«

Doch es war erst Wittenberg. Ich war schon von seinem Gerede müde. Doch Winterberg war nicht müde. Ganz im Gegenteil.

Der Zug raste durch die flache, monotone Landschaft und er las weiter aus seinem Baedeker vor und verlor sich in der Geschichte.

Mitgenommen von seiner Neugier.

Mitgenommen von seinem Wahnsinn.

Mitgenommen von seinem historischen Anfall.

Als wir endlich in Leipzig aus dem Zug ausstiegen, blieb Winterberg auf dem Bahnsteig stehen. Seine Brille war beschlagen. Er putzte sie und schaute dann nach oben.

Zu den großen und breiten Wellen aus Glas und Stahl.

Zum Dach.

Zum Himmel.

Winterberg erzählte, wie er diesen Bahnhof schon seit jeher bewunderte. Er erzählte vom schönsten Kopfbahnhof Deutschlands. Vom schönsten Kopfbahnhof Europas. Vom schönsten Kopfbahnhof der Welt. Er erzählte, wie Leipzig seinen Kopfbahnhof durch einen Tunnel unter der Stadt verloren hat. Er erzählte, er wolle sich den Tunnel nicht anschauen. Er erzählte, es mache ihn melancholisch.

»Ja, ja, viele der Kopfbahnhöfe gehen in der Geschichte verloren und viele Köpfe auch, unsere Kopflosigkeit wird kein gutes Ende nehmen, traurig, traurig, doch so muss es vielleicht sein, aber wir, lieber Herr Kraus, wir zwei gehen nicht verloren. Wir lassen uns von der menschlichen Dummheit nicht zerstören, lieber Herr Kraus… Wir werden sie überschienen, so, wie von Ghega die Alpen überschient hat.«

Wir standen auf dem Bahnsteig und der nächste Zug kam an, ein verspäteter ICE aus Frankfurt. Die Menschen strömten an uns vorbei, sie machten einen Bogen um mich und Winterberg, weil wir ihnen mit unserem Gepäck im Weg standen.

Winterberg erzählte von dem Bahnhof und gestikulierte wild um sich herum und zeigte mit seinen Händen und Fingern und Füßen in alle Himmelsrichtungen, als würde er ein riesiges Musikorchester dirigieren. Er erzählte und in der Kälte dampfte es aus seinem Mund wie aus einer Dampflokomotive.

»Ja, ja, da links der preußische Bahnsteig, ja, ja, rechts der sächsische Bahnsteig, ja, ja, und ganz rechts noch der Militärbahnsteig, ja, ja, ein Bahnsteig nur für die Militärs, das sieht man auf einem Personenbahnhof nicht so oft, das sieht man eigentlich sehr selten, ich kann mich nicht entsinnen, ob ich es auf einem anderen Bahnhof gesehen habe… Und dazwischen, wie Sie sehen, ein Querbahnsteig, der den Sächsischen und den Preußischen und auch den Militärbahnsteig bis heute verbindet und ergänzt.«

Der ICE von Frankfurt fuhr längst nach Dresden weiter. Ich dachte, wir nehmen den Zug, wir müssen auch nach Dresden. Doch Winterberg wollte nicht mehr mit einem ICE fahren. Der Zug war ihm zu schnell und er muss sich nicht mehr beeilen.

»Der Bahnhof war ein Versöhnungsbau, lieber Herr Kraus, er sollte die Preußen und Sachsen nach der Schlacht bei Königgrätz 1866 und nach der preußischen Eroberung von Sachsen, ja, ja, nach dieser historischen Vergewaltigung von Sachsen durch Preußen, endlich zusammenführen und versöhnen und für immer verbinden, so wie der Querbahnsteig hier auf dem Bahnhof den Sächsischen und Preußischen und Militärbahnsteig bis heute noch verbindet, wie Sie sehen können. Genau so hat sich das der Architekt Rudolf Bitzan vorgestellt, lieber Herr Kraus…«

Winterberg schaute mich an, als ob ich wirklich was sagen wollte, doch ich wollte nichts sagen. Mir war nur kalt und ich hatte Lust auf ein Bier oder auf einen Grog oder auf beides. Ich zündete mir eine Zigarette an.

»Ja, ja, ich weiß, was Sie sagen möchten… Ein Personenbahnhof, wo ein Militärbahnsteig steht, das ist kein gutes Zeichen, das kann kein gutes Ende nehmen, und Sie haben recht, es hat kein gutes Ende genommen. Ich schwöre, der Militärbahnsteig war keine Idee von Rudolf Bitzan, so hat es mir mein Vater erzählt, er kannte Bitzan gut aus Reichenberg, ja, ja, der Bau der Reichenberger Feuerhalle hat sie zu Freunden gemacht, ja, ja, … Wo bin ich hängen geblieben?«

Winterberg fing an zu zittern

»Wollen wir nicht gehen?«

»Nein, wollen wir nicht.«

»Wir sollten aber gehen.«

»Ja, ja, genau, vielleicht war der Militärbahnsteig die Ursache des Streites darüber, wer eigentlich der schöpferische Vater vom Leipziger Hauptbahnhof ist, denn Rudolf Bitzan wusste, wohin die Züge von Militärbahnsteigen abfahren, ja, ja, sicher wusste er das. Rudolf Bitzan war ein Genie, sagte mein Vater. Der Hauptbahnhof wurde erst im Ersten Weltkrieg eröffnet, im Dezember 1915, und wenn Sie mich fragen, war es kein besonders großes Fest für so eine große Stadt wie Leipzig, für so einen wunderschönen Bahnhof, denn 1915 hatten die Menschen und auch die Eisenbahner und auch die Architekten schon andere Sorgen, als zu feiern, ja, ja, richtig, das Geld und der Ruhm wurden für Kanonen und Kanonenfutter und Särge gebraucht, traurig, traurig, die zwei anderen Architekten haben sich mit dem ganzen Ruhm geschmückt, Lossow und Kühne haben Rudolf Bitzan aus Leipzig vertrieben, von seinem Bauwerk, sie haben seinen Namen ausradiert, ihn als Menschen ausradiert und vernichtet. Nirgendwo finden Sie heute seinen Namen, kein Wort über diese böhmische Spur auf dem Leipziger Hauptbahnhof, obwohl es Rudolf Bitzan war, der den Leipziger Hauptbahnhof zum größten Teil entworfen hat, wenn nicht den ganzen Bahnhof, wie mein Vater immer sagte. Bitzan wurde vertrieben und ausradiert und vernichtet und hat sich dann eher den kleineren Bauten gewidmet, die aber nicht von weniger Bedeutung waren, so wie die Feuerhalle in Reichenberg, die das erste Krematorium in Österreich war, die genauso alt ist wie ich, lieber Herr Kraus. Genauso alt wie ich und genauso alt wie die Tschechoslowakische Republik. In der Feuerhalle hat Bitzan Trost gefunden, sagte mein Vater, die Feuerhalle hat seinem Leben wieder einen Sinn gegeben, ja, ja, die Feuerburg, wie er seinen Entwurf nannte, ja, ja, die Flammengruft, in die wir gleich in Reichenberg herabsteigen werden … Oh, das wird schön, lieber Herr Kraus.«

»Ja, das wird schön.«

Winterberg atmete schwer und zitterte. Es war kalt, doch er wollte noch nicht gehen. Es war ihm egal, ob ihm jemand zuhörte, ob ich ihm zuhörte. Er erzählte einfach, weil er erzählen musste. Historischer Anfall.

»Ja, ja, und so führt vom Bahnhof in Leipzig eine direkte Verbindung zur Feuerhalle in Reichenberg, ja, ja, deshalb wollte ich unbedingt nach Leipzig. Hier fängt unsere historische Reise erst an, ja, ja, lieber Herr Kraus … Die Sachsen haben an der Seite von Österreich 1866 gegen Preußen gekämpft, ja, ja, da waren die Sachsen noch Helden, sie wollten sich nicht den Preußen unterwerfen, und so haben sie heldenhaft an der Seite von Österreich gekämpft und heldenhaft verloren … Mein Vater hat die Sachsen geliebt. Er sagte immer, die Sachsen sind ein modernes Volk, die Sachsen haben die erste Eisenbahnfernstrecke mit dem ersten richtigen Eisenbahntunnel in Deutschland gebaut, die Sachsen haben die erste Pilsner Brauerei außerhalb von Böhmen gebaut, die Sachsen haben 1876 den ersten Europäischen Kongress für die Feuerbestattung veranstaltet, ja, ja, mein Vater hat die Sachsen wirklich geliebt.«

Winterberg schaute kurz zum anderen Bahnsteig hinüber, wo gerade der nächste ICE anhielt.

»Ja, ja, der Bahnhof in Leipzig sollte die Sachsen und Preußen versöhnen … Doch Sie haben sicher bei der Einfahrt die Weichen gesehen, ja, ja, die Weichen verbinden uns, die Weichen trennen uns aber auch wieder, leider, leider … Sie brauchen nur eine einzige falsch gestellte Weiche, und schon verwandelt sich die Geschichte wieder in eine Feuerhalle, so wie 1960 bei dem Eisenbahnunglück hier im Hauptbahnhof in Leipzig, ja, ja, Eisenbahnleichen sind keine schönen Leichen, ja, ja, die verfluchte Todesweiche 262, der Unfallort wie eine Flammengruft bei Königgrätz, die Todesweiche 262 kennt jeder Eisenbahner in Leipzig, ja, ja, die Todesweiche kennt jeder, der sich für die Eisenbahn interessiert … Ich weiß, was Sie sagen möchten, lieber Herr Kraus, ich weiß es … Die Bahnhöfe sind nicht schuld und die Weichen und die Eisenbahn und die Feuerhallen auch nicht. Und Rudolf Bitzan, der Architekt des Hauptbahnhofs in Leipzig und der Feuerhalle in Reichenberg, schon überhaupt nicht … Ich weiß nicht, wer schuld ist, wer die Weichen der Geschichte immer wieder falsch stellt, ich weiß es wirklich nicht.«

Der nächste Zug kam an, die Menschen stiegen aus und gingen an uns vorbei. Ich hoffte, sie würden uns jetzt mitnehmen und vom Bahnsteig wegtragen.

In die Bahnhofshalle.

In die Straßenbahn.

Nach Hause.

Ich dachte, sie nehmen uns mit in deren eigenes Leben. Doch plötzlich waren alle weg und wir standen wieder allein auf dem Bahnsteig. Winterberg zitterte und schaute mich an und aus seinem Mund dampfte es immer noch, weil es so kalt war.

»Ich weiß, was Sie denken, lieber Herr Kraus. Sie denken, ich bin verrückt.«

»Nein, sind Sie nicht.«

»Doch, doch, alle denken das.«

»Mir ist nur kalt. Wir sollten gehen.«

»Mir auch … Aber Sie haben recht. Ich bin wirklich verrückt, ich bin krank. Ich leide an der Geschichte, ich leide an historischen Anfällen, ja, ja, doch besser Historie als Hysterie, oder?«

Ich lachte ein wenig. Und er lachte auch.

»Meinen Sie, wir werden schon gesucht?«

»Vielleicht. Aber eher noch nicht. Ihre Tochter kommt erst in ein paar Tagen zurück.«

»Sie wird anrufen, zu Hause ist keiner und Sie haben kein Handy mehr.«

»Na, ja…«

»Ich meine, sie suchen uns schon. Doch Sie brauchen keine Angst zu haben, lieber Herr Kraus. Dort, wo wir hinfahren, findet uns keiner.«

Winterberg schaute zum Ende des Bahnsteigs. Ganz in der Ferne fingen die Gleise an, sich im Nebel zu verbinden. Sich zu verlieren.

»Wir sollten weiterfahren. Wir müssen heute noch Reichenberg erreichen. Die Feuerburg. Freuen Sie sich schon? Sie müssen sich nicht freuen.«

»Ich freue mich.«

»Schön.«

Kurz darauf standen wir mit Bratwürsten in den Händen gegenüber vom Bahnhof vor einer hohen Säule aus braunrotem Sandstein. Das Eisenbahndenkmal für die Strecke Leipzig–Dresden.

»Das Einzige, was mich an Leipzig noch interessiert, ist dieses Denkmal.«

Auf dem Weg zurück zum Bahnhof wurde Winterberg beinah von einer alten tschechoslowakischen Straßenbahn erwischt. Ich riss ihn im letzten Augenblick zur Seite.

»Danke, Herr Kraus… Straßenbahnleichen sind keine schönen Leichen.«

Und dann trieben wir weiter durch das flache, zerflossene Land. Wir trieben durch Sachsen. Vorbei an den verlassenen Häusern. Vorbei an den Fabrikhallen. Durch die kleinen Dörfer. Durch die kleinen Bahnhöfe Richtung Dresden.

Ich war müde, doch Winterberg war es immer noch nicht. Er schien mit jedem Kilometer unserer Reise aufzublühen.

Er putzte seine Brille, schlug sein Buch wieder auf und las mit dem Vergrößerungsglas laut vor sich hin.

»Die Speisehäuser haben in der ganzen Monarchie die gleiche Einrichtung, die Küche ist, namentlich in den größeren Städten, fast durchgängig gut, Suppe, Rindfleisch und Mehlspeise, das übliche bürgerliche Mittagsmahl, meist vortrefflich, ja, ja, überall, auch in den vornehmsten Restaurants, erhält man zu mäßigen Preisen Wein und Bier vom Fass.«

Ich gähnte.

»Außer dem Speisesaal haben viele Restaurants an der Straße noch ein bescheideneres Gastzimmer oder eine Schwemme mit niedrigeren Preisen. Die Bedienung geschieht in den Städten durch den Speisenträger und den Getränkekellner, also Piccolo, nur in den deutschen Alpenländern hat man weibliche Angestellte, ja, ja, das ist interessant, aber stimmt, lieber Herr Kraus, in Reichenberg hat nie eine Frau Bier gezapft. Wie es wohl heute ist? Man zahlt an einen besonderen Zahlkellner … Die Speisekarte ist reich an Dialektausdrücken.«

Er las von garniertem Rindfleisch und Gulyás. Von Jungfernbraten und Kümmel. Von Matrosenbraten und Lungenbraten und Husarenbraten, von gedämpftem Spitz und Rindslende.

»Merken Sie sich das, lieber Herr Kraus. Können Sie eigentlich kochen?«

»Ja, sehr gut.«

»Und was denn?«

»Ei.«

»Das hat mit Kochen nichts zu tun …«

»Doch. Das kann ich kochen. Weich, hart, ein Rührei. So leicht ist das nicht. Und Sie?«

»Ich?«

»Ja. Können Sie kochen?«

»Nein.«

»Nicht mal ein Ei?«

»Nein. Ich hatte großes Glück mit meinen Frauen und ich war ihnen immer sehr dankbar. Meine Tochter kann leider überhaupt nicht kochen, ja, ja, vielleicht ist sie deshalb allein … Wo bin ich denn hängen geblieben, ja, ja, hier …«

Er las über ungarisches Rebhuhn und gesalzenes Kalbfleisch.

»Kalbfleisch, das kann ich immer essen. Das Rebhuhn habe ich wahrscheinlich noch nie gegessen, obwohl mein Großvater Jäger war.«

Er las über Carfiol.

»Nein, Blumenkohl kann ich leider nicht essen, das bläht mich immer zu doll auf.«

Er las über Paradeisäpfel.

»Die Tomaten kann ich auch nicht essen, sind mir zu sauer.«

Er las über Kren.

»Den Meerrettich kann ich essen, er darf aber nicht zu scharf sein, Kren isst man am besten mit ein wenig Sahne oder Äpfeln.«

Er las über Aspik.

»Die Sülze kann ich essen, allerdings ohne zu viel Essig, das wäre zu sauer für meinen Magen, ja, ja, aber eine gute Sulz ist ein unterschätzter Schatz der böhmischen Küche, wie mein Vater immer sagte …«

Er las über Häuptlsalat.

»Ja, ja, ist Kopfsalat, das kann ich immer essen.«

Er las über Risibisi.

»Ja, ja, Reis mit Erbsen, das hat meine Mutter oft gemacht, als ich Kind war.«

Er las über Beuschel.

»Ja, ja, die sauer zubereitete Kalbslunge, das hat mein Vater geliebt, das beste Beuschel gab es im Gasthaus gegenüber vom Spital, mein Vater nannte das Lokal *Zum Verfaulten Fuß*, ja, ja, der Gestank im Gasthaus war oft wirklich übel, ich musste mich mal übergeben, doch das Beuschel war immer gut, da musste ich mich nie übergeben … Die Wirtin hat im Gasthaus immer Geister gesehen, später hat man rausgefunden, dass ihr Gasthaus auf einem ehemaligen Friedhof steht, ja, ja, da darf man sich nicht wundern, dass man Geister sieht … An die Geister hat man in Reichenberg immer geglaubt, und ich sage Ihnen, lieber Herr Kraus, ich glaube an die Geister auch, so kann mich im Leben nur das wenigste überraschen … Wo bin ich denn hängen geblieben … Vielleicht essen wir heute Abend Beuschel, vielleicht steht das Gasthaus noch, in meinem Baedeker wird es leider nicht erwähnt …«

Er las über junges Wild.

»Das Ragout oder Eingeweide von Wild oder Geflügel, das mag ich nicht besonders, aber wenn es sein muss …«

Er las über Kaiserfleisch.

»Ja, ja, geräuchertes Jungschweinefleisch, das mag ich.«

Er las über Tafelspitz.

»Das gab es bei uns selten. Rindfleisch war immer teuer.«

Er las über Frankfurter.

»Ein Paar kleine geräucherte Würstchen … Da komme ich immer durcheinander, wir haben oft auch Wiener gesagt … Ein einzelnes heißt Einspänner, doch ein einzelnes Würstchen, das isst man doch nicht, höchstens, wenn man krank ist, sagte mein Vater immer.«

Er las über die beliebten Mehlspeisen. Über Palatschinken und Eierkuchen und Strudel mit Röster und Kaiserschmarrn und Böhmische Dalken und Pflaumenmus und Powidl und Fleckerln.

»Wo sind die Obstknödel? Mein Vater liebte Obstknödel, so wie der Thronfolger Franz Ferdinand sie auch liebte … Wo sind die Knödel überhaupt? Die Knödel werden oft vergessen, so wie die Sachsen, doch was wäre unser Mitteleuropa ohne Knödel und ohne Sachsen? Nein, nein, die Knödel und die Sachsen darf man nicht vergessen.«

Er las über Bier.

»Das Bier trinkt man in Halblitergläsern als großes Glas oder Krügel oder in Dreidezilitergläsern als kleines Glas oder Seidel, ja, ja, ein kleines Bier trinkt man nur, wenn man krank oder schwanger ist, sagte mein Vater immer … Für Münchener Bier gibt es auch Steinkrügel. Das Bier wird fast überall sehr kalt, direkt vom Eise gezapft, ja, ja, warmes Bier ist schlimmer als die Pest, die Ruhr und die Spanische Grippe zusammen, sagte man in Reichenberg.«

Er las über Wein.

»Den Tischwein erhält man in offenen Flaschen oder in Gläsern … In Wien sind die besseren Weine der Umgebung weiße Weidlinger, Gumpoldskirchner, Nussberger, Setzer, Mailberger, roter Vöslauer, merken Sie sich das, lieber Herr Kraus … Auch die niederösterreichischen Weine vom Manhartsberg haben einen Ruf, gut zu wissen, doch ich trinke keinen Wein, ist mir zu sauer und ich muss mich dann oft übergeben … In Tirol, ja, ja, meist Rotwein, heißen die besseren Sorten Spezial … Böhmische Weine, ja, ja, Melniker, Czernotzeker, doch ich würde jedem empfehlen, in Böhmen Bier zu trinken, da muss man sich nicht übergeben …«

Er las über die Kaffeehäuser.

»Die Kaffeehäuser gibt es in den Städten und Kurorten überall, morgens zwischen 8 und 10 Uhr pflegt man hier das erste Frühstück zu nehmen, ja, ja, genau so machen wir es, Kipfel ist Hörnchen, ja, ja, die besten Hörnchen in Reichenberg hat mein Onkel auf dem Tuchplatz gebacken, leider waren er und mein Vater nicht gerade befreundet, denn mein Onkel war so wie meine Mutter als Erzkatholik kein Freund der Feuerbestattung, ganz anders als mein Vater, der ein Erzprotestant war, nur heimlich bin ich als Kind zu meinem Onkel in seine Bäckerei gegangen … Er hat mir immer gesagt, dafür hat man Nepomuk nicht in der Moldau ertränkt, dass man die Menschen jetzt verbrennt, doch die Strafe Gottes kommt früher, als man denkt … Er würde sich nur über seine Leiche als Leiche in der Feuerhalle einäschern lassen, ja, ja, so wie meine Mutter. Mein Vater und mein Onkel haben sich nicht geliebt, und doch wurde die Leiche meines Onkels in der Feuerhalle eingeäschert, weil meine Tante keine Erzkatholikin war und die Einäscherung auch viel günstiger war, wie mein Vater immer sagte, ja, ja … Wo bin ich denn hängen geblieben, lieber Herr Kraus … Also, ja, hier, die Hauptbesuchszeit ist nachmittags und in den späten Abendstunden. Zeitungen, namentlich die Wiener Blätter, sind überall in großer Auswahl vorhanden, daneben findet man in geringer Zahl reichsdeutsche Blätter, ja, ja, ich weiß, lieber Herr Kraus, was sie sagen möchten, reichsdeutsch ist kein schönes Wort, es steht in meinem Buch als Beweis dafür, dass die ganze Geschichte leider nicht gut enden kann, so ist es, traurig, traurig, es gibt kein Entkommen, doch so war es damals … Wenn man seinen Kaffee ausgetrunken hat, werden einem gewöhnlich zwei Gläser Wasser vorgesetzt, wobei man ruhig noch längere Zeit beim Lesen von Zeitungen verweilen kann, genau, genau, im Kaffeehaus *Zur Post* konnte man stundenlang sitzen und Zeitungen lesen, sogar *Die Einäscherung*, die *Zeitschrift der Freunde der Feuerbestattung und der Hygienebewegung in*

Reichenberg, konnte man hier lesen, bevor man später am Abend ins Theater oder ins Kino ging, oder noch später ins Tanzlokal unter dem Kaffeehaus, um mit den Mädchen zu tanzen und sich dann wegen der Mädchen zu prügeln, ja, ja, so war es damals in Reichenberg, doch vor allem hat man sich dort wegen der Politik geprügelt, ja, ja, die Innenausstattung hat auch Rudolf Bitzan entworfen, ich habe gehört, nach dem Krieg wurde alles zerstört und verbrannt, das würde Bitzan sicher sehr melancholisch machen, da würde er sicher einen Herzinfarkt bekommen, gut, dass er schon vor dem Krieg gestorben ist und eingeäschert wurde, ja, ja, Herzleichen sind keine schönen Leichen.«

Und dann war er endlich wieder ruhig. Winterberg schaute kurz in die weite Landschaft, auf die schwarzen Bäume und auf den Fluss.

Ein wenig verträumt.

Ein wenig verloren.

Ein wenig beides.

Ein Güterzug kam aus der Gegenrichtung. Und Winterberg kehrte wieder zu seinem Buch zurück. Und ich dachte, nein, nein, bitte nicht. Bitte noch ein bisschen Ruhe. Doch er las und erzählte und erzählte und las und brachte alles durcheinander.

»Wo bin ich denn hängen geblieben … Ja, ja, hier, Herr Kraus, hier, der Kaffee ist meist ausgezeichnet, nach dem Mittagessen wird gewöhnlich eine kleine Tasse schwarzer Kaffee, ganz kleine Tasse Nussschwarzer, oder eine kleine Tasse mit Milch, also Kapuziner, kleinste Tasse Nusskapuziner verabreicht … Den Frühstücks- und den Nachmittagskaffee erhält man gewöhnlich in größeren Tassen oder in Gläsern mit Rahm, ja, ja, Melange, Rahm oder Sahne heißt Obers, eine Portion Kaffee, also einen großen Kaffee zu fordern, ist weniger üblich, man erhält dann Kaffee und Milch getrennt, zahlt aber für den Inhalt von eineinhalb Gläsern den Preis von zweien, ja, ja, das lohnt sich natürlich, dem Zahlmarqueur, das Wort würde in Reichenberg niemand verstehen, in Prag vielleicht schon, in Wien sicher, aber in Reichenberg weiß bis heute keiner, was so ein Zahlmarqueur macht, gibt ein Einzelner zwischen 6 und 10 Heller Trinkgeld, dem bedienenden Kellner mindestens 4 Heller, bitte merken Sie es sich, lieber Herr Kraus, ich kann mir nicht alles merken …«

Er las über Konditoreien und Zuckerbäcker und Bonbons und Torten.

Über Linzertorte und Sachertorte und Pischingertorte.

Über Eis.

Über Ribisel.

Er las über Marillen.

»Marillen sind Aprikosen, ja, ja, das weiß doch jeder Trottel, dass Marillen Aprikosen sind. Sind wir schon in Dresden?«

»Das ist erst Riesa, das muss die Elbe sein.«

Der Zug fuhr auf einer Brücke über den breiten grauen Fluss, der sich in großen langen Bogen durch die Landschaft schlängelte.

»Ja, ja, die Elbe, ein schicksalhafter Fluss, die Eisenbahn des Mittelalters, wie der Engländer sagte, und er hatte recht, die Elbe hat Böhmen mit der Nordsee verbunden, genauso fest und für immer wie eine Eisenbahnlinie, ja, ja, der Engländer … Da brauchen wir noch eine Weile bis nach Dresden, da kann ich noch lesen.«

»Wer ist der Engländer?«

»Der Engländer ist der Engländer.«

»Sie müssen es mir nicht sagen. Aber es interessiert mich schon.«

»Ach, das hier könnte Sie viel mehr interessieren, lieber Herr Kraus, der Verkauf von Tabak, Zigarren und Zigaretten ist in Österreich-Ungarn Staatsmonopol und findet nur in den sogenannten Tabak-Trafiken, auch in Bahnhöfen statt, beliebte Sorten sind Virginia für 11 Heller, Vorsicht, sehr stark, Britannica für 16 Heller, Trabuco 18 Heller, Regalita 20 Heller, für Havanna-

Zigarren gibt es in den größeren Städten Spezialläden, ja, ja, eine Havanna-Zigarre würde ich gerne mal probieren, haben Sie mal eine Havanna geraucht, lieber Herr Kraus?«

»Nein.«

»Sie sollten sowieso nicht so viel rauchen, ich habe nie geraucht.«

»Einer muss es machen, sonst wäre die Menschheit zu gesund. Ich sorge für den Ausgleich.«

»Sehen Sie, das ist auch interessant, die Post in Österreich, Ungarn und Bosnien-Herzegowina hat immer ihre eigenen Marken …«

»Sie hören gar nicht zu.«

»… deren Geltungsbereich sich auf das Land der Ausgabe beschränkt, hier ahnt man schon, dass alles auseinanderfällt, ja, ja, da ahnt man schon die ganze Katastrophe …«

»Es ist Ihnen egal, was ich sage.«

»… das Porto beträgt für Briefe innerhalb Österreich-Ungarns sowie nach Deutschland bis 20 Gramm 10, bis 250 Gramm 20 Heller, im Weltpostverein bis 20 Gramm 25 Heller, Einschreibgebühr 25 Heller, die Postkarten, genau, genau, das interessiert mich, ich habe immer gern Postkarten geschrieben und auch bekommen, ich habe Silke immer gebeten, dass sie mir Postkarten schickt, sie reist ja so viel, doch sie ruft mich lieber an, wie geht es dir, Papa? Gut. Und dir? Gut. Prima. Prima. Tschüss. Tschüss … Ja, ja, traurig, traurig, heute schreibt niemand mehr Postkarten, ja ja, vielleicht ist es das Problem, was wir haben … Und ja, die Korrespondenzkarte, ob die noch existiert, 10 Heller, ja, ja …«

»Aber ich, ich muss Ihnen immer zuhören.«

Er schaute mich an.

»Haben Sie was gesagt?«

»Nein.«

»Gut. Wo bin ich denn hängen geblieben, ja, hier … Die Briefmarken und Postkarten erhält man auch in den Tabak-Trafiken, bei Sendungen nach Ungarn empfiehlt es sich, auf der Adresse dem deutschen den magyarischen Ortsnamen beizufügen, ja, ja, gut zu wissen.«

Ich schlief ein.

Und als ich erwachte, waren wir kurz vor Dresden.

Winterberg hatte nicht gemerkt, dass ich schlief. Er schaute aus dem Fenster und redete weiter vor sich hin.

»Ja, ja, Rudolf Bitzan hat auch die neuen Bahnhöfe in Darmstadt und Karlsruhe entworfen, die leider nicht gebaut wurden, ja, ja, in Darmstadt und in Karlsruhe hat man Bitzan nicht geschätzt. Haben Sie mal die Bahnhöfe in Darmstadt und in Karlsruhe gesehen, lieber Herr Kraus? Traurig, traurig, mein Vater hat die Pläne für Darmstadt und Karlsruhe und auch für die Feuerhalle in Freital gesichtet, er wusste, wie sehr Rudolf Bitzan gelitten hat, als man ihn in Leipzig ausradiert hatte, als er ausradiert wurde. Der Bau der Feuerhalle in Reichenberg war sein Trost, seine Rettung, sagte mein Vater. Bitzan war auch so ein Feuerhallenmensch wie mein Vater und so ein Eisenbahnmensch wie ich, wie Sie, lieber Herr Kraus. Ja, ja, ich weiß, was Sie sagen möchten, Bahnhöfe, Eisenbahn und Feuerhallen, traurig, traurig, und Sie haben recht, ich weiß auch, wohin die ganze Reise führt, ich weiß alles, alles verrückt, es gibt kein Entkommen, vielleicht deshalb muss ich meine Reise machen.«

Und Winterberg schaute wieder in sein Buch.

»In Österreich-Ungarn und Serbien gilt die mitteleuropäische Zeit, in Rumänien die osteuropäische, die gegen die mitteleuropäische eine Stunde vorgeht, merken Sie es sich, lieber Herr Kraus. Bin gespannt, wie viel Uhr wir dann in Reichenberg und Sarajevo haben, meine Uhr geht pünktlich, meine Uhr hat mir mein Vater zu meinem achtzehnten Geburtstag geschenkt. An dem Tag war seine Feuerhalle auch achtzehn Jahre alt.«

Im Dresdner Bahnhofsrestaurant tranken wir Kaffee und aßen Suppe und Winterberg las aus seinem Buch vor und schaute in seine Eisenbahnkarte und sagte, dass wir über Pirna und Aussig Böhmen überfallen könnten und von Lobositz nach Reichenberg fahren, um von Süden die Stadt zu überfallen. Oder sogar bis nach Prag fahren und von da nach Turnau ins Böhmisches Paradies, um von dort Reichenberg zu überfallen, aber er entschied sich für die klassische Variante, wie er sagte, so wie die Schweden im Dreißigjährigen Krieg, so wie die Preußen 1741 und 1744 und 1745 und 1757 und 1778 und 1866 Reichenberg, Böhmen und Österreich und Reichenberg überfallen hatten.

»Und so wie die Wehrmacht 1938.«

»Genau, das auch.«

»Aber wir sind doch keine Krieger, wir sind Touristen, Besucher. Wir überfallen das Land nicht.«

»Touristen sind die Krieger von heute, nein, die Touristen sind noch viel schlimmer, sie überfallen und zerstören alles.«

Und dann erzählte er wieder von Rudolf Bitzan. Er erzählte von dem Architekten der Feuerhalle in Reichenberg. Von dem besten Freund seines Vaters. Er erzählte, wie Rudolf Bitzan in der Nähe von Reichenberg geboren wurde. Wie er in Reichenberg zur Schule ging. Wie er später in Dresden lebte.

»Ja, ja, lieber Herr Kraus, alles wird mit den Eisenbahnschienen verbunden, alle Geschichten und die ganze Geschichte auch, ob wir wollen oder nicht, ja, ja, doch glücklich war Bitzan hier in Dresden nicht, sagte mein Vater immer, ihm haben die Berge gefehlt, das Isergebirge, ja, ja, und auch das Bier und die Obstknödel, die er genauso gerne gegessen hat wie der Thronfolger … Ja, ja, als Böhme leidet man immer unter Heimweh, sagte er, egal, ob man Tschechisch oder Deutsch spricht, ja, ja, auch ich habe an Heimweh gelitten, ja, ja, es machte mich sehr melancholisch, dass ich mein Böhmen, mein Reichenberg so lange nicht besuchen konnte … Als Böhme ist man zu dieser Melancholie verdammt, sagte Bitzan immer, deshalb versucht man immer, so witzig zu sein, deshalb dieser schreckliche böhmische Humor, egal, ob man Deutsch oder Tschechisch spricht, nichts hasse ich mehr als diesen schrecklichen böhmischen Humor, ja, ja, überall, wo ein Böhme auftaucht, wird erwartet, dass es lustig wird, dass sich der Böhme vor allem über sich lustig macht … Und es ist doch meistens überhaupt nicht lustig, nein, nein, als Böhme ist man nicht lustig, als Böhme ist man melancholisch, als Böhme denkt man oft über den Tod nach, ja, ja, auch über den Freitod, denn als Böhme wird man überall abgelehnt, weil man so melancholisch ist und diesen schrecklichen böhmischen Humor hat, der nichts anderes als Trauer ist, ja, ja, den Humor, den keiner außer den Böhmen versteht, nicht mal in Sachsen, wie Rudolf Bitzan sagte, nicht mal dort, wo man es vielleicht vermuten würde … Vielleicht in Mähren und in Österreich, in Wien, wo vielleicht viele Böhmen leben, versteht man den böhmischen Humor, diese böhmische Melancholie … So wird man als Böhme immer wieder abgelehnt, so kommt man als Böhme nirgendwo an, so leidet jeder Böhme an Heimweh und spielt mit dem Gedanken, sich aufzuhängen oder zu erschießen oder vor einen Zug zu springen, ja, ja, und kämpft dagegen mit diesem schrecklichen Humor, ja, ja, traurig, traurig, ich weiß, viele lieben den böhmischen Humor, viele lieben ihn, doch ich überhaupt nicht. In Sachsen kommt man nur an, wenn man Sachse ist, sagte Bitzan immer zu meinem Vater, doch das ist schon lange her, lange bevor Dresden auch zu einer Feuerhalle wurde, zu einer Flammengruft, vielleicht kann man heute in Dresden doch als Böhme ankommen und glücklich werden …«

Winterberg erzählte, wie Rudolf Bitzan nach der Feuerhalle in Reichenberg gleich die nächste Feuerhalle für Freital in Sachsen entwarf. Er erzählte, die Feuerhalle in Freital wurde leider nicht gebaut. Er erzählte, wie es ihn sehr melancholisch machte. Er erzählte, trotzdem sei aus Bitzan ein echter Fachmann für die Feuerhallen geworden.

»Ja, ja, so wie der Ritter von Ghega ein Fachmann für Durchstiche und Tunnel und Brücken der Semmeringbahn war oder Benedek ein Fachmann für die österreichische Artillerie, was ihm bei Königgrätz leider nicht viel geholfen hat, doch so kommt es im Leben, ja, ja … Rudolf Bitzan hat so viel an Heimweh gelitten, dass er sich in Reichenberg in seiner eigenen Feuerhalle einäschern ließ, ja, ja, so wie sich mein Vater in seiner eigenen Feuerhalle in Reichenberg einäschern ließ. Doch trotzdem liegt Bitzan irgendwo hier in Dresden begraben, so wollte es seine Frau … Vielleicht sollten wir sein Grab aufsuchen, was denken Sie, lieber Herr Kraus?«

Ich wollte etwas sagen.

Doch Winterberg ließ es mich nicht sagen.

»Nein, nein, ich weiß, Sie haben recht, wir müssen weiter. Wir müssen heute noch zusammen Böhmen überfallen, wir müssen nach Reichenberg.«

Und so fuhren wir weiter.

Und im Zug schlief Winterberg endlich ein.

Wir fuhren über Radeberg. Über Wilthen. Über Ebersbach. Bis nach Zittau.

Der Himmel war grau und schwer. Die Bäume karg und schwarz. Die Blätter gelb, grau und rot.

Die Landschaft durchgefroren. Die großen und leeren Bahnhofsgebäude verlassen und verfallen.

Und ich überlegte, ob ich nicht aussteigen und ihn im Zug allein lassen sollte. Jemand würde sich schon um ihn kümmern.

In Zittau mussten wir umsteigen und standen kurz vor dem Bahnhof, und ich zündete mir eine Zigarette an und schaute mir die leeren Busse auf dem Bahnhofsvorplatz an.

Mein Herz raste und ich schwitzte ein wenig, und es war mir, als stünde jemand hinter mir und umfasste mich so fest mit den Händen, dass ich nicht mehr atmen konnte und an Carla und an unsere Umarmungen denken musste. Mir war leicht schwindelig, und ich wünschte mir, dass der Zug nach Reichenberg nicht kommt, dass er entgleist, dass der gesamte Zugverkehr zusammenbricht und wir bleiben hier und können nicht weiterreisen.

Nach Böhmen.

Nach Tschechien.

Denn die ganze Zeit, die ich in Deutschland verbrachte, hatte ich Angst vor dieser Reise. Vor dieser Rückkehr. Denn die ganze Zeit haben sie uns in der Tschechoslowakei mit dem Tod gedroht. Und ich dachte, wer weiß, wenn ich zurück bin, vielleicht bin ich dann auch gleich tot.

»Ja, ja, Zittau, schade, dass wir so wenig Zeit haben, lieber Herr Kraus … Zittau wird leider historisch genauso unterschätzt, wie das ganze Sachsen heute historisch unterschätzt wird, ja, ja, hier sind wir fast schon in Böhmen, die Stadt trägt im Stadtwappen immer noch den böhmischen Löwen, ja, ja, es war ja auch fast dreihundert Jahre böhmisch, doch wer weiß das heute schon. Einmal Böhme heißt für immer Böhme, wie mein Vater und Rudolf Bitzan immer sagten, ja, ja, so ist es, die Nabelschnur, die bleibt, die kann man nicht so einfach abschneiden.«

Ich schaute immer noch auf die leeren Busse und zündete mir noch eine Zigarette an.

»Geht es Ihnen nicht gut, lieber Herr Kraus? Sie zittern und sind rot im Gesicht, Sie sollten nicht so viel rauchen. Lungenkrebsleichen sind keine schönen Leichen, sagte mein Vater immer.«

Der Zug verließ den Bahnhof und Winterberg schaute aus dem Fenster und zeigte zu ein paar alten grünen Eisenbahnwagen auf der anderen Seite.

»Ja, ja, sehen Sie, Herr Kraus, die Schmalspurbahn nach Oybin der sächsischen Spurweite 750 Millimeter, spätestens wenn wir in Bosnien sind, werde ich Ihnen etwas über die bosnische Spurweite von 760 Millimeter erzählen, ja, ja, die bosnische Spurweite kann lebensgefährlich sein, davon könnte der Thronfolger einiges erzählen, wenn er nicht tot wäre, ja, ja. Ich werde Ihnen viel über den Schmalspurbahnenkrieg erzählen, der bis heute in Europa herrscht, da, sehen Sie, von Zittau fuhr früher ein Zug auch direkt nach Friedland, ja, ja, hier musste die Strecke abbiegen, ja, ja, genau.«

Mir ging es nicht gut. Mein Herz raste und ich schwitzte. Am liebsten wäre ich ausgestiegen und zurückgefahren. Was sollte ich in Böhmen. Ich musste das Land verlassen und ich hatte die ganze Zeit Angst, ich müsste einmal zurückkommen.

Winterberg schaute mich kurz an und sagte:

»Ich weiß, was Sie sagen möchten, lieber Herr Kraus, die Strecke führt nach Friedland in Böhmen zu Wallenstein, zu seinem Schloss. Wenn Wallenstein vor hundertfünfzig Jahren gelebt hätte, wäre er sicher auch ein Eisenbahnunternehmer, ja, ja, ein Eisenbahnpionier, denn Wallenstein wusste immer, womit man Geld verdienen kann, ja, ja, wenn Wallenstein vor hundertfünfzig Jahren gelebt hätte, wäre Friedland ein wichtiger Knotenpunkt des Eisenbahnnetzes und Jitschin genauso, ja, ja, die Bahn nach Friedland war auch eine Schmalspurbahn der sächsischen Spurweite 750 Millimeter, die einzige sächsische Spurweite in Österreich, ja, ja, doch diese Verbindung gibt es lange nicht mehr, ein Bagger hat die Schienen gefressen. Sie würden vermutlich in einer polnischen Tagebaugrube landen.«

Der Zug fuhr über eine lange hohe Brücke.

Und Winterberg schaute aus dem Fenster und sagte:

»Die Neiße, ja, ja, auch ein schicksalhafter Fluss, immer so ruhig, so unscheinbar, doch auch die Neiße kann schnell sehr unruhig und sehr böse werden, so wie jedes Lebewesen, wie mein Vater immer sagte … Ganz schön hoch die Brücke, finden Sie nicht … Keine Ahnung, warum die hohen Brücken so viele Menschen anziehen. Brückensturzleichen sind keine schönen Leichen, sagte mein Vater immer.«

Langsam fing es an zu dämmern. Der Himmel war zugezogen und die schwarzgrauen Wolken lagen über uns wie lange, sanfte Meereswellen. Im Wagen saßen nur wir und vier müde Rentner mit Wanderstöcken und Rucksäcken, die gleich nach der Abfahrt einschliefen.

Ich gähnte und Winterberg sagte:

»Sehen Sie, Herr Kraus, das ist der Jeschken.«

Er zeigte auf einen hohen Berg in der Ferne.

»Ja, ja, immer, wenn ich den Jeschken gesehen habe, dann wusste ich, ich bin zu Hause, ja, ja, gleich sind wir in Österreich, in Böhmen, in der Tschechischen Republik, ja, ja. Doch der schönste Berg ist der Monstranzberg.«

Der Zug hupte und Winterberg schlug wieder sein Buch auf und las aus ihm laut vor. Einer der Rentner wachte kurz auf und schaute ihn an. Dann schlief er wieder ein.

»Die Eisenbahnen haben ähnliche Einrichtungen wie in Deutschland, doch werden die Fahrgeschwindigkeit und der Komfort deutscher D-Züge in Österreich nur von den internationalen Luxuszügen erreicht, ja, ja, nicht wundern, das hier ist natürlich kein Luxuszug, das ist nicht mal ein D-Zug, das ist eine Regionalbahn.«

Am Ende der Brücke bremste der Zug plötzlich und fuhr im Schritttempo vorsichtig weiter.

»Ja, ja, jetzt fahren wir kurz über Polen, Polen war hier früher natürlich nicht, so ist es, mit nichts wird in Europa so rangiert wie mit den Grenzen, so war es, so ist es, so wird es sein, ja, ja, manchmal denke ich, die Grenzen sind hier nur dafür da, dass man sie verschieben kann… Die Schnellzüge sind oft überfüllt, die Staatsbahnen führen auf den meisten Hauptlinien Durchgangszüge und vielfach Schlafwagen und Speisewagen, ja, ja, das müssen wir unbedingt ausprobieren, lieber Herr Kraus, ein Gulasch oder Wiener Schnitzel mit der Alpenaussicht in einem Speisewagen, schön, schön… In den Alpen auch sogenannte kanadische Aussichtswagen, Vorsicht, an Nichtraucherabteilen herrscht gewöhnlich empfindlicher Mangel, ja, ja, die Raucher haben schon damals die Reisenden terrorisiert, Vorsicht, überall ist Bahnsteigsperre, ja, ja, das ist aber auch richtig so, so werden die Verkehrsunfälle und Menschenunfälle vermieden, ja, ja, Eisenbahnleichen sind keine schönen Leichen.«

Der Zug fuhr immer noch sehr langsam und wackelte auf den alten Schienen wie ein alter Zahn, der es im Gleisbett des Zahnknochens nicht mehr lange aushält.

»Ja, ja, ich sage Ihnen, die Schienen hat noch die alte Reichsbahn gelegt und seitdem hat sich darum keiner gekümmert, die ganze Strecke von Zittau nach Reichenberg wurde von der Reichsbahn betrieben, das war eine Besonderheit, ja, ja, die Strecke haben die Sachsen gebaut, die Sachsen waren an der Verbindung mit Reichenberg und Österreich über Zittau viel mehr interessiert als die Österreicher an der Verbindung mit Sachsen, ja, ja, die Sachsen waren damals viel weltoffener als die Österreicher, doch wer weiß das heute schon, die Sachsen werden in der Geschichte oft vergessen, doch diese Strecke wurde von Sachsen betrieben, später hat den Verkehr die Deutsche Reichsbahn übernommen, ja, ja, auch eine Besonderheit, doch wer interessiert sich heute für solche Besonderheiten, wer interessiert sich heute für Geschichte, nur sehr wenige Menschen schauen heute noch historisch durch, ja, ja, nur die historisch Kranken, wer weiß, dass aus dieser Richtung Böhmen und Österreich immer wieder von Preußen überfallen wurden, ja, ja, und vorher schon von den Schweden, ja, ja, hier fängt sie an, the beautiful landscape of battlefields, cemeteries and ruins, wie der Engländer immer sagte, ja, ja, ich weiß, was Sie sagen möchten, lieber Herr Kraus, zu viel Geschichte und zu viele Geschichten, das können das Land und die Landschaft nicht vertragen, und Sie haben recht, traurig, traurig … Doch das Land und die Landschaft müssen alles vertragen, die Menschen kommen und gehen, doch das Land und die Landschaft bleiben für immer … Wo bin ich denn hängen geblieben, Sie dürfen mich nicht ständig unterbrechen … Ja, ja, ich weiß schon, auch später in der Tschechoslowakei wurde der Verkehr zwischen Zittau und Reichenberg von der Reichsbahn durchgeführt, das war wirklich eine Besonderheit.«

Der Zug wackelte von Seite zu Seite und die vier Rentner schliefen und wackelten mit. Und wir auch.

»Die Fahrkarten und zusammenstellbare Fahrscheinhefte bekommt man in den größeren Städten auch in den Stadtagenturen, merken Sie sich das, lieber Herr Kraus, Zuschlagkarten werden mit 40 Heller Aufzahlung auch in den Zügen während der Fahrt ausgegeben, für einige Schnellzüge gibt es Platzkarten für 2 oder 3 Kronen, brauchen wir vielleicht nicht, man findet im Zug immer einen Platz, ja, ja, Aufgabe des Gepäcks ist teuer, man nehme möglichst viel Handgepäck mit in den Wagen, ja, ja, genau so, wie wir es tun, Gepäckträger erhalten 30 bis 60 Heller, merken Sie sich das, lieber Herr Kraus, vielleicht sind wir mal müde und können unser Gepäck nicht selber tragen, Gepäckstücke werden vier Wochen in den Bahnhofsgarderoben gegen eine

Gebühr von 10 bis 12 Heller täglich aufbewahrt, die Bahnhofrestaurants der größeren Stationen sind meist recht gut, ja, das freut mich, ich saß so gerne im Bahnhofsrestaurant in Reichenberg und habe gerne den Eisenbahnern zugehört, ja, ja, sie haben immer so schön nach Schmieröl und Kohle und Ruß gestunken, ja, ja, bei kurzem Aufenthalt zahlt man den Zahlkellner sofort nach Erhalt des Bestellten, merken Sie sich das bitte, lieber Herr Kraus, ich kann mir nicht alles merken.«

Der Zug beschleunigte endlich ein wenig. Und gleich musste er bremsen.

Es dämmerte immer mehr und wir waren in Tschechien.

In Österreich, wie Winterberg sagte.

In Böhmen.

Winterberg freute sich und mir war schlecht. Mein Herz raste und mein Kopf dröhnte. Ich wollte aussteigen und in den Zug auf dem Gleis gegenüber aufspringen und zurückfahren. Ich suchte nach den Grenzsoldaten. Nach der Polizei. Doch ich sah keine Männer in Uniformen. Keine Hunde. Ich musste an Agnieszka denken, die mir sagte, einmal fährst du zurück, einmal wirst du es tun. Und wie ich sie auslachte und sagte, ich komme nie wieder, ich habe in dem Land nichts zu suchen.

Und jetzt bin ich hier.

Wir waren in Hrádek nad Nisou.

In Grottau, wie Winterberg sagte.

Die Rentner merkten davon nichts und schliefen weiter.

»Endlich in Böhmen, lieber Herr Kraus, endlich zu Hause.«

Winterberg freute sich. Doch seine Freude hielt nicht lange an. Der Zug war plötzlich voll. Familien, Arbeiter und schreiende Schulkinder, zwei Jungs mit großen Mützen schmissen ihre Rucksäcke auf die Sitze uns gegenüber und fingen an, sich im Handy Musik vorzuspielen. Sie lächelten, rochen nach Zigaretten und Bier und Winterberg schaute sie misstrauisch an.

»Fahrpläne der Eisenbahnen, Dampfschiffe und Posten in Österreich-Ungarn enthält das achtmal jährlich erscheinende österreichische Kursbuch, ja, ja, ein Kursbuch müssen wir uns unbedingt besorgen.«

Die Musik war laut.

»Der Tarif der Österreichischen Staatsbahnen ist für die Person und den Kilometer bei Entfernungen von 1 bis 400 Kilometer 3,5 Heller für die III., 5,5 für die II. und 9 für die I. Klasse, merken Sie sich das, lieber Herr Kraus, die Berechnung der Fahrpreise erfolgt bei mehr als 50 Kilometern nach Zonen zu 10 Kilometer, merken Sie sich das bitte, die Schnellzugpreise ergeben sich durch Zuschlag für den Kilometer zu den Personenzugfahrpreisen, merken Sie sich das, keine Rückfahrkarten, ja, ja, lieber Herr Kraus, sehen Sie? Es gibt keine Rückfahrkarten, es gibt keine Rückkehr, es gibt kein Entkommen. Wir müssen durch.«

Er schaute sich traurig die Jungs an. Die Musik wurde immer lauter.

»Im Jahr 1913 würde uns ein einziges Kursbuch reichen, heute brauchen wir ein Kursbuch für Tschechien und eins für Österreich und eins für die Slowakei und eins für Ungarn und eins für Slowenien und eins für Kroatien und eins für Bosnien. Und falls wir uns entscheiden, noch nach Lemberg zu fahren, müssen wir noch ein polnisches und ein ukrainisches Kursbuch kaufen, ja, ja, das Problem mit den Kursbüchern kann man heute leider nicht so einfach wie die Alpen überschienen. Gut, dass Sie mitfahren, lieber Herr Kraus, dass Sie alles tragen können, ein Kursbuch ist schwer, mit einem Kursbuch kann man einem den Schädel einschlagen, ja, ja, das ist mal in Reichenberg im Bahnhofsrestaurant passiert, da wurde mal ein Polier von einem Weichensteller mit einem Kursbuch der Tschechoslowakischen Staatsbahn erschlagen, weil der Polier sich über seine viel zu enge Eisenbahnuniform lustig gemacht hatte, die der Weichensteller nicht richtig zuknöpfen konnte, weil er schwer an Bier erkrankt war, ja, ja, so wie viele Böhmen … Kursbuchleichen sind keine schönen Leichen, ja, ja, wir müssen uns gleich ein Kursbuch besorgen.«

Die Jungs lachten und spielten noch ein weiteres Musikstück ab und Winterberg schaute sie böse und traurig und traurig und böse an, und ich merkte, er wollte ihnen etwas sagen, doch er sagte nichts, er seufzte nur und schaute noch trauriger aus dem Fenster. Der Zug raste schnell durch ein tiefes Tal, durch eine Schlucht, die den Zug kurz begrub. Man sah nur Wald hoch über uns und den Fluss tief unter uns.

Die Jungs stellten die Musik noch lauter.

Winterberg blätterte nervös in seinem Baedeker und suchte nach etwas. Dann blätterte er zurück. Und dann ein paar Seiten vor. Und dann wieder ein paar Seiten zurück. Und dann las er laut vor.

»Reichenberg, ja, ja, Bahnrestaurant, Gasthof *Goldener Löwe*, Gutenbergstraße 3, 100 Zimmer, ja, da werden wir übernachten, Preise zwischen 3 und 10 Kronen, Frühstück 1 Krone, merken Sie sich das, lieber Herr Kraus, Mittagessen zwischen 3 und 5 Kronen, ja, ja, da gehen wir hin, im *Goldenen Löwen* haben meine Eltern Hochzeit gefeiert, *Schienhof* und *Zentralhotel* und *Eiche* und *Café Post*, ja, ja, da habe ich mit Lenka unsere Verlobung gefeiert, heimlich, versteht sich, weil es damals nicht anders ging, Bierhäuser, endlich auch etwas für Sie, lieber Herr Kraus, *Rathauskeller* im Rathaus, auch Wein, ja, ja, der *Ratskeller* war das zweite Zuhause meines Vaters, gleich nach der Feuerhalle, ja, ja, und nach unserer Wohnung in der Wallensteinstraße, Urstoffhalle am Altstädter Platz 6, *Automatenrestaurant*, im Hotel *Schienhof*, Eingang an der nördlichen Seite, ja, ja.«

Der Zug fuhr und die Jungs schauten auf Winterberg und der eine stellte die Musik noch lauter. Und Winterberg las noch lauter und entschlossener vor.

»Elektrische Straßenbahn vom Bahnhof über den Altstädter Platz zum Volksgarten, 3,3 Kilometer, 20 Minuten, 12 Heller, von Röchlitz nach Rosenthal, nach Heimatstal Richtung Jeschken, Post und Telegraph am Altstädter Platz, Stadttheater ist im Sommer geschlossen, ist es nicht schön, lieber Herr Kraus, dass wir im Winter verreisen, da ist das Stadttheater nicht geschlossen, ja, ja, meine Lenka war sehr gerne im Stadttheater, vor allem in der Oper, ja, ja, sie hat ja auch in der Mozartstraße gewohnt, ja, ja, sie hat ausgezeichnet Klavier gespielt, sie war musikalisch sehr begabt, ich war leider nicht begabt, ja, ja, so bin ich auch Straßenbahnfahrer geworden, vor dem Krieg in Reichenberg, nach dem Krieg in Westberlin.«

Winterberg war nicht mehr nur laut, er schrie fast schon. Doch die Jungs machten die Musik noch lauter und lächelten ihn an.

»Reichenberg, zwischen 340 und 413 Meter hoch an der Neiße, gewerbereiche Stadt mit Tuchfabriken und Spinnerei von Johannes Liebig, ja, ja, Reichenberg ist nur dank Liebig reich geworden, Reichenberg sollte Liebigstadt heißen, sagte mein Vater oft, 70 000 deutsche Einwohner, ja, ja, ich weiß, ein paar Tausend Tschechen auch.«

Winterberg schrie laut vor sich hin. Und seine Stimme wurde heiser. Ich reichte ihm die Wasserflasche, doch er wollte nicht trinken. Er las aus seinem Baedeker immer lauter vor.

Und die Jungs mit den großen Mützen stellten die Musik auch lauter.

»Vom Bahnhof durch die Bahnhofstraße, dann halb rechts über den Tuchplatz, ja, ja, da hat meine Großmutter gewohnt, in der Breiten Straße, fast am Tuchplatz, dann durch die Wiener Straße, an der linken Seite in Nummer 18 im zweiten Stock das Museum des Vereins der Naturfreunde, ja, ja, im ersten Stock war der Sitz des Vereins Flamme der Freunde der Feuerbestattung, die

Naturfreunde und die Freunde der Feuerbestattung haben sich nicht besonders gemocht, sagte mein Vater immer, da hat man sich gegenseitig öfters geohrfeigt, weiter zum Altstädter Platz, auf dem das Rathaus von 1888–93 von von Neumann im deutschen Renaissancestil erbaut wurde, malerischen Aussichten, hinter dem Rathaus das Stadttheater von Fellner und Helmer von 1883, ja, ja, besonders das Musiktheater war in Reichenberg auf einem sehr hohen Niveau, ja, ja, ich meine das Musiktheater, ich meine die richtig schöne alte Musik!«

Die Jungs wollten die Musik noch lauter stellen, doch es ging nicht mehr.

Nur Winterberg konnte noch lauter sein. Er schrie und schwitzte und zitterte und schrie. Seine Stimme wurde immer heiserer und kratziger.

»Am Rathaus beginnt die Schützenstraße – entweder geradeaus und weiter in zwanzig Minuten über die Kaiser-Joseph-Straße zum Stadtwäldchen oder rechts durch die Gebirgsstraße zu der Harzdorfer Talsperre, ja, ja, im Sommer waren wir dort immer baden, im Winter immer Schlittschuh laufen, ja, ja, an der Kaiser-Joseph-Straße links das 1898 nach Plänen von Ohmann & Grisebach erbaute Nordböhmische Gewerbemuseum, Direktor Doktor Schwedeler-Meyer, ihn kannte mein Vater sehr gut, er ließ sich auch in seiner Feuerhalle einäschern, ja, ja, Doktor Schwedeler-Meyer war eine schöne Leiche, sagte mein Vater immer, im Vestibül modernes Kunstgewerbe, in der Galerie um den Lichthof schöne böhmische Gläser, reichhaltige Eisensammlung und Buchkunst und Keramik und Zinn, ja, ja, Sammlung Liebig …«

Der Zug fuhr und Winterberg schrie und erzählte und schaute nicht mehr ins Buch, er schaute sich die beiden Jungs an, die ihn auch anschauten und lächelten, und mir wurde wieder klar, dass er seinen Baedeker längst auswendig kannte.

»Nahebei der Kaiser-Joseph-Park, mit einem Bronzestandbild des Turnvaters Jahn von Gerhart aus dem Jahr 1902, einer Bronzebüste Kaiser Josephs von Brenek von 1882 und dem Restaurant *Volksgarten*, ja, ja, das Bier war da leider öfters sauer, ja, ja, mangelnde Hygiene, traurig, traurig, im Volksgarten haben sie die Leitungen nicht ordentlich geputzt, wie mein Vater sagte, und die Leitungen muss man immer ordentlich putzen, egal, ob in einem Gasthaus oder in der Feuerhalle. Elektrische Straßenbahn siehe Seite 348, unweit das Tiergehege, vom Volksgarten gelangt man in zwanzig Minuten zur Aussichtswarte Hohenhabsburg, ja, ja, malerische Aussichten, zurück zum Altstädter Platz und westlich über den Bismarckplatz und die Wallensteinstraße zu der 1696 erbauten Kreuzkirche, in der Wallensteinstraße haben wir gewohnt, lieber Herr Kraus, mein Vater hat Wallenstein bewundert, meine Mutter hat Wallenstein gehasst, mein Vater hat historisch durchgeschaut, meine Mutter nicht, Wallenstein war keine schöne Leiche, sagte mein Vater immer, Wallenstein war der reichste und mächtigste Mann seiner Zeit, und doch lag er dann in Eger nackt im Sarg wie ein geprügelter Hund, es war ein sehr einfacher Sarg, sagte mein Vater, eigentlich nur eine Holzkiste aus ein paar ungehobelten Brettern schnell zusammengeschlagen, am liebsten hätte der Kaiser die Leiche von Wallenstein verbrennen lassen, sagte mein Vater, doch damals hat man in Österreich noch keine Feuerhallen gehabt, ja, ja, lieber Herr Kraus, vor den Toten hat man oft mehr Angst als vor den Lebenden, in der Kreuzkirche wurde ich getauft und mein kleiner Bruder auch, er war ein Kriegskind, Jahrgang 1914, im Sommer geboren, im Winter gestorben, ich habe ihn nicht gekannt, mein Bruder war keine schöne Leiche, sagte mein Vater, mein Bruder war eine sehr schöne Leiche, sagte meine Mutter, meine Eltern haben sich wegen der Leiche meines Bruders sehr gestritten, ja, ja, sie haben sich beinah getrennt, erst ich habe sie versöhnt, ich, das Ersatzkind, ich, Jahrgang 1918, ich, ein Kind der Tschechoslowakei, ich, ein Kind der Feuerhalle in Reichenberg, ja, ja, zum Jeschken sollten wir zu Fuß gehen, 1010 Meter, Gasthaus, Aussichtsturm, malerische Aussichten nach Böhmen, ja, ja, the beautiful landscape of battlefields, cemeteries and ruins, Wintersport, Rodelbahn! Rodelbahn!! Rodelbahn!!!«

Die Musik spielte schon lange nicht mehr. Den Jungs war der Akku ausgegangen. Wie verwundert hörten die beiden Winterberg zu. Winterberg merkte es nicht und erzählte weiter.

Er redete einfach weiter vor sich hin. Er schrie.

Und dann hörte er auf.

Es war still.

Die Menschen im Zug schauten Winterberg entgeistert an und Winterberg schaute sich überrascht um, als wüsste er nicht, wo er sei. Und was passierte.

Der Zug bremste am Bahnsteig. Wir waren in Reichenberg. Die Menschen stiegen aus und wir blieben noch kurz im Wagen sitzen. Winterberg schwitzte und zitterte und schwitzte.

Ein historischer Anfall.

Ich musste ihm aus dem Zug helfen. Alle Menschen wurden gleich von der Unterführung eingesaugt. Wir blieben auf dem Bahnsteig, und Winterberg saß auf der Bank und atmete schwer und trank Wasser. Ich zündete mir eine Zigarette an. Winterberg fing an zu husten. Ich drückte die Zigarette wieder aus.

Es war schon dunkel, wie es so ist im November. Ich schaute mir die schwarze Bergkette an und sah den leuchtenden Turm des Hotels auf dem Jeschken. In der Dunkelheit sah es kurz so aus, als ob das Hotel nicht auf einem Berg stehe, sondern in der Luft schwebe, wie ein kleiner Stern. Der einzige Stern am Himmel.

Dann fing es an, leicht zu schneien.

Und Winterberg fing an, leise zu erzählen.

»Hören Sie die Stille? Genauso war es damals, ja, ja, an dem Tag, als die Tschechen die Stadt verlassen mussten, als sie die Stadt und den Bahnhof an die Deutschen übergeben haben.«

Winterberg erzählte von der Leere und Stille auf dem Reichenberger Bahnhof Anfang Oktober 1938. Er erzählte von dem Bahnhof ohne Züge. Ohne Dampflokomotiven. Ohne Eisenbahnwagen. Ohne Eisenbahner. Ohne Menschen. »Immer noch sehe ich diese Leere, immer noch höre ich diese Stille, immer noch habe ich diese Leere vor Augen, ja, ja, diese Stille vor dem Krieg, der in Reichenberg mit der Zerschlagung des Kopfes meines Vaters im Ratskeller angefangen hat, ja, ja, so kommt es im Leben. Mein Vater war keine schöne Leiche.«

Ich zündete mir die nächste Zigarette an, setzte mich zu Winterberg und er fing an zu erzählen.

Er erzählte von den Zügen nach Gablonz und Tannwald. Von den Zügen nach Turnau und Königgrätz und Prag und Wien. Von den Zügen nach Zittau und Friedland und Görlitz und Berlin. Von der Zahnradbahn von Tannwald nach Grünthal. Von dieser einzigen echten Bergbahn in Böhmen. Er erzählte, das Riesengebirge zu überschienen war nicht weniger mühsam als die Alpen zu überschienen. Er erzählte von den Zügen nach Böhmisch Leipa und Bodenbach und Eger.

»Das ist eine wunderschöne Strecke … Waren Sie schon mal in Eger, lieber Herr Kraus?«

»Nein.«

»Ein großer Fehler, lieber Herr Kraus! Und zwar nicht nur wegen Wallenstein, der in Eger den Tod gefunden hat, ja, ja, Wallenstein war auch unser Landsmann, vielleicht sollten wir mal nach Friedland und Jitschin und Prag und nach Pilsen wegen Wallenstein reisen, auf den Spuren von Wallenstein, ja, ja, allein nur wegen Wallenstein würde es sich lohnen, nach Eger zu fahren … Mein Vater hat Wallenstein bewundert, weil er sich nichts gefallen ließ, so wie sich mein Vater nichts gefallen ließ, als er seine Feuerhalle trotz des Widerstands aus Wien baute, ja, ja, mein Vater war der Wallenstein der Feuerhallenzeit.«

Er blätterte kurz in seinem Buch.

»Eger, Eger … Hier … Ja … Gewerbereiche Stadt mit 28 000 deutschen Einwohnern, alle Städte waren damals gewerbereich, das muss man doch nicht immer betonen, das versteht sich von selbst, mich würde eher interessieren und wundern, wenn es irgendwo stehen würde, eine nicht gewerbereiche Stadt … Wo bin ich denn hängen geblieben …«

»In Eger.«

»Ja, ja, auf einer Anhöhe am rechten Ufer der Eger, 1061 zuerst urkundlich genannt … Der Hauptort des Egerlandes … Bahnhof, Bahnhofsrestaurant, Bahnhofstraße, jede Stadt hatte damals eine Bahnhofstraße, die Bahnhofstraße war oft die wichtigste und modernste Straße der Stadt, die beste Adresse, wo jeder wohnen wollte, niemanden haben die Züge und Dampflokomotiven und die lauten Rangierarbeiten gestört, jetzt ist es leider oft anders, die Bahnhofstraßen haben keinen besonders guten Ruf … Wo bin ich denn schon wieder hängen geblieben …«

»In Eger.«

»Ja, ja, genau … Eger, richtig, danke, zu viele Geschichten …«

Winterberg schaute wieder in sein Buch und las laut vor.

»Die Bahnhofstraße führt zu dem altertümlichen Marktplatz mit einem Bronzestandbilde Josephs II., von Wilfert 1887 und einem Rolandsbrunnen … Ja, ja … Das Schillerhaus, 1791 Wohnung des Dichters bei seinen Studien für die Wallenstein-Trilogie … Wir nähern uns … Ja, ja, natürlich, der Tod von Wallenstein darf nicht fehlen … Hier … Ja, ja … Sehen Sie, lieber Herr Kraus … Das Stadthaus, das ehemalige Wohnhaus des Bürgermeisters Pachelbel, worin am 25. Februar 1634 Wallenstein durch den Iren Deveroux ermordet wurde, und so wurde Wallenstein zu einer Februarleiche, wie mein Vater immer sagte … Ja, ja, einem Iren darf man nie vertrauen, sagte immer der Engländer, der aber sonst sehr gerne das irische Bier getrunken hat … Im Innern links das städtische Museum, Besichtigung im Sommer von 7 Uhr morgens an, doch wie es im Winter ist, steht hier nicht, vielleicht ist es im Winter geschlossen, das kann sein, wer würde im Winter nach Eger fahren, dann schon lieber nach Karlsbad oder Marienbad, das ist nicht weit … Ja, ja, Eintrittskarten zu 60 Heller, der Katalog, 20 Heller, würde ich mir als Andenken kaufen, aus dem Vorzimmer links in das Wallensteinzimmer, das Sterbezimmer des Friedländers, schön geschrieben, finden Sie nicht? An der rechten Langwand die Partisane, mit der er erstochen worden sein soll, ein Bildnis Wallensteins, eine Darstellung seiner Ermordung aus dem Jahr 1736, ja, ja, Wallensteins Leiche war sicher sehr derangiert … Neben dem Ausgang das Bildnis Wallensteins als sechsjähriger Knabe, ja, ja … Schön, schön, vielleicht sollten wir auch nach Eger fahren, vielleicht könnten wir im Wallensteinsterbezimmer übernachten, vielleicht geht es, heute ist alles möglich … Und wenn wir genug von Wallenstein haben, können wir uns noch die Kaiserburg anschauen … Seit 1634 unbewohnt und seit 1742 Ruine. Malerische Aussichten.«

Er klappte sein Buch wieder zu.

»Wo bin ich denn hängen geblieben … Ja, ja, Wallenstein und Eger und der Bahnhof … Mich würde aber vor allem der Bahnhof von Eger interessieren, ja, ja, die große Lokomotivflucht nach Eger, sagt Ihnen das etwas, lieber Herr Kraus? Nein, nein, das wundert mich auch nicht, die Lokomotivflucht nach Eger sagt heute keinem was, die Ermordung von Wallenstein hat alles überschattet, ja, ja, und trotzdem würde mich mehr der Bahnhof interessieren, denn die Lokomotivflucht nach Eger war die größte Heldentat in der Geschichte der sächsischen Eisenbahnen, ja, ja, und alles hängt wieder mit dem Jahr 1866 zusammen, als Sachsen gegen Preußen gekämpft hat … Ja, ja, die Lokomotivflucht nach Eger könnte man als einen Akt des sächsischen Widerstands bezeichnen, als einen Teil des sächsischen Partisanenkrieges gegen die Preußen, ja, ja, richtig, Herr Kraus, wie bei Clausewitz, das ganze Sachsen wurde schon von den Preußen beinah besetzt und der Krieg beinah entschieden, die Preußen waren scharf auf die sächsischen Lokomotiven, die sie im Krieg gegen Österreich einsetzen wollten, doch sie haben keine Lokomotiven gefunden, alle waren weg, alle sind nach Eger in Böhmen geflohen, ja, ja, nie vorher und nie nachher war der Bahnhof von Eger so mit den Lokomotiven überfüllt, für ganze Wochen ist dadurch der Zugverkehr gelähmt worden, schade, dass man die Sachsen in der Geschichte so oft vergisst, denn die sächsischen Eisenbahner waren die wahren Helden des Krieges von 1866, allein wegen der Lokomotivflucht nach Eger hätte man die Sachsen in der Geschichte nicht vergessen sollen, doch den Krieg 1866 gegen Preußen haben die Sachsen trotzdem verloren so wie die Österreicher, so wie wir alle verloren haben, lieber Herr Kraus, denn so ist es immer, am Ende verlieren alle, ja, ja, der Bahnhof von Reichenberg, so viele Strecken, so viele Schienen, so viele Weichen, viel mehr als im Berliner Hauptbahnhof, ja, ja, so viele Geschichten, so viel Geschichte, der Bahnhof war der letzte Ort der Stadt, den Lenka gesehen hat, als sie flüchten musste, der Bahnhof war der letzte Ort, den ich gesehen habe, als ich in den Krieg musste, so viele Strecken, so viele Möglichkeiten, da darf man sich nicht wundern, dass einer wahnsinnig wird.«

Ich nickte, so wie ich immer nickte, und ging in seinen Geschichten ein wenig verloren, wie ich so oft in seinen Geschichten verloren ging. Ich zündete mir noch eine Zigarette an.

»Waren Sie schon mal hier? In Liberec? Ich meine, seit dem Krieg?«

»Ja. Einmal.«

»Und wie war es so?«

»Nicht gut.«

Wir schwiegen und eine Rangierlok fuhr mit zwei leeren Wagen an uns vorbei.

»Und Sie, Herr Kraus? Wie ist es für Sie?«

»Auch nicht gut.«

Winterberg schaute auf die Bahnhofsuhr und dann schaute er auf seine Uhr.

»Die Uhr geht pünktlich, ja, ja, hier ist die Zeit in Ordnung. Schon interessant. In Dresden ging die Uhr nach.«

Wir gingen die Treppe zu der Unterführung runter.

Und dort, in dem langen, gelben kalten Tunnel, blieb Winterberg plötzlich stehen. Als wüsste er selber auch nicht, ob es gut war, diese Reise zu unternehmen. Österreich und Böhmen und Reichenberg zu überfallen.

Und dann sagte er: »In diesem Tunnel habe ich Lenka zum letzten Mal gesehen. Ich brachte sie zum Zug, doch sie wollte nicht, dass ich hoch bis zum Bahnsteig komme, ja, ja, sie hatte Angst gehabt, sie würde dann nicht abfahren.«

Wir standen ganz allein da und jedes Wort, das Winterberg sagte, hallte durch den langen Tunnel nach vorne und nach hinten.

»Hier haben wir uns verabschiedet, ja, ja, und danach nie wiedergesehen.«

DIE FEUERHALLE

In der Bahnhofskneipe saßen an diesem Abend keine Eisenbahner in Uniformen. Es roch auch nicht nach Kohle und Ruß und auch nicht nach Schmieröl, sondern nach Bratöl und Bier. An jedem Tisch saß ein einsamer Mann. Der eine war jünger und der andere älter und jeder schaute vor sich hin.

Auf sein Bierglas.

Auf sein Handy.

Auf seine Zeitung.

Oder in die Leere, wo sich ein Film abspielte, den nur er sah. Keiner bewegte sich. Keiner sagte etwas. Auch die Wirtin nicht. Sie zapfte ein Bier nach dem anderen und an ihrer Brust schaukelte ein kleines goldenes Kreuz hin und her.

Eine Handbewegung. Ein Bier. Ein Leben.

Jeder Mann, dem die Wirtin das Bier brachte, schaute ihr kurz hinterher. Sie trug ein enges schwarzes Kleid, das genauso schwarz war wie ihre Strümpfe und ihr gefärbtes langes Haar.

Wir waren die Einzigen, die zu zweit an einem Tisch saßen. Ich bestellte ein Bier und Winterberg eine Cola.

Und die Wirtin sagte: »Gut.«

Und blieb an dem Tisch stehen und schaute mich fragend an.

»Na? Etwas zu essen vielleicht?«

»Nein.«

»Gut.«

So saßen wir da eine ganze Weile und sagten auch kein Wort. Ich trank mein Bier, mein erstes Bier in Böhmen nach den vielen Jahren. Der Bierschaum schmeckte sanft und sahnig und das Bier mild und hopfig.

Obwohl ich einen großen Durst und vor allem große Lust hatte, trank ich das Bier sehr langsam und erinnerte mich mit jedem Schluck an all die Biere, die ich in Böhmen trank, bevor ich gehen musste.

Ich erinnerte mich an alle meine Freunde, mit denen ich Bier trank und die ich verließ.

Ich erinnerte mich an alle die Kneipen, wo es immer so laut war, weil jeder seine Geschichte loswerden wollte.

Seine Erinnerung.

Seine Meinung.

Seine Weisheit.

Seine eigene Wahrheit.

Im Gasthaus war es aber immer so laut, dass alles in dem Lärm unterging. Vielleicht ist deshalb niemand von uns weiser und klüger nach Hause gekommen und musste es in der Kneipe am nächsten Abend wieder versuchen.

Ich dachte an das Gasthaus *Zur Korea* in Vimperk. In Winterberg. Es hieß nicht Korea, doch wir nannten es so und keiner wusste, warum. Dort war es nie so still wie jetzt in der Bahnhofskneipe in Liberec. In Reichenberg. Hier wurden schon alle Weisheiten gesagt, hier wurden schon alle Geschichten erzählt. Es sah so aus, als wäre etwas in dem Land passiert, als hätte sich etwas hier doch geändert in den vielen Jahren, seitdem ich hier war.

Winterberg schlug sein Buch auf und fing an, laut zu lesen. Alle schauten kurz zu ihm herüber und hörten zu, obwohl er auf Deutsch las und sie ihn sicher nicht ganz verstanden.

»Die Droschken, ja, ja, besonders die Zweispänner, also Fiaker, fahren schnell, sind aber nicht billig … Gegen Übervorteilung schütze man sich von vornherein durch genaue Vereinbarung, wodurch man sich auch in den nicht deutschen Teilen der Monarchie überzeugt, ob der Kutscher des Deutschen mächtig ist, ja, ja, bei kürzeren Fahrten zwischen 20 und 40 Heller, merken Sie sich das bitte, lieber Herr Kraus.«

Winterberg las weiter vor sich hin, die Männer hörten zu und die Wirtin zapfte ein Bier nach dem anderen und ihr goldenes Kreuz an der Brust schaukelte hin und her wie ein kleines Schiff auf hoher See.

»Bei längeren Fahrten ist es entsprechend mehr. Dampfschifffahrten sind während der schönen Jahreszeit namentlich auf den Alpenseen und auf dem Adriatischen Meere von großem Reiz.«

»Sie brauchen es nicht zu lesen, Sie wissen doch alles, was im Buch steht.«

»Wer sagt das?«

»Ich.«

»Sie haben das Buch nicht gelesen, Sie haben keine Ahnung.«

»Ich habe Sie vorher im Zug gesehen, mit den Jungs. Sie können alles auswendig.«

»Aber ich will das lesen.«

»Aber warum? Sie wissen doch schon alles. Ich verstehe es nicht.«

»Man weiß nie alles.«

»Sie wissen es aber.«

»Lassen Sie mich.«

»Ja, schon gut, es ist aber schon ein bisschen komisch. Sie lesen aus einem Buch laut vor, das Sie schon längst auswendig kennen.«

»Lassen Sie mich einfach!«

Winterberg schaute mich kritisch an. Und las dann weiter laut vor sich hin. Und ich bestellte noch ein Bier.

»Wo bin ich denn hängen geblieben … Sie dürfen mich nicht unterbrechen, wenn ich lese, sonst geht alles verloren … Das geht Sie nichts an, warum ich es lese, ich weiß nicht alles, man kann nicht alles wissen, nur die Trottel glauben, man kann alles wissen, Sie sollten wissen, dass es unmöglich ist, alles zu wissen …«

Winterberg las wieder aus seinem Buch vor und ich schaute mir die Wirtin an. Sie zapfte mit einer einzigen Handbewegung das nächste Bier.

»Ja, ja, hier … Auf dem Adriatischen Meere von großem Reiz, genau, genau.«

Ein Leben in einer Handbewegung.

»Ja, ja, bei ausreichender Zeit auch auf der Elbe zwischen Leitmeritz, Aussig und Dresden …«

Alles so einfach.

»… sowie auf der Donau zwischen Passau und Wien, zwischen Wien und Pest, zwischen Belgrad und Orsova der Bahnfahrt vorzuziehen.«

Alles so kompliziert.

Und dann schlief Winterberg ein. So schnell, wie nur er es kann.

Stöpsel raus.

Luft raus.

Augen zu.

Gute Nacht.

Er fing an zu schnarchen und alle schauten ihn an. Die Männer, die Wirtin und auch ich. Winterberg lag mit dem Kopf auf seinem aufgeschlagenen roten dicken Buch und vor ihm stand eine Cola, die er nicht anfasste.

Ich trank mein Bier aus, bezahlte und fragte die Wirtin, ob das Hotel *Goldener Löwe* noch steht.

Sie nickte und ich bestellte uns ein Taxi.

Ich brachte Winterberg in sein Zimmer, ging in mein Zimmer, duschte, legte mich ins Bett und starrte an die Decke. Ich konnte nicht einschlafen. Ich dachte an Hanzi. Ich dachte an unsere erste und letzte gemeinsame Reise. Ich dachte auch an Carla. Und dann noch an Silke Winterberg. Vielleicht sucht sie uns wirklich schon. Vielleicht werde ich bald verhaftet.

Ich zog mich wieder an und stand dann vor dem Hotel und rauchte. Der Parkplatz war leer, so wie das Hotel. Die Stadt schlief ruhig in ihrem schwarzen Bett.

Ich ging durch Liberec.

Ich ging durch die menschenleeren Straßen.

Ich rutschte auf dem nassen Kopfsteinpflaster.

Ich ging weiter und zündete mir die nächste Zigarette an.

Ich ging und ging und schaute mir die Läden an, die genauso ausschauten wie die Läden in Deutschland.

Ich ging und blieb an den Häusern stehen und las die Namensschilder an den Türen.

Die tschechischen Namen, die mir so fremd vorkamen.

Die deutschen Namen, die mir so vertraut vorkamen.

Alles kam mir so neu und so fremd und zugleich so alt und so bekannt vor.

Ich ging durch die Stadt, die früher mehr deutsch als tschechisch war, und dachte über die Jahre nach, die ich weg war.

Ich ging und ich wusste nicht, wohin.

Ich sah eine rothaarige Katze auf einer Mülltonne sitzen, eine Katze auf der Jagd, die mich beobachtete. Als ich näher kam und sie streicheln wollte, lief sie weg.

Ich ging und es schneite und die Stadt wurde trotz des Schnees immer dunkler und leerer und stiller.

Ich ging und die Häuser über mir in den schmalen Gassen sahen aus wie Burgen und Burgruinen, die man nicht erreichen kann.

Ich ging und in einer Gasse sah ich zwei betrunkene Männer, die gegen die Wand pinkelten. Der eine schrie mir etwas hinterher, ich verstand ihn nicht, ich drehte mich nur kurz um und sah seine schwarzen Zähne.

Ich ging und fand einen leeren Kinderwagen mit Altpapier, den hier jemand vergessen hat. Ich nahm eine alte Zeitung und las unter der Straßenlaterne kurz etwas über das Land, das ich verlassen musste und wo ich zum ersten Mal wieder war.

Ich ging und alles war still und es ging mir nicht gut. Ich schwitzte und mein Herz raste wieder und ich musste an Agnieszka denken, die mir immer sagte, ich soll wegen dem Herz zum Arzt gehen.

Ich ging und die Luft stank nach Braunkohle, und ich musste daran denken, wie es in Vimperk immer nach Braunkohle gestunken und dass ich diesen Gestank schon vergessen hatte.

Ich ging und sah einen Polizeiwagen, der langsam durch das Schneegestöber fuhr.

Ich ging durch die leere, kalte, ausgestorbene Stadt und fand eine Bar, wo ich noch ein Bier trank. Die Musik spielte und eine junge Frau tröstete eine andere junge Frau, die weinte. Sie sprachen Tschechisch und die Sprache schien mir so vertraut und so fremd zugleich.

Ich ging weiter und kam bis zum Marktplatz, der von frischem Schnee bedeckt war.

Ich blieb vor dem hohen Rathaus stehen, drehte mich um und sah auf dem Marktplatz die Spuren im Schnee, die ich hinterließ.

Sie verloren sich in der Ferne.

Am nächsten Tag fuhren wir den ganzen Vormittag mit der Straßenbahn.

Es kühlte noch mehr ab und es schneite wieder ein wenig, doch in der Straßenbahn war es warm. Wir fuhren hoch und runter durch die Stadt mit der Linie Nummer 3 und Winterberg las laut aus seinem Baedeker vor und erzählte und zeigte mir die Stadt und wieder erzählte er und las aus seinem Baedeker vor.

Er zeigte mir das kleine, unscheinbare Haus, in dem sein Vater geboren wurde.

»In den großen Städten sowie in den größeren Kurorten und Sommerfrischen sind die Gasthöfe ersten Ranges im Allgemeinen recht gut, ja, ja, die Zimmerpreise sind, namentlich in den modernen Luxushotels, verhältnismäßig hoch.«

Er zeigte mir, wo er zur Grundschule ging.

»Wer unangenehmen Überraschungen vorbeugen will, erkundige sich sofort danach und beachte die Anschläge in den Zimmern … Sehen Sie, lieber Herr Kraus, der Jeschken ist wieder in den Wolken verschwunden, ja, ja, wenn der Berg zu sehen ist, kommt der Regen, wenn er nicht zu sehen ist, regnet es schon, wenn es nicht regnet, schneit es, wenn es nicht schneit und du nichts siehst, ist es oft nicht die Nacht, sondern der Nebel, sagte mein Vater immer, und so ist es hier bis heute, und das gilt nicht nur für Reichenberg, sondern für das ganze Land, für ganz Böhmen, für dieses ganze seichte Tal, das uns alle verbindet, ob wir wollen oder nicht, ob wir uns hassen oder lieben, ob wir Tschechisch sprechen oder Deutsch, ja, ja, lieber Herr Kraus, und die Traurigsten, die Verlorensten, waren am Ende immer die, die beide Sprachen gesprochen haben, so wie mein Vater, so wie meine Lenka, so wie Sie, lieber Herr Kraus, denn

Sie waren sich der ganzen Tragik bewusst … Die Menschen, die dazwischenstanden, die wurden am meisten gehasst, und zwar von allen Seiten, es gibt kein Entkommen, ja, ja, mein Vater hat fließend Tschechisch gesprochen, und auch ich habe ein wenig Tschechisch gesprochen, ich verstehe es immer noch ein wenig, ja, ja, aber leider nur zu wenig.«

Er zeigte mir, wo er seine Lehre zum Straßenbahnfahrer gemacht hatte.

»Mein Vater dachte, seine Feuerhalle würde alle Böhmen versöhnen, egal, ob sie Tschechisch oder Deutsch sprächen, er schrieb darüber sogar einen Beitrag für *Die Einäscherung*. Leider hat sich mein Vater geirrt.«

Er zeigte mir, wo er sich zum ersten Mal betrank, und las weiter aus seinem Baedeker vor.

»In Häusern zweiten Ranges sind die Zimmerpreise etwa ein Drittel niedriger, auf dem Lande häufig noch recht wohlfeil, ja, ja, außer in den deutschen Alpenländern lässt hier die Reinlichkeit manchmal zu wünschen übrig … Ja, ja, lieber Herr Kraus, so ist es, bei uns zu Hause war es immer sehr sauber und in der Feuerhalle auch, doch im Ratskeller, da hat es immer nach Bier und Tabak und Sauerkraut gestunken.«

Er zeigte mir den Park, wo er sich zum ersten Mal geprügelt hatte.

»Trinkgelder sind in den großen Gasthöfen in folgender Art üblich: Zimmermädchen täglich 40 Heller für 3 bis 5 Tage, 1 Krone für 8 Tage, also von 1,50 bis 2 Kronen, merken Sie sich das bitte.«

Er zeigte mir, wo sich ein schlimmes Straßenbahnunglück ereignete mit vielen Straßenbahnleichen, wie er sagte.

»Zimmerkellner wöchentlich 1 Krone, Tagportier und Nachtportier für 8 Tage je 1 bis 2 Kronen, Lohndiener für das Reinigen der Kleider und Stiefel, ja, ja, das werden wir sicher brauchen, ich musste jede Woche meinem Vater seine Schuhe putzen, ja, ja, er sagte, die Schuhe müssen glänzen wie die Kacheln seiner Feuerhalle glänzen … Sowie für den Transport des Gepäcks 50 Heller täglich … Merken Sie sich das, lieber Herr Kraus.«

Er zeigte mir, wo früher die Straßenbahnlinie nach Rochlitz führte.

Er zeigte mir, wo früher die Straßenbahnlinie nach Rosenthal führte.

Er wollte nicht, dass wir aussteigen und zu Fuß gehen.

Er zeigte mir, wo Lenka wohnte.

Er zeigte mir, wo er sich zum ersten Mal mit Lenka im Caféhaus traf. Er wollte nur weiterfahren.

Er zeigte mir den leeren Platz an der Stadtautobahn, wo früher das Kino Urania stand, wohin sie oft zusammen gingen.

»Hier, schauen Sie, hier haben wir den Film gesehen.«

»Welchen Film denn?«

»*Frau im Mond* von Fritz Lang mit der wunderschönen Gerda Maurus in der Hauptrolle, ja, ja Lenka hat sich in sie verliebt, sie wollte so wie Gerda Maurus in dem Film werden, so stark und frei … Lenka hatte damals schon Angst, ins Kino zu gehen, die Henleintrottel haben schon überall randaliert, doch wir sind gegangen, im Urania haben sie auch alte Filme gezeigt, auch die Stummfilme, die sich nur alte Menschen und Menschen wie wir angeschaut haben. Zweimal haben wir hier die *Frau im Mond* gesehen … In diesem Kino haben die Henleintrottel nicht randaliert, die alten Filme haben sie nicht interessiert, und ja, der Besitzer, ein gewisser Herr Polatschek, war auch Jude, so wie Lenka … Er ist später vor den Henleintrotteln geflüchtet, ihm ist es gelungen, er musste flüchten, so wie auch Fritz Lang flüchten musste und Lenka auch … Ja, ja, er hat später in Buenos Aires ein Kino aufgemacht und nannte es Urania Reichenberg, ja, ja, er hat ausschließlich deutsche Filme gezeigt und es lief gut, in Buenos

Aires haben viele Menschen gelebt, die Deutsch gesprochen haben, die an Heimweh gelitten haben, die sich gefreut haben, dass jemand alte deutsche Filme zeigt, Filme wie *Frau im Mond* … Doch trotzdem hat sich Herr Polatschek später im Vorführraum von Urania Reichenberg in Buenos Aires erschossen, denn er hat nicht verkraftet, dass in sein Kino so viele Henleintrottel kamen, die nach dem Krieg nach Argentinien geflüchtet sind, so wie viele Juden vor dem Krieg vor den Hitlertrotteln nach Argentinien geflüchtet sind, ja, ja, traurig, traurig, Kopfschussleichen sind keine schönen Leichen, sagte mein Vater immer … Wo bin ich denn hängen geblieben … Ja, ich weiß, gegenüber stand das Hotel *Zentral*, da ist man auch hingegangen.«

Er zeigte mir das Haus, wo Lenkas Vater sein Geschäft hatte, bis ihm die Henleintrottel die Fenster einschlugen.

Er zeigte mir, wo die Synagoge stand.

Er zeigte mir das Haus, in dem der Mann lebte, der mit anderen Männern die Synagoge anzündete.

»Danach wusste ich, Lenka muss weg, sie war nur zur Hälfte Jüdin, doch wir beide wussten, die eine Hälfte reicht und Lenka kann brennen wie die Synagoge. Lenka hatte Verwandte in Wien und Brünn, doch dann musste sie auch dort weg, das war klar, sie wollte weiter, über Budapest, Sarajevo und Griechenland nach Palästina … Die letzte Karte von ihr habe ich aus Sarajevo bekommen, deshalb müssen wir hin, lieber Herr Kraus … Ich fürchte, in Sarajevo ist ihr etwas passiert, vielleicht finden wir dort den Mörder … Ja, ja, alles hängt mit allem zusammen, ja, ja, Königgrätz und Sarajevo und der Erste große Weltkrieg und der Zweite, ja, ja, warum schauen Sie historisch nicht durch? Wenn Sie historisch durchschauen würden, würden Sie es verstehen, lieber Herr Kraus, wie alles zusammenhängt, traurig, traurig, das macht mich ein wenig melancholisch, dass Sie historisch nicht durchschauen, doch so ist das Leben.«

Und dann stiegen endlich wir aus der Straßenbahn aus und gingen zu einem Mietshaus in der Wallensteintraße, wo Winterberg früher wohnte. Er zeigte mir die Fenster im dritten Stockwerk. Ich wollte klingeln, ich dachte, es wäre schön, wenn wir die Wohnung besuchten, doch in dem Augenblick, als ich klingelte, ging Winterberg weg. Eine ältere Dame machte die Fenster auf. Ich wusste nicht, was ich sagen sollte, ich begrüßte sie und schwieg und schaute mich nach Winterberg um. Sie dachte, ich will ihr etwas verkaufen, und machte die Fenster wieder zu.

Ich lief Winterberg hinterher.

Er war mir böse.

»Es ist vorbei, es ist vorbei, so was dürfen Sie nicht machen.«

»Entschuldigung.«

»Ich wollte das nicht.«

»Ich dachte … Die Dame war eigentlich ganz nett.«

»Wer hat Sie darum gebeten?«

Und dann schwiegen wir und gingen zum Marktplatz. Und dann die Prager Straße runter. Und plötzlich sah Winterberg etwas im Schaufenster von einem Buchantiquariat und verschwand in dem Laden.

Es schneite wieder und ich zündete mir eine Zigarette an und schaute den Menschen nach, die die Sprache sprachen, die mir immer noch so fremd war, obwohl ich alles verstand. Ich musste wieder daran denken, ob es gut war, in dieses Land zurückzufahren. Wieder hatte ich die Angst, ich werde verhaftet. Ich werde verprügelt. Ich werde aufgehängt. Ich werde für das, was wir damals mit Hanzi taten, auch heute noch bestraft.

Winterberg kam zurück und reichte mir ein Buch.

Die chronologischen Notizen zur Geschichte von Winterberg und Umgebung 1195–1926, verfasst von Josef Puhani, dem Schwarzenberg'schen Waldheger.

»Wahnsinn … Kennen Sie das?«

»Nein.«

»Das müssen Sie gleich lesen, lieber Herr Kraus.«

Ich schaute mir das Buch an.

»Nehmen Sie es als Weihnachtsgeschenk. Bald ist es so weit.«

»Ja.«

»Freuen Sie sich?«

»Ja.«

»Das freut mich, dass Sie sich freuen.«

»Ja.«

Und ich steckte das Buch in meinen Rucksack ein und wusste, ich werde es nicht lesen.

Ich will es nicht lesen.

Ich kann es nicht lesen.

Ich hasse dieses Land.

Ich hasse diese Stadt.

Ich hasse Winterberg.

Ich hasse Vimperk.

Wir gingen weiter und ich zündete mir die nächste Zigarette an.

Und dann blieben wir stehen und Winterberg zeigte in eine Lücke zwischen den Häusern.

»Da, sehen Sie? Da! Das ist die Feuerburg, ja, ja, das ist sie, die weltberühmte Feuerhalle von meinem Vater und Rudolf Bitzan. Da gehen wir jetzt hin.«

»Also, Ihr altes Haus wollten Sie nicht besuchen … Und das Krematorium, ja?«

»Es heißt Feuerhalle. Nicht Krematorium.«

Die Feuerhalle ragte hoch zum Himmel.

Wir standen auf dem Vorplatz und Winterberg sagte:

»Mein Vater war ein Postangestellter, er wurde gleich im Sommer 1914 eingezogen und kehrte schon im Herbst als Kriegsversehrter nach Reichenberg zurück, mit einer Kugel im Schulterblatt, die man nicht rausoperieren konnte.«

Die Feuerhalle stützte die schweren dunklen Wolken.

»So war sein rechter Arm, seine ganze rechte Hälfte wie eingefroren, er konnte sie nicht richtig bewegen ... Ja, ja, lieber Herr Kraus, als Kriegsversehrter und Kriegsgestrandeter kann man sich nur aufhängen oder Leichenbestatter werden, sagte mein Vater, der im Krieg Sanitäter war und viele Leichen gesehen hat, Kopfschussleichen und Bauchschussleichen und Halsschussleichen und Handgranatenleichen und Artilleriegranatenleichen.«

Alles war still. Man sah die Stadt unter uns. Man sah die Berge. Man sah den Jeschken.

»Ja, ja, Rudolf Bitzan hat zwar auch ein paar Kirchen entworfen, doch seine Feuerhalle sollte nichts mit einer Kirche gemeinsam haben, nein, nein, lieber Herr Kraus, er stellte sich den Bau eher als einen Vogel mit ausgebreiteten Flügeln vor, als einen Adler, der in den Himmel abhebt und mit den Toten verschwindet, sagte er zu meinem Vater ... Alles sollte sehr einfach und klar sein, denn in der Tat ist das ganze menschliche Leben so klar und ganz einfach, nur wir machen alles immer zu einem großen Problem.«

Winterberg erzählte und ich musste an mein Schiff denken. Und an meine Überfahrt. An unsere Überfahrt in eine andere Welt, die unterbrochen wurde.

Wir schauten uns zwei große Ritter an. Zwei Hüter des Todes mit Adlerflügeln aus rotem Sandstein, die uns auch aus der Höhe von beiden Seiten des Eingangs streng anschauten, und ich zündete mir eine Zigarette an. Und Winterberg sagte, ich soll nicht rauchen und mir lieber die Gesichter der Hüter des Todes genauer anschauen.

»Die sind doch gleich.«

»Sind sie nicht.«

Winterberg erzählte, der Ritter rechts hat das Gesicht von seinem Vater und der Ritter links hat das Gesicht von Rudolf Bitzan.

»Ich bin wahrscheinlich der Letzte, der das noch weiß … Aber jetzt wissen Sie es auch, lieber Herr Kraus, das freut mich … Ja, ja, eigentlich sollte ich es meiner Tochter auch erzählen, doch sie würde mir nicht glauben, sie schaut historisch leider überhaupt nicht durch.«

Winterberg schaute sich die Schilde an, die die beiden Ritter tragen und hinter welchen sich ihre Beine verstecken.

»Die sind gleich.«

»Ja, die sind gleich.«

Er schaute sich die vier Tiere im Kreis auf den Ritterschilden an.

Den Adler.

Die Schlange.

Den Löwen.

Die Eule.

Die Kraft und die Freiheit.

Die Wiedergeburt.

Die Tapferkeit.

Die Weisheit. Und den langen Schlaf, wie er sagte.

Und dann schaute er ganz hoch zu der großen Aufschrift über dem Eingangstor. Es war auf Tschechisch, doch Winterberg las es auf Deutsch vor.

»Reines, urgöttliches, herrliches Feuer, nimm in die Arme den ermüdeten Leib … Ja, ja, das hat mein Vater ausgewählt, ja, ja, er liebte Lyrik, er hat auch ein wenig gedichtet … Die Zeilen kommen von Anton August Naaff, ein Dichter aus Komotau, mein Vater hat ihn ein wenig gekannt, mein Vater war eine absolute Ausnahme, denn Naaff hat sonst kaum jemand gekannt, niemand hat ihn gelesen und heute ist es sicher nicht anders. Doch hier bleibt Naaff für immer verewigt, das hier ist sein großer literarischer Erfolg … Ich hoffe, die tschechische Übersetzung ist gut, lieber Herr Kraus … Ich verstehe nur Ohni … Feuer …«

Dann gingen wir die steile Treppe hoch und ich musste ihm ein wenig helfen.

Die schwere Holztür war geöffnet.

Das Licht brannte und man hörte Musik.

Ich wollte nicht reingehen, doch Winterberg wartete nicht, er machte die schwere hohe Tür auf und ging einfach rein.

Die Musik spielte und im Saal saßen nicht viele Trauergäste. Sie schauten zu Boden, sie schauten zu der hohen Decke, sie schauten zu den schlanken, hohen Fenstern, sie schauten auf die Kränze und Blumen, sie schauten auf den schwarzen Sarg auf dem Katafalk. Der Tote hieß Josef Müller. Ich dachte, wir würden stören, doch keiner bemerkte uns.

Nur ein Mann im blauen Anzug mit schwarzer Krawatte, der sehr alt und doch viel jünger als Winterberg war, drehte sich nach uns um und schaute uns so an, als ob er nachdenken würde, ob er uns kennt und sich fragt, ob wir ihn vielleicht auch kennen.

Wir saßen in der letzten Reihe. Die Musik spielte und dann fing Winterberg an, wieder zu erzählen. Ich wollte ihn aufhalten, doch er war nicht aufzuhalten. Wie immer.

Ein historischer Anfall.

Winterberg erzählte, wie bei der Eröffnung der Feuerhalle das Orchester des Reichenberger Stadttheaters das Vorspiel zu *Parsifal* von Richard Wagner spielte.

Er erzählte, wie ihm sein Vater erzählte, dass es eine großartige Aufführung war. Er erzählte, wie ihm sein Vater erzählte, er hatte dabei Tränen in den Augen. Er erzählte, sein Vater liebte Musik und spielte auch ein wenig Musik.

»Gleich dort links neben dem Katafalk haben sie gespielt, da muss es gewesen sein.«

Er erzählte, es war der innige Wunsch des Architekten Rudolf Bitzan gewesen, dass bei der Eröffnung der Feuerhalle *Parsifal* aufgeführt wurde. Er erzählte, sein Vater hätte sich eher *Die Moldau* von Bedřich Smetana gewünscht. Er erzählte, sein Vater meinte, die Moldau verbindet die böhmischen Deutschen mit den böhmischen Tschechen. Er erzählte, nur die Musik hat so eine Kraft.

»Ja, ja, die Moldau verbindet uns und versöhnt, ja, ja, das ist die magische Macht des Flusses und die magische Macht der Musik… Sie verbindet uns und versöhnt, so wie uns das Bier und die Knödel und der Schweinebraten mit Kraut und die Schlacht bei Königgrätz verbinden, ja, ja, so wie uns Wallenstein verbindet, so wie uns das Feuer dieser Feuerhalle verbindet und versöhnt, sagte mein Vater immer, das alles verbindet uns, ob wir wollen oder nicht… Doch mein Vater mochte auch *Parsifal* und vor allem mochte er Rudolf Bitzan, der zu seinem guten Freund wurde.«

Winterberg schaute nach vorne, als ob da das Orchester des Reichenberger Stadttheaters immer noch *Parsifal* spielen würde.

Ein anderer Mann in Anzug und Krawatte, der sehr alt und doch viel jünger als Winterberg war, drehte sich nach uns um und zischte, wir sollen nicht stören. Doch Winterberg bemerkte es nicht, oder er wollte es nicht bemerken.

»Architekt Bitzan nannte seinen Entwurf für die Feuerhalle die Feuerburg. Eigentlich hat er den Wettbewerb für den Bau nicht gewonnen, erzählte mein Vater, er hat den dritten Platz bekommen, doch dem Feuerhallenkomitee unter der Leitung meines Vaters hat sein Entwurf am besten gefallen.«

Winterberg erzählte, wie Bitzan und sein Vater überlegt haben, die Feuerhalle auf dem Jeschken zu bauen. Er erzählte, die Feuerhalle hätte gleich neben dem *Berghotel* stehen sollen. Er erzählte, das wäre die goldene Krönung des Berges gewesen. Er erzählte, das wäre die goldene Krönung von Reichenberg.

»Doch der Leichentransport wäre zu mühsam gewesen.«

Er erzählte, so hat sich das Feuerhallenkomitee für den Monstranzberg entschieden. Er erzählte, nicht der Marktplatz, nicht das Rathaus, sondern der Monstranzberg und die Feuerhalle bilden das Herzstück der Stadt Reichenberg.

Der alte Mann im schwarzen Anzug mit blauer Krawatte drehte sich nach uns um und zischte erneut. Die langsame, traurige Musik spielte und Winterberg erzählte weiter.

»Ja, ja, lieber Herr Kraus, bald werde ich hundert Jahre alt … Ich werde genauso alt wie diese Feuerhalle, genauso alt wie die tschechoslowakische Republik, ja, ja, bald feiern wir alle gemeinsam unseren Geburtstag, die Feuerhalle, die Republik und ich. Wir feiern die Geburt und auch den Untergang, das Entstehen der Republik und den Untergang der Monarchie, meine Geburt und die Eröffnung der Feuerhalle in Reichenberg, ja, ja, vielleicht gibt es in der Feuerhalle auch ein Fest, vielleicht fahren wir nächstes Jahr hierher und feiern hier meinen Geburtstag zusammen, es hat noch ein wenig Zeit, noch ein Jahr, dann ist es so weit, dann sind wir hundert Jahre alt, ich, die Tschechoslowakei und unsere Feuerhalle, das wird ein schönes Fest, ich glaube, wir müssen kommen.«

Der alte Mann im schwarzen Anzug mit blauer Krawatte drehte sich nach uns um und zischte. Und der andere alte Mann im blauen Anzug mit schwarzer Krawatte drehte sich auch nach uns um und schaute uns so an, als ob er nachdenken würde, ob er uns wirklich kennt und ob wir ihn vielleicht auch kennen.

»Wir sollten wirklich leise sein«, sagte ich.

»Den Toten stören wir nicht.«

Winterberg schwieg kurz, die Musik spielte, ein altes tschechisches Lied, das der Tote offenbar liebte. Die Witwe schluchzte und Winterberg fing wieder zu erzählen an.

Er erzählte, dass sein Vater das große Glück hatte, auf dem Feuerberg in seiner Feuerburg als erster Feuerhallenmeister der böhmischen, nein, der österreichischen Geschichte am 31. Oktober 1918 den ersten Leichnam einäschern zu dürfen. Er erzählte, es waren nur drei Tage nach dem Umsturz und dem Zusammenbruch von Österreich und der Entstehung der Tschechoslowakei. Er erzählte, die Feuerhalle war schon über ein Jahr fertig gebaut, doch im alten Österreich durfte man keine Leichen verbrennen. Er erzählte, man verbrannte nur zwei Hunde und ein Pferd, weil man wissen wollte, ob die Feuerhalle einwandfrei funktioniere. Er erzählte, dass alles einwandfrei funktionierte. Er erzählte, wie es seinen Vater sehr melancholisch machte, dass danach die Feuerhalle ein Jahr lang leer stand und die Öfen kalt waren. Er erzählte, der 31. Oktober 1918 sei der größte Tag in seinem Leben gewesen. Er erzählte, der erste Leichnam wäre der Leichnam von seinem Vater Eugen gewesen, von Winterbergs Großvater also, dessen Vater, sein Urgroßvater also, in der Schlacht bei Königgrätz gefallen sei. Er erzählte, sein Vater führte eine Chronik der Feuerhalle.

Er musste über jeden Toten alles wissen. Den Geburtsort und den Geburtstag und das Geburtsjahr. Das vollendete Lebensjahr. Das Glaubensbekenntnis. Den Stand und den Beruf und den Wohnort. Die Todesursache. Die Namen des behandelnden Arztes und des Amtsarztes und des Totenbeschauers. Den Tag und das Jahr und die Stunde des Todes. Den Tag und die Stunde der Einäscherung. Den Tag, an dem die Aschereste, wie er sagte, an die Verwandten übergeben wurden.

Er erzählte, wie das Lesen der Chronik der Feuerhalle seinen Vater immer beruhigt hätte, so wie ihn das Lesen des Baedekers immer beruhigte. Er erzählte, sein Großvater sei eigentlich schon

Ende September verstorben, war also eine Septemberleiche, wie sein Vater gesagt hätte.

Er erzählte, dass sein Vater seine Leiche die ganze Zeit im Kühlraum gelagert hätte, weil er geahnt hätte, dass das alte Reich bald zusammenbrechen würde. Er erzählte, in der Chronik der Feuerhalle trügen alle Toten und Leichen und Urnen eine Nummer.

Er erzählte, sein Großvater bleibe für immer die Nummer 1.

Der erste eingeäscherte Leichnam in Reichenberg.

In der Tschechoslowakei.

In Österreich.

Er erzählte, sein Großvater sei am 31. Oktober 1918 um zehn Uhr eingeäschert worden.

Die Todesursache war eine Nierenentzündung.

Er erzählte, gleich am Nachmittag um vier Uhr sei die zweite Leiche eingeäschert worden.

Die Todesursache war eine Verkalkung der Arterien.

Er erzählte, eine Woche später sei der erste Selbstmörder eingeäschert worden.

Die Todesursache waren die schweren Schussverletzungen.

Er erzählte, dass sein Vater sagte, die Feuerhalle versöhne alle mit ihrem Schicksal, ob sie wollten oder nicht.

Die Musik spielte und der eine alte Mann schaute böse zu uns herüber.

Winterberg erzählte, dass sein Vater über die erste Einäscherung für die Leser der *Einäscherung* einen Artikel verfasst hatte.

»Ja, ja *Die Einäscherung* war in Reichenberg eine sehr beliebte Zeitschrift, denn in Reichenberg lebten viele Freunde der Feuerbestattung und der Hygienebewegung.«

Winterberg erzählte, dass sein Vater darüber geschrieben hatte, von welcher Bedeutung der Untergang der Monarchie und die Entstehung der Tschechoslowakei am 28. Oktober 1918 für die Feuerhalle waren.

»*Die Einäscherung* gibt es heute leider nicht mehr zu kaufen, ich meine die Zeitschrift, traurig, traurig, *Die Einäscherung* war eine sehr gute Zeitschrift, heute würde sie vielleicht mehr Leser haben, denn heute lassen sich viel mehr Menschen einäschern als damals, heute ist es modern, heute sind die Feuerhallen erfolgreiche Unternehmen, und am Anfang von dieser Erfolgsgeschichte der Feuerhallen stehen mein Vater und seine Feuerhalle.«

Die Musik spielte und die Witwe weinte und der eine alte Mann schaute wieder sehr böse zu uns herüber und zischte.

»Mein Vater liebte die Tschechoslowakei, was man wirklich nicht über alle Deutschen in Reichenberg sagen kann, nein, nein, viele von den Reichenberger Deutschen haben die Tschechoslowakei gehasst, ja, ja, sie haben die neue Freiheit gehasst, und so kann keinen überraschen, dass sie später die Tschechoslowakei zerschlagen haben und Hitler auf dem Marktplatz vor dem Rathaus mit Hitlergruß begrüßt haben, so auch meine Mutter, ja, ja, gegen Hitler gab es in Reichenberg keinen Widerstand, alle haben Hitler und Henlein geliebt, nicht nur meine Mutter … Ich auch.«

Er erzählte, sein Vater war ein überzeugter tschechoslowakischer Republikaner. Er erzählte, seine Mutter war eine überzeugte antitschechoslowakische Antirepublikanerin. Er erzählte, sein Vater mochte Österreich nicht, denn Österreich erlaubte ihm und Rudolf Bitzan zwar, eine Feuerhalle zu bauen, doch keine Menschen einzuäschern. Er erzählte, seine Mutter liebte Österreich. Er erzählte, seine Mutter sehnte sich nach den alten Zeiten und nach dem Kaiser und nach den schönen blauen Offiziersuniformen der k.u.k.-Armee und nach den vielen schönen Reisen nach Wien oder Salzburg. Er erzählte, seine Mutter war eigentlich nie in Wien oder Salzburg.

»Meine Mutter interessierte sich nicht für die Feuerhalle, nein, nein, meine Mutter wollte nicht eingeäschert werden, ich glaube, meine Mutter hat sich für meinen Vater geschämt, er war für sie ein Ketzer, so wie Jan Hus, der in Konstanz 1415 auf einem Scheiterhaufen eingeäschert wurde, ja, ja, mein Vater war erzprotestantisch und meine Mutter erzkatholisch, und wenn sie sich gestritten haben und das Wohnzimmerfenster zur Wallensteinstraße offen war, sah es gleich nach dem nächsten böhmischen Fenstersturz aus, ja, ja, was die Fensterstürze angeht, da sind wir Böhmen Weltmeister, egal, ob wir Deutsch oder Tschechisch sprechen, ja, ja, wenn jemand in der Welt mal einen Fenstersturz, einen Umsturz, einen Zusammenbruch plant, sollte er zuerst nach Böhmen fahren und sich erkundigen, wie es geht, und vor allem, wie es danach geht, ja, genau, genau, ich weiß, was Sie sagen möchten, lieber Herr Kraus, die vielen böhmischen Fensterstürze und Zusammenbrüche und Umstürze und Fenstersturzleichen und Umsturzleichen … Ich dachte immer, entweder fliegt mein Vater aus dem Fenster oder meine Mutter, nein, nein, Fenstersturzleichen sind keine schönen Leichen … Ich dachte mir, entweder bin ich dann vaterlos oder mutterlos, ich habe überlegt, was für mich besser wäre … Ja, ja, in unserer Wohnung in der Wallensteinstraße sah es oft nach dem nächsten Dreißigjährigen Krieg zwischen den Protestanten und Katholiken aus, es sah nach der nächsten Schlacht am Weißen Berg bei Prag aus, es sah nach der nächsten Schlacht bei Lützen aus, wo der schwedische König Gustav Adolf gefallen ist, nachdem er im Nebel seine Einheit verloren hat und von den kaiserlichen Soldaten überrascht und angeschossen wurde, ja, ja, da haben wir ihn wieder, den Nebel des Krieges, so wie später bei Königgrätz oder bei Austerlitz, den Nebel darf man nicht unterschätzen, nicht im Krieg, nicht im menschlichen Leben, nicht bei der Eisenbahn, nicht in der Liebe, ja, ja, jeder sollte Clausewitz lesen … Wo bin ich denn schon wieder hängen geblieben …«

»Wir sollten ein bisschen leise sein.«

Winterberg zitterte und erzählte weiter.

»Ja, ja, ich weiß … Doch es kam anders, auch meine antitschechoslowakische Mutter musste weinen, als mein Vater Opfer seiner tschechoslowakischen Überzeugung wurde, als ihm ein Hilfsarbeiter aus einer Zementfabrik und verblödeter Henleinjunge und Hitlerjunge, ja, ja, richtig, ein Henleintrottel und Hitlertrottel, am 15. März 1939 im Reichenberger Ratskeller den Kopf mit einem Bierkrug zertrümmert hat, weil mein Vater meinte, an diesem Tag gebe es nichts zu feiern, und schon gar nicht den Einmarsch der Wehrmacht in Prag, ja, ja, und so wurde aus meinem Vater eine Märzleiche, wie er sagen würde.«

Winterberg erzählte und zitterte und putzte seine Brille und zitterte und erzählte. Und der eine alte Mann zischte. Und der andere alte Mann schaute uns an, als ob er uns kennt und wir ihn auch.

Er erzählte, an jenem Abend hat sein Vater ganz allein im Ratskeller gesessen. Er erzählte, es war nicht der erste Abend, an dem sein Vater allein am Tisch saß. Er erzählte, schon länger wollte niemand mit seinem Vater an einem Tisch sitzen und mit ihm Bier trinken. Er erzählte, auch Rudolf Bitzan war damals schon tot. Er erzählte, auch er wurde von seinem Vater eingeäschert. Er erzählte von den schiefen Blicken und bösen Bemerkungen. Er erzählte, wie seinem Vater das Bier im Reichenberger Ratskeller nicht mehr schmeckte. Er erzählte, trotzdem sei er da jeden Abend hingegangen. Er erzählte, sein Vater hoffte, er könnte noch mit seinen Bierfreunden reden. Er erzählte, niemand wollte mit seinem Vater mehr reden. Er erzählte, wie seine Mutter seinem Vater sagte, er sei an allem selber schuld.

»Ja, ja, sie sagte ihm, du bist selber schuld, du schämst dich dafür, dass du Deutscher bist, niemand schämt sich heute, dass er Deutscher ist, wie blöd muss man da sein … Und so hat mein Vater ganz allein im Ratskeller gesessen und ein Bier getrunken und in diesem Baedeker gelesen, ja, ja, er hat die alten Geschichten gelesen, über die er sich sonst lustig gemacht hat, die er als Märchen bezeichnet hat, er hat von einer alten, verlorenen Welt gelesen und geträumt, von einer alten, verlorenen Welt, wo es zwar keine Feuerhallen, aber auch keinen Hitler und keinen Henlein gegeben hat… Und ich bin mir sicher, dass er vor sich hin geredet hat, ja, ja, und diese Vorstellung macht mich sehr melancholisch, lieber Herr Kraus… Mein Vater, der so sehr Menschen geliebt hat und nie allein Bier getrunken hat, weil in Böhmen darf niemand allein Bier trinken, und wenn jemand dazu verdammt ist, sein Bier allein zu trinken, ist das die größte Strafe, die man sich vorstellen kann… Ja, ja, er war im Ratskeller plötzlich von allen verlassen, so wie Wallenstein in Eger von allen verlassen war.«

Er erzählte, wie aus seiner Mutter eine Witwe wurde. Er erzählte, wie sein Vater selbst in seiner Feuerhalle auf dem Reichenberger Feuerberg eingeäschert wurde. Er erzählte, zu seiner Einäscherung seien nicht viele Trauergäste gekommen.

»Traurig, traurig, mein Vater hätte eine schöne große Einäscherung verdient, niemand in Reichenberg hat sich über die neue Republik und die Eröffnung der Feuerhalle so gefreut wie mein Vater. Am wenigsten meine Mutter, die in der Feuerhalle nicht eingeäschert wurde, weil sie bei einem Kuraufenthalt in Karlsbad im Sommer 1941 in der Badewanne verunglückte und dort begraben liegt…«

Der eine alte Mann schaute sich nach uns um und zischte.

Winterberg erzählte, sein Vater war leider keine schöne Leiche. Er erzählte, er weiß leider nicht, ob seine Mutter eine schöne Leiche war. Er erzählte, er habe die Leiche seiner Mutter nicht gesehen. Er war schon im Krieg.

»Ja, ja, meine Mutter hasste die Tschechoslowakei, mein Vater liebte die Tschechoslowakei. Mein Vater hat seinen Vater in den Flammen der Reichenberger Feuerhalle verloren und am selben Tag mich im Reichenberger Krankenhaus gewonnen, und das Orchester des Reichenberger Stadttheaters spielte zu der ersten Einäscherung in dem neuen Land und zu meiner Geburt das Vorspiel zum *Parsifal* von Richard Wagner … Die Erinnerungen an diesen Tag haben meinen Vater immer ein wenig glücklich und zugleich ein wenig melancholisch gemacht, manchmal mehr melancholisch und manchmal mehr glücklich, manchmal hat er sich mehr an seinen Vater erinnert, manchmal mehr an mich, doch immer hat er sich an die erste Einäscherung erinnert. Ja, ja, die erste Einäscherung in Reichenberg geht durch mein Herz genauso wie die Schlacht bei Königgrätz … Es macht mich mehr melancholisch als glücklich.«

Das letzte Musikstück wurde gespielt, eine schöne, ruhige klassische Musik, und Winterberg schaute mich verwundert an, dann schaute er sich verwundert um, als würde er jemanden suchen.

»Nein … Nein … Das ist es.«

»Was.«

»*Parsifal* von Wagner. Das Vorspiel.«

Ich kannte die Musik nicht.

»Es wundert mich nicht, dass Sie es nicht kennen, aber das ist es. So wie damals. Nichts hat sich in Reichenberg verändert. Ach, wie ich diese Musik liebe und wie ich sie hasse … Wenn ich mal tot bin, bitte nicht Wagner spielen, lieber Smetana … Die Musik verfolgt mich, warum verfolgt sie mich, lieber Herr Kraus?«

Er erzählte von den Särgen mit den Leichen, die mit der Eisenbahn aus Wien und Graz und Linz und Villach und Salzburg und Brünn und Prag und Pilsen und Königgrätz nach Reichenberg verschickt wurden. Er erzählte, dort überall gab es die Freunde der Feuerbestattung und der Hygiene, die sich gewünscht hatten, in Reichenberg eingeäschert zu werden. Er erzählte, in der Reichenberger Feuerhalle hätte die Monarchie trotz des Zusammenbruchs weiter existiert. Er erzählte von Zinksärgen und Eichenholzsärgen und Buchenholzsärgen und Fichtenholzsärgen. Er erzählte, wie er als kleiner Junge in der Feuerhalle oft spielte und wie er jede Ecke kannte. Er erzählte, er hatte keine Angst, denn man braucht keine Angst zu haben. Er erzählte, es seien nicht die Flammen, die im Ofen, im Herzstück, wie er sagte, eine Menschenleiche umarmen und verbrennen. Es ist die heiße Luft, ein heißer Sturm, ein heißer Orkan, wie sein Vater sagte. Er erzählte, zuerst verbrennen die Blumen, dann der Sarg, dann die Kleider, dann der Körper.

»Ja, ja, und nach anderthalb Stunden passt jeder in eine Dreiliterurne.«

»Können Sie es jetzt bitte lassen?«

Doch Winterberg hörte mir nicht zu oder wollte mir nicht zuhören und erzählte weiter.

»Ja, ja, so ist es, man kann im Leben alles überschienen, doch nicht den Tod.«

»Wir stören hier.«

»Ja, ja, so ist es … Und dann kann die Seele wegfliegen.«

Der Grabredner stand dann auf und sagte, wir sollen auch aufstehen. Und die Witwe stand auf und die anderen Trauergäste auch, Winterberg und ich auch. Die Musik spielte und der Sarg mit Josef Müller verschwand langsam und sanft in der Tiefe der Feuerhalle und alle weinten und Winterberg und ich weinten auch.

Und dann machte sich Winterberg zur Witwe auf, um ihr zu kondolieren.

Der alte Mann im schwarzen Anzug mit blauer Krawatte ging zu ihm und sah ihn wütend an. Und der andere alte Mann im blauen Anzug mit schwarzer Krawatte kam auch auf uns zu und sagte:

»Karl. Karl. Já to věděl. Ich wusste es. Du bist gekommen!«

»Ja.«

Der Mann umarmte Winterberg.

Doch der andere Mann sagte:

»Co seš to za nevychovaného idiota, co neumí držet chvíli hubu?«

Der Mann schaute Winterberg sehr böse an.

»Das ist doch Karl, lass ihn, das ist der alte Bruder von Josef! Jeho brácha … Karl! Gut siehst du aus.«

»Ja.«

Und dann drückte Winterberg der Witwe die Hand und sagte:

»Mein aufrichtiges Beileid. Ich habe ihn sehr geliebt. Und sehr vermisst.«

Die Witwe weinte.

»Das ist Karl. Karl aus Dortmund, sein Bruder …«

Die Witwe, eine kleine, zerbrechliche Frau, umarmte Winterberg.

»Wir haben dich so vermisst. Du hast den Brief doch bekommen … Schön, dass du da bist … Und das ist dein Sohn?«

Und Winterberg schaute mich an und sagte:

»Ja, das ist mein Sohn.«

Sie luden uns zur Trauerfeier in den Reichenberger Ratskeller.

Es gab Bier und Schnaps und Gulasch und Bier und Schnaps. Winterberg erzählte seine Geschichten, und alle freuten sich, dass Karl, der ältere Bruder von Josef Müller, am Leben war. Winterberg erzählte und ich musste oft übersetzen, denn nicht alle verstanden Deutsch.

Winterberg erzählte und jemand sagte, es wundert ihn, dass Karl kaum noch Tschechisch spricht. Winterberg sagte, er lerne es wieder. Er nahm sein Vergrößerungsglas und schlug seinen Baedeker auf.

»Die für den Reisenden wichtigsten Wörter sind etwa *hostinec* – Gasthaus, *restaurace* – Restaurant, *pokoj* – Zimmer, *postel* – Bett, *svíčka* – Kerze, *oheň* – Feuer, *jídelna* – Speisesaal, *vidlička* – Gabel, *nůž* – Messer, *sklenice* – Glas, *láhev* – Flasche, *voda* – Wasser, *víno* – Wein, *pivo* – Bier, ja, ja, ganz wichtig, *pivo*, wie wir sehen …«

Winterberg las laut vor und alle am Tisch lachten und stießen mit dem Bier an und machten Winterberg nach.

Er lernte Tschechisch und sie lernten Deutsch und die Witwe sagte, genau, genau, wie mein Josef sagte, mit dir war es immer lustig.

»*Káva* – Kaffee, *chléb* – Brot, *maso* – Fleisch, genau, genau, und weiter noch alles, was man zum Überleben braucht … Ja, ja, *železnice* – Eisenbahn, das ist sehr wichtig, *nádraží* – Bahnhof, das ist lebenswichtig, ja, ja, *vchod* – Eingang, *východ* – Ausgang … Das tschechische Wort für die Feuerhalle steht hier leider nicht … Und jetzt kommt sogar ein Satz – *průvodce, doveďte mne do X* – Führer, führen Sie mich nach X … Führer … Führer … Ich weiß nicht … Man sollte es heute vielleicht nicht mehr sagen, oder … Lieber weiter … *nosič* – Träger, ja, ja, das ist ein schönes Wort … *pomalu* – langsam, *rychle* – schnell, *dobrý* – gut, *špatný* – schlecht, *příliš drahý* – zu teuer … Doch das wichtigste Wort bleibt sicher *pivo.* Aber Vorsicht, Bierleichen sind keine schönen Leichen.«

Alle lachten und wiederholten, was Winterberg sagte.

»*Pivo, pivo, pivo, pivo* … Bier, Bier, Bier, Bier …«

Doch Winterberg verstummte plötzlich und starrte zu einem großen Tisch in der Ecke. Am Tisch saßen vier junge Tschechen und tranken Bier und lachten.

»Was ist los?«, fragte ich.

»Da ist es passiert.«

»Was denn?«

»Das muss der Tisch sein.«

»Was für ein Tisch?«

»Da haben sie meinem Vater den Kopf zerschlagen. Ja, ja, mein Vater war wirklich keine schöne Leiche.«

VON REICHENBERG NACH KÖNIGGRÄTZ

Am nächsten Tag standen wir wieder auf dem Bahnhof. Ich rauchte und wurde vom Schaffner ermahnt, man dürfe auf dem Bahnsteig nicht rauchen. Winterberg schaute sich eine alte Diesellokomotive an. Hinter ihr reihten sich viele Eisenbahnwagen mit Kohle. Und dann stiegen wir ein und warteten auf die Abfahrt. Winterberg schaute sich den Kohlezug an und sagte:

»Die Geschichte der modernen Kriege ist mit der Geschichte der Eisenbahn verbunden und auch die Geschichte der Feuerhallen, ja, ja, der Koks wurde nach Reichenberg mit der Eisenbahn geliefert und dann mit den Wagen hoch zur Feuerburg, mein Vater wollte eigentlich Koks aus Mähren haben, aus Ostrau, er meinte, der Koks aus Ostrau ist viel besser als der Koks aus Kladno, doch Ostrau liegt weit weg, weiter als Kladno, und so wäre es zu teuer… Der erste Heizer in der Feuerhalle hieß Ponocný, ein Fachmann, sagte mein Vater, er arbeitete vorher als Heizer auf einer Dampflokomotive, ich vermute auf einer 434.0, gebaut in Floridsdorf in Wien, ja, ja, die waren in Reichenberg öfters mit den schweren Güterzügen zu sehen. Ponocný sagte, für ihn hat sich nicht viel geändert, die Feuerbüchse einer Lokomotive war immer hungrig, genauso wie die Feuerstelle der Feuerhalle, die er auch Feuerbüchse nannte, ja, ja, und die beiden Öfen in der Flammengruft, Ofen Nummer eins und Ofen Nummer zwei, die nannte er die Herzstücke… Er mochte seine neue Arbeit in der Feuerhalle, denn von dem kalten Fahrtwind hat er sich auf der Lokomotive öfters verkühlt, und das drohte ihm in der Flammengruft nicht.«

Er erzählte, die 434.0 war eine wunderbare und starke Lokomotive. Er erzählte, sie wurde für die schweren Güterzüge der Arlbergbahn und der Brennerbahn und der Semmeringbahn entwickelt. Er erzählte, doch auch auf den Strecken zwischen Turnau und Reichenberg und Reichenberg und Böhmisch Leipa, die man natürlich nicht mit den Alpenstrecken vergleichen kann, haben die Eisenbahner die hohe Leistung der Feuerbüchse einer 434.0 hoch geschätzt. Er erzählte, im Ersten Weltkrieg konnte man sich einen Güterzug ohne eine 434.0 am Zuganfang kaum vorstellen.

Am Zuganfang eines Zuges mit der Infanterie.

Am Zuganfang eines Zuges mit Artillerie.

Am Zuganfang eines Zuges mit Verwundeten und Toten.

»Ja, ja, auch im Ersten Weltkrieg haben die Lokomotiven der Baureihe 434.0 aus Floridsdorf in Wien ihre hohen Leistungen gezeigt.«

Der Zug war nicht voll und setzte sich bald in Bewegung.

Wir fuhren an dem Bahnbetriebswerk vorbei, und Winterberg sagte, der Heizer Ponocný hätte ihn oft hierhergebracht, wenn er die alten Kollegen besucht hatte. Er erzählte, die anderen Heizer hätten sich über ihn lustig gemacht, sie hätten zu ihm Leichenverbrenner gesagt und wollten ihm nicht die Hand geben, da sie gedacht hatten, sie würden so bald sterben.

Wir fuhren vorbei an den Gleisen mit Güterzügen.

Vorbei an dem hohen Stellwerk.

Vorbei an einem Hügel.

Doch dann bremste der Zug und blieb stehen.

Winterberg schaute zum Hügel. Eine Diesellok schob die Güterwagen mit Holz, dann bremste sie und zwei der Wagen fuhren den Berg hinab.

»Ein Ablaufberg. Oder ein Rollberg, wie Sie wollen.«

Winterberg schaute sich an, wie der nächste Wagen von dem Berg runterfuhr.

Er erzählte, der Rollberg war schon damals hier. Er erzählte, er ging oft als Kind mit dem Vater zum Bahnhof. Er erzählte, seinem Vater hat seine Leidenschaft für die Lokomotiven und Eisenbahn gefallen. Er erzählte, oft schauten sie sich die Rangierarbeiten an. Er erzählte, wie es ihn immer faszinierte, wie aus einem Zug neue Züge entstehen. Wie sie auf dem Rollberg zerfallen. Wie sie untergehen. Wie die neuen Züge unter dem Rollberg wiedergeboren werden.

Und dann erzählte er nichts mehr und schaute nur zu, wie der Zug weiter aufgelöst wurde.

»Wir sind nichts anderes als diese Wagen, lieber Herr Kraus. Wir wissen auch nicht, was mit uns passiert ... Die Frage ist nur, wer ist die Lokomotive, die uns hoch zum Rollberg schiebt und runterfallen lässt, ja, ja ...«

Dann fuhr unser Zug endlich los und der Schaffner entschuldigte sich für die Verspätung. Die Bremsen streikten ein wenig.

Wir waren in Rychnov u Jablonce. Eine kleine Familie stieg aus und eine kleine Familie stieg wieder ein.

Und Winterberg schaute in seinen Baedeker und sagte:

»Reichenau bei Gablonz ... Genau ... Zweigbahn nach Gablonz, ja, ja, mit der Zweigbahn wird wohl die Straßenbahn gemeint sein, die gibt es offenbar nicht mehr, ja, ja, ich sehe nur einen Bus, man sieht überall Busse, der Bus verbreitet sich wie die Pest, der Busverkehr ist der Tod des Eisenbahnverkehrs ... Wenn sie mich fragen würden, würde ich die Busse verbieten und die Autos auch. Und das Allerschlimmste ist der Schienenersatzverkehr mit den Bussen, da muss ich mich gleich übergeben, ja, ja, so schlimm ist es, lieber Herr Kraus, da gehe ich immer lieber zu Fuß.«

Wir waren in Hodkovice nad Mohelkou.

Und Winterberg sagte:

»Liebenau. Hier hat man schon Deutsch gesprochen ... In Reichenberg hat es sich wieder ein wenig gemischt, aber hier hat man fast nur Deutsch gesprochen.«

Wir waren in Sychrov. Und Winterberg sagte:

»Sychrov, hier hat man mehr Tschechisch gesprochen, gleich kommt ein langer Tunnel, ja, ja, mein schicksalhafter Tunnel, ohne diesen Tunnel wäre ich nicht hier, ja, ja, irgendwo da oben müssen das Schloss und der Park des Fürsten Rohan sein, da war ich auch oft, ja, ja, alle Tunnel haben Geheimnisse, ja, ja, diesen Tunnel haben die Italiener gebaut, sagte mein Vater, und meine Mutter sagte, in diesem Tunnel wurde ich gezeugt… Der Zug ist hier mal länger stehen geblieben, die Lokomotive hatte wenig Dampf, man musste lange warten, sagte meine Mutter, bis das Wasser im Kessel zum Dampfen gebracht wurde, und in der Zwischenzeit hat man auch mich gekocht, sagte mir mal meine Mutter ein wenig betrunken, ja, ja, meine Mutter hat sonst nicht viel getrunken, ja, ja, wahrscheinlich war es nach einem Familienfest, ich kann mich nicht mehr erinnern, doch ich weiß, dass ohne Dampf auch die stärkste und beste Dampflokomotive nicht fahren kann, der Heizer soll das Dampfmanometer immer im Auge behalten, sonst kann es schnell passieren, dass der Zug auf der halben Strecke ohne Dampf hängen bleibt, ja, ja, in einem Tunnel… Vor allem die Bergstrecken waren für die Heizer immer eine Herausforderung, immer eine harte Probe, oft musste man dann eine zweite Lokomotive auf die Strecke schicken, um dem gelähmten Zug zu helfen, in Reichenberg war in der Lokremise immer eine Lokomotive unter Dampf einsatzbereit, um den anderen gestrandeten Lokomotiven auf der Strecke zu helfen, ja, ja, den Zügen kann man fast immer helfen, den Menschen leider nicht… Wo bin ich hängen geblieben?«

»Im Tunnel«, sagte ich und unser Zug war schon längst aus dem Tunnel raus.

»Ja, ja, genau, ich weiß, ohne Dampf kann man auch keine

Kinder machen, denn ein Liebesakt scheint der Fahrt auf einer Bergstrecke sehr ähnlich zu sein, ja, ja, das ganze Stöhnen und Seufzen, wie gesagt, dieser lange Tunnel ist mein schicksalhafter Tunnel… Wo wurden Sie gekocht, lieber Herr Kraus, wenn ich Sie fragen darf? Nein, nein, Sie müssen es mir nicht sagen… Die Tunnel sollten ihre Geheimnisse bewahren, über den Tunnelbau werden wir sicher noch einiges erfahren, über die Überschienung und Unterschienung der Berge, vor allem der Alpen, ja, ja, spätestens, wenn wir in Österreich sind.«

Wir waren in Turnov.

Und Winterberg schaute aus dem Fenster und in seinen Baedeker und sagte:

»Turnau, hier hat man nur Tschechisch gesprochen, doch alle haben natürlich auch Deutsch verstanden, ja, ja, so war es damals, die Menschen haben sich verstanden… Bahnhofsrestaurant, Gasthaus *Grandhotel* am Markt, Bahnhofshotel, Städtchen auf einer Anhöhe an der Iser… Iser ist ein alter keltischer Name, Herr Kraus, so wie die Moldau oder die Eger, ja, ja, die Kelten haben sich in diesem böhmischen Tal lange vor den Germanen und Slawen angesiedelt, doch wer weiß das heute schon, Turnau wurde von der Geschichte mehrmals vergewaltigt, ja, ja, von den Hussiten und von den Preußen und zum letzten Mal vielleicht von der Wehrmacht, ich weiß natürlich nicht, was sich hier 1968 abgespielt hat, doch wie Sie sehen können, hat sich die Stadt einigermaßen gut von den Schlägen der Geschichte erholt, ja, ja, schön, schön, nur der Turm der Marienkirche ist immer noch nicht fertig gebaut, sehen Sie da, auf der anderen Seite, hinter den Bäumen, lieber Herr Kraus, die Menschen haben Wetten abgeschlossen, wann der Turm der Marienkirche endlich fertig gebaut wird, sagte mein Vater… Wo bin ich denn hängen geblieben?«

»In Turnov.«

»Ja, ja, Turnau, genau, bedeutende Granatindustrie… Meine

Mutter liebte die roten böhmischen Granaten, die so dunkelrot sind wie das menschliche Blut, ja, ja, wie Cornus sanguinea, mein Vater hat ihr mehrere Ohrringe mit Granaten geschenkt und auch eine wunderschöne Halskette, ja, ja, ich habe Lenka zu unserer Verlobung auch eine Halskette mit den blutroten böhmischen Granaten geschenkt, sie hat die Halskette auch auf die Reise von Reichenberg nach Palästina mitgenommen, ja, ja, auf ihre letzte Reise, wenn ich an die blutrote Halskette an ihrem schlanken, bleichen langen Hals denke, muss ich gleich an the beautiful landscape of battlefields, cemeteries and ruins denken, wie der Engländer immer sagte, ja, ja, das macht mich ein wenig melancholisch, die ganze Tragik und Schönheit hat sich in dieser blutroten Halskette widergespiegelt, es gibt kein Entkommen … Wo bin ich denn schon wieder hängen geblieben …«

»In Turnov.«

»Ja, ja, genau, in Turnau, danke … Passiert es Ihnen auch so oft, lieber Herr Kraus, dass Sie so oft irgendwo hängen bleiben? Ja, ja, ich weiß, was Sie sagen möchten, zu viele Geschichten, zu viel Geschichte, es gibt kein Entkommen, man kann sich nur verlieren, ja, ja, Sie haben recht, lieber Herr Kraus, man muss sich vielleicht sogar verlieren und hoffen, man findet einen Ausweg, man kommt aus diesem Nebel wieder lebendig und mit klarem Kopf raus. Doch oft fürchte ich, man findet diesen Weg nicht, man kann den Kopf nur verlieren, die Züge rollen weiter, die Feuerhallen rollen weiter, und auch die Geschichte rollt weiter, wo bin ich denn schon wieder hängen geblieben …«

»In Turnov.«

»Wo?«

»In Turnov.«

»Ja, ja, genau, Turnau, Sie dürfen mich nicht so oft unterbrechen, lieber Herr Kraus … Hier … Von Turnau nach Trosky lohnende Fußwanderung, ja, ja, durch den Wald zur schlecht hergestellten Ruine Waldstein mit Aussicht, der auf und in die Felsen gebauten Stammburg des Friedländers, soweit ich weiß, hat sich Wallenstein um die Burg nicht viel gekümmert, um Jitschin schon, um Friedland auch, aber um Waldstein nicht, zu seiner Zeit war es schon eine Ruine, ja, ja, Wallenstein hatte damals auch ganz andere Sorgen … Wo bin ich denn …«

»Turnov.«

»Ja, ja, richtig, Turnau, danke, weiter auf guter Waldstraße, links hübsche Ausblicke nach Groß-Skal, Schloss des Freiherrn von Aehrenthal, gegenüber das gute Hotel-Restaurant *Stekl*, genau, da war ich, dort wollte ich eigentlich Lenka heiraten, es ist wirklich wunderschön, vielleicht fahren wir nächstes Mal hin, von hier mag man in drei Stunden, ja, ja, hin und zurück, der Führer angenehm, das steht hier wirklich, doch wir würden es natürlich ohne Führer schaffen, lieber Herr Kraus, ja, ja, die sehenswerte Ruine Trosky besuchen, zwischen und auf zwei hohen und schroffen Melaphyrfelsen Panna, was heißt Panna noch mal, das habe ich vergessen?«

»Jungfrau.«

»Genau, die Jungfrau … und Baba gelegen. Dabei ein Gasthaus … Was heißt Baba?«

»Eine sehr alte, nicht besonders schöne Frau.«

»Genau, eine Jungfrau und eine alte, nicht besonders schöne Frau, das passt doch wunderbar zusammen, das Leben einer Frau als eine Burgruine dargestellt, das ist Kunst, lieber Herr Kraus, die ganze Ruine sollte man nach Berlin bringen und in Berlin ausstellen, meine zweite Frau liebte Ausstellungen, ja, ja, sie war eine Ausstellungsfrau … Meine erste Frau war eher eine Theaterfrau und meine dritte eher eine Kinofrau … Ja, ja, von Groß-Skal durch das enge Mausloch hinab und sich rechts halten, Spazierwege führen in die sehenswerte Felsenstadt, mit mannigfachen Felsgebilden, doch wir fahren schon weiter … Die Eisenbahnstrecke von hier bietet eine Reihenfolge prächtiger Wald- und Felslandschaften, ja, ja, eine sehr romantische Landschaft, das beruhigt mich, das macht mich weniger melancholisch, ich würde jedem so eine Bahnfahrt empfehlen, es würden sich viel weniger Menschen aufhängen, wenn sie eine ähnliche Bahnfahrt durch die schöne Landschaft, durch die Geschichte machen würden, so wie wir sie machen …«

Wir waren in Malá Skála und Winterberg sagte:

»Klein-Skal, ja, ja, nicht verwechseln mit Groß-Skal, das kann vielleicht verwirren … Am rechten Iserufer eine Ruhmeshalle zur Erinnerung an die Befreiungskriege, ja, ja, überall Krieg, auch in diesem romantischen Tal, es gibt kein Entkommen … Da, sehen Sie, da irgendwo hat sich in der Iser ein Mitschüler von mir ertränkt, der lange Max, ich weiß nicht mehr, wie er hieß, wir sagten zu ihm der lange Max, traurig, traurig, ein wenig schwach im Kopf, doch ein talentierter Fußballspieler, er wollte immer für Rapid Reichenberg spielen, ja, ja, sie haben Max erst nach mehreren Wochen weit hinter Turnau an einem Wasserwehr aus der Iser rausgefischt, mein Vater sagte, Max war leider keine schöne Leiche, mein Vater mochte keine Wasserleichen, weil sie ihn zu sehr an die Wasserleichen erinnerten, die man so gerne im Ratskeller gegessen hat, das kennen sie doch, die Wasserleichen, die wochenlang in Essigsud eingelegten Würste … Ach, noch ein Tunnel, genau wie in meinem Buch, sehen Sie … Und jetzt durch den Lischneier Tunnel weiter, wie in meinem Baedeker, alles wie 1913, keine Märchen, wie mein Vater über das Buch sagte, alles ist noch da …«

Wir waren in Železný Brod und Winterberg sagte:

»Eisenbrod, Bahnrestaurant, Zweigbahn nach Tannwald-Schumburg, rechts die große Fabrik Neu-Hamburg, ja, ja, die Hamburger müssen auch überall sein, mein Nachbar in Berlin war aus Hamburg, er hat historisch überhaupt nicht durchgeschaut, er wusste nicht mal, wo Reichenberg liegt, er wusste nicht mal, woher der Name Reichenberger Straße in Kreuzberg kommt, traurig, traurig, und er hat mich nie gegrüßt, ich musste ihn immer grüßen, damit er mich grüßt … Wo bin ich denn wieder hängen geblieben …«

»In Hamburg.«

»Ja, ja, aber was verbindet Eisenbrod und Hamburg, das weiß ich leider nicht … Vielleicht das Wasser der Iser, ja, ja, und dann die Elbe … Was ich aber sicher weiß, ist, dass meine Mutter alle Gläser in der Küche aus Eisenbrod hatte. Und auch im Reichenberger Ratskeller hat man das Bier nur aus den Eisenbroder Bierkrügen getrunken, denn sie waren unter den Gasthausbesitzern sehr beliebt, weil sie so schwer und fest und unzerstörbar waren, ja, ja, und das stimmt, die Bierkrüge waren unzerstörbar, die menschlichen Schädel leider nicht, und so war mein Vater auch auf der Stelle tot, als es ihm im Ratskeller passiert ist … Wir sollten rechts sitzen, sagt mein Baedeker, kommen Sie, Herr Kraus, wir müssen rechts sitzen.«

Winterberg stand auf und setzte sich auf die rechte Seite und ich tat es auch. Das Tal war eng und die Wälder dicht und schwarz und die Bäume leicht verschneit und der Zug ein wenig voller. Und plötzlich war das Tal noch enger und die Iser noch wilder. Das Wasser schäumte über die Steine und Baumstämme, die im Fluss lagen, und die Felsen waren so scharfkantig, dass man sich die Pulsadern aufschlitzen könnte, wie Winterberg sagte.

Man sah Felsen und Steine.

Man sah Fluss und Wald.

Man sah Schnee und Eis.

»Ja, ja, genau, die Bahn tritt in das romantische Tal der Iser, vier Tunnels, ist es nicht schön, ich bin diese Strecke natürlich schon einige Male gefahren, damals, auch mit Lenka, schön, schön, die Tunnels und die wilde Iser.«

Wir waren in Semily und viele Fahrgäste stiegen aus.

Und Winterberg sagte:

»Semil, kein Bahnhofsrestaurant, traurig, traurig, doch da stehen doch ein paar Männer am Kiosk und trinken Bier, wie viel Bier muss man trinken, damit man so einen Bauch bekommt, ja, ja, Bierleichen sind keine schönen Leichen, sagte mein Vater immer… Unweit das Fabrikdorf Isertal, ja, ja, die Stadt ist militärisch unbedeutend, doch mein Vater liebte es hier, denn in Semil wurde 1937 die erste elektrische Feuerhalle in Mitteleuropa gebaut, ja, ja, kein Koks, kein Ruß, nur Strom, alles viel sauberer, viel hygienischer, die elektrisch betriebene Feuerhalle in Semil war ein Novum, sagte mein Vater immer, so wie unsere Feuerhalle in Reichenberg, die die erste Feuerhalle in Österreich war… Semil war immer bekannt wegen der Holzindustrie, das schönste Holzspielzeug kam von hier, sagte mein Vater immer, das schönste Holzspielzeug und die schönsten Holzsärge, ja, ja, aus den Holzbrettern baute man die Holzsärge und aus den Holzresten das Kinderspielzeug, ja, ja, das Kinderspielzeug und die Holzsärge, das sind die wahren Exportschlager von Semil, sagte mein Vater immer, bis nach Wien hat man schon vor dem Ersten Weltkrieg das Holzspielzeug und die Holzsärge mit der Eisenbahn geliefert, und so hat hier auch mein Vater immer die Holzsärge für seine Feuerhalle bestellt, pro Monat immer einen vollen Eisenbahnwagen, oft auch zwei, manchmal auch drei, selten vier… Das war immer vom Wetter abhängig und von der Jahreszeit… Die meisten Särge waren natürlich in normalen Größen, doch dazu immer auch ein paar Kindersärge und auch einige größere und besonders feste Särge aus Eichenholz für die schweren Leichen, ja, ja, genau, für die Bierleichen, ja, ja, auch an die musste mein Vater denken, die Särge waren natürlich ein wenig teurer, doch damit muss man rechnen, wenn man Bier liebt… ja, ja… Wo bin ich denn schon…«

»Semily.«

»Ja, genau, mein Vater war öfters hier, er hat sich immer die Särge in der Fabrik angeschaut und ausgesucht, bevor er eine Bestellung gemacht hat, und danach ist er immer Gulasch essen gegangen. Später fand meine Mutter heraus, er war nicht nur wegen der Särge so oft in Semil, er hatte was mit der Sekretärin aus der Sargfabrik, ja, ja, ob sie hier immer noch so schönes Kinderspielzeug, so schöne Holzsärge herstellen, die so gut brennen... Ja, ja, genau wie in meinem Baedeker, sehen Sie, lieber Herr Kraus, gut, dass wir rechts sitzen, die Bahn tritt in das Woleschkatal, mehrere Viadukte, da freue ich mich.«

Wir fuhren über eine kurze, hohe Brücke, links ein Gleis mit einem Zug, rechts ein Gleis mit einem Zug, alle drei Züge fuhren in die gleiche Richtung.

Wir waren in Stará Paka. Ein Eisenbahner setzte sich zu uns und las die Zeitung.

Und Winterberg sagte:

»Alt-Paka, Bahnrestaurant, sieht leider zu aus... Schauen Sie, lieber Herr Kraus, wie rot hier die Erde ist, mein Vater sagte, hier blutet die Erde, hier werden überall die böhmischen Granaten geboren, doch ich meine, viel mehr blutet die Erde bei Königgrätz. Hier können wir die Bahn ins Riesengebirge nehmen, nach Trautenau oder Hohenelbe, da war ich mal mit Lenka wandern, oder über Chlumetz nach Prag fahren oder über Lomnitz an der Popelka und Sobotka nach Jung-Bunzlau, ja, ja, in Lomnitz hat Rudolf Bitzan auch ein Haus gebaut, allerdings keine Feuerhalle, sondern ein Wohnhaus für die Beamten einer Textilfabrik, einmal haben mein Vater und ich Bitzan am Bau in Lomnitz besucht, ja, ja, da war ich noch ganz klein, ich kann mich an Lomnitz an der Popelka gar nicht erinnern, nur an die Zugfahrt durch die vielen Tunnel, nur an das Haus von Bitzan, nur an die Brauerei, ja, ja, Wallenstein hat sich an die Schlachtfelder das Bier aus Lomnitz an der Popelka liefern lassen, ja, ja, nach Lützen oder nach Stralsund, als er die Stadt belagert hat… Ja, ja, Walleinstein wollte nur das gute Bier aus Lomnitz trinken, wer weiß, ob er in Eger das Bier aus Lomnitz trinken konnte, ich fürchte, eher nicht, vielleicht war er deshalb so schwach, so allein, so verlassen… Ob die Wallenstein-Brauerei noch steht, ob das Haus von Bitzan noch steht, wer weiß, wer weiß… Vielleicht können wir auch nach Lomnitz fahren, ja, ja, ich weiß, was Sie sagen möchten, es gibt so viele Möglichkeiten, so viele Strecken und so viele Geschichten und nur ein Leben, wie kann man das alles schaffen, ja, ja, Sie haben recht, lieber Herr Kraus, das kann man nicht alles schaffen, das macht mich ein wenig melancholisch, ja, ja… Weiter durch waldige Gegenden, wie es in meinem Buch steht… Hier überschreitet die Bahn ihren höchsten Punkt, das Plateau von Borowitz, 520 Meter… Bei dem Dorf Stupná ein versteinerter Wald, schön, schön, sieht man nicht so oft, einen versteinerten Wald, schade dass die Geschichte nicht versteinern kann, dass sie uns weiter so zerfetzen muss, das macht mich ein wenig melancholisch. Ja, ja, genau, wie es in meinem Baedeker steht, die Bahn tritt an die Elbe, in deren grünem Wiesental, ostwärts und nordwärts in der Ferne der Kamm des Glatzergebirges und des Riesengebirges.«

Wir waren in Dvůr Králové und der Eisenbahner klappte die Zeitung zusammen und stieg aus.

»*Königinhof*, Gasthaus *Deutsches Haus*… Ja, ja, vielleicht ein nächstes Mal, die Stadt mit 15 000 tschechischen Einwohnern, warum wird dann *Deutsches Haus* empfohlen, das weiß ich nicht, waren Sie mal hier, lieber Herr Kraus, ich nicht, ja, ja, das ist spannend, hören Sie zu… Der Name ist bekannt durch die 1817 durch Václav Hanka aufgefundene Königinhofer Handschrift, ja, ja, haben Sie davon mal gehört, Herr Kraus, Bruchstücke alter tschechischer Volkslieder, ja, ja, die aber eine Fälschung waren, sie werden im Böhmischen Museum zu Prag aufbewahrt, vielleicht schauen wir uns diese nationalistische Lüge an, ja, ja, das passiert immer wieder und immerfort, wenn der eine größer und wichtiger sein möchte als der andere, den …«

Und dann schlief Winterberg endlich ein.

Stöpsel raus.

Luft raus.

Augen zu.

Gute Nacht.

Und im Zug war es plötzlich so ruhig, dass ich auch einschlief.

Ich träumte von Carla. Ich träumte von uns. Von unserer nie stattgefundenen Reise. Ich umarmte sie. Und sie umarmte mich. So fest, dass ich nicht mehr atmen konnte.

Mein Herz raste.

Mein Herz brannte.

Mein Herz tat weh.

Ich schwitzte schon wieder und hatte Angst und wachte auf.

Der Zug stolperte über die Weichen. Wir waren in Jaroměř. Und Winterberg wachte auch auf.

»Wo bin ich denn hängen geblieben? Ja, ja, Jaroměř.«

Und ich dachte, ich packe ihn jetzt an seinem Mantel. Ich bringe ihn zur Tür und er fliegt raus und bleibt hier für immer. Hier kann er quatschen, solange er will.

»Bahnhofsrestaurant, genau, genau, gibt es immer noch, Hotel *Veselý*, wer weiß, ob es das noch gibt … Dort irgendwo liegt Josephstadt, bis 1888 eine Festung, so wie Theresienstadt, ja, ja, Josephstadt kann man gut schützen, man kann die ganze Landschaft mit der Elbe überfluten, ja, ja, schade, dass 1866 keiner an die Überflutung gedacht hat, mit Jaroměř ist Josephstadt mit der Eisenbahn verkehrstechnisch gut angebunden, eigentlich muss man sich Josephstadt anschauen, ja, ja, vielleicht schaffen wir es auch noch, vielleicht schaffen wir es, die beiden Städte zu besuchen, die beiden Schwesterfestungen, Josephstadt und Theresienstadt, wie der Engländer immer sagte …«

»Herr Winterberg?«

»… zwei Schwesterfestungen und zwei Schwesterstädte, der Engländer kannte sich in Böhmen sehr gut aus …«

»Herr Winterberg …«

»Nicht weit von hier muss übrigens Hermanitz liegen, das kleine Dorf, wo Wallenstein geboren wurde …«

»Herr Winterberg … Hallo?«

»Der Engländer war in dem Dorf, ja, ja, nicht jedes Dorf und nicht jede Stadt hat das Glück gehabt, den Dreißigjährigen Krieg und Wallenstein zu überstehen, doch Hermanitz hat alles überstanden, ja, ja, vielleicht fahren wir dorthin.«

»Herr Winterberg, hören Sie mich?«

»Ja, natürlich, ich bin nicht taub. Was ist?«

»Nichts. Können Sie kurz nichts sagen? Geht das?«

»Ich sage ja nichts.«

»Sie quasseln die ganze Zeit.«

»Ich?«

»Ja.«

»Das stimmt nicht.«

»Doch.«

»Ich rede nicht.«

»Und wer denn sonst?«

»Sie.«

»Ich?«

»Ja, ja, Sie quatschen die ganze Zeit.«

»Was?«

»Ja, Sie. Sie fragen mich ständig und ich muss dann antworten.«

»Nein. Sie erzählen die ganze Zeit. Ich muss Sie nicht fragen.«

»Ich?«

»Ja.«

»Wirklich?«

»Ja. Merken Sie das nicht?«

»Doch … Ja, klar … Das kann sein, vielleicht erzähle ich … Ja, ja, vielleicht erzähle ich ein wenig, aber ich kann nichts dafür, ich muss erzählen. Ich dachte, es interessiert Sie.«

»Ja, aber … Es ist einfach …«

»Ist es nicht interessant?«

»Ja, schon, aber …«

»Na, sehen Sie. Dann kann es doch nicht zu viel sein, wenn es interessant ist.«

Doch dann passierte es wirklich, Winterberg schwieg. Er schaute traurig aus dem Fenster, sagte kein Wort und sein rotes Buch lag zugeklappt auf dem kleinen Tisch.

»Ich muss auch nichts sagen, wenn es nicht gewünscht ist.«

»Doch. Sie können natürlich was sagen … Aber nicht so viel.«

»Aber es ist einfach kompliziert, verstehen Sie es nicht. Man kann nicht nur die eine Geschichte erzählen, wenn man die Geschichte, wenn man uns verstehen möchte.«

»Ich bin auch müde, das Bier gestern …«

»Ja, ja, das habe ich mir schon gedacht … Mein Vater wurde jetzt eine kräftige Brühe essen …Na ja, es ist, wie es ist, nicht jeder kann historisch durchschauen … Die Menschen von heute lassen sich eher von einem stummen Eisbären im Zoo berühren als von der Geschichte, ja, ja, das macht mich ein wenig melancholisch.«

»Ach ja.«

Ich stand auf und ging auf die Toilette. In der schmalen Kabine zündete ich mir eine Zigarette an und schaute durch das Loch in der Kloschüssel auf die unter dem Zug dahinrasenden Schienen und Schwellen und den Schotter.

Als ich zurückkam, waren wir schon fast in Hradec Králové.

Und Winterberg schlug sein Buch auf und las laut vor.

»Königgrätz … Gewerbereiche Stadt … Bis 1893 Festung … An der westlichen Seite des Ringplatzes die 1312 gegründete gotische Kathedrale mit schönem Tabernakel von 1492, interessiert mich eigentlich überhaupt nicht … Mich interessiert nur die Schlacht bei Königgrätz. Genau, sehen Sie, lieber Herr Kraus, hier, die Zweigbahn Richtung Sadowa, das interessiert mich auch, ja, ja, da fahren wir hin … Ich sag's Ihnen, wie es ist, ohne die Schlacht 1866 würde Königgrätz heute niemand kennen, ja, ja, die Stadt Königgrätz sollte sich bei den Sachsen und Preußen und Österreichern für immer für die Katastrophe bei Königgrätz bedanken.«

»Die Stadt Königgrätz sollte sich für die Katastrophe bei Königgrätz bedanken?«

»Ja, natürlich, so ist es.«

»Bei wem denn? Bei den Toten?«

»Warum schauen Sie historisch nicht durch, lieber Herr Kraus? Es ist doch so einfach. Ohne Königgrätz würde Königgrätz vielleicht gar nicht existieren, so wie Austerlitz ohne Austerlitz oder Lützen ohne Lützen nicht existieren würde … Niemand würde diese Orte kennen. Ja, ja, so kommt es in der Geschichte, ohne Königgrätz kein Königgrätz, ohne Wallenstein kein Eger, ohne Franz Ferdinand kein Sarajevo, und natürlich ohne Pilsener Bier kein Pilsen, ohne Budweiser kein Budweis und ohne die Feuerhalle kein Reichenberg, ja, ja, so ist es, am liebsten würde ich gleich an die Schlachtfelder fahren, aber es wird schon dunkel, schade, schade, aber umso schöner werden wir es morgen haben.«

Winterberg klappte sein Buch zusammen, schaute aus dem Fenster und die Bremsen des Zuges quietschten.

Wir kamen an.

DER ENGLÄNDER

Das Hotel, wo wir in Hradec Králové schliefen, war nicht das *Grandhotel* in der Georgsgasse, das im Baedeker empfohlen wurde. Es war auch nicht das *Merkur* oder das Hotel *Schwarzes Ross*. Unser Hotel stand nicht in unserem dicken roten Reisebuch.

Dafür war es zu neu.

Und doch schon wieder alt.

Das Hotel war ein sozialistischer Plattenbau gleich gegenüber vom Hauptbahnhof. Winterberg war nach unserem Ausflug an die Schlachtfelder, nach seinem bis jetzt größten und schlimmsten historischen Anfall müde und erschüttert und wollte nichts anderes suchen. Er nahm ein warmes Bad und ging schlafen.

Ich saß in der Hotelbar. Es war kurz nach elf. Ich schaute auf mein halbleeres Bierglas und zu den zwei Männern, die von Winterreifen und Schneeketten und dem Schneesturm im letzten Winter irgendwo oben im Riesengebirge redeten, der einen beinah begraben hatte. Sie sprachen Tschechisch, und die Sprache, die meine Muttersprache ist, klang mir schon weniger fremd als in Liberec, doch immer noch sehr merkwürdig. Ich wollte auf Tschechisch noch ein Bier bestellen und ich machte es auf Deutsch.

Die Musik spielte. Leise, langsame Rockmusik. Ich war auch müde, und doch konnte ich nicht schlafen gehen, denn mein Kopf dröhnte. Ich wusste, ich muss einfach noch trinken. Ich muss mich mit Bier betäuben.

Es war mir alles zu viel.
Zu viel Königgrätz.
Zu viel Wald.
Zu viel Schnee.
Zu viel Frost.
Zu viel Cornus sanguinea.
Zu viel blutroter Hartriegel.
Zu viel svída krvavá.
Zu viel Krieg.
Zu viele Leichen.
Zu viele Geister.
Zu viele Gräber.
Zu viele Soldaten.
Zu viel Benedek.
Zu viele Sachsen.
Zu viele Preußen.
Zu viele Österreicher.
Zu viel Eisenbahn.
Zu viel Baedeker.
Zu viel Reichenberg.
Zu viel Feuerhalle.
Zu viel Geschichte.
Zu viele Geschichten.
Zu viel Winterberg.
Und doch wusste ich, dass Winterberg recht hatte.
Es gibt kein Entkommen.
Von seiner Geschichte.
Von meiner Geschichte.

Ich bestellte noch ein Bier, die Männer redeten immer noch von dem Schneesturm im Riesengebirge, der ein Dorf für drei Tage von der Welt abschnitt, und ich sah einen Nachtbus vor dem Bahnhof halten.

Ich trank Bier und dachte an Josefa, die mich im Gasthaus auf dem Schlachtfeld an der Hand hielt, die uns nach Hradec zurückbrachte, die sich wünschte, heute Nacht hierzubleiben.

Ich dachte daran, wie enttäuscht sie war, als sie mich fragte, ob sie mir nicht gefiele.

Ich dachte daran, wie ich ihr sagte, doch, doch, sehr, du bist eine sehr schöne Frau, doch ich kann nicht.

Ich dachte daran, wie sie mich fragte, ob ich jemanden hätte.

Ich dachte daran, wie ich ihr sagte, nein, ich habe niemanden, daran liegt es nicht.

Ich dachte daran, wie sie fragte, woran es denn liege.

Ich dachte daran, wie ich sie anschaute und nichts sagte.

Josefa stieg dann wieder auf ihren Traktor, den Traktor der Marke Zetor. Sie startete den Motor, der Auspuff zitterte und qualmte und Josefa fuhr langsam nach Hause zurück und schaute mich nicht mehr an. Aber ich schaute dem Traktor nach, bis er an der Kreuzung verschwunden war.

Ich trank Bier und dachte an alle meine Matrosen von der Überfahrt, die nicht mehr leben.

Ich dachte an meinen Vater, der nicht mehr lebt.

Ich dachte an meine Mutter, die nicht mehr lebt.

Ich dachte an meine kleine Schwester, die nicht mehr lebt.

Ich dachte an Carla, die nicht mehr lebt.

Ich dachte an Agnieszka, die zwar lebt, doch wenn ihr Mann erfahren würde, was zwischen uns ab und zu läuft, würde sie nicht mehr leben und ich auch nicht.

Und dann dachte ich an Hanzi, der auch nicht mehr lebt.

Hanzi stammte aus Hradec Králové. Es war er, der damals alles organisierte. Es war er, der mich auf die Reise mitnahm. Es war er, der dann schoss. Ich bin mir immer noch sicher, er wollte es nicht tun. Doch er tat es. Er zielte auf seinen Hals und drückte ab. Ich dachte an den Schuss und ich hörte es plötzlich knallen. Ich dachte an das Blut und sah es plötzlich in mein Bierglas fließen.

Ich bestellte noch einen Schnaps.

Und dann noch einen.

Ich wusste, es ist nicht gut.

Ich wusste, es wird mir nicht helfen.

Ich wusste, ich habe schon wieder verloren. Ich würde mit dem Saufen nicht aufhören, wenn ich schon wieder anfing. Dafür kannte ich mich schon zu gut.

Dann bezahlte ich, nahm meinen Schlüssel und ging.

Alles war ein wenig verflossen.

Die Treppe.

Der Aufzug.

Der Flur.

Mein Zimmer.

Alles taumelte und wackelte und ich taumelte und wackelte auch. Ich fiel auf das Bett und schlief gleich ein und wurde nach ein paar Stunden geweckt. Ich hörte jemanden stöhnen. Und schreien. Und weinen.

Es war nicht Hanzi, von dem ich kurz träumte.

Hanzi war tot.

Er hängte sich später im Knast auf.

Es war Winterberg.

Winterberg stand auf dem Balkon, den sich sein und mein Zimmer teilten.

Ich zog mir meine Jacke an, ging aus dem Zimmer und zündete mir eine Zigarette an. Winterberg hustete. Ich sah einen kleinen Mann in Wintermantel und Wintermütze und Winterhandschuhen auf dem Balkon stehen, einen alten kleinen Mann, der ein wenig vorgebeugt war, ein wenig krumm, so als würde er seine Geschichten nicht nur in der Gegenwart und in der Vergangenheit und in seinem roten Buch, sondern auf dem Boden, auf der Straße, im Schnee und im Regen, unter seinen Füßen suchen. Oder jetzt auf dem Balkon.

Die Nacht war kalt und klar und die Luft auch. Winterberg stand auf dem Balkon, hielt sich an dem Geländer fest und schaute zum Bahnhof hinüber. Er schluchzte und stöhnte und weinte und hustete und erzählte und hustete wieder und weinte und erzählte laut vor sich hin.

Er sprach mit jemandem, den nur er sah.

»Ja, ja, so war es, ich weiß … Das tut mir leid … Ich weiß … Nein, nein, ich bin schuld, nicht du, ich bin schuld … Nein, nein, bitte, Lenka, das darfst du nicht sagen … Ich weiß, was ich getan habe … Es war nicht schön … Lenka, Lenka, ich bitte dich, fahr nach Brünn, ja, ja, vielleicht musst du nach Wien und dann weiter … Ja, ja … Hast du alles, ja … Alles wird gut, hab keine Angst … Du, Lenka, vielleicht ist Wien doch keine gute Idee, nein, nein … Fahr lieber gleich nach Budapest und dann weiter, ja, ja, oder wie du meinst, fahr …«

Er hustete und seine kratzige Stimme füllte die nächtliche Leere hoch über der Stadt. Er nahm seine Brille ab, wischte sich die Augen und bemerkte nicht, dass ich da war. Dass ich ihn sah.

Er hustete und weinte und redete weiter zu Lenka, die nur er sah. Ich zündete mir noch eine Zigarette an.

»Ja, ja, Lenka … Ich komme zu dir, ich komme dir nach … Warte auf mich, ja … Schreib mir gleich, wenn du ankommst … Schreib mir, wie es dir geht … Schreib mir, in welchem Hotel du bist … Das Geld hast du, ja … Ja, das sollte reichen … Ja, das muss sicher reichen, bevor ich komme … Nein, ich vergesse dich nicht, nein …«

Der Himmel war klar. So klar wie lange nicht. So klar, wie der Himmel nur im höchsten Sommer oder im tiefsten Winter sein kann. Doch die Sterne sah man nicht. Alles war überflutet vom gelben Licht des Bahnhofs. Von den Lichtern der Stadt.

»Nein, nein … Weine nicht, das darfst du nicht, Lenka … Komm, gib mir einen Kuss … Lass dich drücken … Der Zug fährt schon ab, du musst gleich einsteigen, komm, ich helfe dir … Nein, ich vergesse dich nicht … Komm …«

Ein schwerer Güterzug mit einer blau-weißen elektrischen Lokomotive fuhr gerade ein. Die Bremsen quietschten und die Wagen ächzten wie Tiere, die gerade von den Jägern getroffen wurden.

»Ja, ja, ich komme nach, hab keine Angst, Lenka … Schreib mir, wo du bist … Brünn oder Wien, ja, ja, dann Budapest … Und Zagreb … Und danach Sarajevo und Belgrad und Skopje und Thessaloniki und dann mit dem Schiff weiter … Ja, nach Haifa … Ich komme nach … Schreib mir aus jeder Stadt … Warum schreibst du nicht, Lenka, schreib mir doch … Lenka … Warum schreibst du nicht … Warte auf mich, Lenka … Ich komme dir nach … Es wird nicht lange dauern … Ich komme nach … Warte auf mich, Lenka … Die Halskette, hast du die immer noch … Die böhmischen Granaten … Schön … Schön …«

Der nächste Güterzug fuhr in eine andere Richtung ab. Die alte Diesellokomotive seufzte und ratterte und kämpfte mit der schweren Last. Eine andere Diesellokomotive schubste den Zug von hinten.

»Das freut mich, Lenka … Die Halskette steht dir gut, die böhmischen Granaten, nein, das ist kein Blut, hab keine Angst … Ja, das Kleid ist auch wunderschön … Ist es dir nicht zu kalt … Es ist kalt … Ich komme bald nach, Lenka … Nein, ich vergesse dich nicht … Vergiss mich auch nicht, ja … Pass auf dich auf … Steig ein, der Zug fährt gleich ab … Gute Fahrt und bis bald, schreib mir gleich, ja … Ach, Lenka, warum schreibst du nicht, was ist los … Wir treffen uns in Brünn … Oder in Wien … Oder in Budapest … Oder in Zagreb … Oder in Sarajevo … Oder in Haifa … Schreib mir … Warum schreibst du nicht, Lenka …«

Der Güterzug war lang und schwer. Nur ganz langsam, Schritt für Schritt, verließ der Zug den Bahnhof. Es sah so aus, als wollte er den Bahnhof gar nicht verlassen, als wollte er gleich bremsen, als wollte er zurück, als wagte er nicht, zu der einsamen Fahrt durch die Nacht aufzubrechen. Auf die Fahrt in die Unsicherheit. In die Unendlichkeit. In die Endlichkeit.

Winterberg hörte auf, mit Lenka zu sprechen, und fing an zu weinen.

Er schaute sich den Zug auch an und ich zündete mir eine neue Zigarette an. Und ich musste husten. Erst in dem Augenblick bemerkte mich Winterberg, doch er drehte sich nicht gleich zu mir um. Er zuckte nur leicht mit dem Kopf. Er hustete und wischte sich die Augen und schwieg und ich rauchte und der Güterzug schaffte es endlich und verschwand unter der Brücke und die Nacht war wieder kalt und still.

»Geht's Ihnen nicht gut?«

Doch Winterberg sagte nichts.

»Es ist kalt. Sie verkühlen sich.«

Doch er sagte nichts.

»Wir sollten schlafen gehen.«

Doch er sagte nichts.

Er wischt sich noch mal die Augen, hustete und schaute zum Bahnhof hinüber.

Und dann fing er an zu erzählen.

Er erzählte, wie er sich für andere Feuerhallen als sein Vater interessierte, für die Feuerhallen der Dampflokomotiven, weil ein Ofen einer Schnellzuglokomotive oder einer Güterzuglokomotive dem Ofen einer Feuerhalle in nichts nachsteht.

Er erzählte, wie er Lokführer sein wollte, doch für einen Lokführer der Tschechoslowakischen Staatsbahnen waren seine Augen nicht scharf genug. Seine Augen reichten gerade so für den Straßenbahnfahrer der Straßenbahnlinien der Stadt Reichenberg.

Er erzählte, wie er sich im Krieg als Soldat von der Geschichte verfolgt fühlte.

Er erzählte, wie ihn in den Träumen Wallenstein verfolgte.

Und Gustav Adolf.

Und Jan Žižka mit seinen Hussiten.

Und Napoleon.

Und Benedek.

Er hustete und erzählte, wie er wegwollte.

Weg aus Reichenberg.

Weg von seiner Familie, die verflucht war, denn sie kam im Schatten der Schlacht bei Königgrätz zusammen.

Dann hustete er wieder und schaute mich an.

»Ich habe mich gestern im Svíber Wald wahrscheinlich ein wenig verkühlt, lieber Herr Kraus. Morgen muss ich ein warmes Bier trinken, so hat es immer meine Mutter zubereitet, wenn ich mich verkühlt habe, ja, ja das warme Bier hat mir immer geholfen.«

Er hustete und ich rauchte und passte auf, dass der Rauch nicht in seine Richtung zog. Ich war immer noch ziemlich betrunken, und als ich vom Balkon runterschaute, war mir plötzlich übel und ich musste mich kurz an dem Geländer festhalten, so wie Winterberg sich an dem Geländer festhielt.

Der nächste Güterzug kam an. Er war wieder endlos lang und die Wagen waren mit Holz beladen.

Und Winterberg hustete und erzählte weiter, wie er wegwollte.

Weg von den Gräbern.

Weg von der Feuerhalle.

Weg von der Flammenhalle.

Weg von der Feuerburg.

Weg von der Flammengruft.

Weg von der Einäscherung.

Weg von den Särgen.

Weg von den Toten.

Weg von den Freunden der Feuerbestattung und den Freunden der Hygiene.

Weg von dem Ratskeller.

Weg aus Reichenberg.

»Und dann ist es passiert und ich habe es geschafft, lieber Herr Kraus … Der Krieg ist gekommen und hat mich befreit und hat eine neue dicke Schicht über the beautiful landscape of battlefields, cemeteries and ruins gelegt, ja, ja, verrückt, verrückt, ich weiß, Sie haben recht, lieber Herr Kraus … Der Krieg hat mich wirklich weggetrieben, viel, viel weiter, als ich dachte, viel, viel weiter, als ich mir vorstellen konnte, viel, viel weiter, als ich wollte, weit, weit, weit weg. Und Lenka hat der gleiche Krieg auch weggetrieben, dieser Krieg, der so lange in der Luft zu riechen war, der schon 1866 hier bei Königgrätz angefangen hat, und doch hat jeder gedacht, der Krieg wird nicht kommen, und er ist viel schneller gekommen, als wir gedacht haben, ja, ja … Ich wollte Lenka nach, doch plötzlich ging es nicht mehr, ich dachte, wir werden uns finden, doch plötzlich war alles vorbei, was geblieben ist, waren nur Schreiben und Hoffnung und Liebe … Ja, ja, ich habe die ganze Zeit an Lenka gedacht, an die erste Frau im Mond … Und dann war der Krieg vorbei, ich bin nicht mehr nach Reichenberg zurückgekommen und Lenka auch nicht. Doch ich war am Leben, und Lenka nicht, nein, nein, ich weiß nicht, was mit ihr passiert ist, nein, nein, ich weiß nicht, wo es passiert ist, aber ich weiß, es ist passiert, ja, ja, ich weiß, sie ist nicht zurückgekommen, und ich will den Mörder finden, ich muss ihn finden und ich muss weiter, weiterreisen, nach Wien und Brünn und Budapest bis nach Sarajevo … Ist das eine Tiefe, lieber Herr Kraus, da muss man sich wirklich festhalten.«

Winterberg hustete und lehnte an dem Geländer. Er stellte sich auf die Zehenspitzen und schaute in die Tiefe unter uns.

Auf den leeren Parkplatz.

Auf den Bahnhof.

Auf die schlafende Stadt.

Mir war immer noch schlecht.

»Wir sind so hoch … Gut, dass keiner von uns an Höhenangst leidet, gut, dass wir nur an der Geschichte leiden, an der Schlacht bei Königgrätz, wo alles angefangen hat, ja, ja, gut, dass wir nur an dem Nebel des Krieges leiden, vielleicht kann man ja alles doch noch wie die Alpen überschienen, ja, ja, haben Sie das Buch *Die Überschienung der Alpen* gelesen, das ist ein wichtiges Buch, wenn Sie es mit der Geschichte und der Eisenbahn ernst meinen, wenn Sie historisch durchschauen möchten, müssen Sie es lesen … Wo bin ich hängen geblieben … Ja, ja, die Höhenangst … Schon als Kind haben mich die Tiefen angezogen, ja, ja, als wir mit meinem Vater im Isergebirge wandern waren und auf die Felsen geklettert sind … Ich habe nicht an der Höhenangst gelitten, nein, nein, ich wollte mich nur immer in die Tiefe stürzen … Ja, ja, ich weiß, was Sie sagen möchten, lieber Herr Kraus, ich schaffe es nicht, meine Gedanken zu halten, ständig gehen meine Gedanken verloren, sie verlaufen sich in den Geschichten und in der Geschichte, ja, ja, und doch wird sich der Kreis bald schließen, glauben Sie mir, gut, dass wir hier sind, dass Sie mit mir die Schlachtfelder besucht haben, gut, dass wir die beiden Gräber gefunden haben, ja, ja, den Anfang von meinem Unglück … Lenka, die arme Lenka, sie wartet schon auf mich, sie ruft mich zu sich, ja, ja, danach werde ich mich nicht mehr verlaufen …«

Eine Rangierlokomotive pfiff mehrmals hintereinander und das Pfeifen hallte durch die Nacht. Winterberg hustete und schaute zum Bahnhof hinüber.

»Nach dem Krieg wollte ich auch weg, ja, ja, weg von den Gräbern, weg von dem Krieg, weg von der Geschichte, weg von den Erinnerungen … Ich war in Holland und es dauerte eine Weile, bis ich nach Hause gehen konnte, doch es ging nicht, ich hatte kein Zuhause mehr, Peter, mit dem ich da war, brachte mich nach Berlin, und so wurde ich zum Straßenbahnfahrer, ja, ja, der dann der letzte Straßenbahnfahrer von Westberlin war … Ich habe gleich geheiratet, um Lenka zu vergessen, um alles zu vergessen, ich wollte mit meiner Frau auch gleich Kinder haben, um zu vergessen, doch es ging nicht, ein kleiner Fehler in der Leitung, hat der Arzt gesagt, er wusste nur nicht, welche Leitung verstopft war, dann habe ich meine zweite Frau geheiratet, doch es ging auch nicht, wieder ein Fehler in der Leitung, der Arzt hat gesagt, es läge an mir, meine Leitung wäre verstopft, es ging erst mit meiner dritten Frau, da hat die Leitung funktioniert, ja, ja, meine Frauen haben mir geholfen zu vergessen, ich habe sie dafür auch geliebt, doch die ganze Zeit wusste ich, ich habe nur eine einzige Frau geliebt, meine Frau im Mond … Ich habe heute den Mond am Himmel gesucht, lieber Herr Kraus, aber nicht gefunden. Haben Sie den Mond schon heute gesehen, lieber Herr Kraus?«

Winterberg hustete und schaute in den Himmel und suchte nach dem Mond, doch obwohl die Nacht so klar war, fand er den Mond nicht.

Der ganze Himmel wurde von dem Licht der Stadt überflutet.

Mir war schwindelig nach dem vielen Bier und Schnaps, nach den vielen Geschichten, in denen sich nicht Winterberg, sondern ich mich verlor.

Ich zündete mir eine Zigarette an.

»Sie sollten nicht so viel rauchen, lieber Herr Kraus ... So werden Sie nicht so alt wie ich, so alt wie die Tschechoslowakei, so alt wie die Feuerhalle in Reichenberg, nein, nein, ich habe nie geraucht, auch im Krieg nicht, als alle geraucht haben. Wo bin ich denn schon wieder ... Ja, ja, ich weiß schon, ich wollte weg vom Krieg, weg von den Gräbern, ich habe es noch keinem erzählt, was ich im Krieg gesehen habe, wie ich im Krieg Gräber ausheben musste, ja, ja, in Sandboden und Lehmboden, im Wald und auf dem Feld, ich war verdammt, mich im Krieg um die Gräber zu kümmern. Obwohl ich im Krieg weiter Straßenbahnfahrer und dann S-Bahn-Fahrer und dann Lokführer war, musste ich auch die Gräber ausheben, ja, ja, und in der Zwischenzeit habe ich angefangen zu zeichnen, die Winterlandschaften und vor allem Lenka, ich wollte alles vergessen, ich wollte sie vergessen ... Doch sehen Sie, lieber Herr Kraus, wo ich jetzt bin, wo wir jetzt sind, in Königgrätz, ja, ja, the beautiful landscape of battlefields, cemeteries and ruins, wie der Engländer immer sagte ... Es gibt kein Entkommen und ich habe nichts vergessen, ja, ja, man kann sich nur an einem Baum im Svíber Wald aufhängen. Man hofft, man kann vergessen, man kann der Geschichte entkommen, man kann flüchten, man kann sich irgendwo verstecken, man kann mit der Zeit alles hinter sich lassen, doch das geht nicht ... Die ganze Geschichte schleppen Sie immer wie ein Seil mit, ob Sie wollen oder nicht, wie ein Seil, an dem Sie sich dann aufhängen, ob Sie wollen oder nicht, ja, ja, lieber Herr Kraus, so kommt es im Leben, es gibt kein Entrinnen. Und so gehen wir alle unter, so werden wir Stück für Stück und Schritt für Schritt ein Teil von the beautiful landscape of battlefields, cemeteries and ruins, wie der Engländer immer sagte, ja, ja … Es ist wirklich ganz schön hoch, finden Sie nicht?«

Winterberg stellte sich wieder auf die Zehenspitzen und schaute in die Tiefe unter uns und der nächste Güterzug kam an und die Bremsen quietschten und ächzten und die Rangierer drückten die Zigaretten aus und machten sich an die Arbeit und die Rangierlok pfiff ganz laut und mehrmals hintereinander.

»Dieser Balkon wäre nichts für Lenka, denn Lenka hat an der Höhenangst gelitten, ja, ja, vielleicht mochte sie deshalb so sehr den Film *Frau im Mond*, weil die Heldin keine Angst vor der Höhe hatte, ja, ja, die Heldin, die Astronomiestudentin Friede Velten, gespielt von Gerda Maurus, war eine starke und tapfere Frau, das mochte Lenka sehr, sie wollte genauso sein wie sie … Der Engländer hat auch nicht an Höhenangst gelitten, er war Navigator bei der Royal Air Force und hat in Deutschland und Böhmen und in ganz Mitteleuropa die Orte besucht, wohin er seine Lancaster navigiert hat, ja, ja, er wollte alle die Städte sehen und kennenlernen … Es muss schon über fünfzig Jahre her sein, als wir uns zufällig im *Heidelberger Krug* in Kreuzberg getroffen haben, es muss schon über fünfzig Jahre her sein, als mir der Engländer dort beim Bier über the beautiful landscape of battlefields, cemeteries and ruins erzählt hat … Der Engländer hat gutes Deutsch gesprochen, er hat Deutsch nach dem Krieg gelernt, denn er wollte die Deutschen verstehen, er wollte die Deutschen begreifen, er hat viel über die Geschichte gelesen und hat so historisch sehr gut durchgeschaut, er wollte verstehen, warum es die Deutschen getan haben, ja, ja, die Deutschen, aber auch die Österreicher und die Italiener und die Slowaken und die Kroaten und viele andere, doch vor allem die Deutschen, er wollte wissen, ja, ja, warum die Deutschen die Bahnhöfe mit den Feuerhallen verbunden haben, warum die Deutschen das ganze Europa in eine einzige große brennende Feuerhalle verwandelt haben … Ja, ja, er wollte alles wissen über the beautiful landscape of battlefields, cemeteries and ruins, wie er sagte, diesen Satz hat mir der Engländer im *Heidelberger Krug* auf einen Bierdeckel geschrieben, damit ich ihn nicht vergesse, diesen englischen Satz, der eigentlich kein richtiger Satz ist, doch für mich ist es einer der wunderschönsten Sätze überhaupt, die ich je gehört habe, lieber Herr Kraus, denn in diesem Satz, in diesen paar Wörtern steckt alles, da steckt die ganze Wahrheit über uns und über unsere Geschichte und über Böhmen und über Europa, über unsere ganze Tragödie, ja, ja, über die Liebe, über the beautiful landscape of battlefields, cemeteries and ruins.«

Winterberg hustete, stellte sich auf die Zehenspitzen und beugte sich nochmals über das Geländer und schaute in die Tiefe unter uns, und ich passte auf, dass ich ihn aufhielte, falls er sich noch mehr über das Geländer beugen würde.

»Dieser Satz, der kein Satz ist, ist unsere Heimat, ja, ja, unser Zuhause … In diesem Satz können wir uns verstecken, denn in diesem Satz wird uns niemand finden. In diesem Satz sind wir in Sicherheit, ja, ja, so ist es, mindestens für einen Augenblick … The beautiful landscape of battlefields, cemeteries and ruins, die wunderschöne Landschaft der Schlachtfelder, Friedhöfe und Ruinen, so wahr, so schön und so traurig, vielleicht kann es keiner verstehen, nur der Engländer und ich … Es macht mich immer ein wenig melancholisch, wenn ich diesen Satz höre, ja, ja, wir stehen wirklich ganz schön hoch, lieber Herr Kraus.«

Winterberg hustete und stellte sich wieder auf die Zehenspitzen, beugte sich über das Geländer vor und der nächste Güterzug verließ langsam den Bahnhof.

»Der Engländer war in Berlin und Bremen und Hamburg und Duisburg und München und Nürnberg und Dortmund und Linz und Aussig und Brüx und Pilsen und Peenemünde auf Usedom, ja, ja, der Engländer ist überall dorthin gereist, wo die Bomben aus seinem Bomber gefallen waren, hier überall hatte er die Städte in Feuerhallen verwandelt, so wie die Deutschen viele englische und französische und polnische und russische Städte davor in Feuerhallen verwandelt hatten, ja, ja, seine Reise war eine Versöhnungsreise mit seiner Geschichte, mit unserer Geschichte, so wie auch unsere Reise eine Versöhnungsreise ist, lieber Herr Kraus, und eine Hochzeitsreise mit Lenka und eine Abschiedsreise zugleich ... Der Engländer war auch hier bei Königgrätz, denn der Engländer hat historisch durchgeschaut und wusste das, was ich weiß und was Sie jetzt hoffentlich auch wissen, lieber Herr Kraus, alles fängt mit Königgrätz an, unser ganzes Unglück, der Engländer hat über diese Schlacht viel gelesen, er wusste über sie so viel wie ich, eine ganze Woche lang haben wir uns jeden Abend im *Heidelberger Krug* getroffen, nur um über die Schlacht bei Königgrätz zu sprechen, über diese Schlacht, die durch mein Herz geht, die mich zerfleischt, die die Öffnung des Leichnams bei lebendigem Leibe ist, meine Öffnung, die blutet und wehtut und nicht zu heilen ist, denn bei einem Leichnam kann man auch nichts mehr heilen, ja, ja ... Der Engländer war davon sehr berührt, er sagte, ihm gehe es genauso, und so hat mich der Engländer verstanden, wie mich vorher niemand verstanden hat, ja, ja, nicht mal Lenka hat mich so verstanden wie der Engländer, das muss auch gesagt werden, doch in der Zeit von Lenka wusste ich noch nicht so viel über Königgrätz, mein Vater hat mir zwar viel davon erzählt, auch über die beiden Familiengräber im Svíber Wald, doch ich habe damals nicht historisch durchgeschaut, mich hat es noch nicht interessiert, ich habe mich mehr für die Lenka interessiert, für ihre Lippen und Brüste und Beine, mein Interesse für die Geschichte kam erst später, erst im Krieg, da habe ich es plötzlich gefühlt, wo mich das alles hinführt, ich habe den kalten Wind vom Svíber Wald gespürt, dem nassen Grab bei Königgrätz, ja, ja, ich weiß, was Sie sagen möchten, lieber Herr Kraus, alles verrückt, ja, ja, und Sie haben auch recht, so ist es auch … Oh, es ist wirklich sehr hoch, ich fürchte, ich leide doch ein wenig an der Höhenangst, lieber Herr Kraus, ich weiß nicht, warum mich die Tiefe so anzieht.«

Winterberg hustete und ich rauchte und Winterberg schaute in die Tiefe.

»Einmal im Isergebirge bin ich beinah von einem Felsen gestürzt, so stark hat mich die Tiefe unter mir angezogen, gut, dass wir hier das Geländer haben … Damals hat mich mein Vater gerettet, er hat mich nicht fallen lassen. Als er gesehen hat, wie mich die Tiefe anzieht, hat er mich gepackt und an sich gerissen, und meine Mutter hatte Angst, wir stürzen beide in die Tiefe … Von dem Felsen hatte man eine schöne Aussicht auf Friedland gehabt, ja, ja, richtig, die Stadt von Wallenstein, ja, ja, vielleicht fängt unser ganzes Unglück doch schon bei ihm, damals im Dreißigjährigen Krieg an, ja, ja … Ich hätte nie gedacht, ich könnte mich mal mit einem Engländer über Wallenstein und Gustav Adolf und Radetzky und Benedek und Clausewitz, ja, ja, über die ganze Geschichte unterhalten, über das ganze Unglück, über Lützen und Austerlitz und Königgrätz, ich habe immer gedacht, die Engländer haben keine Ahnung von der Geschichte, doch mein Engländer war eine Ausnahme, mein Engländer hat sich während seiner Reise in die schöne böhmische Landschaft bei Königgrätz verliebt, the beautiful landscape of battlefields, cemeteries and ruins, wie er immer sagte. Er war mit dem Auto unterwegs, ich hasse Autos, wie Sie wissen, ich hasse Autos und Autobusse wie die Pest, doch der Engländer hat meine Leidenschaft für die Eisenbahnen und die Geschichte verstanden, so wie ich seine Leidenschaft für Automobile und Flugzeuge und Geschichte verstanden habe … Der Engländer sagte, er kann nicht Zug fahren, weil er mit seinem Flieger so viele Bahnhöfe und Züge und Lokomotiven zerstört hat, mit seinen Bomben so viele Reisende und Eisenbahner umgebracht hat, ja, ja, und Bombenleichen sind keine schönen Leichen … Und so ist der Engländer mit dem Auto nach Königgrätz gefahren, sein Auto war damals ganz neu, es war ein Volvo, sagte der Engländer, und als er sich dem Svíber Wald genähert hat, ist er auf dem Feldweg stehen geblieben, ja, dort, wo wir die Gräber gefunden haben, genau dort ist sein Auto im Schlamm stecken geblieben. Er konnte nicht nach vorne und er konnte nicht zurück und sein Tachometer hat 1866 Kilometer angezeigt, ja, ja, so ist es ihm passiert, genau so, warum sollte ich jetzt lügen und es mir ausdenken, lieber Herr Kraus, so war es, sein Auto hat im Schlamm festgesteckt und sein Tachometer genauso und er ist in der Geschichte stecken geblieben, die Schlacht von 1866 hat ihn gefangen, so wie sie auch mich gefangen hat, so wie sie uns gefangen hat, es gibt kein Entkommen, lieber Herr Kraus, ja, ja, der Engländer hat mich verstanden und ich habe ihn auch verstanden, er hat mir erzählt, wie sich dann vor ihm die Tore der Flammengruft vom Svíber Wald geöffnet haben und er gesehen hat, was wir auch gesehen haben. Als er es mir erzählt hat, dass er bei Königgrätz war, wusste ich umso mehr, ich muss auch dorthin … Falls wir noch mal nach Berlin kommen sollten, gehen wir gemeinsam in den *Heidelberger Krug* in Kreuzberg und ich werde Ihnen den Tisch zeigen, wo ich mit dem Engländer gesessen bin, wie ich Ihnen in Reichenberg im *Ratskeller* den Tisch gezeigt habe, wo meinem Vater der Kopf zertrümmert wurde, ja, ja, ich zeige Ihnen den Tisch im *Heidelberger Krug*, wo wir uns eine Woche lang über die Geschichte unterhalten haben, über the beautiful landscape of battlefields, cemeteries and ruins, ja, ja … Was mich ein wenig melancholisch macht, ist, dass am Ende alles vergessen wird, alle diese Geschichten, unser ganzes Wissen, am Ende werden wir von allen verlassen, so wie Wallenstein in Eger von allen verlassen war und Benedek nach Königgrätz auch, wir sterben ganz allein und unsere Geschichten sterben mit uns, denn heute ist hier niemand, der sich für unsere Geschichten interessiert, niemand, der historisch durchschaut und durchschauen möchte, da darf man sich nicht wundern, was gerade passiert, nein, nein … Über den Tod müssen Sie doch alles wissen, lieber Herr Kraus, Sie als Altenpfleger, Sie als Totenpfleger, Sie als ein Soldat der letzten Hoffnung … Wir werden vom Tod immer überrascht, so wie Wallenstein in jener Nacht in Eger vom Tod überrascht wurde, wir werden von allen verlassen, so wie Wallenstein von allen verlassen wurde, wir werden von allen verlassen, die uns geliebt haben und die wir geliebt haben, ja, ja, doch diese eine Woche in meinem Leben werde ich nie vergessen … Ich weiß nicht, ob Sie es verstehen, Herr Kraus, vielleicht kann man es wirklich nicht verstehen, the beautiful landscape of battlefields, cemeteries and ruins. Das war so schön.«

»Ich verstehe es schon, ich verstehe Englisch. Ich hab's ein bisschen gelernt.«

»So, so.«

»Haben Sie ihn geliebt?«

Er schaute mich überrascht an.

»Was?«

»Den Engländer … Weinen Sie ihm nach?«

»Wie kommen Sie auf so was?«

»Ich dachte nur … Sie erzählen so viel von ihm, fast mehr als von Lenka. Oder genauso viel.«

Winterberg hustete und wollte etwas sagen. Er machte den Mund auf, doch er sagte nichts.

Er schwieg und hustete und weinte wieder ein wenig und schaute in die Tiefe und dann zum Bahnhof hinüber.

Er schaute zu den leeren Gleisen. Zu zwei Rangierern mit roten Helmen auf den Köpfen, die vor einem Häuschen rauchten und auf den nächsten Zug warteten.

»Die Rangierer habe ich immer bewundert, vielleicht deshalb, weil man sich so oft so derangiert fühlt, hin- und hergerissen, abgehängt und aufgehängt und weggebracht, ja, ja, wie ein leerer Güterwagen … Ja, ja, immer draußen, den ganzen Tag und die ganze Nacht, da kommt es her, in der Kälte und in der Hitze, immer draußen. Es ist ein sehr gefährlicher Beruf, es reicht so wenig, nur ein kleiner Fehler und sie werden von zwei Wagen zerquetscht und zum Tode derangiert, ja, ja, Rangierleichen sind keine schönen Leichen, sagte mein Vater immer, als Rangierer hat man nur zwei Möglichkeiten, entweder wird man von zwei Puffern zerdrückt, ja, ja, von zwei Puffern gestempelt, oder man wird von den Wagenrädern zweigeteilt, ja, ja, sagte mein Vater immer, ja, ja, ein Rangierer zu sein ist ein schöner, aber auch ein sehr gefährlicher Beruf. Ich wollte immer lieber Lokführer werden, doch meine Augen, meine Augen …«

»Lebt er noch?«

»Wer?«

»Der Englander.«

»Das weiß ich nicht.«

»Wo haben Sie eigentlich Englisch gelernt?«

»In der Schule. Und Sie?«

»Im Knast.«

»Im Knast?«

»Im Knast.«

»In Böhmen?«

»In Deutschland … Ich dachte, Sie wissen es. Ihre Tochter weiß es.«

»Ja, meine Tochter weiß natürlich alles … Sie weiß alles besser als die anderen, und trotzdem ist sie allein und muss Yoga machen und Pillen nehmen, damit sie ein wenig glücklich ist … Schade, dass ich ihr nicht das Pferd gekauft habe.«

»Zuerst habe ich Deutsch gelernt, dann ein wenig Englisch.«

»Und warum waren Sie im Knast?«

Ich schwieg und zündete mir noch eine Zigarette an.

»Sie müssen es mir nicht sagen.«

»Das ist egal. Es war nicht meine Schuld. Ich habe nicht geschossen.«

»Es wurde geschossen?«

»Ja.«

»Und wer hat geschossen?«

»Hanzi.«

»Und warum?«

Ich schwieg und rauchte und sah vor meinen Augen, was damals passierte. Ich wollte es Winterberg sagen. Doch ich konnte nicht.

»Aus Versehen, doch das hat ihm niemand geglaubt, das war nicht unser Plan.«

»Und was war der Plan?«

»Weg von hier. Aus diesem Scheißladen.«

Winterberg schwieg und die Rangierlokomotive kam zurück und pfiff und die beiden Rangierer stiegen ein und die Lokomotive fuhr mit ihnen ab.

»Waren Sie mal verheiratet, Herr Kraus?«

»Nein.

»Aber eine Frau haben Sie geliebt?«

»Ja.«

»Wie hieß sie?«

»Carla.«

»Eine Tschechin?«

»Nein.«

»Eine Deutsche?«

»Nein, eine Italienerin, aber aus Bremen.«

»Dann werden Sie es vielleicht verstehen können … Ich habe Lenka geliebt, wirklich, über alles … Aber ihn, den Engländer, wie soll ich es sagen … So was ist mir nie passiert. Nicht vorher. Nicht nachher.«

»Also reisen wir nicht nur Lenka nach, sondern auch dem Engländer.«

»Ja, die beiden reisen mit.«

»Schön, dass wir nicht allein sind.«

»Lenka habe ich wirklich geliebt, Herr Kraus.«

»Ich weiß.«

»Mit dem Engländer war es … Ja … anders. Ist es Ihnen mal passiert?«

»Nein. Aber vielleicht zählt genau das, diese Augenblicke.«

»Ja, vielleicht … Alles andere ist nur der Tod, ja, ja … Alles andere sind nur Gräber. Ganz Europa ist ein einziges nasses, tiefes Grab, das doch nicht so tief ist, wie man denkt. Die Toten wollen zurück. Sie sind da. Ich sehe sie …«

»Wie hieß er eigentlich?«

»George.«

»Und von wo war er?«

»Aus Birmingham.«

»Waren Sie mal da?«

»Nein.«

»Vielleicht lebt er noch?«

»Meine ich nicht.«

»Sie sollten jetzt schlafen gehen. Es ist kalt. Morgen fahren wir weiter.«

»Wer hat uns eigentlich ins Hotel gebracht?«

»Wer denn, Josefa. Sie haben geschlafen.«

»Sie hat doch getrunken.«

»Wir haben alle getrunken.«

»Ich habe nicht getrunken.«

»Doch, Sie haben viel getrunken. Zwei Grog und zwei Bier. Und danach sind Sie gleich eingeschlafen.«

»Josefa hat sich ein wenig in Sie verliebt.«

»Ich weiß.«

VON KÖNIGGRÄTZ NACH JITSCHIN

Am nächsten Tag fuhren wir mit dem kleinen klapprigen Triebwagen nach Jičín. Winterberg war erkältet und ich verkatert. Wir waren so müde, dass wir die ganze Zeit schliefen, obwohl die Reise so unruhig war, und der Zug wackelte auf den alten Schienen von Seite zu Seite, und ich musste die ganze Zeit ans Meer denken. An meine Überfahrten. An meine müden, leblosen Matrosen, die ich zum anderen Ufer brachte, die dort vor dem großen Spiegel stehen und sich anschauen. Die schon tot sind. Oder auch nicht, wer weiß das alles schon.

Ich musste auch an meine eigene Überfahrt denken, an meine Weltreise. Ich dachte an mein eigenes Schiff, das ich mit dem Geld von Winterberg endlich bauen werde.

Danach breche ich auf.

Danach wird alles anders.

Danach wird alles gut.

Danach wird mich niemand suchen.

Danach gehe ich verloren.

Wir fuhren und näherten uns wieder Sadová. Ich sah wieder die Rehe am Waldrand, ein ganzes Rudel, und kurz danach sah ich auch die zwei kahlen großen Bäume am Horizont. Ich dachte, das müssen die zwei Linden bei Hořiněves sein, ich wollte Winterberg wecken und es ihm zeigen, doch er ließ sich nicht wecken und schlief mit dem Kopf auf seiner Brust.

Der Zug hielt in Sadová an. Heute stieg hier niemand aus oder ein. Wir fuhren weiter. Mir war schlecht, in meinem Kopf dröhnten Hunderte von Bohrmaschinen und ich musste an meinen Vater denken, der immer sagte, der Kater ist die einzige Sicherheit, die man in Böhmen hat. Die einzige Sicherheit, die uns niemand wegnehmen kann. Das ganze Land kann besetzt sein. Das ganze Land kann wieder frei sein. Wir sollten kämpfen. Wir sollten feiern. Doch wir sind immer verkatert und so machen wir gar nichts. Denn wir sind verkatert, und das Einzige, was wir machen können, ist, das nächste Bier zu trinken.

Auf dem Straßenübergang vor dem Gasthaus wartete vor dem Schlagbaum ein Traktor der Marke Zetor aus Brno und ich schwöre, ich sah den Fahrer am Steuer und der Fahrer war Josefa, die wahrscheinlich gleich im Gasthaus wieder mittagessen wird. Ich drehte mich nach Josefa um und ich bin mir sicher, sie sah mich auch. Winterberg merkte davon nichts, er hustete und schlief und taumelte von Seite zu Seite, so wie die kleine Bahn auf den Schienen taumelte.

Wir fuhren durch Hořice.

Wir fuhren durch Ostroměř.

Wie fuhren durch die Dörfer, die immer anders hießen und doch immer gleich aussahen.

Eine kleine Kirche.

Ein Gasthaus.

Ein Teich.

Und viele kleine Häuschen.

Und immer, wenn der Zug anhielt und die Tür aufging, stank es nach Braunkohle. Es stank genau so, wie es in meiner Kindheit stank. Damals in Vimperk. In Winterberg.

Und dann waren wir in Jičín.

Ich kaufte uns einen Tee mit Rum und eine Wurst und trank ein Bier und ich fühlte mich gleich ein wenig besser.

Winterberg wollte sich die Stadt nicht anschauen.

Er wollte nicht zum Schloss von Wallenstein gehen.

Er wollte nicht zum Kloster gehen, das Wallenstein gegründet hatte, um sich dort begraben zu lassen.

Zu einem Kloster, das jetzt ein Gefängnis ist.

Winterberg war müde und erkältet und wollte nur weiterfahren, und mir schien, es war ihm egal, wohin.

So trieben wir weiter.

Wir fuhren nach Turnov und schauten uns aus dem Zug Trosky und die Baba und die Panna und kurz danach auch die Burgruine Waldstein an. Winterberg hustete und zitterte von der Kälte und fieberte und sagte nichts. Er schaute nicht in sein Buch. Er schaute nicht aus dem Fenster.

Er wollte nur weiter.

In Turnov stiegen wir um und fuhren nach Mladá Boleslav über Mnichovo Hradiště, wo Wallenstein jetzt begraben liegt, wie ich schon von Winterberg wusste. Doch er wollte nicht aus dem Zug aussteigen.

Er wollte weiter.

In Mladá Boleslav stiegen wir um und fuhren an der alten Burg vorbei Richtung Libuň. Immer wieder die gleichen Dörfer und Kleinstädte. Immer wieder die alten, wackeligen Gleise. Immer wieder der gleiche Gestank von der Braunkohle, wenn sich die Tür öffnete. Immer wieder die gleichen Menschen, die uns immer wieder gleich anschauten. Ein wenig neugierig, weil wir Deutsch sprachen. Ein wenig irritiert, weil wir Deutsch sprachen. Und ein wenig gleichgültig, weil wir Deutsch sprachen.

Und ich musste an meinen Großvater denken, der immer sagte, die bösen Deutschen sind im Westen, die guten Deutschen in der DDR, doch auch bei denen muss man aufpassen.

Es schneite kurz und regnete dann wieder und wir fuhren weiter durch die Gegend, die Böhmisches Paradies heißt.

In Libuň stieg ich kurz aus und zündete mir eine Zigarette an.

Winterberg saß im Zug und schlief, ich sah sein Gesicht an das Fenster gelehnt. Und dann sah ich in der Ferne wieder Trosky und die Panna und die Baba.

Eine junge und eine alte Frau.

Beide versteinert.

Beide tot.

Ich musste an alle Frauen denken, die ich bei der Überfahrt begleitete. Die ich tröstete. Mit denen ich mich prügelte. Denn niemand, der stirbt, will sterben.

Jede prügelte sich mit dem Tod und jede von den Frauen dachte, der Tod bin ich.

Doch ich war und bin nicht der Tod.

Jeder prügelt sich und kämpft und beißt und schimpft und weint und spuckt, doch der Kampf dauert nicht lange.

Ich schaute zu Panna und Baba und zu Winterberg, der hinter dem Fenster schlief, und dachte an alle Frauen, die ich an der Hand hielt.

An die alten Frauen.

Und an die jungen Frauen.

Und dann musste ich an die jüngste Frau denken, die ich zum anderen Ufer brachte.

An Carla.

Carla de Luca.

Winterberg schlief und ich rauchte und schaute mir die Burgruine von Trosky an und dachte an Carla, die auch schon lange tot und versteinert war wie Baba und Panna.

Und trotzdem weiß ich bis heute, wie ihre Stimme klang.

Bis heute weiß ich, wie sie duftete.

Bis heute weiß ich, wie sie stöhnte, wenn wir uns liebten.

Carla, meine kleine Italienerin aus Bremen.

Ich rauchte und Winterberg schlief mit dem Kopf an das Fenster gelehnt und die rote Sonne ging über dem Böhmischen Paradies unter, und es sah so aus, als ob die weiße verschneite Landschaft blutete. Die böhmischen Granaten.

Und dann fragte mich der Schaffner, ob ich weiterfahren will oder nicht.

Von Libuň fuhren wir bergauf und gleich bergab nach Lomnice nad Popelkou und Stará Paka.

Es schneite und es war kalt und Winterberg hustete und zitterte vom Fieber und ich machte mir Sorgen.

Doch er wollte weiter.

Von Stará Paka fuhren wir nach Ostroměř.

Doch er wollte immer noch weiter.

Von Ostroměř fuhren wir nach Jičín zurück.

Und hier stiegen wir aus und konnten nicht mehr weiter. Wir mussten uns doch die Stadt anschauen, denn von Jičín fuhr an dem Abend nur noch der letzte Zug nach Sadová und Hradec Králové und dorthin wollten wir nicht mehr. Wir hatten beide genug von der Schlacht bei Königgrätz.

Wir suchten nach dem Hotel *Hamburg*, welches im Baedeker empfohlen wurde, 20 Zimmer damals für 2,40 bis 4 Kronen, und eine Frau sagte uns, Hamburg hieße heute Paris, und zeigte uns den Weg. Es war nicht weit.

Winterberg hustete und fieberte, doch er wollte nicht zum Arzt. Er nahm ein warmes Bad und trank ein warmes Bier und schwitzte unter der Decke. Dann schlief er ein.

Am nächsten Tag wollte er gleich weiterfahren, doch als er versuchte, aus dem Bett aufzustehen, fiel er sofort wieder zurück. Wir blieben im Hotel *Hamburg*, das jetzt Paris hieß, noch eine Nacht und dann noch eine und dann noch eine.

Winterberg ging es nicht gut. Er wollte nichts essen, er wollte nur warmes Bier trinken, so wie es seine Mutter machen würde. Doch ich zwang ihn immer, auch eine Hühnersuppe zu essen, wie es meine Mutter machen würde.

An jedem Abend ging ich kurz raus. Ich drehte eine Runde durch die Stadt, rutschte immer wieder auf dem nassen, glänzenden Kopfsteinpflaster und ging an den vielen Gasthäusern vorbei. Ich hatte Lust auf Bier, doch ich schaffte es nicht zu trinken. Ich saß dann immer in der Kellerkneipe unter dem *Grand Hotel Praha*, das auch früher *Grand Hotel Praha* hieß, wie mir jemand sagte, und wahrscheinlich immer *Grand Hotel Praha* heißen wird, denn Praha störte in Jičín offenbar niemanden, Praha war nicht Hamburg.

Ich saß hier an einem kleinen, einfachen Holztisch und trank alkoholfreies Bier und der kleine, untersetzte Kellner, der wie eine Blutwurst aussah, fragte mich, ob ich krank oder schwanger oder beides sei, da ich kein richtiges Bier trinken wollte, und ich sagte, ja, ich bin ein wenig schwanger.

Er lachte und ich lachte auch.

Er sagte, er verstehe mich, er sei auch ein wenig schwanger, er darf auch nicht trinken. Er trinkt seit zwanzig Jahren kein Bier mehr, sonst wäre er schon längst im Bier ertrunken, so wie sein Vater und Großvater. So wie das ganze Land.

»Jo, so ist es, der eine erbt einen Haufen Geld, der andere ein Haus, und ich habe die Liebe zum Bier geerbt. Und so darf ich nicht mehr trinken.«

Ich trank das nächste alkoholfreie Bier, bestellte eine blasse Wasserleiche, die gut durchgezogen und angenehm sauer war, und musste an die Wasserleichen denken, über die mir Winterberg erzählt hatte, und schaute mir jeden Abend vier Männer an, die unter einem alten Gemälde saßen und Bier tranken und sich über Fußball und Politik und Geschichte stritten und sich dann wieder versöhnten und Bier tranken und pullern gingen und das nächste Bier tranken und sich wieder über Fußball und Politik und Geschichte stritten und sich dann wieder versöhnten.

Und ich sah, dass das Bild, das über ihnen an der Wand hing, das vergilbte Gemälde mit der hügeligen Landschaft und mit einer Holzbrücke und mit einem Fuhrwerk mit weißer Plane, dass dieses Bild an der Wand jeden Abend über den Männern ein wenig schiefer hing, so als würde das Bild den Männern drohen, so als würde das Bild eines Tages auf sie stürzen, sie verschlucken, sie zu einem Teil von dem Gemälde verwandeln.

An jedem Abend trank ich das alkoholfreie Bier im *Grand Hotel Praha* und saß nur ein paar Meter entfernt vom *Hotel Paris*, wo Winterberg schlief, und ich hoffte, es ginge ihm morgen besser. Ich trank das alkoholfreie Bier und der Wirt sagte, Paris hieß nicht nur Hamburg, sondern auch Stalingrad und Astra.

Ich trank das nächste alkoholfreie Bier und quälte mich beim Anblick der Männer unter dem Bild, die ein richtiges Bier tranken, weil sie nicht schwanger waren wie ich.

Ich wusste ganz genau, wie sahnig der Bierschaum schmeckt.

Ich wusste ganz genau, wie sanft das Bier schmeckt.

Doch ich hielt es aus.

Und ich wusste, lange werde ich es nicht aushalten.

Morgen werde ich mich betrinken.

Morgen oder spätestens übermorgen.

Ich bezahlte dann wieder und ging am Hotel *Hamburg* durch ein altes Steintor zum Marktplatz. An der Wand gleich hinter dem Tor las ich in den Todesanzeigen, wer in der Stadt gerade verstorben war. Ich musste an meine Mutter denken, die immer sagte, das sind die einzigen Nachrichten, die sie interessieren, die einzigen Nachrichten, die wahr sind, denn hier wird nicht gelogen.

Und dann war ich ganz allein auf dem breiten Wallensteinplatz. In der Mitte des Platzes stand ein Weihnachtsbaum und leuchtete in die Nacht, und ich dachte, bald ist wirklich Weihnachten. Es schneite ein wenig und ich stand mitten auf dem Platz und schaute zum Stadtschloss, das Wallenstein als Zentrum seines Reiches bauen ließ, als sein Herzstück, wie mir Winterberg erzählte.

Der Platz war dunkel und leer. Ich sah ein paar Autos, die hier parkten. Und auch das Schloss stand da, stumm und leer und dunkel.

Und dann passierte es.

Plötzlich gingen im Schloss alle Lichter an. Das Schloss von Wallenstein strahlte in die dunkle Nacht und ich drehte mich um und wusste nicht, was das bedeutete und ob es noch jemand sieht. Das Schloss strahlte wie ein großer menschlicher Kopf auf dem dunklen Platz, wie ein Kopf ohne Körper, wie ein riesiger abgehackter einsamer Kopf, und ich musste an Wallenstein denken, den man dreimal begraben ließ, wie mir Winterberg erzählte.

Ich schaute mir das leuchtende Schloss an und dachte an Wallenstein, über den ich fast nichts wusste, weil ich bis jetzt so wenig über die Geschichte wusste. Ich stand allein auf dem Wallensteinplatz in der Wallensteinstadt Jičín vor dem alten Wallensteinschloss und dachte an Wallensteins Einsamkeit.

An seinen Tod in Eger.

An seine Ermordung.

Ich schaute in die Fenster des Schlosses. Es war niemand da. Es schneite und ich ging zum Hotel zurück, und als ich mich vor dem Turm nochmals umdrehte und zurückschaute, sah ich immer noch das Schloss von Wallenstein, wie es in der Nacht leuchtete.

Das milde gelbe Licht spiegelte sich auf dem Kopfsteinpflaster und wurde vom Schnee begraben. Und plötzlich ging das Licht aus und das Schloss war dunkel wie vorher.

Winterberg ging es nicht gut. Er fieberte und hustete und wusste nicht mehr, wo er war. Er fieberte und sprach zu mir und zu Lenka und zum Engländer und zu Benedek und zu Wallenstein und zu von Ghega und wieder zu mir. Er verwechselte mich mit Lenka und mit dem Engländer, er sprach Deutsch und Englisch und auch ein wenig Tschechisch, und dann verwechselte er mich nicht nur mit Lenka und dem Engländer, sondern auch mit seiner Tochter Silke, die uns wahrscheinlich schon suchte. Sicher rief sie schon bei Agnieszka an. Sicher alarmierte sie schon die Polizei.

Winterberg fieberte und verwechselte mich auch mit seinen drei Frauen, die uns nicht mehr suchen konnten, weil sie in Berlin nebeneinander auf dem Friedhof Heerstraße lagen. Doch plötzlich waren sie nicht tot. Sie waren da. Mit uns in dem kleinen Zimmer im *Hotel Paris* in Jičín.

Winterberg fieberte und weinte und wollte sich bei ihnen für alles entschuldigen. Doch gleich danach schrie er sie an, sie schikanierten ihn, sie kochten schlecht, sie schliefen nicht mit ihm, sie verstanden ihn nicht, nur Lenka und der Engländer und auch ich haben ihn verstanden. Und gleich danach entschuldigte er sich wieder und weinte.

Winterberg fieberte und war kurz in Reichenberg und dann in Berlin und dann irgendwo in Holland und dann an der Ostsee und wieder in Reichenberg und dann bei Königgrätz und dann saß er im Zug und trieb weiter.

Winterberg fieberte und ich reichte ihm das warme Bier mit Paracetamol und die Hühnersuppe.

Winterberg fieberte und lag im Bett und war erschöpft und zitierte aus seinem Baedeker und fuhr mit dem Zug in seinem kranken Kopf weiter und weiter.

Von Jičín nach Prag.

Von Prag nach Budweis.

Von Budweis nach Linz.

Von Linz nach Bad Ischl.

Winterberg fieberte und sprach mit Lenka und mit dem Engländer und mit mir. Er sah Lenka auf dem Bett sitzen und weinte und wollte sie umarmen und umarmte mich. »Du darfst nicht weg, Lenka … Du darfst nicht weg …«

Winterberg fieberte und saß wieder im Zug und erzählte, wie er in Attnang-Puchheim nach Gmunden und Bad Ischl umsteigt.

»Die Bahn überschreitet die Ager … Rechts das Schloss Puchheim, dann die Aurach … Sie führt durch das freundliche Aurachtal nach Gmunden, 481 Meter, elektrische Straßenbahn … Freundliche Stadt am Abfluss der Traun aus dem Traunsee, wird als Kurort und zur Sommerfrische besucht … Am Franz-Joseph-Platz das sehenswerte Salzkammergut-Museum, ja, ja … Du darfst nicht weinen, Lenka, das ist nur der Fahrtwind, das ist kein Salz, das ist nur die Salzkammergutbahn … Am See die schattige Esplanade, links der bewaldete Grünberg, dann der fast senkrecht aufsteigende Traunstein … Siehst du, Lenka … Wo ist der Engländer, wo ist Herr Kraus, Herr Kraus, lassen Sie mich hier nicht … Die besseren Gasthäuser zum Teil im Winter geschlossen … alles ist im Winter geschlossen, es gibt kein Entkommen … Ich muss weiter, Lenka, Lenka, wir müssen weiter, lieber Herr Kraus, wir müssen weiter … The beautiful landscape of battlefields, cemeteries and ruins, alles ist geschlossen … Wo ist der Engländer … Wir müssen weiter … Nein … Silke, du hast keine Ahnung, lass mich, du schaust historisch überhaupt nicht durch, ich weiß, du bist immer noch sauer, dass ich dir das Pferd nicht gekauft habe … Warum hast du keinen Mann … Oder eine Frau … Warum hast du kein Kind … Ja, ja, ich weiß, du weißt alles besser … Nein, Lenka, du bleibst hier … Ja, ja, wir müssen weiter, lieber Herr Kraus ... Wo ist der Engländer, wir müssen alle weiter ... Alles wird geschlossen ... Ein Bekannter von mir ist vom Traunstein abgestürzt, das war auch im Winter, kurz nach dem Krieg ... Ja, ja, es war kein Unfall, es war ein Kriegskamerad von mir, auch so ein Kriegsgestrandeter wie ich, er hat es nicht geschafft, er hat die Bombenleichen und Brandleichen gesehen, die er mit Kalk wie mit Schnee bestreuen musste ... Wir müssen weiter ... Ja, ja, Bombenleichen sind keine schönen Leichen und Brandleichen auch nicht ... Wir müssen weiter ... Sonst kriegen sie uns ... Ja, ja, Silke, ich mag dich doch auch ... Wir müssen schnell sein, sonst kriegen sie uns ... Wir müssen den Mörder finden ... Es gibt kein Entkommen ... Wir müssen es überschienen, nein, nein, wir müssen es versuchen, so wie es von Ghega versucht hat ... Da ist Benedek, der muss doch schon längst tot sein, was macht er hier, lieber Herr Kraus ... Wo ist Lenka ... Wo ist der Engländer ... Wo sind Sie, lieber Herr Kraus, lassen Sie mich nicht hier ... Nehmen Sie mich mit ... Lassen Sie mich nicht hier ...«

Dann schlief er ein und am nächsten Tag fragte ich nach einem Arzt. Die junge Ärztin wollte Winterberg gleich mit ins Krankenhaus nehmen, doch Winterberg wollte nicht. Sie schrieb ihm ein Antibiotikum auf und gab mir ihre Nummer und ich mischte das Antibiotikum mit warmem Bier und Hühnersuppe.

Winterberg fieberte und hustete und schwitzte und ich dachte, er schafft es nicht. Ich dachte, wir kehren zurück, wir sind wieder auf meinem Schiff und ich muss ihn jetzt begleiten bis zum anderen Ufer. Ich dachte, wir sind wieder bei der Überfahrt und ich werde allein zurückkommen.

»Von Gmunden bis Ebensee ist die Dampfbootfahrt über den Traunsee vorzuziehen ... Die Bahn führt hinter dem Schloss des Herzogs von Württemberg vorbei und nähert sich dem Traunsee, links sitzen ... Wir müssen links sitzen, ja, ja, Lenka, warum sitzt du rechts, du musst links sitzen, sonst siehst du nichts, Silke, du auch, warum muss ich dir immer alles erklären, wir müssen alle links sitzen … Wo ist der Engländer, er wollte doch auch mit nach Bad Ischl in die Kaiservilla … Wo sind Sie, Herr Kraus … Wir müssen weiter, sonst kriegen sie uns … Die Landschaft wird großartiger; hinter dem Traunstein erscheint der Hochkogel, weiter der schöne Erlakogel, malerische Aussichten, wir müssen weiter … Traunkirchen am Traunsee … Sonst kriegen sie uns … Nichts wie weiter … Sonst kriegt uns die Geschichte … Sonst holt sie uns ein und bringt uns um … Traunkirchen, ein Dorf in reizender Lage auf einer Landzunge … Zwei kurze Tunnels, dann der 1428 Meter lange Sonnstein-Tunnel … Links sitzen … Warum sitzt niemand links … Warum nur ich … Warum versteht mich keiner … Warum schaut niemand historisch durch … Ebensee … Gasthaus *Zum Auerhahn*, ansehnlicher Ort mit Sudwerk … In großartiger Lage … Weiter durch das Trauntal … Malerisch schön … Ja, ja, mein Baedeker hat recht, es ist malerisch schön, malerisch schön wie deine Brüste, Lenka, wie deine Beine, wie dein Hals, wie deine Halskette mit den Böhmischen Granaten … Nein, nein, das ist kein Blut … Ja, ja, komm her, umarme mich … Wo sind Sie, Herr Kraus … Wo ist der Engländer … Silke … Über die Traun nach Bad Ischl … Ja, ja … Wo sind Sie … Warum sitzt niemand links, warum nur ich … Wir müssen weiter …«

Winterberg schlief wieder ein. Ich musste seine Tochter anrufen. Ich suchte in seiner Tasche, irgendwo musste er ihre Nummer aufgeschrieben haben. Ich fand kein Notizheft. Ich fand keine Nummer. Ich fand nichts. Und doch fand ich etwas.

Ein Seil. Und eine Pistole. Ich schaute mir beides an. Das Seil war fest und die Pistole geladen.

Ich packte die Pistole und das Seil wieder ein und ging zu Winterberg. Er fieberte und draußen schneite es. Ein heftiger Schneesturm tobte in den Straßen von Jičín. Ich hörte den

Wind stöhnen und saß an seinem Bett und machte mir ein Bier auf.

Und dann noch eins.

Und dann noch eins.

»Wo sind alle, wir werden erwartet … Der Kaiser ist da … Die Kaiservilla ist zu groß … Ja, ja, die Villa ist zu groß, der Garten ist zu groß, alles ist zu groß … Alles zu feucht, alles zu morsch, alles zu alt … Ja, ja, so wie ganz Österreich … Alles so schön, doch alles zu feucht, alles zu morsch, alles zu alt … Alles so groß, dass man es nicht zusammenhalten kann, the beautiful landscape of battlefields, cemeteries and ruins … Ja, ja, das ist der einzige Ausweg … Die einzige Möglichkeit … Ja, ja, so wie der Engländer sagte … Wo ist der Engländer … Wo ist der Kaiser von Österreich … Wo ist Lenka … Silke, wo bist du … Herr Kraus … Links sitzen, wir müssen links sitzen, sonst sehen wir nichts … Warum sitzt niemand links, warum sitzen alle rechts … Herr Kraus, wo sind Sie … Wir müssen weiter … Sehen Sie den Tisch, hier hat der Kaiser am 28. Juli 1914 *An meine Völker* geschrieben, sein Kriegsmanifest … *Es war Mein sehnlichster Wunsch, die Jahre, die Mir durch Gottes Gnade noch beschieden sind, Werken des Friedens zu weihen und Meine Völker vor den schweren Opfern und Lasten des Krieges zu bewahren … Im Rate der Vorsehung ward es anders beschlossen* … Wo sind Sie, Herr Kraus … *Die Umtriebe eines hasserfüllten Gegners zwingen mich, zur Wahrung der Ehre Meiner Monarchie, zum Schutze ihres Ansehens und ihrer Machtstellung, zur Sicherung ihres Besitzstandes nach langen Jahren des Friedens zum Schwerte zu greifen* … Ja, ja, der Kaiser und sein Schwert, er ist doch schon alt, er kann kein Schwert mehr halten … *Ich habe alles geprüft und erwogen* … Silke, warum bist du mir böse … *Mit ruhigem Gewissen betrete Ich den Weg, den die Pflicht Mir weist* … Nein, Lenka, ich werde dich nicht vergessen … *Ich vertraue auf Meine Völker, die sich in allen Stürmen stets in Einigkeit und Treue um Meinen Thron geschart haben und für die Ehre, Größe und Macht des Vaterlandes zu schwersten Opfern immer bereit waren*… Ich komme dir nach, Lenka… *Ich vertraue auf Österreich-Ungarns tapfere und von hingebungsvoller Begeisterung erfüllte Wehrmacht*… Hab keine Angst, Lenka… *Und Ich vertraue auf den Allmächtigen, dass Er Meinen Waffen den Sieg verleihen werde*… Ja, ja, the beautiful landscape of battlefields, cemeteries and ruins… Ja, ja, der Nebel des Krieges… Wo ist der Engländer… Von Königgrätz nach Sarajevo, von Sarajevo nach Bad Ischl, von Bad Ischl an die Front… Es gibt kein Entkommen… Links sitzen, links sitzen… Sehen Sie dort an der Wand, der Kaiser war auch Jäger, so wie der Thronfolger, so viele Trophäen, doch aus jedem Jäger wird einmal ein Gejagter, wie mein Großvater immer sagte, und er musste es wissen, denn er war Jäger… Es gibt kein Entkommen… Kriegsleichen sind keine schönen Leichen… Die endlosen Gänge… Der Schnee im Garten… Die Bäume liegen im Garten, vom letzten Sturm gefällt… Eine Birke und eine Fichte und eine Buche… Sehen Sie, Herr Kraus, zwei in sich verkeilte Hirsche, die man tot in den Bergen fand… Opfer der Liebe… Wie wir alle… Wo sind denn alle… Silke!? Lenka!? Wo ist der Engländer… Wir müssen weiter, sonst kriegen sie uns… Herr Kraus, wo sind Sie… Herr Kraus, lassen Sie mich hier bitte nicht… Herr Kraus… Wo sind Sie?«

»Hier.«

»Wo sind Sie, Herr Kraus…«

»Hier. Hier bin ich.«

Ich hielt seine Hand und er machte die Augen auf.

»Wo bin ich?«

»Hier.«

»Wo?«

»Bei Wallenstein.«

VON JITSCHIN NACH BUDWEIS

Am nächsten Morgen ging es Winterberg besser. Ich schlug ihm vor, wir bleiben noch ein paar Tage, aber er wollte gleich weiter. Wir blieben doch noch eine Nacht und Winterberg schlief, und wenn er nicht schlief, schaute er aus dem Fenster auf die verschneiten Dächer.

»Ja, ja, wenn die Geschichte ein Eisenbahnnetz wäre, wäre Jitschin ein Hauptbahnhof... Wallenstein, der Krieg von 1866, auch Bismarck war hier, ja, ja, alles verrückt, es gibt kein Entkommen... Wenn einem bewusst wird, was sich an so einem kleinen, schönen Ort alles abgespielt hat, dann weiß man, es kann nicht gut enden, man kann sich nur erschießen oder aufhängen oder im Bier ertränken... Gut, dass nur die wenigsten Menschen historisch durchschauen können, sonst wären alle gleich tot, ja, ja, alle würden sich gleich aufhängen, wenn ihnen klar wäre, was sich hier alles abgespielt hat.«

Und ich musste an die Pistole und das Seil in seiner Tasche denken. Ich wollte ihn fragen, warum er es eingepackt hatte, doch ich tat es nicht.

Kurz danach standen wir auf dem Bahnhof und fuhren nach Nymburk. Winterberg putzte seine Brille und schaute wieder neugierig aus dem Fenster und freute sich, was er alles sah, oder eher, was er sehen könnte, denn so viel zu sehen gab es an dem Tag nicht.

Alles lag im Nebel.

Er nahm sein Vergrößerungsglas und las laut aus seinem Baedeker vor und eine ältere Frau hörte ihm fasziniert zu, obwohl sie ihn nicht verstand.

Wir fuhren von Jičín nach Nymburk.

Von Nymburk nach Kolín.

Und von Kolín nach Prag.

Ich dachte, Winterberg wolle sich Prag anschauen, so wie alle, doch er wollte es nicht.

»Prag schauen wir uns in Wien an.«

Er erzählte, er wäre schon mal in Prag gewesen, vor dem Krieg, mit seinem Vater. Er erzählte, das Einzige, was ihn als Eisenbahnmensch wirklich an Prag interessierte, war der Hauptbahnhof, das Eisenbahnherz von Böhmen. Und bis heute ist das so.

Und so saß er eine ganze Weile auf der Bank auf dem Bahnsteig und schaute sich die Züge an und erzählte, wie in Prag am 23. August 1866 im Hotel *Zum Blauen Stern* der Prager Frieden geschlossen wurde, der den Krieg beendet hat, den für Österreich unglücklichen Krieg, wie es in seinem Baedeker steht, was man vielleicht auch so lesen konnte, dass der Krieg für Preußen glücklich war.

»Ja, ja, daran haben die Preußen auch geglaubt. Doch sie haben sich mächtig geirrt, ein Krieg kann immer nur unglücklich sein.«

Er schaute sich die Züge an und erzählte von allen Prager Fensterstürzen und allen Prager Fenstersturzleichen, die zwar keine schönen Leichen waren, doch trotzdem die Geschichte schrieben.

Er erzählte von der Zahl 8, mit der so viele Umstürze und Zusammenbrüche in Böhmen und nicht nur dort verbunden sind.

Er erzählte vom Umsturz und Zusammenbruch 848, als die Franken kamen. Vom Umsturz und Zusammenbruch 908, als die Ungarn kamen. Vom Umsturz und Zusammenbruch 1278, als König Ottokar II. Přemysl bei der Ritterschlacht bei Dürnkrut fiel. Vom Umsturz und Zusammenbruch 1378, als Kaiser Karel IV. starb. Vom Umsturz und Zusammenbruch 1468, als die Ungarn wiederkamen. Vom Umsturz und Zusammenbruch 1608, als die Ungarn mit den Österreichern kamen. Vom Umsturz und Zusammenbruch 1618, als Slawata und Martinitz aus dem Fenster der Prager Burg in die Tiefe stürzten. Vom Umsturz und Zusammenbruch 1648, als die Schweden nach Prag kamen. Vom Umsturz und Zusammenbruch 1758, als die Preußen kamen. Vom Umsturz und Zusammenbruch 1778, als wieder die Preußen kamen. Vom Umsturz und Zusammenbruch 1848, als Prag von Fürst zu Windisch-Graetz beschossen wurde. Vom Umsturz und Zusammenbruch 1918, als Österreich unterging und die Tschechoslowakei entstand. Vom Umsturz und Zusammenbruch 1938, als die Wehrmacht und die SS kamen. Vom Umsturz und Zusammenbruch 1948, als die Kommunisten kamen. Vom Umsturz und Zusammenbruch 1968, als die Sowjets kamen.

Er erzählte von Wut.

Von Widerstand.

Von Tod.

Von Verzweiflung.

Winterberg erzählte, die Jahre 1866 und 1989 bilden in dieser Achterreihe der böhmischen Geschichte zwei Ausnahmen. Doch er sei sich sicher, der nächste Umsturz und der nächste Zusammenbruch kommen wieder mit der Zahl 8 am Ende.

Im Bahnhofsrestaurant aßen wir Gulasch und Schnitzel und tranken Bier.

Und dann trieben wir weiter.

Wir saßen im Zug Richtung Süden.

Nach Budweis.

Man sah immer noch nichts. Das breite und seichte mittelböhmische Tal wurde zu einem großen Topf, wo an diesem Tag keine Knödel mit Sauce, sondern Nebel gekocht wurde. Doch Winterberg ließ sich davon nicht stören.

Er las über Österreich-Ungarn. Über den zentralst gelegenen Staat Europas, wie es in seinem Baedeker stand. Er las über das nicht mehr existierende Land, das in seinem Buch doch existierte. Und in seinem Kopf auch.

»Österreich-Ungarn besteht aus einer Reihe verschiedenartiger Landschaften mit verschiedenen Klimaten und Volksstämmen, ja, ja, sehen Sie, alles von Anfang an kompliziert, zu viele Klimate und zu viele Volksstämme, lieber Herr Kraus, zu viele Probleme, das kann man nicht so einfach überschienen wie die Alpen, was natürlich auch nicht leicht war, wie wir bald sehen werden … Im Südwesten große Teile der Alpen einschließend, greift es gegen Nordosten weit ins sarmatische Tiefland vor, besitzt im Nordwesten ein allerdings besonders selbständiges Glied der deutschen Mittelgebirge, das böhmische Massiv … War das Beneschau?«

»Was?«

»Beneschau.«

»Ich weiß nicht.«

»Das war sicher schon Beneschau. Hier gleich in der Nähe liegt doch Konopischt, das Schloss des Erzherzogs Franz Ferdinand, das Schloss des Thronfolgers, ja, ja, ich weiß, was Sie sagen möchten, lieber Herr Kraus, der Thronfolger hätte in Konopischt bleiben sollen und nicht nach Sarajevo fahren … Ich war in dem Schloss, als ich mit meiner zweiten Frau in Prag war. Meiner Frau war schlecht von all den Jagdtrophäen an den Wänden, ja, ja, man muss sich das vorstellen, lieber Herr Kraus, Hunderte, nein, Tausende, nein, Zehntausende, nein, Hunderttausende Jagdtrophäen, ja, ja, Konopischt ist ein Schloss des Todes, lieber Herr Kraus, meine Frau musste sich übergeben, meine Frau hat es nicht geschafft, es sich anzusehen, ja, ja, sie musste die Führung unterbrechen und sich nochmals im Park übergeben, als sie auf mich vor dem Schloss gewartet hat... Noch nie hat meine Frau so viel Tod und so viel Schmerz gesehen, wie in dem wunderschönen Schloss von Konopischt, in dem Schloss des Todes, ja, ja, das hat sie mir gesagt, ich habe versucht, sie zu trösten und ihr zu erklären, dass der Thronfolger bei der Jagd immer seine Ruhe gefunden hat, dass für den Thronfolger die Jagd eine Leidenschaft war, wie für mich die Eisenbahn und die Geschichte, ich versuchte ihr zu erklaren, dass der Thronfolger für die Jagd gelebt hat, so wie ich für die Eisenbahn und für die Geschichte lebe... Ja, ja, der Thronfolger liebte die Jagd, bis er selber Opfer einer Jagd wurde, und zwar in Sarajevo an einem schönen Junitag 1914, als man ihn und seine Frau in zwei Junileichen verwandelt hat, wie mein Vater sagen würde... Doch meine Frau konnte man nicht leicht trösten, sie hat nur geweint und war nicht zu beruhigen. Die armen Tiere, die armen Tiere, hat sie geschrien, gut, dass der Thronfolger auch gejagt wurde, gut, dass sie ihn erlegt haben! Er hat es verdient... Meine Frau hat Tiere geliebt, sie hat auch kein Fleisch gegessen, sie hat mir vorgeworfen, ich habe sie absichtlich nach Konopischt gebracht, um sie zu quälen, doch so war es nicht, lieber Herr Kraus, ich war schon damals einfach nur historisch interessiert, ja, ja, ich litt schon damals an der Geschichte, ja, ja, an den historischen Anfällen, so wie meine Frau an den hysterischen Anfällen litt...«

Winterberg hustete kurz und schaute in den dichten Nebel.

»Wir sind nach Konopischt mit einer Reisegruppe gefahren, alle Reisegruppen aus dem Westen haben Prag und das Schloss Konopischt und die Burg Karlstein und die Brauerei in Pilsen besucht, so auch wir, wir sind dann noch nach Reichenberg weitergereist, weil in unserer Reisegruppe viele waren, die in Reichenberg geboren waren, so wie ich... Meine Frau hat geweint und das hat mich sehr melancholisch gemacht und auch wütend, ja, ja, das gebe ich zu, auch wütend, alle haben uns schief angeschaut, alle haben über uns geredet, alle haben uns vorgeworfen, wir hätten die Urlaubsstimmung unserer Reisegruppe zunichtegemacht… Ja, ja, meine Frau musste sich auch im Bus mehrmals übergeben, ja, ja, tagelang hatte sie noch die toten Tiere, die Jagdtrophäen von Franz Ferdinand, vor Augen… Ich kann meine Frau jetzt verstehen, alles verrückt, sie hat eigentlich sehr gut historisch durchgeschaut, denn meine Frau wusste, dass jeder Jäger auch mal zu einem Gejagten wird, zu Freiwild, wie der Thronfolger in Sarajevo, ja, ja, alles dreht sich, so kommt es in der Geschichte immer vor, ja, ja…«

Winterberg erzählte und hustete ein wenig und erzählte weiter und ich nickte, so wie ich immer nickte, und das Land lag versunken im Nebel und meine Augen waren so schwer, dass ich bald einschlief.

Und als ich aufwachte, waren wir irgendwo kurz vor Tábor.

Man sah immer noch nichts. Nur Schatten der Häuser und Wälder und Teiche. Kleine Bahnhöfe und stehende Autos an den Straßenübergängen. Draußen war kein Nebel mehr. Es war eine dicke Milch, die jemand über das Land ausgoss. Und wir waren in dieser Milch verloren und versuchten zu schwimmen.

Winterberg las weiter laut aus seinem Baedeker vor und beherrschte das ganze Abteil, so wie er immer alle Räume beherrschte, und ich wusste, es geht ihm wieder gut.

»Der Zusammenschluss so ungleichartiger Gebiete mit ganz anderen wirtschaftlichen Grundlagen erscheint auf den ersten Blick überraschend, ist aber doch in den Lagebeziehungen der einzelnen Teile gut begründet, ja, ja, ich weiß nicht, vielleicht ist genau das der Anfang der ganzen Katastrophe, lieber Herr Kraus… Diese scharen sich um ihren natürlichen Mittelpunkt Wien, ja, ja, das war vielleicht auch das Problem, zu viel Wien überall, nur ein Herz für so einen großen Körper, für so ein großes Land … Von dem das Wachstum des Staates ausging und das dank seiner günstigen Lage am Schnittpunkt der Donau und Ostseestraße internationale Bedeutung erlangen konnte … Hierher weisen die Längstäler und Längspässe der nordöstlichen Alpen und der Westkarpaten, hier treffen das Alpenvorland und das Flachland an der March mit den Ebenen Ungarns zusammen … Ich freue mich schon auf Ungarn, lieber Herr Kraus, besonders auf die ungarische Fischsuppe mit viel Paprika … Und das auf drei Seiten durch waldige Höhen umschlossene Böhmen ist von dieser Seite am leichtesten erreichbar, die Ostalpen, die böhmischen und die ungarischen Länder bilden die Kernlandschaften der österreichisch-ungarischen Monarchie.«

Der Zug hielt an.

Wir waren in Tábor.

Und Winterberg schrie auf.

»Tábor, die alte Hussitenfestung! Ja, ja, ganz Europa hat einst vor den Hussiten gezittert …«

Er versuchte das Fenster zu öffnen, doch der Zug war neu und es ging nicht. Er schaute aus dem Fenster. Man sah nur den Bahnhof.

»In Tábor hat der František Křižík die erste elektrische Eisenbahn in Österreich gebaut, da, da, sehen Sie?«

Er zeigte auf die kleine Bahn.

»Das ist sie, ja, ja, die Bahn nach Bechin, schon 1903, ja, ja, Křižík war auch ein Eisenbahnpionier, ja, ja, so wie Gerstner oder Carl Ritter von Ghega … In Böhmen hat man an die elektrische Energie immer geglaubt, Böhmen war immer ein Land des Vorschritts, ja, ja, die erste elektrische Eisenbahn wurde in der Hussitenfestung Tábor gebaut und die erste elektrische Feuerhalle in Semil, die Gegend wurde übrigens von den Hussiten ausgeplündert und später war sie im Besitz von Wallenstein, ja, ja, in

Böhmen hängt alles mit allem zusammen … Die Böhmen dürfen stolz auf ihre elektrische Geschichte zurückblicken.«

Der Zug fuhr wieder los und Winterberg setzte sich und sagte kurz nichts und schaute in den Nebel. Und dann schlug er wieder sein Buch auf.

»Mit Recht bezeichnet man Österreich-Ungarn als den Donaustaat, ja, ja, das Thema hatten wir schon, ja, ja, die Elbemoldaudonausavebosnamonarchie, vielleicht wäre es doch richtig, richtig und würde allen gerecht … Der Staat umfasst, von 42° bis zu 51° nördlicher Breite und von 9° 31' bis 26° östlicher Länge von Greenwich reichend, 676 062 Quadratkilometer mit 51,4 Millionen Einwohnern, merken Sie sich das, davon entfallen auf Österreich 300 005 Quadratkilometer mit 28,6 Millionen, merken Sie sich das bitte, lieber Herr Kraus, auf Ungarn 324 857 Quadratkilometer mit 20,9 Millionen, man kann sich nicht alles merken, auf die den beiden Reichshälften gemeinsam gehörigen Gebiete Bosnien und die Herzegowina 51 200 Quadratkilometer mit 1,9 Millionen Einwohnern, ich kann es mir nicht mehr merken, es ist zu viel, doch wie ist es heute wohl, lieber Herr Kraus? Sehr bunt ist das Bild der Nationalitätenverteilung, ja, ja, und das war vielleicht auch das Problem … Eine breite Mittelzone, die durch das Alpenvorland und die nördlichen und nordöstlichen Alpen in das ungarische Tiefland und nach Siebenbürgen reicht, beherbergt drei verschiedene Volksstämme, Deutsche, Magyaren und Rumänen, denen die Aufgabe zufällt, Nord- und Südslawen auseinanderzuhalten, ja, ja, das ist nicht gerade schön geschrieben, die Slawen sind an dem Untergang und Zusammenbruch nicht allein schuld …«

Winterberg hustete ein wenig und ich reichte ihm die Flasche mit Wasser.

Er las über Tschechen und Slowaken und Polen und Ruthenen. Über Slowenen und Kroaten und Serben und Bulgaren.

Über Italiener und Ladiner.

Über die Deutschen in Böhmen und in den Alpen und im Alpenvorland und in Nordmähren und in Nordschlesien.

Über die deutschen Sprachinseln in Ungarn. In den Sudetenländern. In Galizien. Und in der Bukowina.

Er las über die Sachsen in Siebenbürgen.

»Ja, ja, nur in Oberösterreich und einigen Alpentälern siedelten Deutsche schon vor dem 8. Jahrhundert ... Die Besetzung des übrigen geschlossenen Sprachgebietes erfolgte im Kolonisationswerk des 9. bis 11. Jahrhunderts, das weiß ich natürlich alles schon, doch Sie wissen es vielleicht noch nicht, lieber Herr Kraus.«

Er hustete ein wenig.

Er las über die Ackerbaukolonien in Ungarn und in den ausgedehnten Waldgebieten.

Über die Bergbauorte und die Städte.

Er las über die Neukolonisationen.

»In Österreich wohnen 10 Millionen Deutsche, sie bilden die relative, aber bei Weitem nicht die absolute Mehrheit, ja, ja, so war es ... Die Magyaren bewohnen die Tieflandebenen Ungarns und einige Becken Siebenbürgens ...«

Und plötzlich schlief Winterberg ein.

Stöpsel raus.

Luft raus.

Augen zu.

Gute Nacht.

Der Zug hielt irgendwo an.

Und fuhr wieder ab.

Und Winterberg schlief und alles war still. So schön still. Und ich schlief auch ein.

Ich träumte von Carla. Ich träumte davon, wie wir irgendwohin mit dem Zug fahren. Irgendwo ans Meer. Und dann schwitzte ich und mein Herz raste und brannte.

Winterberg wachte wieder auf. Er hustete, putzte seine Brille und nahm sein Buch.

»Wo bin ich denn hängen geblieben … Ja, ja … Die Sesshaftigkeit und den Ackerbau erlernten sie von den Slawen, die politische Organisation übernahmen sie von den Deutschen, deren Kolonisten zur Rodung waldigerer Landstriche und zur Entwicklung des Bergbaus den Grund gelegt haben … Ähnlich segensreich wirkten die Deutschen auch bei den Nordslawen … In deren Gebiet sie zahlreiche Städte und Bergbauorte begründeten. Von ihnen bewohnen die Tschechen 6 Millionen, das Innere Böhmens, Mittel- und Südmähren sowie kleine Teile Schlesiens, die ihnen sprachlich nahestehenden Slowaken 2,5 Millionen, die ganzen Westkarpaten bis zum Rand der ungarischen Tiefebene und ostwärts bis zur Hegyalja … Die Polen bewohnen Ostschlesien und das westliche Galizien, sind aber als die kulturell Höherstehenden auch die Städtesiedler in Ostgalizien, dessen Landbevölkerung, die Ruthenen, ein russischer Volksstamm ist … Die Ruthenen bewohnen außerdem auch die ungarische Seite der Waldkarpaten und die nördliche Bukowina, spannend, spannend …«

Ich war auch schon wach, doch ich machte die Augen wieder zu. Der Zug ratterte Richtung České Budějovice und Winterberg war wieder nicht zu bremsen. Und ich dachte, warum kann er nicht einfach die Schnauze halten. Was ist das für eine Krankheit, die er hat. Die historischen Anfälle. Kann man sich da anstecken?

»Die Völkergrenzen sind überhaupt im Großen und Ganzen seit 700 Jahren ziemlich dieselben geblieben, ja, ja, jetzt zur Religion … In religiöser Hinsicht bestehen geringere Unterschiede … In Österreich bekennen sich 90,9 Prozent zur katholischen Lehre … Dann die Protestanten … Gibt es hauptsächlich in den Städten und in Nordböhmen … Ja, ja, viele in Reichenberg, ohne die Protestanten gäbe es auch keine Feuerhalle, wie mein Vater immer sagte ... Galizien und die Bukowina haben sehr viele Israeliten, in Ungarn ist die herrschende magyarische Nation katholisch oder kalvinistisch ... Die Rumänen, Bulgaren und Serben sind griechisch-orthodox ... Die Ruthenen griechisch-katholisch ... In Bosnien römisch-katholisch, griechisch-orthodox und 32,3 Prozent gehören zur mohammedanischen Lehre, ja, ja, sehen Sie, Herr Kraus, und es hat trotzdem alles funktioniert ... Doch Vorsicht, Herr Kraus, eine Unterscheidung nach Landstrichen lässt sich aber nicht durchführen, weil die türkischen Gesetze über die Handhabung des Grundbesitzes den Islam begünstigt haben ... Wie schon erwähnt, hat die deutsche Kultur mit ihrem Vordringen gegen Osten einen wesentlichen Einfluss auf die der Slawen und Magyaren gewonnen, das zeigt sich im Hausbau, in der Wohn- und Wirtschaftsweise, dieser Einfluss ist bis Krain und Ungarn und auch noch um und in Krakau deutlich zu erkennen, ja, ja, mit dem deutschen Einfluss würde ich es nicht übertreiben ... Aber Krakau, da war ich auch noch nie, waren Sie schon mal in Krakau, lieber Herr Kraus?«

Ich sagte nichts und täuschte vor, dass ich schliefe. Doch Winterberg ließ mich nicht schlafen.

»Hallo ... Herr Kraus ... Ich weiß, dass Sie nicht schlafen ...«

»Ich schlafe.«

»Dann schlafen Sie nicht.«

Ich machte die Augen auf und gähnte.

»Was denn?«

»Waren Sie schon mal in Krakau?«

»Nein.«

»Ich auch nicht. Vielleicht fahren wir auch dorthin.«

Und dann waren wir in České Budějovice.

In Budweis.

Wir stiegen aus und Winterberg blieb auf dem Bahnsteig stehen. Er schlug sein Buch auf und studierte den alten Stadtplan. Ich zündete mir eine Zigarette an.

»*Grandhotel Beneš*… Sollte gut sein, *Silberne Glocke*, am Ringplatz, gut, *Kaiser von Österreich*, auch gut… Ein Hotel, das *Kaiser von Österreich* heißt, durfte damals nicht schlecht sein… Stadt mit 45 000 Einwohnern, mehr als die Hälfte Tschechen, Bleistiftfabrik, Tabakfabrik, Holzhandel… Radetzkystraße… Radetzkyplatz…«

»Wir gehen, es ist kalt.«

»Ja, ja, auf den Heerführer Radetzky dürfen die Böhmen stolz sein, egal, ob sie Tschechisch oder Deutsch sprechen, schade, dass Benedek kein Radetzky war, man sagte, nicht der Kaiser, sondern Radetzky hielt das Reich zusammen, doch 1866 wäre Radetzky hundert Jahre alt gewesen, so wie fast ich jetzt… Ja, ja, ich bin mir nicht sicher, ob man mit hundert Jahren ein Reich zusammenhalten kann, da ist man nicht mehr dicht, da muss man oft ganze andere Dinge halten können…«

»Herr Winterberg…«

»Ja, ja, doch wer kennt heute in Böhmen noch den Feldmarschall Radetzky, traurig, traurig, die menschliche Vergesslichkeit und die historische Dummheit kann man leider nicht so einfach wie die Alpen überschienen.«

»Ich gehe jetzt.«

»Ja, ja, seine Statue in Prag wurde mit der alten Monarchie gestürzt, kurz nachdem ich geboren wurde, und doch war er ein stolzer Böhme, so wie ich es bin, ja, ja, so wie Sie es sind, lieber Herr Kraus… Eigentlich müssen wir sein Grab in der Gruft auf dem Heldenberg bei Wetzdorf besuchen, dorthin wurde er aus Mailand gebracht, wo er gestorben ist.«

»Können wir endlich gehen? Es ist kalt. Sie werden wieder krank.«

»Durch die Schmerlingstraße zum Eingang der Altstadt. Geradeaus führt die kurze Wiener Gasse zum Ringplatz.«

»Können wir gehen? Hallo?«

»In den Anlagen das Bronzestandbild des hochverdienten Industriellen Adalbert Lanna von Pönninger, links das städtische Museum und das Deutsche Vereinshaus.«

»Also, ich gehe jetzt.«

Ich packte mein Gepäck und ging zur Unterführung.

»Die Brauerei, Herr Kraus, die weltberühmte Budweiser Brauerei fehlt in meinem Baedeker … Das kann nicht wahr sein, das muss ein Fehler sein, nein, nein, das geht nicht. Warten Sie auf mich.«

Wir gingen ins Hotel *Silberne Glocke* auf dem Marktplatz, das jetzt nur *Zur Glocke* heißt.

Wir gingen auf ein Bier und auf eine Wasserleiche.

Und ich habe noch den Presssack bestellt, weil ich den Presssack mag. Winterberg hat probiert. Doch er war ihm zu sauer und er hatte Angst, er müsse sich übergeben.

»Ja, ja … Mein Magen hat schon zu viel gesehen und zu viel erlebt … Waren Sie eigentlich wieder in Winterberg, ich meine nach der Wende?«

»Nein.«

»Ich war da nie, aber mein Vater war mal da … In Winterberg hat man auch schöne Särge hergestellt. Sie waren günstiger als die Särge aus Semil, doch es war doch zu weit. Im Gasthaus in Winterberg haben alle über seinen Namen gelacht, ja, ja, nicht oft kommt ein Winterberg nach Winterberg, ja, ja, ein Winterberg aus Reichenberg.«

Ich schwieg und bestellte noch ein Budweiser.

»Gutes Bier.«

»Ja.«

»Werden in Winterberg immer noch Särge hergestellt?«

»Das weiß ich nicht.«

»Ich weiß nicht, wo heute Särge hergestellt werden.«

»Vielleicht in China. Oder in Indien …«

»Aber ob sie genauso gut brennen wie die Särge aus Semil?«

»Gute Frage.«

»Warum sind Sie eigentlich nie zurückgekommen?«

»Ich habe dort niemanden mehr. Es interessiert mich nicht.«

»Vielleicht sollten Sie dorthin fahren, wenn wir schon hier sind.«

»Ich glaube nicht.«

Wir bezahlten und gingen schlafen.

In der Nacht träumte ich von Vimperk.

Von Winterberg.

Ich träumte von meiner kleinen Schwester. Von meinem Vater. Von meiner Mutter. Und dann wieder von meiner kleinen Schwester.

Es war nicht schön.

Ich wachte auf.

Und schlief gleich wieder ein.

Ich träumte von Carla.

Ich umarmte sie und sie umarmte mich.

Sie drücke mich so fest, dass es an der Brust wehtat.

So fest, dass ich nicht atmen konnte.

So fest, dass es in meinem Brustkorb brannte.

So fest, dass mein Herz brannte.

Ich wachte auf und mein Herz raste so, als wollte es mich verlassen.

Und ich musste an Agnieszka denken, die mir sagte, ich solle zum Arzt deswegen.

Ich war verschwitzt.

Ich musste duschen.

Und dann stand ich am Fenster, rauchte und schaute auf den leeren Marktplatz von České Budějovice und konnte mich nicht erinnern, wann ich zuletzt hier war.

Vielleicht damals, als ich Hanzi traf.

Ja, so war es. Dort, in der Kneipe um die Ecke musste es gewesen sein. Er kam irgendwo aus dem Böhmerwald und fuhr am nächsten Tag nach Hradec Králové weiter. Wir übernachteten bei Freunden. Hanzi wusste sicher auch nichts über die Schlacht bei Königgrätz 1866. Er wusste aber viel über Musik, die verboten war. Und über Bücher, die auch verboten waren. Wie die Kneipe hieß, wo wir Bier zusammen getrunken haben, das weiß ich nicht mehr. Was wir dort besprachen, das weiß ich bis heute.

Ich schaute auf den Marktplatz. Er war immer noch leer. Nichts bewegte sich.

Gar nichts.

Stillstand.

Herzstillstand.

So ist es, wenn man stirbt. Wenn man mit der Überfahrt am anderen Ufer ankommt.

So sieht der Tod aus.

Nicht das Sterben.

Der Tod.

Es schneite. Ich holte mir noch ein Bier aus der Minibar und setzte mich auf das Bett. Und dann sah ich zwei Fliegen. Zwei Winterfliegen, die die Wärme aus dem Winterschlaf weckte. Sie flogen hin und her, stießen gegen die Wand und gegen das Fenster und gegeneinander. Sie waren verwirrt und müde und verschlafen und halb tot und doch am Leben.

VON BUDWEIS NACH WINTERBERG

Es schneite und wir gingen zum Bahnhof. Ich wollte die Fahrkarten nach Linz kaufen, doch Winterberg sagte, er wolle nach Winterberg.

»Nein. Da fahre ich nicht hin.«

»Warum nicht?«

»Deshalb.«

»Herr Kraus … Ich bitte Sie … Ich heiße Winterberg und ich war noch nie in Winterberg. Ich will die Stadt sehen.«

»Sie ist wie jede andere Stadt. Ein Schloss … Ein Marktplatz … Ein Friedhof … Eine Kaserne … Nichts Besonderes.«

»Sehen Sie, ein Schloss! Wir fahren dorthin.«

»Nein. Fahren wir nicht.«

»Doch. Ich will nach Winterberg und Schluss jetzt.«

»Wir müssen doch in die andere Richtung. Sie wollten nach Bad Ischl … Und die Alpenbahnen … Und nach Wien und Budapest und Sarajevo …«

»Ich will nicht nach Bad Ischl, wir waren doch schon in Bad Ischl.«

»Wann denn?«

»Ich weiß nicht, jetzt … Aber ich weiß, wir waren schon da …«

»Sie haben von Bad Ischl nur geträumt, als Sie krank waren.«

»Ich war schon dort, ich muss nicht dorthin … In Winterberg war ich aber noch nicht. Und danach fahren wir noch nach Pilsen, wenn wir schon hier sind, um die Biere zu vergleichen.«

»Nein.«

»Doch.«

»Ich sage nein! Ne! Verstehen Sie? Oder verstehen Sie nicht? Ne! Ne! Ne! Ich-fahr-nicht-dorthin.«

Winterberg schaute mich an. Und ein paar Menschen um uns herum auch.

»Deutsche Deppen«, sagte jemand auf Tschechisch.

»Was heißt das jetzt«, sagte Winterberg.

»Ich will einfach nicht dorthin … Ich warte hier auf Sie.«

»Nein, Sie kommen mit … Und Sie zeigen mir die Stadt, ja, ja, ich bezahle Sie dafür. Sie müssen mitkommen … Und es tut Ihnen auch gut, glauben Sie mir.«

Und so fuhren wir.

Es schneite und Winterberg strahlte und las über Pilsen und mir war schlecht und ich musste auf der Toilette eine rauchen und der Schaffner schimpfte und es ging mir nicht besser.

»Pilsen … Hotel *Zum Kaiser von Österreich*, auch hier, so wie fast überall, ja, ja, Smetana-Promenade, das wäre schön, noch mit der Musik von Smetana dazu … Oder *Pilsner Hof*, Zeughausgasse, beide gelobt, sehen Sie, lieber Herr Kraus … Bier gibt es in den Gasthöfen … Zum Beispiel beim *Salzmann*, Prager Straße 8, vielleicht gibt es das noch, vielleicht gehen wir heute Abend zum *Salzmann* … Zur flüchtigen Besichtigung genügen drei Stunden, ja, ja, drei Stunden sollten uns auch genügen.«

Winterberg wollte nach Winterberg zuerst die längere und schönere Bergstrecke durch den Böhmerwald nehmen, doch die Frau an der Kasse sagte, der Verkehr ist in den Bergen abgebrochen und statt Zügen fahren Busse. Schienenersatzverkehr. Das wollte Winterberg nicht. So sind wir nach Winterberg über Strakonice gefahren.

»Die Straßenschilder sind auf Tschechisch, sollte kein Problem sein, wenn Sie dabei sind … Promenade heißt Sady, ja, ja, mehr wird hier nicht übersetzt, vielleicht muss man in Pilsen nur wissen, dass die Promenade Sady ist und das Bier Pivo, ja, ja, wo bin ich denn schon wieder … Ja, ja, Pilsen, gewerbereiche, ja, ja schon wieder dieses schreckliche Wort, und bierberühmte Stadt, das ist natürlich überhaupt nicht schrecklich, das ist schön, 82 000 Einwohner, darunter 9000 Deutsche, liegt am Zusammenfluss der Mies und Radbusa … Ich freue mich schon.«

Wir stiegen in Strakonice um und fuhren mit der Bahn weiter Richtung Vimperk. Die Täler wurden enger und die Hügel höher und die Kurven kürzer und der kleine, klapprige Triebwagen quietschte und sah genauso aus wie damals, als ich mit dem Zug auf dieser Strecke zum letzten Mal fuhr. Den Wagen nannten wir im Sommer Treibhaus, weil man hier oft wie in einem Treibhaus schwitzte. Und im Winter Sibirien, weil man hier oft wie in Sibirien fror. Mein Vater nannte den Zug Schwein, weil er in den Kurven immer so furchtbar quietschte, wie ein Schwein, das geschlachtet wird, wie er sagte.

Es schneite und wir fuhren und ich fühlte, wie an meine Kehle eine unsichtbare Schlinge, ein unsichtbarer Strang drückte, und ich konnte nicht atmen und mein Herz raste und mir war schlecht.

»Wallensteins Verschwörung spielte zum Teil in Pilsen, sehen Sie, lieber Herr Kraus, der Friedländer wieder, ja, ja, wie ein Gespenst zieht sich Wallenstein durch unsere Geschichte … Vom Bahnhof geradeaus, dann rechts unter der Bahnüberführung durch, weiter durch die Bahnhofstraße, auf Tschechisch Nádražní třída, die Podiebradstraße, ja, ja, benannt nach dem böhmischen König Georg von Podiebrad an der Elbe, ja, ja, nach dem großen Europäer, schade, dass ihn heute niemand mehr kennt, eigentlich hätten wir uns die Burg in Podiebrad anschauen müssen, wir waren so nah, lieber Herr Kraus.«

Die Strecke stieg langsam in den Böhmerwald hoch und überall lag der Schnee.

Als ich zum letzten Mal mit dem Zug auf dieser Strecke fuhr, lag hier kein Schnee. Es war Sommer. Juni. Ich fuhr nach Karlsbad, denn Hanzi sagte, wir werden uns dort an der Kolonnade treffen und dort werde ich Näheres über unsere Reise erfahren.

»Ja, ja, dann links über den Platz U Zvonu und durch die Zeughausgasse zum Ringplatz, auf Tschechisch Velké náměstí, ja, ja, sehen Sie, mit meinem Baedeker kann man auch Tschechisch lernen, ja, ja, in der Mitte die im 15. Jahrhundert vollendete gotische Bartholomäuskirche, mit dem 102 Meter hohen Turm, nein, nein, das wäre nichts für Lenka, das wäre viel zu hoch, Sie wissen schon, lieber Herr Kraus, die Höhenangst … Aber vielleicht wäre es etwas für uns, wir haben doch keine Angst vor der Höhe, ja, ja, 102 Meter, das ist ganz schön hoch, finden Sie nicht? Wenn man von oben runterschaut, da hat die Tiefe sicher schon einige überwältigt, ja, ja, die Tiefe hat so eine Macht, dagegen kann man oft nichts machen … Die Springer mochte mein Vater auch nicht, Turmsturzleichen sind keine schönen Leichen, sagte er immer, wo bin ich denn schon wieder hängen geblieben … Ja, ich weiß … Hier … Auf dem Hauptaltar eine Madonnenstatue … Haben Sie eigentlich schon das Buch über Winterberg gelesen, das ich Ihnen in Reichenberg geschenkt habe?«

»Nein.«

»Ja, ja … Alles hat seine Zeit, könnte ich es vielleicht heute Abend haben?«

Ich nickte.

Und Winterberg las weiter.

»… an der Nordseite das 1558 erbaute Rathaus, schön, schön …«

Ich war vorher nie in Karlsbad gewesen. Meine Eltern dachten, ich ginge damals ganz normal in die Schule, ins Gymnasium, ich war im letzten Jahrgang. Meine Eltern waren sehr stolz, dass ich ins Gymnasium aufgenommen wurde. Meine Mutter wollte, dass ich Arzt oder Anwalt werde. Mein Vater wollte wiederum, dass ich zum Militär gehe, dass ich in Moskau studiere, denn aus

Moskau, aus der Sowjetunion, kamen nach Böhmen sein Vater und mein Großvater. Die beiden wurden irgendwo in der heutigen Westukraine geboren. Die böhmischen Kolonisten, die da bis zum Krieg blieben. Mein Großvater war später Oberst der Tschechoslowakischen Armee und einer der Befreier des Landes. Er war ein Kommunist, so wie mein Vater ein Kommunist war. Er soff, so wie mein Vater soff. Er starb an seiner zerstörten Leber, so wie mein Vater an seiner zerstörten Leber starb. Leberkrebsleichen sind keine schönen Leichen, würde Winterberg sagen.

Doch Winterberg wusste nicht, woran ich dachte. Er las weiter laut aus seinem Baedeker vor.

»Das Westböhmische Kunstgewerbemuseum … Eintritt nach Anmeldung in der Kanzlei, Direktor Josef Skorpil, ja, ja, einen Skorpil habe ich in Reichenberg auch gekannt, er spielte die Erste Geige im Orchester des Reichenberger Stadttheaters, ein guter Bekannter von meinem Vater, er liebte das feine Essen und war schon als junger Mann zuckerkrank, leider, leider, Skorpil war übrigens eine sehr schöne Leiche, sagte mein Vater, eine Ausnahme, denn Zuckerleichen sind sonst keine schönen Leichen.«

Meine Eltern dachten, ich ginge zur Schule, doch ich ging zum Bahnhof und nahm den Zug nach Strakonice und dann nach Plzeň und dann nach Cheb und nach Karlovy Vary.

Winterberg erzählte und las aus seinem Buch vor und verlor sich in der Geschichte und in seinen Geschichten und ich hörte ihm nicht zu. Ich wollte ihm sagen, doch, doch, ich war in Cheb, ich war in Eger, sogar auf dem Bahnhof, ich vergaß, dass ich in Eger war. Sie fragten mich doch in Reichenberg, ob ich in Eger war, und ich war da, ich stieg dort nach Karlsbad um. 1866 ging es um die Lokomotivflucht und um den Deutschen Krieg. Und 1986 ging es auch um eine Flucht und um den Kalten Krieg. Um meinen Kalten Krieg. Um meine Flucht. Ich wollte es ihm sagen, doch er war wieder von seinem historischen Anfall überfallen und nicht zu unterbrechen. Und außerdem ging es keinen was an. Das ist nur meine Geschichte.

»Im ersten Stock Historisches Museum … Rechts Feuerwaffen, über 300 Stück, ja, ja, das interessiert mich, Urkunden, alte Pilsner Drucke, Vorgeschichte, Stadtansichten, das interessiert mich auch, im zweiten Stock Kunstgewerbe – Museum, Gläser, Keramik, Stickereien, das interessiert mich nicht …«

Ich sagte nichts und dachte an meinen Krieg und schaute aus dem Fenster auf die verschneiten Wälder und weißen Wiesen und die immer höheren Hügel und auf die kleinen Dörfer, die mir so vertraut und zugleich so fremd waren, und ich bemerkte, wie schlecht mir war, wie ich zitterte und schwitzte und wie mein Herz raste und wie die Schlinge um meinen Hals immer enger wurde.

Ich wollte nicht zurück nach Vimperk.

Nach Winterberg.

Ich konnte nicht.

»Doch das hier interessiert mich und Sie, lieber Herr Kraus, interessiert es sicher auch … Hören Sie zu … Nördlich vom Bahnhof das 1842 gegründete Bürgerliche Brauhaus, Zutritt werktags zwischen 9 und 11 und zwischen 2 und 4 Uhr, mit Felsenkellern, ja, ja, man braucht gutes weiches Wasser und tiefe Felsenkeller, dazu kommt noch der gute Hopfen, wahrscheinlich aus Saaz in Westböhmen, ziemlich sicher, ja, ja, doch vor allem braucht man einen guten Braumeister, das ist nicht so einfach, das erste Pilsener Bier hat in Pilsen ein Braumeister aus Bayern gebraut, ja, ja, am 5. Oktober 1842, ein schicksalhafter Tag, sagte mein Vater immer, ja, ja, Pilsner Urquell ist ein schicksalhaftes Bier, ja, ja, ein Heilwasser, ein Weihwasser, das die Böhmen immer versöhnt, egal, ob sie Tschechisch oder Deutsch sprechen, ja, ja, das Bier versöhnt uns alle, so wie das Feuer der Feuerhalle, dort sind sich auch alle Menschen gleich, wie in einem Gasthaus, sagte mein Vater immer… In Reichenberg war das Bier leider nie so gut wie in Budweis oder Pilsen, die Braumeister waren keine Fachmänner, sagte mein Vater immer, die Reichenberger Braumeister waren leider die absoluten Fachidioten… Unweit östlich die Erste Pilsener Aktienbrauerei, ja, ja, richtig, die Konkurrenz ist immer gut und wichtig, mein Vater hätte nichts gegen eine zweite Feuerhalle in Reichenberg gehabt, doch die wurde nie gebaut… Ach, ich freue mich schon so auf Pilsen, heute Abend trinken wir Bier zusammen, lieber Herr Kraus.«

Als ich damals in Karlovy Vary ankam, ging ich an die Kolonnade. Und dort traf ich Hanzi und die anderen. Hanzi sagte, es sei so weit und ob ich bereit wäre. Morgen ginge es los. Ich war bereit. Ich wusste nicht, was passieren würde, wie er es machen wollte. Doch ich wollte weg.

Ich habe es gehasst.

Die Schule.

Die Stadt.

Die Kaserne von meinem Vater.

Ich wollte raus.

Ich wollte etwas erleben.

Und doch dachte ich dabei, dass ich danach jederzeit zurückfahren kann. Um meine Eltern zu besuchen.

Mir war nicht klar, dass das nicht geht.

Ich war jung.

Ich war blöd.

»Auf der Westseite der Stadt die weltberühmten Škodawerke, Maschinen, Lokomotiven, Stahl, Geschütze, ja, ja, Lokomotiven und Geschütze… Hier haben wir es wieder, die Eisenbahn und den Krieg, ja, ja, nicht nur Panzer, sogar viele Teile für die Kriegsraketen in Peenemünde wurden hier hergestellt, ja, ja, und auch in Prag und in Königgrätz… Bis zum Kriegsende hat man in Pilsen nicht nur Bier gebraut, sondern auch Jagdpanzer für die

SS gebaut, ja, ja, die leichten Hetzer, so hat man sie doch genannt, ja, ja, die weltberühmten Škodawerke hat der Engländer mit seiner Lancaster auch bombardiert, ja, ja, auch einen Teil von Pilsen hat er in eine Feuerhalle verwandelt, so wie die Deutschen vorher viele andere Städte in Feuerhallen verwandelt hatten, ja, ja, ich weiß, was Sie sagen möchten, lieber Herr Kraus, the beautiful landscape of battlefields, cemeteries and ruins …«

Ich wusste nicht, dass ich meinen Vater und meine Mutter nie wiedersehen würde.

»Aber jetzt etwas zu Winterberg, wir sind doch sicher gleich da … Ihre schöne Stadt … Und meine irgendwie auch.«

Es schneite und Winterberg blätterte in seinem Buch.

»Hier … Ich hab's gefunden … Von Strakonitz nach Wallern … Eisenbahn in fünf Stunden, nein, nein, so weit fahren wir nicht, wir fahren nur nach Winterberg … Obwohl, eigentlich müssen wir es tun, ja, ja, das ist doch die höchste Strecke im Böhmerwald, ja, ja, eigentlich ist es für Eisenbahnmenschen wie uns ein Muss, es ist eine wahre Bergstrecke, der höchste Punkt ist mit 995 Meter der Bahnhof in Kubohütten, ja, ja, der liegt fast hundert Meter höher als der Scheitelpunkt der Semmeringbahn, man muss es sich nur vorstellen … Nein, nein, der Böhmerwald war sicher auch nicht leicht zu überschienen …«

Der Zug quietschte im Wald hoch über dem Bach.

»Zum Winterberg … 696 Meter, Gasthaus *Habsburg*, zwölf Zimmer, zu 2 bis 4 Kronen, gut, vielleicht steht es noch, vielleicht ist das Gasthaus *Habsburg* immer noch gut, lieber Herr Kraus, heißt das Hotel *Habsburg* immer noch *Habsburg*, wahrscheinlich nicht, oder … Also Winterberg … Ein Städtchen, 20 Minuten südwestlich vom Bahnhof mit 5200 deutschen Einwohnern an der Wolinka, das ist der Bach dort … Überragt von einem Schloss des Fürsten Schwarzenberg … Welcher Schwarzenberg war es, lieber Herr Kraus, es gibt so viele Schwarzenbergs … Bedeutender Holzhandel, große Kristallglasfabrik, ach, ich freue mich … Und Sie brauchen keine Angst zu haben, lieber Herr Kraus, ich passe auf Sie auf, wir schaffen es.«

Der Zug quietschte und ich sah das Haus, wo wir gelebt hatten. Einen niedrigen Plattenbau, wo mein Vater von der Armee eine Wohnung mit Balkon und Aussicht auf den gegenüberliegenden Plattenbau bekam. Ich sah das Krankenhaus, wo meine Mutter als Krankenschwester gearbeitet hatte. Ich sah die Dächer der Grundschule und des Gymnasiums. Ich sah die Kurve, in der meine kleine Schwester von den Sowjets überfahren worden war. Ich sah den Turm auf dem Marktplatz. Ich sah die alte Scheune, hinter der wir heimlich geraucht hatten. Ich sah das Schloss des Fürsten Schwarzenberg, das wirklich alles überragte, wie Winterberg sagte.

Der Zug quietschte und ich musste an die Nacht denken, als sich ein paar besoffene Soldaten von Vaters Panzerkompanie zwei Bären im Schlossgraben anschauten und zwei von den Soldaten gewettet hatten, dass sie es schaffen, die Bären im Nahkampf zu erlegen. Die zwei Bären waren im Nahkampf viel besser als die zwei Soldaten, und so waren es die Bären, die die Soldaten erlegten, getrieben von dem ganzen Hass, den sie gegen die Menschen und die ganze Menschheit hegten, denn die Bären wurden jahrelang im Schlossgraben von den Menschen gequält.

Der Zug quietschte und Winterberg erzählte nichts mehr und schaute aus dem Fenster.

Am Horizont erkannte man die höchsten Hügel des Böhmerwalds.

Šumava.

Dahinter war schon Bayern.

Bavorsko.

Der Zug pfiff und ich sah das Einfahrtssignal des Bahnhofs.

Zwei gelbe Lichter übereinander. Ich wusste nicht, was das Signal bedeutete. Aber ich wusste, wir sind da.

In Vimperk.

In Winterberg.

Endstation.

Der Zug hielt an und die Tür ging auf und die kalte Luft wehte herein und stank nach Braunkohle.

Der Bahnhof lag im Schnee begraben. Die Fahrgäste stiegen aus. Und auch Winterberg stand auf, packte seine Taschen und ging zur Tür.

Doch ich blieb sitzen.

Winterberg schaute mich an.

Doch ich blieb sitzen.

»Wir müssen aussteigen.«

Doch ich blieb sitzen.

»Geht es Ihnen nicht gut, Herr Kraus?«

Ich sagte nichts. Ich blieb sitzen und starrte auf den Boden und konnte mich nicht bewegen. Ich war wie versteinert. Wie die Panna und Baba, wie die zwei versteinerten Türme von der Burgruine Trosky im Böhmischen Paradies. Ich wurde auch zu einer Burgruine, zu einer Festung aus Stein und Angst, und niemand konnte mir etwas tun.

Winterberg nicht.

Und der Schaffner schon überhaupt nicht.

»Aber dieser Zug endet hier, er fährt nicht weiter… Er fährt gleich wieder zurück.«

Doch ich blieb sitzen und Winterberg schüttelte den Kopf und setzte sich wieder zu mir.

Der Fahrdienstleiter hob die Signalkelle hoch, der Lokführer pfiff und der kleine klapprige Zug fuhr mit uns nach Strakonice zurück.

VON WINTERBERG NACH PILSEN

Ich schaute zu Boden.

Winterberg schaute zu mir und dann schaute er aus dem Fenster und dann wieder zu mir.

»Was ist?«

»Nichts.«

»Warum glotzen Sie so?«

»Nichts.«

»Lassen Sie mich.«

»Ja, ja, alles wird gut.«

»Nichts wird gut.«

»Herr Kraus …«

»Lass mich!«

Der Zug ratterte und quietschte wieder in den kurzen, scharfen Kurven. Es schneite und Winterberg schaute in den Schnee und dann schaute er wieder zu mir und dann wieder in den Schnee.

Kurz vor Strakonice sagte er, dass er alles versteht.

»Damals, als ich zum ersten Mal nach dem Krieg in Reichenberg war, schaffte ich es auch nicht, nein, nein … Ich fühlte mich genauso derangiert wie Sie, lieber Herr Kraus. Ich schaffte es nicht auszusteigen, ich blieb im Reisebus sitzen und alle dachten, ich sei verrückt geworden. Doch ich war nicht verrückt geworden. Ich hatte nur Angst.«

In Pilsen ließen wir unsere Sachen zunächst am Bahnhof. Für die Stadtbesichtigung reichten uns wirklich drei Stunden, wie es im Baedeker stand.

Wir gingen im Schneegestöber durch die Stadt und schwiegen.

Winterberg erzählte ab und zu etwas.

Ich hörte ihm nicht zu.

Es war kalt und es schneite und der Schnee legte sich sanft über die Dächer und die Straßen und wühlte sich im Wind auf und alles war ruhig.

Die Stadt.

Die Autos.

Die Straßenbahnen.

Und auch ich.

Das Hotel *Zum Kaiser von Österreich* fanden wir nicht.

Doch das Gasthaus *Zum Salzmann* schon.

Wir bestellten Schweinebraten mit Kümmel und Sauerkraut und Knödel und Bier.

Ich trank Bier und Winterberg erzählte von den Knödeln, die seine Mutter gekocht hat.

Von Serviettenknödeln.

Von Semmelknödeln.

Von Speckknödeln.

Von Kartoffelknödeln.

Von Karlsbader Knödeln.

Von Obstknödeln.

Ich trank das nächste Bier und Winterberg erzählte von seiner Theorie von Knödelmitteleuropa, nach der Knödel alles und alle verbinden.

Ich trank das nächste Bier und der Bierschaum schmeckte so sahnig, dass Winterberg nur noch volle Schaumgläser bestellte.

Ich trank das nächste Bier und musste an meinen Vater denken, der immer sagte, ein Muslim muss einmal im Leben nach Mekka pilgern und ein Tscheche nach Pilsen.

Ich trank das nächste Bier und dachte an den Krieg, den mein Vater mit anderen Männern immer im Gasthaus führte.

Den Krieg zwischen Budweiser und Pilsner Urquell.

Stundenlang konnte sich mein Vater mit den anderen Männern darüber streiten, welches Bier das beste Bier auf der Welt ist.

Pilsner Urquell oder Budweiser?

Ich trank das nächste Bier und es ging mir besser.

Ich erzählte Winterberg von meinem Vater, der Offizier der Tschechoslowakischen Volksarmee war.

Ich erzählte ihm, dass mein Vater kein Oberst wie mein Großvater war, sondern nur ein Leutnant.

Ich erzählte ihm von meiner Mutter.

Ich erzählte ihm von meiner kleinen Schwester.

Ich erzählte ihm von dem Sommerabend, als sie von den Sowjets überfahren wurde.

Ich erzählte ihm alles und Winterberg hörte mir zu.

Und ich dachte:

Zum ersten Mal hört er mir zu.

Und dann sagte er:

»Sie haben es auch nicht leicht, lieber Herr Kraus.«

Wir wollten zum Bahnhof, um den letzten Zug nach Budweis zu nehmen.

Doch dann sagte uns jemand, dass das Hotel *Zum Kaiser von Österreich* doch noch stand, es hieß nur anders.

Wir holten mit dem Taxi unser Gepäck vom Bahnhof und fuhren dorthin.

Wenig später standen wir betrunken im Schneegestöber vor dem alten noblen Hotel, das nicht mehr Das Hotel *Zum Kaiser von Österreich* hieß, sondern *Slovan*.

Der Slawe.

»Und so vergeht die Zeit, es geht alles vorüber, es geht alles vorbei, oh, wie die Zeit vergeht …«

VON PILSEN NACH LINZ

Wir waren beide verkatert. Gleich danach, als der Zug nach České Budějovice losfuhr, sprang Winterberg hoch und rannte zur Toilette. Er musste sich übergeben.

»Verdammtes Bier.«

»Das war nicht das Bier. Das war der Schnaps, den Sie bestellt haben.«

»Ich habe keinen Schnaps bestellt.«

»Doch, haben Sie. In der Hotelbar, für die zwei Frauen und für uns.«

»Für welche Frauen denn? Ich kann mich nicht erinnern … Mein Kopf … Warum tut er so weh?«

»Sie sind dann gegangen. Kein moralischer Unfall, keine Angst.«

»Moralischer Unfall?«

»Hat mein Vater immer so gesagt. Wenn man trinkt, drohen immer die moralischen Unfälle.«

»Und waren sie schön, die Frauen?«

»Das schon.«

»Sehen Sie, dann bin ich noch nicht alt, da bin ich noch nicht durchsichtig … Ich hatte immer einen guten Geschmack. Ich hatte immer schöne Frauen … Ja, ja, das Leben ist zu kurz, um es mit Frauen zu verbringen, die nicht schön sind. Lenka war eine wunderschöne Frau. Na ja, Hauptsache, man duftet, ja, ja, den Duft darf man nicht unterschätzen … Oh … Nepomuk!«

Er nahm sein Buch und das Vergrößerungsglas und blätterte wild in seinem Buch.

»Ich wollte immer nach Nepomuk… Nepomuk… Geburtsort des heiligen Johann von Nepomuk, geboren 1320… Mehr auf Seite 297… Moment…«

Er blätterte und der Zug verließ langsam den Bahnhof von Nepomuk.

»Ja, ja, hier, natürlich, die Karlsbrücke in Prag, die darf nicht fehlen… Ihren malerischen Eindruck verdankt die Brücke vornehmlich dem reichen Statuenschmuck… Rechts in der Mitte das nach dem Modell Brokoffs 1683 in Nürnberg gegossene Bronzestandbild des Johann von Nepomuk, des erst 1729 heiliggesprochenen böhmischen Landespatrons, zu welchem alljährlich, besonders am 16. Mai, viele Tausende wallfahren… Mir ist so schlecht, lieber Herr Kraus, ich glaube, ich muss mich gleich wieder übergeben… Eine kleine Marmortafel mit einem Kreuz rechts auf der Brückenmauer, zwischen dem 6. und 7. Pfeiler, bezeichnet die Stelle, wo der Legende nach der fromme Priester 1383 auf Befehl Wenzels IV. hinabgestürzt wurde, ja, ja, sie haben sich nicht besonders gemocht, der Wenzel und der Nepomuk. Und so hat Wenzel befohlen, Nepomuk in der Moldau zu ertränken, ja, ja, zwei Fischer haben ihn aus dem Fluss gefischt, Wasserleichen sind keine schönen Leichen.«

Er blätterte wieder zurück.

»Nepomuk… Hier… An der Stelle seines Elternhauses steht die 1686 geweihte Johanneskirche, ein Altar bezeichnet die Geburtsstätte des Heiligen, das muss die Kirche dort sein, sehen Sie?«

»Ja.«

»Zweigbahn nach Blatná, ja, da fahren wir nicht hin… Vielleicht ein anderes Mal. Wir fahren jetzt nach Wien, ja, ja, endlich. Wo bin ich denn hängen geblieben?«

»Bei den Frauen.«

»Ja, genau… Mir ist so schlecht… Warum ist mir so schlecht… Das Bier ist kein Heilwasser… Wenn man nicht gut duftet, ist alles verloren. Da brauchen Sie überhaupt nicht Ihren Koffer auszupacken, da können Sie gleich wieder gehen … Ach, der arme Nepomuk, wirklich ein Märtyrer, ja, ja, man wird gehasst, man wird gequält, man wird ertränkt, und erst dann heiliggesprochen, alles verrückt … Mir ist so schlecht … Ich kannte in Spandau einen Straßenbahnfahrer, der wollte auch heiliggesprochen werden, doch gleich, noch lebendig, er wollte nicht warten, er sagte, er will davon auch noch etwas haben. Er hat mal zwei Nonnen bei einem Straßenbahnunglück gerettet, ja, ja, und das hat er wirklich getan, sonst wären die beiden Nonnen tot. Doch die Kirche hat ihn nicht heiliggesprochen, der Pfarrer sagte, so einfach geht es auch nicht, zuerst muss er sterben, am besten als Märtyrer, erst danach kommt es in Frage. Und so hat er sich später aufgehängt … Soweit ich weiß, wurde er bis heute nicht heiliggesprochen, nein, nein … Mir ist so schlecht, Herr Kraus. Ich glaube, ich muss mich gleich …«

Winterberg stand auf und taumelte zur Toilette.

Und dann kam er zurück und sah sehr bleich aus.

»Der Straßenbahnfahrer war so ein frommer Mensch, ja, ja, er war der einzige Katholik bei der Berliner Straßenbahn, den ich kannte, er hat allein gelebt und doch war er nicht allein … Ja, ja, er hat in seiner Wohnung in Spandau mit vierzig Vögeln gelebt, ja, ja, mit Spatzen und Meisen und Tauben, aber auch mit Turmfalken, die dann die Tauben und die anderen Vögel in seiner Wohnung gejagt haben. Ich habe es gesehen, ich habe ihn mehrmals besucht, er hat immer in der Mitte des Zimmers gesessen und die Vögel beobachtet, tagelang, ja, ja, die Fenster musste er immer geschlossen halten, in der Wohnung hat es fürchterlich gestunken, alles war von den Vögeln zugeschissen, auch er hat fürchterlich gestunken, ja, ja, ich war der Einzige, der mit ihm befreundet war, nein, nein, Strangleichen sind keine schönen Leichen. Er hat sich im Wohnzimmer an dem Lampenhaken aufgehängt, und als man ihn gefunden hat, haben auf seinen Schultern zwei Tauben geschlafen wie auf einer Statue, die eine Taube auf der linken Schulter, die andere Taube auf der rechten Schulter, ja, ja, so war es damals in Berlin, die meisten haben sich in Berlin erhängt, da bin ich mir ziemlich sicher … Ein anderer Kollege von mir, auch ein Kriegsgestrandeter wie ich, hat alte Nachttöpfe gesammelt, er wollte ein Museum aufmachen, wenn er in Rente geht, ich wusste nicht, wie unterschiedlich die Nachttöpfe sein können. Er freute sich sehr auf die Rente, doch einmal ist er einkaufen gegangen und ein Feuerwehrauto …«

Winterberg schlief plötzlich ein, so wie er immer einschlief.

Der Zug fuhr durch Südböhmen und ich schlief auch ein und wachte erst in Budweis auf. Es schneite und wir stiegen in den Zug nach Linz um. Winterberg überlegte, über Gmünd nach Wien zu fahren, wegen dem Heldenberg, doch dann entschied er sich doch für die Strecke über Linz, denn Budweis und Linz und Gmunden waren mal mit einer Pferdebahn verbunden.

»Ja, ja, das war die erste Eisenbahn in Österreich. Das müssen wir doch sehen, das würden wir sonst bedauern.«

Der Zug schlängelte sich langsam durch den Böhmerwald. Es schneite mehr und mehr und man sah nicht viel. Der Zug wurde von Bahnhof zu Bahnhof immer leerer und Winterberg erzählte von der zwischen 1827 und 1836 eröffneten Pferdebahn.

Von der ersten Eisenbahn in Österreich.

Von der zweitältesten Eisenbahn in Europa.

Er erzählte von den Eisenbahnpionieren Mathias Schönerer und Franz Josef Ritter von Gerstner und Franz Anton Ritter von Gerstner. Er erzählte, dass sie vor der Natur und den Bergen keine Angst hatten und den Böhmerwald mutig überschienten, wie wir heute noch sehen können.

»Da, da, sehen Sie, die alte Brücke, das sind die Überreste der Pferdebahn, ja, ja.«

Er schaute aus dem Fenster, doch ich sah nichts.

»Und da, ein Denkmal, sehen Sie?«

Es schneite und schneite und der Schaffner sagte, wenn es so weiterschneien würde, blieben die Züge für ein paar Tage stehen.

So wie letztes Jahr.

»Ja, ja, genau so wird es kommen.«

So wie jedes Jahr.

»Ja, ja, so wird es sein.«

Der Schaffner sagte, wir seien heute die einzigen Fahrgäste, die mit seinem Zug über die Grenze fahren, die anderen wären schon ausgestiegen. Er sagte, an manchen Wintertagen fahren überhaupt keine Fahrgäste über die Grenze und dann sitzt er im Zug ganz allein. Er sagte, eigentlich ist es an vielen Wintertagen so. Er sagte, er mag es. Er sagte, er mag den Winter im Böhmerwald. Er sagte, er hat zu Hause fünf Kinder und so ist er im Zug gern allein und liest Bücher. Er sagte, am liebsten liest er Bücher über den Böhmerwald. Er sagte, gestern verschlief ein Kollege von ihm, ein alter Rangierer, nach der Nachtschicht in České Budějovice, im ersten Zug nach Hause seinen Bahnhof.

Er sagte, er fuhr bis nach Linz, erst dort wurde er geweckt. Er sagte, er fuhr mit dem nächsten Zug von Linz nach České Budějovice zu seiner nächsten Nachtschicht. Er sagte, uns kann so was nicht passieren, wir können unseren Bahnhof nicht verschlafen, wir fahren ja nach Linz.

Und wir müssen nicht zur Nachtschicht.

Dann ging er weiter und Winterberg schlief ein, der Zug glitt leise durch die Winterlandschaft. Der Schnee wurde immer weißer und höher.

Ich sah ein Dorf mit verfallenen Häusern.

Ich sah einen Hochsitz an einer breiten Lichtung.

Ich sah die umgefallenen Bäume nach dem Sturm.

Ich sah einen Waldweg, der sich im Hochwald verlor.

Plötzlich bremste der Zug und blieb stehen. Ich machte das Fenster auf. Es schneite und es war so still, dass ich hörte, wie mein Herz schlug. Wie das Herz von Winterberg schlug. Wie sich der Schnee auf die Landschaft legte.

Es schneite und die Lokomotive stand mit unserem Zug in einer langen Kurve. Sie stand auf einem hohen Bahndamm vor dem Einfahrtssignal, das rot leuchtete im Schnee. Ich sah einen engen Durchlass und einen gefrorenen Bach. Und dann sah ich noch etwas. Es war grau und weiß und rot. Es blutete. Es war ein Reh, das von einem Zug überfahren worden war und jetzt am Bahndamm von dem Schnee sanft begraben wurde. Es schneite und ich sah mir lange dieses Grab im Schnee an.

Die Lokomotive pfiff, löste die Bremsen und der Zug setzte sich in Bewegung. Wir warteten kurz im Grenzbahnhof auf den Zug aus der Gegenrichtung und trieben dann durch den Schnee weiter. Wir waren in Österreich. Winterberg putzte seine Brille, schlug sein Buch auf und wollte etwas über Linz lesen. Doch dann seufzte er nur und klappte sein Buch wieder zu.

Er schaute erschöpft und ergeben aus dem Fenster. So, als sei es nicht er, der unserer Reise Richtung und Sinn gebe. So als würden wir getrieben, ohne zu wissen, wohin. Ohne zu wissen, warum. Ohne zu wissen, ob das Ganze einen Sinn ergab.

Und doch trieben wir weiter.

Winterberg sagte nichts und machte die Augen wieder zu.

Ich auch.

Ich musste an die beiden Winterfliegen denken, die ich im Hotel in České Budějovice aus dem Winterschlaf geweckt hatte. Die am Leben waren und doch nicht. Die so verloren und verwirrt waren. Die wach waren und doch müde und erschöpft.

Wir beide waren die zwei Winterfliegen.

Und dann waren wir in Linz.

Und suchten uns ein Hotel.

Und Winterberg war es heute egal, ob das Hotel im Baedeker stand oder nicht.

Er war immer noch verkatert und müde.

Und dann aßen wir Fisch.

Und standen dann auf der langen Brücke und schauten in die dunkel glänzende Donau. Der Wind wehte und wir schauten in die starke Strömung. Wir hörten die Straßenbahnen an uns vorbeifahren.

Und Winterberg sagte:

»Zu Weihnachten hat meine Mutter immer Linzer Taler gebacken.«

»Meine auch.«

»Auch mit Marmelade zusammengeklebt?«

»Genau.«

Wir schauten in die Donau und unter uns fuhr ein Frachtschiff Richtung Wien.

»Mit Kirschmarmelade?«

»Ja. Meistens.«

»Ich habe sonst Weihnachten nicht gemocht.«

»Ich auch nicht.«

»Schon wieder stehen wir so hoch, lieber Herr Kraus …«

Winterberg stellte sich auf die Zehenspitzen, hielt sich am Geländer fest und schaute in die Donau. In die schwarze Tiefe unter uns.

»Gut, dass hier so ein festes Geländer ist, nur ein einziger Schritt, und aus einem würde gleich eine Wasserleiche, die man vielleicht erst in Wien oder in Budapest aus der Donau fischen würde, und vielleicht auch nie … Ja, ja, Nepomuk hat man rausgefischt, Nepomuk ist die bekannteste Wasserleiche der Moldau, vielleicht die bekannteste Wasserleiche auf der ganzen Welt, ja, ja, überall in Böhmen und in Österreich finden Sie eine Kirche oder eine Kapelle oder eine Statue von Nepomuk, auch hier in Linz … Der Engländer sagte immer, die drei wichtigsten Religionen sind in der Wüste entstanden, ja, ja, doch das Wasser, der Fluss, der spielt auch eine Rolle, was wäre die katholische Kirche ohne Moldau, was wäre die katholische Kirche ohne die Wasserleiche von Nepomuk, lieber Herr Kraus. Nichts wäre sie.«

Man hörte einen Zug in der Ferne über die Brücke rattern.

»Ja, ja, so wie die Religionen mit der Wüste und mit den Flüssen verbunden sind, ist die Geschichte der Kriege mit der Eisenbahn verbunden.«

Wir schauten in den dunklen Fluss.

»Warum haben Sie das Seil in der Tasche.«

»Falls es brennt.«

»Wie brennt?«

»Falls es mal brennt, da kann ich mich nach unten abseilen.«

Ich zündete mir eine Zigarette an.

»Und die Pistole?«

»Man weiß nie, was passieren kann, lieber Herr Kraus.«

»Wo haben Sie die her?«

»Von dem Engländer.«

»Ach so. Klar …«

»Er wollte sich damals in Berlin erschießen.«

»Und Sie?«

»Was ich?«

»Haben Sie es auch versucht?«

»Ja, aber es ging nicht. Und Sie, Herr Kraus? Haben Sie es versucht?«

»Ja. Es ging auch nicht. Das Einzige, was ging, war Saufen.«

VON LINZ NACH WIEN

Der Zug nach Wien war voll und raste auf der neuen Strecke. Er fuhr so schnell, dass man fast nichts sehen konnte. Nur die verschneiten Berge ganz in der Ferne.

Winterberg mochte die Strecke nicht. Er sagte, am liebsten hätte er die Strecke über Krems genommen, mit Umsteigen in St. Pölten, doch in Linz hat die Frau am Schalter Winterberg nicht verstanden.

Sie fragte ihn mehrmals, warum er einen Umweg machen wolle, wenn die Züge jetzt so schnell und bequem auf der neuen Strecke nach Wien führen. Winterberg versuchte, es ihr zu erklären. Zuerst ganz ruhig und dann leider weniger ruhig und zum Schluss überhaupt nicht mehr ruhig.

Er fing an zu zittern und zu schreien, dass es ihm egal sei, ob er zehn Minuten früher oder zehn Minuten später in Wien ist, Wien wird ihm nicht weglaufen, Wien steht seit Jahrhunderten dort, wo es steht und wo es in hundert Jahren noch stehen wird.

Doch sie verstand ihn trotzdem nicht und versuchte, es ihm nochmals zu erklären.

Winterberg kapitulierte und kaufte uns dann doch die Fahrkarten für die schnelle Verbindung ohne Umsteigen.

Und so war Winterberg an dem Morgen sehr schlecht gelaunt.

Er las in seinem Buch, um sich zu beruhigen. Doch er las immer schneller und wurde immer wütender.

»Wien, die alte Haupt- und Residenzstadt des Österreichischen Kaiserstaats, jetzt Hauptstadt der Hälfte der österreichisch-ungarischen Monarchie, Sitz der obersten Reichsbehörden und der Landesbehörden des Erzherzogtums Niederösterreich, eines römisch-katholischen Fürsterzbischofs und des Korpskommandos des 2. Armeekorps, ja, ja, liegt unter 48° 12' nördlicher Breite und 16° 22' östlicher Länge, das interessiert mich nicht, in einer mittleren Höhe von 170 Meter am Ostfuß des Wiener Waldes fast ganz auf dem rechten, nur mit dem Bezirk Floridsdorf auf dem linken Ufer der in mehrere Arme geteilten Donau, das interessiert mich nicht, der Hauptstrom hat bei der 1870-77 durchgeführten Donauregulierung auf einer Strecke von 13 Kilometer ein 284 Meter breites Bett erhalten, das interessiert mich nicht, das Stadtgebiet umfasst 275 Quadratkilometer, das interessiert mich nicht.«

Ein kleiner, fülliger Herr mit einer Aktentasche setzte sich zu uns und hörte Winterberg gespannt zu.

»Das bebaute Gelände ist namentlich im Nordwesten und Westen von einem breiten Wald- und Wiesengürtel umgeben, der bei den vorherrschend westlichen Winden die Zufuhr reiner Luft sichert und vor stärkerer Bebauung bewahrt bleiben soll, das interessiert mich auch nicht, mit im Jahre 1910 2 031 500 Einwohnern nimmt Wien unter den Großstädten Europas die vierte Stelle ein …«

»Entschuldigung … Darf ich Sie was fragen?«

»Nein.«

»Verstehe … Ich wollte Sie nicht stören …«

»Was wollen Sie?«

»Wie alt ist dieses Buch?«

»Alt.«

»Wie alt denn.«

»1913, die letzte Ausgabe vor dem Krieg.«

»Schön … Aber das stimmt dann doch alles nicht mehr, oder?«

»Warum denn nicht?«

»Ich meine …«

»Es stimmt viel mehr, als Sie sich vorstellen können.«

»Schön.«

»Ja, das ist schön, oder auch schrecklich. Es hängt davon ab, wie Sie es sehen.«

»Es gibt auch neue Reiseführer.«

»Mich interessiert nur dieses Buch. 1913 war die Welt noch in Ordnung.«

»So war es doch nicht. Gleich kam der Krieg.«

»Genau. Das weiß ich natürlich auch. Aber man kann glauben, dass sie in Ordnung war … Noch etwas?«

»Nein.«

»Gut. Die Mutter- und Umgangssprache von mehr als vier Fünftel der Bewohner ist Deutsch. Der Rest verteilt sich zur Hälfte auf eingewanderte Slawen, namentlich Tschechen, mit 98 400, zur Hälfte auf Angehörige der ungarischen Länder und andere Nationalitäten, das interessiert mich nicht, nicht zur römisch-katholischen Religion bekennt sich nur ein Drittel der Bewohner, darunter 73 400 Protestanten und 174 500 Juden … Die Garnison besteht aus 4 Infanterie- und je 2 Kavallerie- und Artilleriebrigaden, im Ganzen 26 560 Mann.«

»Entschuldigung, darf ich Sie noch was fragen?«

»Nein.«

»Ich wollte nur …«

»Was wollen Sie?«

»Wo kommen Sie her?«

»Aus Berlin. Ich bin aber in Reichenberg geboren, wenn Sie wissen, wo das ist.«

»Ja, ja, ich weiß.«

»Und der Herr hier ist ein richtiger Tscheche.«

Der Mann erstarrte und wurde plötzlich ganz traurig. Er schaute mich lange an und ich schaute ihn auch an.

»Sie sind Tscheche?«

»Ja? Und?«

»Und was sehen Sie?«

»Was?«

»Was sehen Sie, wenn Sie mich anschauen?«

»Ich weiß nicht.«

»Sie sehen ein Wrack. Sie können es ruhig sagen. Die Tschechen sind schuld.«

»Natürlich, die anderen sind immer schuld.«

»Mein erstes Auto wurde in Tschechien geklaut, man fand es später ohne Motor, ohne Räder, ohne Sitze, ein Wrack eben, so wie ich jetzt. Doch es geht noch weiter. Meine erste Frau war Tschechin aus Znojmo. Sie hat mein Haus angezündet und ist mit meinem besten Freund durchgebrannt. Doch es geht noch weiter. Ich habe zusammen mit einem Tschechen in einen Weinhandel in Tschechien investiert. Er hat mich betrogen und das ganze Geld ist wo?«

»Im Arsch.«

Der Mann schaute mich traurig an.

»So ist es. Im Arsch. Alles ist im Arsch. Und die Tschechen sind schuld. Aber weißt du, was wirklich schlimm ist? Ich heiße Sykora, also Meise, ich bin selber Böhme. Mein Großvater ist aus Nymburk nach Linz gekommen. Das ist mein Problem, ich bin selber ein Tscheche, ich bin selber im Arsch, ich bin ein Wrack so wie mein erstes Auto, das in Tschechien geklaut wurde. Nein, ich weiß, dass ich ein Wrack bin, du musst mich nicht trösten.«

Er stand auf und verließ weinend unser Abteil.

Winterberg schaute ihm nach.

»Und so vergeht die Zeit, es geht alles vorüber, es geht alles vorbei, oh, wie die Zeit vergeht. Sehen Sie, Herr Kraus, wohin das führen kann, wenn man die eine Frau verliert und keine andere findet? In geistige Umnachtung, in den Tunnel, der kein Ende hat. Das ist nicht einfach zu überschienen … Und Sie sagen, ich leide an Selbstmitleid.«

»Das habe ich nie gesagt.«

»Aber Sie glauben das.«

»Ja.«

»Ist auch gut. Das stimmt auch, ja, ja, warum sollte man an Selbstmitleid nicht leiden dürfen. Ist es verboten? Aber eins sage ich Ihnen, diesen Mann sollte man lieber nicht ohne Aufsicht in der Nähe einer Bahnstrecke laufen lassen, ja, ja, einmal habe ich einen solch traurigen Fall in Berlin mit der Straßenbahn erwischt, den ganzen Tag hat er dagestanden und hat sich ausgerechnet vor meine Bahn geworfen.«

»Und, hat er es überlebt?«

»Tja, mein Vater würde sagen, er war keine schöne Leiche.«

Unser Zug fuhr in einen langen Tunnel ein.

»Das muss der Wienerwald sein … In meinem Buch steht die neue Strecke nicht, aber das ist egal, ich lasse mich nicht stören. Wenn wir in Wien sind …«

Und dann ist Winterberg eingeschlafen. Plötzlich, so wie immer.

Und ich auch.

Wir kamen in Wien an und Winterberg machte die Augen kurz auf, erschrak und machte sie gleich wieder zu. Und dann setzte er sich über seine Hornbrille eine Sonnenbrille auf.

»Was ist los?«

»Ich kann es nicht sehen.«

»Was denn wieder?«

»Ich kann es nicht ertragen.«

»Was denn?«

»Das hier schon wieder.«

Er erzählte von dem neuen Bahnhof in Wien.

Er erzählte von Glas und Beton, über den Untergang der Reisekultur, über das Königgrätz der Architektur.

»Der Hauptbahnhof in Prag … Das ist ein richtiger Bahnhof. Aber das hier? Schund. So wie in Berlin. Oder in Linz.«

Wir stiegen aus.

»Herr Kraus, bringen Sie mich schnell weg, bitte. Weg von hier! Das ist kein Bahnhof. Das ist ein Einkaufszentrum … Bringen Sie mich schnell weg, sonst sterbe ich, ja, ja, sonst bin ich gleich hin, bringen Sie mich bitte schnell weg und sagen Sie mir Bescheid, wenn wir endlich in Wien sind.«

»Wir sind doch in Wien.«

»Nein, nein, sind wir nicht. Führen Sie mich aus diesem schrecklichen Kaufhaus, sagen Sie mir Bescheid, sobald wir vor einem schönen alten Haus stehen. Früher waren die Bahnhöfe Kathedralen des Verkehrs. Und heute? Markthallen. Durchgangszimmer. Nicht mehr als das. Ja, ja, Rudolf Bitzan hat seine Bahnhöfe immer als Aufenthaltsorte und Abschiedsorte und Ankunftsorte entworfen, ja, ja, so hat er auch seine Feuerhallen entworfen, sagte mein Vater. Und heute? Furchtbar. Bitzan würde sich hier gleich übergeben, dieser Bahnhof würde ihn derangieren.«

Ich schaute Winterberg an, der mit geschlossenen Augen zu Boden schaute. Ich nahm unser Gepäck und die Hand von Winterberg und wir gingen durch den neuen lauten Wiener Hauptbahnhof.

Vorbei an den Modegeschäften.

Vorbei an den Bistros.

Vorbei an den Fahrkartenautomaten.

»Wie lange dauert es! Wie lange dauert es noch! Der Untergang der Reisekultur, ja, ja, der arme Carl Ritter von Ghega würde sich auch gleich übergeben … Zu seiner Zeit hatte man die Bahnhöfe als Kathedralen entworfen, sogar die kleinsten Bahnhöfe im Waldviertel oder im Böhmischen Paradies oder in Galizien hatte man als kleine Kirchen gebaut und die Haltepunkte als Dorfkapellen, der arme Carl Ritter von Ghega, der arme Held, gut, dass er es nicht erlebt hat, gut, dass er an Schwindsucht gestorben ist … Bahnhof wie eine Markthalle, Bahnhof wie ein Zirkuszelt, ja, ja, das ist das Königgrätz der Eisenbahnarchitektur. Im Zug kann man heute kein Fenster öffnen, man kann dort nicht mal richtig rauchen … Der Untergang. Und dann noch so ein Königgrätz.«

»Sie rauchen doch nicht.«

»Aber wenn ich rauchen würde, wäre es im Zug nicht mehr möglich … Und hier auf dem Bahnhof auch nicht, traurig, traurig … Sie rauchen doch, es muss Sie doch stören.«

»Ich halte es aus.«

»Mich stört es.«

»Oder ich rauche auf dem Klo.«

»Und noch mehr stört mich, dass es Sie nicht stört, ja, ja, bald wird auch das Biertrinken im Zug verboten.«

»Glaube ich nicht.«

»Sie werden noch an mich denken. Wie lange dauert es noch, Herr Kraus, warum machen Sie nichts … Ich sterbe, wie lange noch? Wann sind wir endlich in Wien?«

Wir waren schon vor dem Bahnhof.

Ich schaute mich um. Und dann sah ich es.

»Ich glaube, wir sind da. Wir müssen nicht weiterfahren, Herr Winterberg.«

»Ja, ja, Wien.«

»Nein. Sarajevo.«

»Wie, Sarajevo?«

Winterberg nahm seine Sonnenbrille runter und machte die Augen auf.

»Wirklich. Sarajevo.«

Wir überquerten die laute und stöhnende, dicht befahrene Straße. Und dann waren wir dort.

In Sarajevo.

DIE KAISERGRUFT

Der Kaffee im *Sarajevo* war stark.

Das Bier süß und kalt.

Die Cevapcici fettig und gut.

Winterberg beruhigte sich wieder.

»Ich freue mich so auf Bosnien. Das wird so eine schöne Zugfahrt.«

»Zugfahrt?«, lachte die Bardame, eine Bosnierin. »Niemand fährt heute mit dem Zug nach Sarajevo, nur ein Verrückter würde das machen. Nehmt einen Bus.«

»Wir fahren nicht mit dem Bus.«

»Dann nehmt ein Auto. Habt ihr kein Auto?«

»Nein.«

»In Bosnien hat jeder ein Auto.«

»Wir fahren mit dem Zug.«

»Oder bleibt hier. *Sarajevo* wie Sarajevo ... Ich sage dir, mein Sarajevo ist das beste und schönste Sarajevo in Wien. Es gibt nämlich noch ein paar andere ... Was wollt ihr eigentlich in Sarajevo?«

»Wir suchen dort jemanden ... eine Frau. Das ist eine lange Geschichte ...«

Ein Mann setzte sich zu uns. Ein großer Mann mit breitem Kreuz.

»Ich dachte, ihr fahrt wegen des Krieges dorthin.«

»Das auch, das stimmt. Wegen 1914.«

»1914 ... Das war kein Krieg ... Ich zeige euch was.«

Er zog sein T-Shirt hoch und zeigte uns seinen Bauch. Er war durchsiebt von vielen Kugeln.

»Das ist Krieg. Achtmal bin ich von dem Schweinehund getroffen worden, aber eine Katze hat neun Leben.«

»Und ein Kater auch, Zlatko«, sagte die Bosnierin und küsste ihn auf den kahlen Kopf.

Der Mann erzählte, wie schlecht es ihm geht. Jeden Tag muss er jedes von diesen acht Löchern, jedes von diesen acht Gräbern in seinem Bauch mit acht Schnäpsen zubetonieren, damit die Wunden nicht platzen und alles dort bleibt, wo es bleiben soll.

Winterberg lud ihn auf die acht Schnäpse ein.

»Das ist sein Trick. Funktioniert immer«, sagte die Bosnierin.

»Was für ein Trick? Das stimmt doch!«

»Ich weiß, Zlatko.«

Er trank den ersten Schnaps und sie küsste ihn wieder auf den kahlen, glänzenden Kopf.

Sie erzählte, sie liebe die acht kleinen Gräber im Bauch von ihrem Mann, doch die schönsten Gräber in Wien sind die Gräber in der Kaisergruft. Sie weiß das, denn sie putzt dort, wenn sie nicht im *Sarajevo* bedient.

Sie erzählte, sie wische dort dreimal die Woche die Särge der Familie Habsburg ab.

Sie erzählte, sie liebe vor allem den riesigen Sarg Maria Theresias, den die Kaiserin schon zu Lebzeiten fertigen ließ.

Sie erzählte, sie liebe auch den einfachen Sarg von ihrem Sohn Joseph.

Sie erzählte und Winterberg hörte ihr fasziniert zu und sagte:

»Sie sind eine sehr interessante Frau.«

»Bin ich nicht.«

»Doch, doch, Sie schauen historisch durch.«

Die Bosnierin lächelte und ihr Mann trank den nächsten Schnaps und sagte:

»Wie meinst du das? Interessante Frau.«

Winterberg sagte kein Wort und schaute auf die Bosnierin.

Und der Mann drehte sich zu mir:

»Wie meint er das?«

»Er liebt Geschichte. Und sein Vater hat das erste Krematorium in der Monarchie gebaut, in Liberec, in Reichenberg. Er kommt aus einer Leichenbestatterfamilie, deshalb …«

»Es ist kein Krematorium, es ist eine Feuerhalle«, sagte Winterberg. »Die erste Feuerhalle in Österreich.«

Der Mann trank den nächsten Schnaps.

»Reichenberg ist in Österreich?«

»Genau. In Tschechien. Früher war es in Österreich.«

»Warum ist es nicht mehr in Österreich?«

»Weil Reichenberg dann in der Tschechoslowakei war und weil es jetzt Tschechien ist.«

»Aber warum?«

»Warum denn. Warum ist Sarajevo nicht mehr in Österreich?«

»Sarajevo war in Österreich?«

»Ja.«

»Sarajevo war nie in Österreich. Sarajevo war immer in Bosna.«

»Doch, natürlich war Sarajevo in Österreich, Zlatko,«, sagte die Bosnierin.

»Willst du mich auch verarschen, oder was?«

Er trank den nächsten Schnaps.

»Nein. Ich liebe dich doch, Zlatko.«

Sie küsste ihn wieder auf den kahlen Kopf und er umarmte sie und küsste sie auch.

»Ich will nicht ins Krematorium. Ich will mich nicht verbrennen lassen«, sagte der Mann. »Das muss so eng und so heiß sein, nein, nein, bei uns werden alle ins Grab gelegt.«

»Aber Zlatko, wenn du tot bist, merkst du es nicht, ob es dir zu eng oder zu heiß ist.«

»Trotzdem, trotzdem. In Bosna wird niemand verbrannt. Das ist gegen Gott.«

Er trank den nächsten Schnaps.

»Du merkst gar nichts, wenn du tot bist.«

»Da liege ich lieber bei dir in der Kaisergruft. Mit dir.«

Er klatschte ihr auf den Arsch.

»Ja, genau, sich die ganzen Tage von den Touristen fotografieren lassen wie im Zirkus und warten, wann es die Würmer endlich zu dir durch das Blech schaffen.«

»Mir machen die Würmer nichts aus.«

Er trank den nächsten Schnaps.

»Aber die kommen nicht rein, Zlatko, verstehst du es nicht? Sie schaffen es nicht, die Särge sind aus Metall, schrecklich, wie sollten es die Würmer schaffen?«

»Ich würde es schaffen.«

»Nein, würdest du nicht, Zlatko.«

»Ich habe alles immer geschafft, du weißt doch … Damals … Ich habe alles geschafft.«

»Ich weiß, ich weiß, doch die Särge der Familie Habsburg sind gepanzert, sie sind zugelötet, ich habe alles gesehen, sie liegen dort wie in einem Warteraum. Nein, ich will ins Krematorium.«

»Dann mach es. Ich nicht.«

»Es heißt Feuerhalle.«

»Funktioniert das Krematorium noch?«

»Oder Flammengruft. Ich mag das Wort Krematorium nicht, nein, nein, ist mir irgendwie zu kalt, ich mag es einfach nicht.«

»Ja«, sagte ich. »Es funktioniert.«

»Dann fahren wir morgen nach, wie heißt es noch mal …«

»Liberec«, sagte ich.

»Es heißt Reichenberg«, sagte Winterberg.

»Genau, dann fahren wir dorthin und schauen es uns an. Ist es dort schön?«

»Es regnet die ganze Zeit. Oder es schneit, es liegt in einem Bergtal.«

»Wie Sarajevo … Und ist es leicht zu finden, das Krematorium?«

»Es heißt Feuerhalle. Ich mag das Wort Krematorium nicht.«

»Ja.«

»Und ist es weit?«

»Vom Bahnhof aus immer gerade in die Stadt, dann fragen Sie nach dem Feuerberg … Jeder in Reichenberg weiß, wo der Feuerberg steht, ja, ja, es ist auch nicht zu übersehen. Es ist der schönste Hügel in der ganzen Stadt.«

»Alles klar. Danke. Ich war noch nie in Tschechien.«

»Es gibt auch in Wien ein Krematorium«, sagte ich. »Also eine Feuerhalle.«

»Nein, wir fahren nach Reichenberg, kommst du mit, Zlatko? Das erste Krematorium in Österreich liegt in Tschechien und die erste Brauerei in Sarajevo haben auch die Tschechen gebaut.«

»Genau, und du kannst dich gleich verbrennen lassen.«

Er trank den nächsten Schnaps.

»Aber Zlatko …«

»Dobro došli.«

Er trank den nächsten Schnaps.

»Auf dich. Auf das Krematorium. Auf die Feuerhalle.«

Er trank den nächsten Schnaps.

»Trink nicht so schnell, Zlatko … Du weißt doch …«

»Ich lasse mich nicht verbrennen.«

Winterberg schlug sein Buch auf, las über Wien und sagte:

»Verrückt. Alles verrückt.«

»Wie verrückt?«

Der Mann schaute erst Winterberg an, dann mich.

»Der Alte denkt, ich bin verrückt? Sag mal, pass auf!«

Winterberg reagierte nicht. Er las über die Wiener Museen.

»Er soll aufpassen!«, wandte sich der Mann an mich. »Will er mich verarschen?«

»Er meint nicht dich«, sagte ich. »Er meint sich.«

»Ja, Zlatko, beruhige dich.«

»Willst du mich verarschen?«

»Nein.«

»Genau, sei nicht gleich verrückt«, sagte die Frau.

Winterberg las weiter in seinem Baedeker.

Die Frau erzählte, sie glaube, einige der Särge seien leer, denn wenn sie mit dem Besen auf die Särge klopfe, klängen viele so, als wäre niemand da. Als wäre niemand zu Hause, wie sie sagte.

Sie klopfte auf den Tisch, so als klopfe sie auf einen Sarg.

»So, verstehen Sie? So klingt es. Drinnen ist nichts. Man sagt, man habe die Leichen geklaut und verkauft. Meine Kollegin, eine Slowakin, meint, sie haben sie an die Japaner verkauft, die sind verrückt, die sammeln solche Sachen.«

»Auf die Japaner!«

Der Mann trank den nächsten Schnaps.

»Zlatko, trink nicht so schnell!«

Die Bosnierin küsste ihn auf den Kopf und erzählte, die Leichen lägen in der Kaisergruft ohne Herzen und ohne Organe, denn die lägen in der Augustiner-Gruft. Sie lägen dort auch ohne Innereien, die seien in den Katakomben unter dem Stephansdom. Sie erzählte und Winterberg hörte ihr zu. Sie erzählte, dass ein Rentner, der jeden Tag in die Kaisergruft komme und die Särge zähle, ob nicht ein Sarg fehle, und der sich dabei jeden Tag verzähle, ihr sagte, einmal kämen alle Teile wieder zusammen und das alte Österreich würde auferstehen und vielleicht würde der Kronprinz Rudolf wirklich Kaiser. Er, der Mörder und Selbstmörder, aber ein kluger junger Mann, der Klügste der Familie Habsburg.

Sie erzählte und Winterberg hörte ihr fasziniert zu.

»Sie sind eine besondere Frau. Sie können so gut erzählen.«

»Ich weiß nicht.«

»Doch, doch.«

Die Frau lächelte und ihr Mann schaute Winterberg böse an.

»Besondere Frau? Wie meint er das? Hör mal ...«

Er stand auf und wollte Winterberg am Kragen packen, doch er war schon zu betrunken. Er fiel um und schlief ein.

»Siehst du, Zlatko? Ich habe dir gesagt, du sollst das Zeug nicht so schnell trinken. Und morgen wollten wir nach Reichenberg fahren ... Ja, das ist mein Mann. Mein Zlatko.«

Ihr Mann schlief und sie küsste ihn auf den kahlen Kopf.

»Warum machen Sie das in der Gruft, Sie haben doch das Gasthaus?«

»Weil ich meine Arbeit dort liebe.«

Sie erzählte, wie sie Sarajevo im Krieg mit ihrem Mann verließ und anfing, in der Kaisergruft zu arbeiten, erst viele Jahre später hatten sie das *Sarajevo* übernommen. Sie erzählte, wie sehr sie ihre Arbeit in der Kaisergruft liebe, obwohl die Slowakin sagt, dass es dort spuke und sie schon mal den Geist der Kaiserin Elisabeth mit dem Besen zurück in den Sarg jagen musste.

Sie erzählte und ihr Mann schlief mit dem Kopf auf dem Tisch und Winterberg hörte ihr zu. Sie erzählte von dem Rentner, der jeden Tag in die Kaisergruft komme, und sage, dass er sich auch Maximilian als den nächsten Kaiser gut vorstellen könne, den Kaiser von Mexiko, der viel gelesen habe und sicher nicht gleich in den Krieg mit Russland ziehen würde. Sie erzählte, der Rentner habe ihr einmal vor dem Sarg der Kaiserin Elisabeth einen Heiratsantrag gemacht, weil er dachte, er müsste dann nicht jeden Tag den Eintritt in die Kaisergruft bezahlen. Sie erzählte, die Kaisergruft sei schon fast voll, es gebe nur noch Platz für eine letzte Leiche.

»Ich bin gespannt, wer in dem letzten Sarg liegen wird, von dem ich dann den Staub abwischen werde. Wenn also die Leiche auch nicht an die Japaner verkauft wird.«

Sie erzählte von der Slowakin, die gerade mit einem Katakombenführer vom Stephansdom zusammengekommen war und sich die ganze Zeit fragte, was für ein schönes kräftiges Parfüm ihr Liebhaber verwende, bis sich herausstellte, es ist die Luft der Katakomben, das modrige Parfüm der Welt unter Wien.

Die Bosnierin erzählte und ihr Mann schlief und Winterberg hörte ihr zu. Dann wollte er etwas sagen. Doch in dem Augenblick fiel Winterberg mit dem Gesicht auf sein Buch und schlief ein.

»Was ist mit ihm?«, fragte sie.

»Er schläft. Das macht er gern.«

Und so lagen sie beide da. Winterberg und ihr Mann. Zlatko.

Am späten Nachmittag gingen Winterberg und ich in die Kaisergruft.

Winterberg schaute sich um, und als er niemanden sah, klopfte er vorsichtig auf einen Sarg. Und dann auf den nächsten. Und dann noch auf einen.

»Die Frau hatte recht, lieber Herr Kraus. Sie sind wirklich leer, da ist niemand. Oder? Was denken Sie? Ist da jemand?«

Winterberg klopfte auf die wunderschönen Särge der Kaisergruft und eine Gruppe Japaner filmte ihn dabei und lachte.

»Hier ist niemand. Hier ist vielleicht doch jemand. Hier wieder niemand. Hier, ich weiß nicht … Hier ist jemand. Hier ist niemand. Hier ist jemand. Hier ist niemand. Hier auch nicht …«

Winterberg klopfte auf alle Särge der Familie Habsburg, als wären es riesige Glocken, als wäre die Kaisergruft nichts anderes als ein großes Glockenspiel, als würde er auf dem Glockenspiel spielen, um die Toten so zu erwecken.

Dann löste er den Alarm aus. Und einer der Wächter, die uns dann zum Ausgang brachten, sagte, wir hätten in der Kaisergruft ab jetzt Hausverbot. Er sagte, die Verrückten hätten unter den Toten nichts zu suchen.

DIE LIEBE

Wir saßen beim Frühstück im *Astoria.* So hieß unser Hotel. Es stand im Baedeker. Und Lenka war hier auch kurz untergebracht gewesen, wie Winterberg sagte. Sie hatte ihm von hier eine Postkarte geschickt.

Wir saßen beim Frühstück und die Stadt war immer noch grau und der Himmel auch so wie gestern.

Ich musste an die grauen Augen von Carla denken, an die zwei kleinen, tiefen Seen in der sanften schmalen, langgezogenen Landschaft ihres Gesichts.

Wir saßen beim Frühstück mit ein paar asiatischen und arabischen Touristen und ich musste an unsere Überfahrt denken, die etwa ein Jahr dauerte und die eine meiner ersten Überfahrten war, nachdem ich Bayern verließ, so wie ich vorher die Tschechoslowakei verlassen hatte. Nur weniger dramatisch und ohne Blut.

Wir saßen beim Frühstück und Winterberg putzte seine Brille und las laut mit dem Vergrößerungsglas aus seinem Buch vor, vor ihm ein Kaffee und ein Käsebrötchen.

»Die Hauptsehenswürdigkeit in Favoriten, in der Nähe des Südbahnhofs, gibt es nicht mehr, leider, ja, ja, traurig, traurig, und den Staatsbahnhof gibt es leider auch nicht mehr, traurig, traurig, das beim Maria-Josefa-Park gelegene k.u.k.-Artillerie-Arsenal, 1849 bis 55 erbaut, ein 689 Meter langes, 480 Meter breites Rechteck, mit acht vorspringenden Kasernenblöcken, ja, ja, schön, schön. Eingang durch das schöne, von den Architekten Sicardsburg und van der Nüll erbaute Kommandantur-Gebäude an der nordwestlichen Seite, über dem Eingangstor Sandsteinstatuen von Hans Gasser … Ja, ja Sicardsburg und van der Nüll, vom Arsenal zur Hofoper, sehen Sie, lieber Herr Kraus, der Krieg und die Kunst liegen genauso nah beieinander wie der Krieg und die Eisenbahn, ja, ja, wie die Eisenbahn und die Feuerhallen, alles verrückt, die beiden Architektenfreunde sind auch Opfer von Königgrätz, so wie Sie und ich, dazu kommen wir später noch«, sagte er und trank ein wenig von seinem Kaffee.

Ich las in der Zeitung und Winterberg sah, dass ich die Zeitung las, und sagte:

»Natürlich, für Sie ist eine Zeitung von heute wichtiger und interessanter als ein Buch von früher. Ein oberflächlicher Journalismus gegen die Wissenschaft, traurig, traurig.«

Und er las weiter laut aus seinem Buch vor.

»Im Innenhof, gegenüber dem Kommandantur-Gebäude, das k.u.k.-Heeresmuseum, in einem romanisch-byzantinischen Mischstil von Förster und Hansen für die Sammlungen des ehemaligen kaiserlichen Zeughauses errichtet, mit reichem künstlerischem Schmuck am Mittelbau.«

»Sie wissen doch schon längst alles. Warum lesen Sie es?«

»Das haben Sie mich schon mal gefragt und ich habe Ihnen auch schon mal geantwortet.«

»Aber trotzdem.«

»Also nochmals: Ich lese es, um es nicht zu vergessen, ja, ja, um die Geschichte nicht zu vergessen, denn einer muss das tun, ja, ja, weil heute kein Mensch mehr historisch durchschaut. Und unterbrechen Sie mich nicht, wenn ich lese.«

»Aber dann lesen Sie es leise. Lesen Sie es nur für sich, ich lese auch.«

»Wenn ich es leise lese, merke ich es mir nicht. Ich kann es mir nur merken, wenn ich es laut lese. Das war immer so. Und unterbrechen Sie mich nicht, wenn ich lese, ja?«

»Ja, ja«, sagte ich und legte die Zeitung auf den Nebentisch.

Ich schaute aus dem Fenster. Alles war immer noch grau, und ich musste wieder an Carla denken. Sie wollte die ganze Welt bereisen, doch die einzige Reise, die sie machte, war unsere Reise.

Winterberg las so laut, dass die anderen Gäste ständig zu uns schauten.

Doch Winterberg ließ sich davon nicht stören.

»Katalog 1 Krone 50. Konservator Dr. John.«

Ich schaute ihn an und bestellte noch einen Kaffee.

»Vor dem Museumsgebäude im Freien 320 Geschützrohre. Links österreichische Geschütze vom 15. Jahrhundert an, rechts fremde, meist eroberte Geschütze, ja, ja, wahrscheinlich aus Italien oder Frankreich.«

Ich dachte an Carla und an den Abend, als ich von unserer gemeinsamen Überfahrt allein zurückkam. Ich dachte daran, wie ich in meinem Heimathafen in die Kneipe stürzte, um mich in Bier zu ertränken. Um zu vergessen. Um weiterzukommen.

»Zu beachten unter anderem der eiserne Riesenmörser vom Anfang des 15. Jahrhunderts, ferner die künstlerisch geschmückten Rohre von Hilger, Christ, Löffler, Neidhart, Heroldt, Benningk und anderen hervorragenden Geschützgießern des 16. und 17. Jahrhunderts, ja, ja, die Geschützgießer und die Glockengießer, zwischen ihnen herrschte ein ewiger Gießerkrieg, man kann entweder Geschütze oder Glocken gießen, nie beides, nein, nein.«

Viele vergaß ich.

»Aus Glocken kann man natürlich auch Geschütze gießen, doch ich habe noch nie gehört, dass man aus Geschützen Glocken gießt… Das müssen wir uns unbedingt anschauen.«

Die Namen.

Die Gesichter.

Das Leiden.

»Neben dem Eingang des Museums rechts und links die 533 Meter lange Kette, mit welcher die Türken 1543-1602 die Donau zwischen Ofen und Pest gesperrt hielten, wie spannend.«

Carla vergaß ich nie.

Vielleicht, weil sie so jung war.

Vielleicht, weil ich so jung war.

Vielleicht, weil sie mich liebte.

Vielleicht, weil ich sie liebte.

»Warum interessiert es Sie nicht, Herr Kraus?«

»Doch, es interessiert mich.«

»Sie hören nicht zu.«

»Ich höre zu.«

»Na ja, nicht jeder kann historisch durchschauen.«

Winterberg trank ein wenig von seinem Kaffee und las in dem Baedeker weiter.

»Die prächtige, von zwölf Säulengruppen getragene Eingangshalle schmücken 56 Marmorstandbilder österreichischer Helden von Kundmann, Costenoble, Gasser und anderen, ja, ja, nebenan links die Bibliothek mit einer Sammlung von Stichen zur Geschichte des österreichischen Heeres, ja, ja, das lassen wir vielleicht weg.«

Ich dachte an die Tage und Nächte, als wir uns Geschichten erzählten.

»Rechts der Gewehrsaal mit über 500 Gewehren und der Artilleriesaal mit 200 Geschützmodellen, Munitionssammlung, Schlachtenbildern, das lassen wir nicht weg.«

Ich dachte an den einen Abend, als wir uns zum ersten Mal umarmten.

»Ach, nein, Herr Kraus, schauen Sie! Sochor und sein Kavalleriekampf bei Stresetitz in der Schlacht bei Königgrätz. Das wollte ich immer sehen.«

Ich dachte an den Abend, als wir uns zum ersten Mal küssten.

»Sochor war immer mein Vorbild in unserem Kunstverein der Berliner Straßenbahnfahrer, wo ich der einzige Straßenbahnfahrer war, der auch ein wenig malen konnte.«

Ich dachte an den Abend, als wir uns zum ersten Mal liebten.

»Ja, ja, die Landschaftsbilder von Sochor haben mich auch für meine Modelleisenbahn inspiriert, obwohl es natürlich bei Sochor immer nur um Krieg und bei mir um die Landschaft und die Eisenbahn ging, doch die Eisenbahn ist auch ein Krieg.«

Draußen war es immer noch grau.

»Ja, ja, schade, dass ich meine Modelleisenbahn nie zu Ende bauen werde.«

Winterberg schwieg kurz, als ob er über seine verlassene Modelleisenbahnanlage nachdenken würde.

Ich dachte an unsere zuerst langen und dann immer kürzeren Ausflüge mit dem Rollstuhl durch das Bremer Viertel. Carla wollte immer weiterfahren. Immer weitere Kreise durch die Stadt ziehen. Doch ihre Krankheit tat ihr immer mehr weh.

»Ja, ja, die alten Geschütze, das ist nicht so spannend, vielleicht die Totenorgel von Kollman aus Wien aus dem Jahr 1678, die könnten wir uns anschauen. Ich habe einige gekannt, die von der Nachtmusik der russischen Totenorgel verrückt geworden sind, so wie mein Nachbar in Berlin … Zwanzig Jahre nach dem Krieg hat er immer noch die Musik der russischen Totenorgel gehört, und als er diese Nachtmusik dann plötzlich nicht mehr hörte, hat ihn diese Stille so überwältigt, dass er sich im Keller erschossen hat, ja, ja, Kopfschussleichen sind keine schönen Leichen.«

Ich dachte an viele andere Abende und Nächte, als wir uns liebten.

»Ja, ja, so kommt es im Leben, der eine erschießt sich, der andere hängt sich auf, der Nächste stürzt sich aus dem Fenster, ja, ja, ich würde vielleicht am liebsten irgendwo im Wald erfrieren, wenn Sie mich fragen würden, das tut nicht so weh, als wenn man sich aufhängt oder erschießt, es kann nur länger dauern, ja, ja, man muss es sich ganz genau überlegen, lieber Herr Kraus, Frostleichen sind schöne Leichen, sagte mein Vater … Also, wie geht es weiter, ja, ja, zurück und durch das von vier Säulenbündeln getragene Treppenhaus, mit allegorischen Fresken von Rahl, Marmorstandbildern der Heerführer Radetzky, Haynau, Windischgrätz und Jelačić … Benedek fehlt, Benedek muss natürlich fehlen, Benedek, der arme Trottel der Militärgeschichte.«

Carla konnte sich immer weniger bewegen. Umso mehr wollte sie sich lieben.

»Ja, ja, traurig, traurig, er hätte in Italien bleiben sollen … Und ja, ja, noch eine Marmorgruppe, Austria, ihre Kinder schirmend, von Benk, sehen Sie, lieber Herr Kraus, die Austria von Königgrätz, sie ist auch da.«

»Sie kennen das doch schon alles.«

»Alles kenne ich nicht.«

»Doch …«

»Aber ich will es lesen. Jeder sollte es lesen. Und dazu natürlich auch andere historische Literatur, *Die Überschienung der Alpen* zum Beispiel.«

Winterberg trank ein wenig von seinem Kaffee und las weiter in seinem Buch.

Und ich wusste, ich würde es mit ihm und dem Krieg und dem Nebel in seinem Kopf nicht mehr lange aushalten.

Ich dachte weiter an Carla.

»Im ersten Stock in der Mitte die Ruhmeshalle, ein Kuppelsaal und zwei kleinere Nebensäle, mit Gedenktafeln für die seit 1618 vor dem Feinde gebliebenen österreichischen Generäle und Obersten und mit Fresken von Blaas, ja, ja, zu den hiergebliebenen Soldaten sind einige weitere vor dem Feinde gebliebene Soldaten gekommen.«

Ich dachte an ihr langes, feines Haar, das ich ihr immer wusch, trocknete und kämmte.

»I. Waffensaal, Zeit von 1618–1788, im Kasten 52 Trophäen aus dem Dreißigjährigen Krieg, merken Sie es sich, lieber Herr Kraus.«

Ich dachte an ihre Lippen.

»Pult 75, das Schwert Tillys, der eigenhändige Befehl Wallensteins an Pappenheim, der nach der Schlacht bei Lützen blutgetränkt auf der Brust des gefallenen Reitergenerals gefunden wurde. Ja, ja, Wallenstein, vielleicht reisen wir nächstes Mal wirklich auf den Spuren von Wallenstein, er taucht in meinem Buch immer wieder auf.«

An ihren schlanken Hals.

»Alte Skizze der Aufstellung des kaiserlichen Heeres bei Lützen, das Kollier, das Gustav Adolf an seinem Todestag bei Lützen trug, ja, ja, der Nebel des Krieges schon wieder, merken Sie es sich, lieber Herr Kraus … Von Gustav Adolf könnte ich auch länger erzählen, über seine Landung auf Usedom, na ja, vielleicht ein anderes Mal.«

An ihre kleinen Brüste.

»Pult 119, Degen Kaiser Ferdinands III., merken Sie sich das, Kasten 170, Erinnerungen an den Fürsten Montecuccoli, merken Sie sich das, Herr Kraus. In den Schränken 203, 204 türkische Trophäen, merken Sie sich das, ja, ja, auch eine türkische Taschenuhr 1664 bei St. Gotthard erbeutet, das kann man sich nicht merken.«

An ihre Brustwarzen.

»Kasten 240, Erinnerungen an den Prinzen Eugen von Savoyen. Kasten 267, 268 Feldzeichen aus der Zeit Leopolds I. und Karls VI. An den Fensterbogen VII, VIII. Stangenwaffen aus der

Zeit Maria Theresias, Trophäen aus dem österreichischen Erbfolgekrieg und aus dem siebenjährigen Kriege, ja, ja, gut, dass wir das Buch mit dabeihaben werden … Sie denken, ich weiß schon alles und kann mir alles merken, doch wer kann sich so was merken? Es ist zu viel. Zu viel Geschichte! Es macht mich verrückt, dass ich mir nicht alles merken kann.«

An ihre Rippen, die sich unter der hellen Haut wie ein Gebirge erhoben, wie die Alpen, wie Carla sagte.

»Pult 298, Degen des Grafen Rüdiger von Starhemberg. Pult 363, Erinnerungen an Laudon, ja, das kann man sich wirklich nicht merken, II. Waffensaal, Zeit von 1789 bis zur Gegenwart, ja, ja, das interessiert mich, die Gegenwart, lieber Herr Kraus, vor allem die Gegenwart von 1866 bis 1914, die Gegenwart zwischen Königgrätz und Sarajevo.«

Clara liebte es, wenn ich ihre Lippen küsste.

»An der Eingangswand Trophäen aus dem letzten Türkenkrieg.«

Wenn ich sie in die Lippen biss.

»In den Fensterbogen I–III links und IX rechts Waffen aus der Zeit von 1789 bis 1848.«

Ganz zart.

»II, III Trophäen aus den Kriegen gegen Frankreich 1792 bis 1815.«

Ganz hart.

»Darunter der bei Würzburg 1796 genommene Montgolfierische Luftballon.«

Sie liebte es, wenn ich ihren Hals küsste und sie mit der Zunge wie ein Hund ableckte.

»Das lassen wir vielleicht aus, Fliegen interessiert mich nicht, Fliegen ist nur für Trottel, man ist irgendwo eine Stunde früher … Na und? Ich habe Zeit. Wie oft habe ich versucht, es meiner Tochter zu erklären, doch alles vergeblich …«

Ihre Ohren.

»Pult 70 Oberstenküraß Leopolds II., ja, ja, zwei türkische Gewehre aus Belgrad 1789.«

Ihre Brüste.

»Degen der Feldmarschälle Clerfayt und Wurmser. Wer kann sich das alles merken?«

Aber Carla liebte das vor allem, wenn ich ihre Rippen küsste, ihre Alpenlandschaft, wie sie sagte.

»Pult 111, Kriegsgedenkmünzen aus der Zeit von 1789 bis 1848, Kästen 132, 134, 136 Erinnerungsstücke an die patriotische Opferwilligkeit Österreichs in den Kriegsjahren 1792 bis 94, man kann es sich wirklich nicht merken, lieber Herr Kraus. Das macht mich ein wenig melancholisch.«

Doch vor allem liebte Carla es, wenn ich sie zwischen den Beinen küsste.

»Kasten 158, Erinnerungen an den Erzherzog Karl.«

Sie stöhnte und wollte, dass ich mit dem Küssen nicht aufhöre.

»Die Fahne des Regiments Zach, mit welcher bei Aspern der Erzherzog im entscheidenden Augenblick die Österreicher zum Sieg führte.«

Du, mein Hündchen, sagte sie immer. Du, mein Hündchen.

»Pult 160, Erinnerungen an Franz II. und den Fürsten Schwarzenberg.«

Ich hörte mit dem Küssen nicht auf.

»Kasten 282, Erinnerungen an Radetzky.«

Ich küsste Carla zwischen den Beinen. Ich leckte sie ab. Und ihr Körper bäumte sich dann kurz auf. So, als wäre Sie in dem Augenblick wieder gesund.

»Pult 861, Erinnerungen an Hentzi und den Fürsten Windischgrätz.«

Sie stöhnte. Sie schrie. Sie biss mich in meine Finger.

»Ja, ja, in Prag erinnert man sich nicht so gerne an Windischgrätz.«

Du mein Hündchen, du.

»In Wien eigentlich auch nicht. Nur im Arsenal.«

Danach weinte sie und schrie und biss in die Kissen, und ich musste sie umarmen und trösten. Bring mich weg, sagte sie danach immer. Bring mich bitte weg, egal, wohin, aber bring mich weg von hier.

Die einzige große gemeinsame Reise, die wir zusammen machten, war unsere Überfahrt.

»Kasten 362, Uniformen aus der Mitte des 19. Jahrhunderts.«

Am Anfang der Überfahrt hatte Carla sich noch ein wenig bewegen können.

»Pult 383, Kriegsgedenkmünzen seit 1848, Fensterbogen VII. Ich kann es mir einfach nicht merken, traurig, traurig, und Ihnen ist es egal, lieber Herr Kraus.«

Am Ende der Überfahrt konnte sie nicht mehr atmen. Das Einzige, was sich noch immer bewegte, waren ihre schönen Lippen.

Ihr Gesicht wurde immer fahler und grauer, bis es zum Schluss viel grauer war als ihre Augen.

»VIII: Waffen aus der Zeit von 1860 bis in die Gegenwart.«

Carla liebte mich und ich liebte sie.

»VII: Trophäen aus den Feldzügen 1859, 1864, 1866.«

Ich weiß bis heute nicht, ob ihre Eltern wussten, dass wir uns liebten.

»Zwischen VII und VIII die Büste des Erzherzogs Wilhelm, des Neubegründers des Heeresmuseums von Haag.«

Dass ich im Knast war, das wussten sie.

»Pult 385, Erinnerungen an Tegetthoff.«

Ich erzählte ihnen, was damals passiert war.

»Kasten 408, Uniformen des Erzherzogs Albrecht. Zu viel Geschichte!«

Doch es war ihnen egal.

»Uniformen seit Mitte des 19. Jahrhunderts.«

Als ich nach der Überfahrt von Carla allein in der Kneipe saß, um mich in Bier zu ertränken, tauchte an meinem Tisch plötzlich ihr Vater auf. Ich wusste nicht, woher er wusste, wo ich mich betrinke. Aber er wusste, er musste sich auch in Bier ertränken. In Bier und Schnaps.

So saßen wir dort zusammen und tranken und sagten kein Wort.

Seitdem war ich nicht mehr in Bremen.

Seitdem habe ich Probleme mit dem Saufen.

Seitdem habe ich mich nicht mehr verliebt.

»Man kann es sich einfach nicht merken, traurig, traurig … Wir müssen los, ja, ja, … Der Kaffee war übrigens schrecklich.«

Ich schaute aus dem Fenster. Die Stadt war immer noch grau und der Himmel auch.

»Herr Kraus, was ist los mit Ihnen? Schlafen Sie?«

»Nein.«

»Warum weinen Sie?«

»Ich weine nicht.«

»Doch, doch, ich sehe das.«

»Sie weinen doch auch ab und zu.«

»Ich? Nic.«

Ich schaute ihn an und dachte, nicht nur er, auch ich bin verloren. Er reist mit mir durch Europa und weint Lenka Morgenstern nach, mit welcher er diese Reise, diese nic stattgefundene Hochzeitsreise, unternehmen wollte. Doch anstelle von Lenka Morgenstern reise ich mit ihm durch Europa und weine Carla nach.

Winterberg ist verrückt und verloren.

Ich bin verrückt und verloren.

Und dann gingen wir kurz hoch in unsere Zimmer.

Und dann gingen wir wieder runter.
Und dann saßen wir in der Straßenbahn.
Und dann saßen wir im Bus.
Und dann standen wir am Eingang des Heeresgeschichtlichen Museums im Arsenal in Wien.
Winterberg und ich.
Und ich wusste, ich halte es mit ihm nicht mehr lange aus.
Ich kann ihm nicht helfen.
Und er kann mir auch nicht helfen.

DAS ARSENAL

Im Museum war wenig los. Die zwei Wächter schauten uns so überrascht an, als ob wir uns an diesem Tag ins Arsenal verirrt hätten und eigentlich in ein ganz anderes Museum oder zum Weihnachtsmarkt gehen wollten.

Doch Winterberg wollte genau hierhin.

Er kümmerte sich nicht um die Türken.

Er kümmerte sich nicht um Wallenstein.

Er kümmerte sich nicht um die Feldmarschälle Clerfayt und Wurmser.

Er eilte durch das leere Heeresgeschichtliche Museum Richtung Königgrätz. Im großen, hohen, stillen Saal blieb er vor einem riesigen Gemälde stehen.

»Václav Sochor.«

Er sagte, laut Baedeker sollte hier eigentlich ein anderes Schlachtengemälde hängen, *Der Kavalleriekampf bei Střezetic* in der Schlacht bei Königgrätz, aber er sei nicht enttäuscht, gar nicht, vielleicht hänge das Schlachtengemälde in einem anderen Teil des Museums, vielleicht gebe es noch einen Raum zu Königgrätz, sagte er, eigentlich würde es ihn wundern, wenn es zu Königgrätz keinen weiteren Raum gäbe, für diese Schlacht, die durch sein Herz gehe, die ihn zerfleische und zerstöre.

»*Der Kavalleriekampf bei Střezetic* ist auch eher ein fröhliches Bild. Man sieht dort nicht, wie die Schlacht ausgegangen ist, ja, ja, das sieht man auf diesem Gemälde deutlich klarer. Die Batterie der Toten. Wunderschön.«

Er ging zum Gemälde, blieb kurz ganz nah stehen, machte zwei Schritte nach rechts, dann fünf nach links, dann drei nach hinten und sechs nach links und noch acht nach hinten, wieder einen Schritt nach vorne und blieb endlich stehen und schaute sich das Gemälde an.

Minutenlang. Stundenlang. Tagelang.

»Verrückt, alles verrückt.«

Er setzte sich zu mir auf die rote Bank vor dem Gemälde.

»Die Batterie der Toten, ja, ja.«

Und dann stand er wieder auf und ging hin und her und fing an zu erzählen.

»Sehen Sie, lieber Herr Kraus, vielleicht verstehen Sie erst jetzt, warum die Schlacht bei Königgrätz durch mein Herz geht, dieses Schlachtengemälde des Schlachtenmalers Sochor ist eins der schönsten Kunstwerke der Schlachtenmalerei überhaupt, es ist ein Denkmal des Todes, des Untergangs der Kavalleriebatterie des k. u. k.-Feldartillerieregiments Nummer 8, das den Rückzug der österreichischen Armee nach Königgrätz mit einer heldenhaften Feuertrommel sicherte, die sich in eine hohe und dichte Feuerwand verwandelte. Ja, ja, traurig, traurig, die Kavalleriebatterie hat sich dabei völlig aufgeopfert … Dieses Gemälde ist ein Denkmal für die ganze Feuerkatastrophe, für die ganze menschliche Dummheit, für die geistige Umnachtung, für den Untergang, ja, ja, für die Niederlage von Österreich und für den Sieg von Preußen, der sich später auch zu einer Niederlage und in eine noch viel größere Feuerkatastrophe verwandelte, wie es nur in der Geschichte vorkommen kann, was zu einer noch tieferen geistigen Umnachtung führte, dieses blutige Schlachtengemälde des Schlachtenmalers Václav Sochor, an dem er über sieben Jahre arbeitete und mehrmals die Schlachtfelder von Königgrätz besuchte und sich vor Ort beinah selber in die geistige Umnachtung stürzte, so wie ich, so wie Sie, so wie wir, lieber Herr Kraus, dieses Schlachtengemälde ist also ein Schlachtendenkmal für alle Schlachten der Welt, ja, ja, ein Denkmal für das ganze Schlachtenjahrhundert, das nach Königgrätz folgte.«

Winterberg erzählte und fing an zu schwitzen und zu zittern und ich wusste, ich musste aufpassen und ihm bald helfen.

»Sehen Sie den Tod, lieber Herr Kraus?« Er marschierte hin und her und sprach nicht zu mir, sondern zu dem Gemälde.

Zu den toten Österreichern.

Zu den toten Preußen.

Zu den toten Pferden.

»Sehen Sie, wie hier diese Niederlage gefeiert wird, das kann nur ein Schlachtenmaler aus Böhmen malen, ja, ja … Das ist kein Zufall, lieber Herr Kraus, ein preußischer Maler würde sich lieber umbringen, als eine Niederlage zu feiern und zu malen. Nur ein Böhme ist jederzeit in der Lage, so was zu tun, ja, ja, nur ein Böhme liebt seine Niederlagen, nur ein Böhme freut sich gleich auf die nächste verlorene Schlacht, auf die nächste Schlachtenmalerei, und es ist ihm egal, ob er dabei Deutsch oder Tschechisch spricht. Ja, ja, so ist es, lieber Herr Kraus. Vielleicht kämpften die Vorfahren des Schlachtenmalers Sochor schon auf dem Weißen Berg 1620, das war auch eine prächtige böhmische Niederlage, ja, ja, das müssen sie doch alles selber wissen. Vielleicht wurden Sochors Vorfahren am Altstädter Ring 1621 in Prag vor Tausenden Pragern geköpft, vielleicht wurden sie in Prag erschossen im März 1848, vielleicht fielen sie bei Königgrätz wie meine beiden Vorfahren Karl Strohbach und Julius Ewald, der eine aus Ottensheim an der Donau, der andere aus Tangermünde an der Elbe, und beide an demselben nebeligen Tag tot, nein, nein, es gibt kein Entkommen, das kann man nicht so einfach wie die Alpen überschienen.«

Winterberg blieb stehen und schwitzte und zitterte und ich

stand auf und ging zu ihm und musste ihn aufhalten, damit er nicht zusammenbrach.

Ich brachte ihn zur Bank zurück.

Er schaute sich lange das Gemälde an, die vielen Toten und die wenigen Lebenden, und schwieg.

Und dann fing er an zu weinen.

Und ich wollte ihn trösten.

Doch er war nicht zu trösten.

So saßen wir da auf der Bank und ich fühlte, Winterberg hatte recht. Es gibt wirklich keine Hoffnung und kein Entkommen. Ich schaute mir den weinenden Winterberg an, wie er sich das Gemälde anschaute, und ich fühlte den kalten Wind, der Winterberg wieder nach Königgrätz zog, auf die verlassenen, verschneiten Felder und Wiesen und in die Wälder, in die sanft hügelige Landschaft, wo sich die Erde bewegt und erhebt und sinkt und stöhnt und öffnet und schwer atmet, weil sie die Toten nicht verdauen kann und sich immer wieder übergeben muss.

Dann beruhigte er sich ein wenig.

Er schaute sich erschöpft das Bild an und schwieg.

Und dann fing er wieder an zu erzählen.

»Nur ein Einziger von der Batterie hat es überlebt, ja, ja, nur ein Einziger … Und so vergeht die Zeit, es geht alles vorüber, es geht alles vorbei, oh, wie die Zeit vergeht. Nicht nur bei Königgrätz, überall in Europa bewegt sich die Erde und versucht, mit uns zu sprechen. Doch keiner hört zu, nein, nein … Das ganze Europa ist ein nasses, tiefes Grab im Svíber Wald bei Königgrätz, wo wir alle begraben werden, ja, ja, überall bewegt sich die Erde und versucht, mit uns zu sprechen, überall kann die Landschaft die vielen Toten nicht verdauen und muss sich übergeben, überall öffnen sich die Gräber, überall kriechen die Toten nach oben und die Lebenden fallen nach unten. Ja, ja, so ist es, lieber Herr Kraus, warum interessieren Sie sich nicht für die Geschichte?

Warum schauen Sie historisch nicht durch? Warum haben Sie nicht *Die Überschienung der Alpen* gelesen? Wenn Sie sich für die Geschichte interessieren würden …«

Und plötzlich schlief Winterberg ein.

Stöpsel raus.

Luft raus.

Augen zu.

Gute Nacht.

Sein Kopf lag auf seiner Brust. Er atmete tief und regelmäßig, plötzlich saß er da, ganz friedlich und versöhnt mit seiner Geschichte, mit seinem Wahnsinn, mit sich selbst. Ich saß neben ihm, schaute mir die Toten von Königgrätz an und hörte, wie Winterberg zu schnarchen begann.

Ich saß noch eine ganze Weile neben ihm.

Ich schaute mir Winterberg an.

Und ich wusste, jetzt oder nie.

Wenn nicht jetzt, dann liege ich auch bald bei Königgrätz begraben. So wie er.

Ganz langsam, Schritt für Schritt habe ich mich von der roten Bank entfernt.

Schritt für Schritt schlich ich mich aus dem Saal hinaus.

In der Tür drehte ich mich noch einmal um und sah Winterberg, wie er auf der Bank saß und schlief und schnarchte.

Der Raum war still und leer wie eine Kirche. Still und leer wie das Schlachtfeld bei Königgrätz, als wir dort waren.

Hier soll er bleiben. Unter seinen Toten. Hier passiert ihm nichts. Sie finden ihn, er schaut sie an, macht den Mund auf und fängt an, über Königgrätz zu erzählen, über den Svíber Wald und die Eisenbahn und Sarajevo und jemand ruft den Krankenwagen, der Winterberg endlich in eine Irrenanstalt bringt. Vielleicht kommt das hier sogar öfter vor. Waffen und Kriege, das kann doch nur Verrückte anziehen.

Ich ging und ich wusste, es war die richtige Entscheidung. Unsere gemeinsame Überfahrt war zu Ende. Die einzige Überfahrt, die ich als Soldat der Armee der letzten Hoffnung abbrach, die ich nicht zu Ende schaffte.

Winterberg war der einzige Matrose, der lebendig mit mir zurückkehrte.

Winterberg war der Einzige, der jetzt allein weitergehen muss.

Und ich wusste, er schafft es, er würde noch lange durch diese Welt geistern. Ich ging und ich wusste, dass es so richtig ist.

Plötzlich war ich froh. Ich musste es tun. Ich konnte ihm nicht mehr helfen und er mir auch nicht. Und ich konnte nicht mehr weiter. Ich hatte die Schnauze voll von diesem Erzählen ohne Ende, von dieser verrückten Fahrt durch die Geschichte, von seinen endlosen Geschichten, von seiner Geschichtenlehre, von seinem Durcheinander, von seinen Leichen und Feuerhallen und Eisenbahnen und Schlachten und Kriegen. Ich wollte nicht verrückt werden und so enden wie er. Und ja, ich wollte auch nicht verhaftet werden, wegen ihm wieder in den Knast kommen.

Ich wollte in die Freiheit. In diese Ungewissheit, die in der Freiheit steckt, wie Winterberg einmal sagte.

Ich wollte wieder von vorne anfangen.

Egal, wo.

Egal, wie.

Egal, mit wem.

Hauptsache, weg von hier.

Vielleicht fahre ich nach Vimperk. Vielleicht nach Berlin. Vielleicht nach Bremen und betrinke mich mit dem Vater von Carla und sage ihm, dass wir uns liebten.

»Gute Reise«, sagte ich noch.

Und so ging ich.

Schritt für Schritt verließ ich Winterberg.

Schritt für Schritt verließ ich das Schlachtfeld von Königgrätz.

Schritt für Schritt und sehr leise verließ ich das Museum.

In der Tür schaute ich mich ein letztes Mal nach ihm um.

Winterberg schlief und ich ging.

Ich holte meine Sachen in der Garderobe ab und ließ dort seine Sachen liegen. Ich zog meinen Mantel an. Und dann stand ich in der Tür. Und dann stand ich draußen.

Es regnete und ich schaute in den Hof vom Arsenal in Wien, von dieser Festung, die Kaiser Franz Joseph bauen ließ, um Wien und sein Reich vor den Revolutionen und dem Zerfall von innen zu schützen, wie mir Winterberg erzählt hatte.

Ich zündete mir eine Zigarette an und ging.

Ich ging durch den leeren Hof. Ich ging an den dicken Mauern vorbei. Ich ging und zündete mir die nächste Zigarette an. Ich ging an den Fahnenmasten vorbei, auf welchen keine Fahnen hingen. Ich ging an den parkenden Autos vorbei. Ich ging und niemand kam mir entgegen. Ich ging und mit jedem Schritt fühlte ich mich freier. Ich ging und konnte mich nicht mehr erinnern, wann ich mich mal so gut und so frei gefühlt hatte.

Ich ging und freute mich auf das erste Bier, mit dem ich anfangen würde, diese ganze verrückte Geschichte zu vergessen.

Ich ging und der Regen wurde immer stärker und der Wind auch.

Dann stand ich an der Bushaltestelle und zündete mir noch eine Zigarette an.

Der Bus kam, die Tür flog auf, ich drückte die Zigarette aus und ging zur Tür. Doch dann blieb ich stehen. Ich stieg nicht ein. Ich konnte nicht.

Der Fahrer schaute mich verwundert an und schüttelte den Kopf, machte die Tür wieder zu und fuhr ab.

Es regnete und ich blieb an der Haltestelle stehen und schaute dem Bus nach, bis er in der Ferne verschwand.

Ich ging zurück.

Ins Arsenal.

Ins Heeresgeschichtliche Museum.

Ins Museum der heeresgeschichtlichen Niederlagen, wie mir Winterberg im Bus hierher gesagt hatte.

Ins Museum des Untergangs.

Ins Katastrophenmuseum.

Ich eilte in den Saal IV. Doch Winterberg saß nicht mehr auf der Bank.

Der Raum war leer. Nur die Büste von von Benedek schaute mich an. Von Benedek, der hier dazu verdammt war, sich für immer seine Katastrophe von Königgrätz anzuschauen.

Ich fragte eine Museumswärterin, ob sie einen alten Mann gesehen hätte, doch sie hatte niemanden gesehen. Wir waren doch zusammen hier, sagte ich, doch sie konnte sich an uns überhaupt nicht erinnern. Sie hatte keinen Menschen heute im Museum gesehen, den ganzen Tag lang nicht.

Ich wollte weitergehen, doch sie hielt mich auf.

Sie sagte, wer würde auch in dieser Zeit ins Heeresgeschichtliche Museum gehen, sicher kein normaler Mensch, ein normaler Mensch würde zum Weihnachtsmarkt gehen und einen Glühwein trinken, nur ein verrückter Mensch interessiere sich in der Adventszeit für Waffen und Krieg, ich sei der erste Mensch, den sie sähe und zwar nicht nur heute, sondern in den letzten paar Tagen, ich sei vielleicht der erste Mensch, den sie nach einer ganzen Woche im Heeresgeschichtlichen Museum sähe und ich müsse sicher verrückt sein.

Dann fragte sie mich noch, ob ich getauft sei und an Jesus Christus glaube, und ich bedankte mich und ging weiter.

Ich rannte.

Ich hatte Angst.

Ich suchte Winterberg auf der Toilette.

Ich suchte Winterberg im Café.

Ich suchte Winterberg in der Ruhmeshalle.

Ich suchte Winterberg in der Feldherrenhalle.

Ich suchte Winterberg im ganzen Museum.

Doch ich konnte ihn nicht finden.

Ich suchte Winterberg zwischen den Uniformen und Bildern und Vitrinen und Waffen und fand nur zwei Waffennarren aus der Slowakei, die sich vor einer Kanone fotografierten.

Ich suchte Winterberg in den alten Zeiten vom Dreißigjährigen Krieg bis zu Prinz Eugen in Saal I, und fand Wallenstein und die Totenorgel.

Ich suchte Winterberg in den alten Zeiten des Spanischen Erbfolgekrieges zur Zeit Kaiserin Maria Theresias in Saal II und fand ein Türkisches Staatszelt und den Mörser von Belgrad.

Ich suchte Winterberg in den alten Zeiten der Revolutionen zwischen 1789 und 1848 in Saal III und fand Napoleon und den französischen Kriegsballon.

Ich suchte Winterberg noch einmal in den alten Zeiten von Feldmarschall Radetzky und Königgrätz in Saal IV und fand wieder nur von Benedek, die schwarze stumme Feldkanone und das Schlachtengemälde des Schlachtenmalers Václav Sochor.

Ich suchte Winterberg in den alten Zeiten von Franz Joseph und Sarajevo im Saal V.

Und dort fand ich ihn endlich.

Ich sah Winterberg, wie er an einer verglasten beleuchteten Vitrine stand. Seine Hände lagen auf der Glasscheibe, sein Blick lag auf der blauen Uniform.

Ich kam auf ihn zu.

Er drehte sich nicht um.

Doch er wusste, dass ich es war.

»Sehen Sie, lieber Herr Kraus, diesen kleinen, fast unsichtbaren Tunnel?«

Winterberg zeigte auf das kleine Loch unter dem Kragen der Uniform.

»Wenn Sie einen Eisenbahntunnel bauen wollten, wie würden Sie es machen?«

»Ich habe keine Ahnung. Einen Tunnel habe ich nie gebaut«, sagte ich und dachte, Winterberg war nicht mehr zu helfen, vielleicht war es ein Fehler gewesen zurückzukehren.

»Wer weiß, vielleicht müssen Sie mal einen Tunnel bauen, wir alle müssen das vielleicht tun. In meinem Baedeker geht es sehr viel um Eisenbahntunnel, wie Sie vielleicht bemerkt haben. Jeder einzelne Tunnel wird in meinem Baedeker erwähnt … Natürlich auch viele Eisenbahnbrücken und auch andere Eisenbahnbauten, aber vor allem geht es um die Tunnel. Um die Kehrtunnel und Scheiteltunnel und Sporntunnel, um die Bergtunnel und Stadttunnel, um die eingleisigen und zweigleisigen Tunnel, ja, ja, besonders geht es allerdings um die ganz langen Tunnel, über die wird natürlich begeistert geschrieben. Aber auch der kürzeste Tunnel findet in meinem Buch Platz, ja, ja, denn jeder Tunnel kann in die geistige Umnachtung führen, zum persönlichen Königgrätz und in die Reichenberger Feuerhalle … Haben Sie es nicht bemerkt, wie viele Menschen Angst haben, wenn der Zug in den Tunnel einfährt? In den Irrenanstalten hatte man früher ganze Abteilungen für die von der Tunnelfahrt betroffenen Reisenden gehabt, so wie für die unglücklich Verliebten und Kriegsversehrten.«

Winterberg schaute mich immer noch nicht an.

Er war fasziniert von der blauen, mit Blut beschmierten Uniform.

»Als Tunnelbauer bleibt man in der Geschichte für immer verewigt, so wie der Eisenbahningenieur Jan Perner, der die Bahnlinie von Wien nach Prag gleich mit einigen schönen Tunneln baute, und drei Wochen nach der Fertigstellung der Strecke ist er in einem dieser schönen Tunnel tödlich verunglückt, als er sich bei Choceň darüber nochmals freuen wollte, wie gut er seine Tunnel gebaut hatte. Er schaute aus dem Fenster und prallte mit dem Kopf an einem sonnigen Tag im Mai 1845 gegen einen Signalpfosten und wurde so zum ersten Opfer der Eisenbahn in Böhmen und liegt jetzt in Pardubitz auf dem Friedhof, ja, ja, die Tunnelleichen sind keine schönen Leichen, wie mein Vater immer sagte, traurig, traurig, die ganze Stadt hat sich bei seinem Begräbnis versammelt, sogar der Kaiser hat für den Tunnelbauer einen Kranz aus Wien geschickt, mit der Eisenbahn, versteht sich. Ja, ja, wenige Jahre später haben sie den Tunnel abgerissen und abgetragen, alles verrückt, ja, ja, ein Tunnelbauer ist ein schöner und anspruchsvoller Beruf. Vielleicht kennen Sie die Geschichte von Louis Favre, der in der Schweiz den Gotthardtunnel gebaut hat und bei einem Kontrollspaziergang im Tunnel verstorben ist, als durch seine Aorta auch ein Tunnel gebaut wurde, und so liegt er heute auf dem Friedhof von Göschenen, nur ein paar Schritte von seinem Kunstwerk, von diesem Meisterwerk der Eisenbahnkunst, entfernt begraben und schaut sich in frischer Luft die Züge der Gotthardbahn an, wie sie in seinen Tunnel einfahren, ja, ja, er liegt da und 199 andere Bauarbeiter, die beim Bau gestorben sind, liegen da neben ihm. Vielleicht fahren wir auch mal hin, ja, ja, ein Tunnelbauer zu sein, das ist ein gefährlicher Beruf. Und in diesem Fall war es nicht anders, lieber Herr Kraus.«

Er lehnte sich an die verglaste Vitrine und fing erst wirklich an zu erzählen.

Er wurde wieder von diesem Sturm in seinem Kopf mitgenommen und in die Ferne getragen.

Von diesem Sturm in seinem Kopf, vor dem man sich nicht verstecken kann.

Er erzählte, es gäbe viele verschiedene Möglichkeiten, wenn man einen Tunnel bauen wolle. Man sollte nur wissen, ob man sich in festem Gestein oder unfestem Gestein befinde, das sei entscheidend.

»Nehmen wir an, so ein menschlicher Körper ist eher ein unfestes Gestein«, sagte er und zählte kurz einige Knochen im menschlichen Körper auf, er erwähnte das Gewebe und die Muskeln und das Blut.

»Und ja, vielleicht trägt ein Mensch, in den sie einen Tunnel bauen möchten, auch eine schöne blaue Uniform, so wie wir hier sehen, sehen Sie, lieber Herr Kraus, die Knöpfe und Riemen und Abzeichen und den Kragen, das sollte man auch nicht vergessen, im Tunnelbau gibt es viele Störzonen.«

Winterberg schaute sich die blaue Uniform in der Glasvitrine an, die wie ein gläserner Sarg aussah.

»Ja, ja, die Störzonen sind völlig unberechenbar, sagen die Tunnelbauer … Es gibt viele Störzonen, und das nicht nur im Tunnelbau, auch im menschlichen Leben und in der Liebe, ja, ja, fragen Sie bloß meine Tochter, sie leidet an so vielen Störzonen, die man nicht so leicht wie die Alpen überschienen kann … Verrückt, alles verrückt, das können Sie sich, lieber Herr Kraus, gar nicht vorstellen, wie kompliziert es sein kann, so einen Eisenbahntunnel zu bauen, oft bricht alles zusammen, ja, ja, und man muss von vorne wieder anfangen oder sogar die Trasse des Tunnels verlegen und wieder von vorne anfangen, es kann ganze Jahre dauern, bis ein Eisenbahntunnel fertig gebaut wird, es kann sogar Jahrzehnte dauern, bis der erste Zug durch den Tunnel fährt, ja, ja, keiner kann sich vorstellen, wie kompliziert und gefährlich so ein Tunnelbau war und ist und sein wird. Carl Ritter von Ghega musste die Felsen und ganze Berge auf der Semmeringbahn nur mit Schwarzpulver der Mutter Erde entreißen, denn Dynamit hat man damals noch nicht gehabt, ja, ja, wer weiß, vielleicht hat er sich vom Schießpulver die Schwindsucht geholt, traurig, sehr traurig, Schwindsuchtleichen sind keine schönen Leichen.«

Winterberg schaute weiter auf die blaue Uniform in der Glasvitrine.

»Warum haben Sie nicht das Buch *Die Überschienung der Alpen* gelesen, Sie würden schon alles wissen und Sie würden auch keine Angst mehr haben, weil Sie wissen würden, fast jedes Problem dieser Welt, ja, auch das komplizierteste Problem, ist zu überschienen, ja, ja, so ist es, lieber Herr Kraus, auch die Schwindsucht kann man heute überschienen, sie ist keine ausweglose Krankheit mehr, aber damals, damals war es anders, die Schwindsucht war die Krankheit nicht nur der armen Leute, sondern auch der Eisenbahnpioniere, der Eisenbahningenieure. An der Schwindsucht ist Carl Ritter von Ghega gestorben. An der Schwindsucht ist auch der andere große Eisenbahnpionier Julius Lott gestorben, der Erbauer der Arlbergbahn und des Arlbergtunnels, ja, ja, traurig, traurig, die Eröffnung hat er nicht mehr erlebt, mit nur siebenundvierzig Jahren ist er seiner Krankheit erlegen, so kommt es im Leben, ja, ja. Der Durchstich des Tunnels erfolgte am Namenstag der Kaiserin Elisabeth im Jahre 1883, deren Leichnam man dann fünfzehn Jahre später durch diesen Tunnel im Salonleichenwagen von Genf nach Wien zur Beerdigung brachte. Wenn Sie, lieber Herr Kraus, also einen Tunnel bauen möchten, scheint alles sehr kompliziert zu sein, die ganze Natur wehrt sich, die Menschen wehren sich auch, die Menschen werden oft zu Störzonen, immer wieder tauchen Trottel auf, die das Gefühl haben, sie würden eine viel bessere Trassenführung finden als Sie, ja, ja, ein Tunnelbauer hat ständig mit der Natur und mit der menschlichen Dummheit zu kämpfen. Wenn Sie also einen Tunnel bauen möchten, muss alles ganz genau überlegt werden, ja, ja, wenn Sie so eine große technische Leistung vorhaben wie Carl Ritter von Ghega, der Schöpfer der Semmeringbahn, der Schöpfer der ersten Hochgebirgsbahn der Welt, der Schöpfer der Südbahn von Wien über Graz nach Triest, müssen Sie sich alles nicht einmal, sondern zehnmal überlegen.«

Winterberg erzählte und schaute mich immer noch nicht an.

»Ja, ja, alles muss gut überlegt werden, denn vor Ihnen stehen die Alpen wie eine hohe schwarze undurchdringliche Wand. Carl Ritter von Ghega hat sich wochenlang, nein monatelang, nein jahrelang die Landschaft bei Semmering angeschaut, er lebte mit der Landschaft und der Natur zusammen, bis er mit der Landschaft und der Natur eins wurde, mit den Bergen und den Schluchten und den Felsen, bis er selbst zu der Alpenlandschaft wurde. So bereitete er sich auf seine schicksalhafte Schlacht mit der Natur vor, ja, ja, ich weiß, was Sie sagen möchten, lieber Herr Kraus, wenn von Benedek bei Königgrätz sich diese Zeit hätte gönnen können, um mit der Landschaft eins zu werden, wäre er für seine schicksalhafte Schlacht viel besser vorbereitet gewesen und Königgrätz wäre nicht zu Königgrätz, zu dieser Flammengruft geworden, und er wäre nicht als Trottel der Geschichte aus der Geschichte verabschiedet worden, doch von Benedek hat sich diese Zeit nicht genommen, ja, ja, von Benedek, doch es war nicht alles seine Schuld ... Wo bin ich denn hängen geblieben ... Zu viele Geschichten, zu viel Geschichte, man kann sich nur verlieren, man muss sich verlieren ...«

Winterberg fing an zu zittern und ich war bereit, ihm Halt zu geben, ihn zu fangen, falls er wieder zu Boden fiele wie so oft nach seinem historischen Anfall.

»Ja, ja, ich weiß … Sie haben viele Möglichkeiten, wenn Sie einen Eisenbahntunnel bauen möchten, lieber Herr Kraus. Für den Tunnelbau im unfesten Gestein gibt es eine alte österreichische Bauweise und eine belgische Bauweise und eine englische Bauweise und eine italienische Bauweise.«

Winterberg hustete, da die Luft im Heeresgeschichtlichen Museum trocken war.

Und dann sagte er nichts.

Er zitterte ein wenig und beugte sich über die Glasvitrine und schaute sich nochmals die blaue, mit Blut beschmierte Uniform an, als würde er überlegen, ob er sie nicht kaufen und selber anziehen sollte.

Diese feine Offiziersuniform.

Den blaugrauen Offiziersrock.

Die dunkelblaue Offiziershose mit zwei roten Lampassen.

Die weißen Lederhandschuhe.

Winterberg schaute sich fasziniert die Uniform an und ich dachte, er bemerkt dabei vielleicht gar nicht, dass die Uniform überall mit Blut beschmiert ist, dass der Rock auf der Brust aufgeschnitten und nur schlampig und eilig zugenäht wurde.

Doch Winterberg merkte es doch.

»Überall Blut, ja, ja, ich weiß, was Sie sagen möchten, lieber Herr Kraus, überall Blut. Auf der Brust und auf dem Bauch und auf den Ärmeln und auf den Beinen. Überall Blut. Verrückt, alles verrückt, Cornus sanguinea.«

Das Blut war das Blut von Franz Ferdinand.

Von dem Thronfolger.

»Es gibt also viele Möglichkeiten, wenn Sie einen Tunnel bauen möchten, ja, ja, doch alle sind mühsam und kompliziert und dauern lange, denn das Gestein ist meistens zäh und der Berg und die Natur wehren sich, der Berg ist immer wie eine Festung, und die Störzonen sind unberechenbar. Doch es gibt noch eine andere Möglichkeit, lieber Herr Kraus. Sie nehmen einfach eine Pistole, einen guten alten Browning, genau, genau, das ist die bekannte bosnisch-serbische Bauweise, so kommen Sie mit dem Tunnelbau sehr schnell voran, wie Sie hier sehen können.«

»Ich verstehe nichts.«

»Das weiß ich natürlich und es wundert mich auch nicht. Es ist auch nicht leicht. Auch für einen, der historisch durchschaut, so wie ich historisch durchschaue.«

Er schaute mich immer noch nicht an.

»Nein, das ist wirklich nicht leicht.«

Winterberg erzählte, dass es in diesem Fall natürlich um keinen gewöhnlichen Tunnel geht.

Er erzählte, in dieser Zeit, um 1914 also, hatte man in der Monarchie alle Tunnel schon lange zweigleisig ausgebaut, auch wenn man oft nur ein Gleis verlegte, denn man glaubte an die Eisenbahn.

»An die Kraft und die Macht der Lokomotiven, an die Zukunft, an die Eisenbahnzukunft also. Und auch an den Krieg, denn seit der Schlacht bei Königgrätz ist der Krieg mit der Eisenbahn eng verbunden, ja, ja, die Eisenbahn und der Krieg haben bei Königgrätz geheiratet und diese Ehe wird nie geschieden, ein Krieg ohne Eisenbahn, das kann man sich nicht vorstellen, oder können Sie es sich vorstellen?«

»Nein.«

»Na, sehen Sie.«

»Ja.«

»Doch dieser Tunnel …«

Winterberg zeigte wieder auf das winzige Loch gleich unter dem Kragen des graublauen Rocks.

»Dieser Tunnel ist ungewöhnlich.«

Er erzählte, dass dieser Tunnel für eine ganz kleine Bahn gebaut worden war, vielleicht war er sogar für eine Schmalspurbahn gedacht.

»Ja, ja, sicher, so war es, für die Schmalspurbahn der bosnischen Spurweite 760 Millimeter … Solche Bahnen hat man überall in der Monarchie gebaut, viele in Bosnien, in der Nähe von Sarajevo, aber auch anderswo, in Österreich und in Böhmen und im Waldviertel und im Zillertal und in Wobratein und in Neubistritz und in Hotzenplotz … Das müssen Sie als Böhme doch alles wissen, lieber Herr Kraus. Dort überall hat man auf die schmale und biegsame bosnische Spurweite geschworen, ja, ja, denn der Bau einer Schmalspurbahn war oft wesentlich günstiger als der Bau einer normalspurigen Bahn. Ach, warum wissen Sie das nicht, lieber Herr Kraus?«

Winterberg hustete ein wenig und putzte kurz seine Brille.

»Warum interessieren Sie sich so wenig für die Geschichte und für die Eisenbahn, lieber Herr Kraus«, sagte er weiter und schaute mich die ganze Zeit nicht an.

Und wieder starrte er wie gebannt auf die graublaue und dunkelblaue, in der gläsernen Museumsvitrine ausgestellte Uniform, als ob er sie gleich anziehen wollte.

»Alle diese Schmalspurbahnen kommen natürlich auch in meinem Baedeker vor.«

Er erzählte weiter und zitterte wieder ein wenig.

»Auch wenn ein wenig zu kurz, ja, ja, das sei natürlich ungerecht, denn die Schmalspurbahnen führen meistens durch die schönsten Landschaften. So wie die Schmalspurbahn von Sarajevo nach Uvac, die Bosnische Ostbahn, wie man die Strecke nannte, ja, man muss es nur in meinem Baedeker nachlesen, ja, ja, wie schön die lange Fahrt auf dieser Strecke mit den vielen Tunneln an der Drina war. Die bosnische Spurweite darf man allerdings nicht mit den anderen Spurweiten der anderen Schmalspurbahnen verwechseln, nein, nein, mit der sächsischen Spurweite zum Beispiel. Das wäre ein fataler Fehler, lieber Herr Kraus, denn die Schmalspurbahnen in Sachsen sind nur 750 Millimeter breit, und so würde ein sächsischer Schmalspurbahnzug aus Zittau in Bosnien oder in Hotzenplotz oder im Zillertal oder woanders in der Monarchie gleich entgleisen, und einen bosnischen oder österreichischen oder böhmischen Schmalspurbahnzug könnte man in Sachsen überhaupt nicht mal erst eingleisen.«

Winterberg schwieg kurz und schaute mich immer noch nicht an.

Sein Blick blieb an den weißen Lederhandschuhen gerade hängen.

»Ich weiß, was Sie sagen möchten, es sind nur zehn Millimeter, ja, ja, und Sie haben recht, lieber Herr Kraus. Es geht wirklich nur um zehn Millimeter, ja, ja, doch diese schmalen zehn Millimeter sind in diesem Fall wie ein Kilometer breit, sie sind wie eine Grenze, die man nicht ohne Gefahr übertreten kann.«

Winterberg starrte auf die mit Blut beschmierte Offiziersuniform.

Auf den graublauen Offiziersrock

Auf die dunkelblaue Offiziershose.

Auf die roten Offizierslampassen.

»Ist es nicht interessant, lieber Herr Kraus? Die Lampassen, schauen Sie sie doch an, sind wie zwei rote dicke Eisenbahnschienen. Sie sollten den Thronfolger warnen, ja, ja, sie sollten ihm davon abraten, den Zug in Sarajevo zu verlassen. Diese zwei blutroten Eisenbahnschienen auf seiner Hose waren die letzte Warnung… Ist es nicht interessant, lieber Herr Kraus, dieser kleine Krieg der Schmalspurbahnweiten der mitteleuropäischen Schmalspurbahnen, hier hat man nie einen Frieden gefunden, dieser Schmalspurbahnkrieg zwischen Deutschland und Böhmen und Österreich herrscht bis heute.«

Er zeigte wieder auf das kleine, fast unscheinbare, an den Rändern leicht zerfetzte Loch unter dem Kragen der Uniform.

»In diesem Fall, lieber Herr Kraus, in diesem Fall handelt es sich aber um eine ganz besondere Spurweite, ja, ja, wie Sie sehen können, handelt es sich hier um eine noch viel schmalere Schmalspurbahn, als es sonst bei den Schmalspurbahnen der Fall ist. Es handelt sich um eine Spurweite, die man vielleicht mit einer Modelleisenbahn vergleichen könnte, ja, ja, genau, mit meiner Modelleisenbahn… Wie Sie sehen können, handelt es sich um einen winzigen, schmalen Tunnel unter dem Kragen der Uniform, der wie ein Kliff steil über der wunderschönen, fast sommerlichen graublauen Landschaft des Rocks hochsteigt. Es handelt sich um einen Scheiteltunnel, wenn Sie mich oder von Ghega oder Perner fragen würden, ja, ja, dieser Tunnel hat die Halsvene des Thronfolgers getroffen, ja, ja, er hat sie zerrissen und die Luftröhre gleich mit, ja, ja, wie Sie sehen, lieber Herr Kraus, war es eine gute, überraschend saubere Arbeit, ein beinah perfekter schneller Durchstich. Zuerst keine Störzonen, die kamen erst später, kurz danach, so kommt es öfter im Leben vor, ja, ja, so kommt es öfter im Tunnelbau, die Störzonen sind tückisch, lesen Sie endlich etwas von Carl Ritter von Ghega zum Tunnelbau. Es kommt so oft vor, dass man auf Wasser trifft und das ganze Werk wird von einem mächtigen Wassereinbruch schnell überflutet, ja, ja, ich weiß, was Sie sagen möchten, die Störzonen, alles verrückt, die Natur schlägt zurück, genau, genau, Sie haben doch etwas gelernt, die Störzonen sind die größten Feinde des Tunnelbauers, die Störzonen sind unsere größten Feinde, denn die Störzonen können schnell zu einem Königgrätz führen, ja, ja, wie schön wäre unser Leben ohne Störzonen, lieber Herr Kraus. Und wie langweilig. Ja, ja, Sie haben recht, lieber Herr Kraus, mit einem Wassereinbruch muss man im Tunnelbau immer rechnen, das Wasser muss schnell abgeleitet werden, sonst kann man die Arbeit mit Sprengen und Betonieren nicht fortsetzen, und an Zimmerung und Ausmauerung und Schottern oder sogar an Verlegen der Schienen ist erst mal gar nicht zu denken, ja, ja, um ganze Wochen und Monate und Jahre kann sich wegen eines Wassereinbruchs der Tunnelbau verzögern. Doch in diesem Fall, wie Sie sehen können, ging es doch sehr schnell. Ein perfekter Durchstich! Es war auch kein Wassereinbruch, sondern ein Bluteinbruch, zu welchem es im Hals des Thronfolgers Franz Ferdinand gekommen ist, nachdem man durch ihn am 28. Juni 1914 in Sarajevo diesen kleinen Tunnel gelegt hat.«

Winterberg zitterte.

Ich dachte, jetzt, jetzt ist es vorbei.

Jetzt bricht er nach seinem historischen Anfall wieder zusammen.

Jetzt schläft er gleich wieder ein.

Doch es war noch nicht vorbei.

Er schwieg kurz und schaute sich weiter das kleine Loch unter dem Kragen der Uniform an.

»Was wir hier sehen, ist freilich nur das Portal des Tunnels. Wir sehen nicht die Halsvene, die der Tunnel durchbohrt hat, nein, nein, wir sehen nicht die beschädigte Luftröhre. Dieser Tunnel hatte die besonders schmale bosnische Spurweite von nur 7,65 Millimeter, ja, ja, und die Halsader, lieber Herr Kraus, war die schlimmste Störzone bei diesem Tunnelbau von Sarajevo 1914, wie Sie überall an der Uniform sehen können.«

Er erzählte und erzählte und schaute mich die ganze Zeit nicht an.

»Der Tunnelbauer hieß Gavrilo Princip. Er war kein Bauingenieur, nein, nein, er war ein Versager, ein Trottel, ein ahnungsloses armes Kind, ja, ja, er hatte vermutlich keine Ahnung vom richtigen Tunnelbau, keine Ahnung von Eisenbahn und Geschichte, er hatte nur Glück und Unglück zugleich, sonst hatte er insgesamt wenig Ahnung, wenn Sie mich fragen, ja, ja, ein armer Junge, ein Trottel, nicht mal in der Serbischen Armee wollten sie ihn haben, viel zu klein und viel zu schwach. Er war nicht mal fähig, sich nach dem Attentat umzubringen, und so haben ihn erst die Kälte und Feuchtigkeit der Kellerzelle in Theresienstadt umgebracht, ja, ja, und seine Schwindsucht. Ja, ja, lieber Herr Kraus, nicht nur die großen Eisenbahnpioniere und Tunnelbauer und Eisenbahnmenschen wie Ghega oder Lott, auch der Tunnelbauer Princip ist der Schwindsucht erlegen, ja, ja, dieser Krankheit aller Tunnelbauer der Welt, nein, nein, er war keine schöne Leiche, die Schwindsucht konnte man damals nicht so leicht wie die Alpen überschienen.«

Winterberg schwieg kurz und zitterte.

»Ich wollte diese Uniform immer meiner Lenka zeigen. Ja, ja, sie hat sich für die Unfälle der Geschichte sehr interessiert, so wie der Engländer. Ja, ja, Lenka hat mich verstanden, so wie der Engländer, ja, ja, the beautiful landscape of battlefields, cemeteries and ruins …«

Er schwieg kurz und hustete.

Und dann erzählte er weiter.

»Ist es nicht interessant, wie sich die Trottel und Versager in der Geschichte immer wieder gegenseitig anziehen, lieber Herr Kraus? So hat dieser Trottel einen anderen Trottel getroffen, dann kam noch ein anderer Trottel dazu, der eine wunderbare Idee hatte, den Thronfolger bei seinem Besuch in Sarajevo umzubringen Der Thronfolger ist mit dem Zug vom Kurort Ilidža nach Sarajevo gekommen, und ich sage Ihnen, ja, ja, er hätte in dem Zug sitzen bleiben sollen. Der Eisenbahnverkehr ist, wie bekannt, viel sicherer als der Automobilverkehr, und es war schon damals so, ja, ja, dieser Schmalspurbahntunnel ist der beste Beweis dafür, lieber Herr Kraus. Aber nein, das wollte der Thronfolger nicht, er wollte nicht im Zug sitzen, er wollte sich Sarajevo anschauen aus dem Automobil, und so kam es dazu, dass Gavrilo Princip einen Schmalspurbahntunnel durch seinen Hals bohrte, und wenn er schon bei der Tunnelarbeit war, bei der Überschienung dieses Habsburgischen Gebirges, bohrte er noch den zweiten Schmalspurbahntunnel durch die mächtige Bauchlandschaft seiner schwangeren Gattin, ja, ja, das fand man bei der Obduktion heraus, lieber Herr Kraus, traurig, traurig, was man bei einer Obduktion nicht alles rausfindet, bei der Öffnung des Leibes, einmal in Reichenberg hat man bei einem Mann im Magen zehn Goldzähne gefunden, niemand hat rausgefunden, was passiert ist … Wo bin ich denn hängen geblieben, ja, ja, ich weiß … Im Bauch von Sophie Chotek, die in Stuttgart geboren wurde, wo man auch viel Erfahrung mit dem Tunnelbau hat. Zwei Durchstiche also an einem Tag, ja, ja, das passiert nicht so oft im Tunnelbau, dass man so schnell vorankommt, ja, ja, durch diese beiden Schmalspurbahntunnel sind die beiden sofort ausgeblutet und mit ihnen kurz danach das halbe Europa, das in den Ersten und zwanzig Jahre später in den Zweiten Weltkrieg marschierte, von der Farbe des Thronfolgerblutes angezogen, von der roten Farbe von Cornus sanguinea aus dem Svíber Wald bei Königgrätz … Die Bahnen aller möglichen Spurweiten haben dann die Soldaten an die Fronten zu deren eigenem Ausbluten gebracht, ja, ja, verrückt, alles verrückt, von Benedek war ein Trottel, weil er sich bei Königgrätz nicht ausgekannt hatte, Gavrilo Princip war ein Trottel, der töten wollte, Franz Ferdinand war ein Trottel, weil er nicht im Zug geblieben ist und sich Sarajevo aus dem Automobil anschauen wollte, der Fahrer von Franz Ferdinand, ein gewisser Lojka aus Brünn, war auch ein Trottel, ein Mann, den man zum Trottel der Geschichte machte, nachdem er an der Kreuzung falsch abgebogen und mit seinem Wagen vor ein Caféhaus gefahren war, wo der andere Trottel Princip zufällig Kaffee getrunken und überlegt hat, ob er sich mit seinem Browning nicht einen Tunnel durch seinen eigenen Kopf baut … Und danach geht es in der Geschichte erst richtig los. Trottel für Trottel für Trottel für Trottel. Nebel des Krieges. Bis heute ist es so. Es gibt kein Entkommen, lieber Herr Kraus, vor den Trotteln der Geschichte kann man sich nicht verstecken und retten … Man muss immer durchmachen, was diese Trottel uns vertrottelt haben. Man muss versuchen, es zu überschienen, doch das ist nicht einfach, traurig, traurig, ja, ja, ich weiß, was Sie sagen möchten, lieber Herr Kraus, die Geschichte wird nicht von den Siegern geschrieben, sondern nur von den Trotteln. Ja, ja, und so sind wir jetzt hier, im Arsenal in Wien.«

Winterberg zitterte mehr und mehr und ich war bereit, ihn aufzuhalten.

Endlich drehte er sich um.

Doch nicht zu mir.

Winterberg schaute sich das große alte Automobil an.

»Wie der Automobilverkehr gefährlich sein kann, das können Sie hier sehen, ja, ja, deshalb fahren wir mit der Bahn.«

Und dann schaute er mich endlich an.

»Verrückt, alles verrückt, ich weiß. Cornus sanguinea.«

Und ich sah, dass Winterberg die ganze Zeit geweint hat.

»Geht's Ihnen gut?«

»Ja, ja.«

»Wirklich?«

»Wo waren Sie eigentlich? Ich habe Sie überall gesucht.«

»Kurz eine rauchen.«

»Sie sollten nicht so viel rauchen. Den Lungenkrebs kann man nicht so leicht wie die Alpen überschienen.«

Und dann erzählte Winterberg nichts mehr.

Er war müde.

Und ich war es auch.

Er war erschöpft.

Und ich war es auch.

Er zitterte.

Und ich fühlte, dass ich auch zitterte.

Auch ein historischer Anfall.

Wir schauten uns das alte Automobil der Marke Gräft & Stift von Graf Franz von Harrach an, mit dem Franz Ferdinand durch Sarajevo gefahren war. Wir schauten uns das Loch von dem Durchschuss über dem hinteren Rad an, durch den Sophie Chotek von Chotkowa getötet wurde.

Und Winterberg fing so zu zittern an, dass ich ihn halten musste, damit er nicht zu Boden fiel.

»Verrückt, alles verrückt. Man kann es nicht überschienen.«

Wir saßen im Museumscafé und Winterberg schlief kurz ein.

Er lag da wie immer, mit dem Kopf auf seinem roten aufgeschlagenen Buch, auf den Seiten über Wien und Umgebung.

Ich ließ ihn schlafen und dachte an Carla. Daran, wie es wäre, wenn es anders gewesen wäre. Wenn sie nicht krank geworden, sondern gesund, was dann wäre. Hätten wir uns überhaupt kennengelernt, wenn sie nicht krank geworden wäre.

Die Krankheit brachte uns zusammen, so wie die anderen eine Schulklasse oder eine Disco oder ein Büro oder eine Reise zusammenbringt.

Die Krankheit brachte uns zusammen und trennte uns wieder.

Doch trotzdem war ich dieser Krankheit dankbar.

Ich dachte an Carla und schaute mir den schlafenden Winterberg an und fühlte, wie mein Herz wieder raste, so, als würde es aus meiner Brust herausspringen wollen und alleine weitergehen, so, als ob mein Körper mein Herz bremste. Es war mir ein wenig schwindelig.

Wenn unsere Reise vorbei ist, gehe ich zum Arzt.

Und dann gingen wir.

Es regnete nicht mehr. Der Himmel war grau und die Stadt auch. Es dämmerte. Ich zündete mir eine Zigarette an und Winterberg sagte:

»Sie sollten wirklich nicht so viel rauchen, lieber Herr Kraus.«

Und dann haben wir sie vor dem Museum gesehen.

Sie hatte einen roten Mantel an. Einen engen schwarzen Rock. Hohe Schuhe. Und eine Sonnenbrille. Trotz der Dämmerung.

Silke. Silke Winterberg.

»Papa!«, sagte sie und ging auf Winterberg zu. »Papa.«

»Machen Sie was, Herr Kraus.«

Sie näherte sich.

»Machen Sie was … Sonst ist es vorbei.«

»Was soll ich denn machen?«

»Egal. Machen Sie einfach etwas, sonst sind wir verloren.«

»Papa!«

»Warum machen Sie nichts?«

»Papa …«

»Was soll ich denn machen? Guten Tag, Frau Winterberg«, sagte ich.

Sie kam zu uns. Sie nahm ihre Brille ab. Sie schaute mich böse an. Sie hatte Tränen in den Augen. Sie umarmte Winterberg. Sie küsste ihn.

Er ließ sich umarmen.

Er ließ sich küssen.

»Was machst du hier?«, fragte Winterberg.

»Ich habe dich gesucht. Ich habe dich so vermisst.«

»Was machst du hier?«

»Hast du mich nicht vermisst?«

»Was machst du hier?«

»Ich habe dich so vermisst.«

DIE TOCHTER

Wir saßen im Taxi. Silke Winterberg vorne. Winterberg und ich hinten. Das Radio lief und der Moderator sagte, der Winter würde kalt und lang. Silke sagte, sie sei schon gestern im Arsenal gewesen. Und vorgestern auch. Sie hätte gewusst, wir würden dorthin kommen. Ihr Vater erzählte ihr zwar nicht viel, doch oft erzählte er von Wien und dem Museum im Arsenal. Sie sagte, sie sei sich sicher gewesen, wir würden nach Wien kommen. Sie sagte, die meisten Touristen kämen nach Wien wegen der Kunst, wegen der vielen Museen und wegen Theater und Oper, doch sie wusste, wir würden nicht in die Oper gehen. Früher oder später würden wir im Arsenal auftauchen.

»Bei Königgrätz. In deinem Kriegsmuseum.«

»Es heißt Heeresgeschichtliches Museum, nicht Kriegsmuseum.«

»Das ist doch egal, Papa.«

»Das ist nicht egal. Es ist kein Kriegsmuseum, hier geht es um die Geschichte. Und um die Kunst.«

»Um die Kunst?«

»Ja, ja. Herr Kraus und ich interessieren uns sehr für die Kunst, oder, Herr Kraus?«

»Ja. So ist es.«

»Sie sollten lieber schweigen.«

»Ja.«

»Wir waren zusammen in der Kaisergruft bei den Habsburgern und morgen wollen wir noch zum Zentralfriedhof… Mehr braucht man in Wien nicht zu sehen. Wien ist tot. Oder sind Sie anderer Meinung, Herr Kraus?«

»Nein.«

»Aber was machst du hier, Silke, wie hast du uns gefunden?«

Silke sagte, sie habe am Eingang Winterbergs Foto hinterlassen, zehn Euro und ihre Handynummer. Jemand rief sie heute Nachmittag an, der uns erkannt hatte. Ein Medizinstudent, sagte sie.

»Die Medizinstudenten waren immer Verräter. Und die schlimmsten Angeber …«

»Er war nett.«

»Für zehn Euro. Erbärmlich. Bin ich nicht mehr wert?«

»Ich habe ihm zwanzig gegeben.«

»Traurig. Wie viele Biere sind das, Herr Kraus? Viele nicht … Ich würde dir fünfzig geben, wenn du mich in Ruhe lässt.«

»Papa …«

»Oder fünftausend Euro, ja, ja, oder die ganze Wohnung. Mir ist es egal, ja, ja, ich will endlich meine Ruhe haben.«

»Papa … Ich bitte dich.«

»Ich bitte dich auch. Lass mich in Ruhe. Warum machst du alles kaputt.«

»Ich?«

»Ja, du.«

»Papa!«

Winterberg schwieg und schaute aus dem Fenster.

Silke weinte.

Und ich, ich war irgendwie erleichtert, dass es vorbei war.

»Und jetzt? Fahren wir zur Polizei?«

Sie schaute mich an.

»Ja, das machen wir.«

»Gut. Ich will nur sagen …«

»Mir müssen Sie gar nichts sagen, das erzählen Sie dann dort.«

»Klar. Ich erzähle es gerne, alles.«

»Aber vorher gehen wir noch etwas essen.«

»Ich will nichts essen«, sagte Winterberg. »Und wir fahren nicht zur Polizei. Es war alles meine Entscheidung.«

»Ja, ja, Papa, klar … Er hat dich entführt, so ist es.«

»Hat er nicht.«

»Ich will nicht zur Polizei, Herr Kraus.«

»Ich sage, wir fahren erst essen und besprechen alles.«

»Was willst du besprechen?«

»Alles.«

»Gut. Ich habe Hunger. Wir essen ein Schnitzel«, sagte Winterberg.

»Ja«, sagte sie und streichelte seine Hand. »Ein richtig gutes und richtig großes Wiener Schnitzel, das tut uns gut. Das hast du verdient. Papa, ich mag dich doch so.«

»Ich weiß. Ich mag dich auch.«

»Ich freue mich auf ein schönes Wiener Caféhaus. Du kennst sicher einige aus deinem Baedeker.«

»Ja.«

»Ich freue mich so.«

»Herr Kraus, haben Sie die Kette gesehen?«

»Welche Kette denn?«

»Welche Kette denn, Papa?«

»Die Kette vor dem Arsenal, mit der die Türken die Donau gesperrt haben.«

»Nein, habe ich nicht.«

»Ich auch nicht. Vielleicht hat sie jemand geklaut.«

Wir fuhren ins *Sarajevo* am Hauptbahnhof.

Silke war von dem kleinen, verrauchten Laden ein wenig überrascht.

»Steht Sarajevo wirklich in deinem Baedeker?«

»Natürlich.«

Die Bosnierin erkannte uns sofort und freute sich. Ihr Mann erkannte uns nicht. Er schlief an der Theke.

Das Schnitzel war groß.

Das Bier war gut.

Und der Kartoffelsalat angenehm sauer und gut durchgezogen, wie Winterberg sagte.

Winterberg erzählte, dass es gar nicht so leicht sei, einen guten Kartoffelsalat zuzubereiten. Er erzählte, dass alles mit der Wahl der Kartoffeln anfängt. Er erzählte vom Kartoffelkrieg zwischen Preußen und Österreich, der sich in Böhmen 1778 und 1779 abspielte, obwohl an diesem Krieg Böhmen keine Schuld trug, wie so oft in der Geschichte, so wie im Krieg 1866 oder im Krieg 1744 und 1755, die sich auch in Böhmen abspielten.

Silke hörte zu und ich dachte, bitte, bitte, nicht schon wieder, was muss man tun, damit Winterberg seine Schnauze hält, damit er nichts erzählt.

Doch Winterberg war wieder nicht zu bremsen. Ganz umgekehrt, der Zug der Geschichte in seinem Kopf setzte sich erst jetzt in Bewegung, und bald raste Winterberg wie ein Schnellzug der Kaiserin-Elisabeth-Bahn im Fahrplan von 1913.

Er erzählte, dass es im Kartoffelkrieg nicht um die Kartoffeln, sondern um Bayern ging.

Er erzählte, dass sich vielleicht schon in diesem Krieg seine Vorahnen gegenseitig umbrachten, so wie später bei Königgrätz.

Er erzählte, dass die preußischen Soldaten so ausgehungert waren, dass sie im Riesengebirge die noch nicht reifen Kartoffeln gleich auf dem Acker roh verspeisten, um den endlosen Soldatenhunger zu stillen.

Er erzählte, dass der Soldatenhunger nicht so leicht zu stillen ist, das weiß jeder Mann, der Soldat war.

Er erzählte, dass die Kartoffelknollen grün waren.

Er erzählte, die grünen Kartoffeln sollte man lieber nicht essen, weil sie giftig sind, das weiß zwar jedes Kind, aber offenbar nicht jeder Soldat.

Er erzählte, dass die böhmischen Bauern dachten, daher kämen die dollen Bauchschmerzen und Darmkrämpfe, an denen viele Soldaten litten.

Er erzählte, die Soldaten hätten vor allem an der Bakterienruhr gelitten, an diesem Durchfall ohne Ende.

Eigentlich war ich neugierig, was nach dem Durchfall käme, aber dann, ganz plötzlich, fiel sein Kopf runter und Winterberg schlief ein.

Mitten in einem Satz.

Mitten in einem Wort.

Wie immer.

Er lag da, mit dem Kopf auf seinem aufgeschlagenen Buch, auf den Seiten über Wien 1913. Und eine Hand lag auf dem Teller mit dem Rest vom Kartoffelsalat.

Silke war geschockt, sie sprang auf und wollte einen Krankenwagen rufen.

Ich hielt sie auf.

»Lassen Sie ihn, das macht er immer so … Lassen Sie ihn einfach kurz schlafen, das ist jetzt das Beste. Wir wecken ihn, wenn wir gehen.«

»Erzählt er immer so viel?«

»Ja.«

»Komisch. Früher hat er nicht so viel erzählt.«

»Nein?«

»Nein. Ich kann mich nicht erinnern, dass er so viel erzählt hätte.«

»Ich dachte, er war immer so …«

»Verrückt?«

»Ja.«

»War er. Aber er hat nichts erzählt, er hat sich um die Mutter gekümmert und um seine Eisenbahn. Ich wollte, er hätte mir was erzählt, doch er hat nichts erzählt. Erst jetzt. Was erzählt er eigentlich so?«

»Über die Geschichte. Über den Krieg.«

»Den Zweiten Weltkrieg?«

»Nein. Also auch, aber vor allem über den Krieg 1866. Und über Sarajevo. Über die Eisenbahn, über Bahnfahren und so. Über die Tunnel und Lokomotiven. Aber vor allem über den Krieg 1866 und Sarajevo 1914. Über Königgrätz.«

»Königgrätz?«

»Ja, die Schlacht bei Königgrätz 1866. Er sagt, diese Schlacht geht durch sein Herz.«

»Verrückt. Ich habe keine Ahnung von Königgrätz. Davon hat er nie erzählt.«

»Ein Tag mit Ihrem Vater, und Sie werden alles wissen über Königgrätz. Über Sarajevo. Über die Eisenbahngeschichte von Österreich-Ungarn. Und über das Krematorium in Reichenberg, darüber erzählt er auch viel. Über die Leichen.«

»Was?«

»Er sagt aber eher Feuerhalle.«

»Das ist doch crazy.«

»Er ist doch in Reichenberg geboren.«

»Ja, das weiß ich … Aber …«

»Waren Sie da mal?«

»Nein.«

»Wir waren jetzt da.«

»Im Krematorium?«

»Ja. Sein Vater hat es gegründet. Er war da der erste Direktor der Feuerhalle.«

Sie schaute mich an, als ob ich verrückt wäre.

»Was?«

»Hat er erzählt.«

»Feuerhalle, das habe ich nie gehört. Das klingt irgendwie … nach Nazis.«

»Hat man früher so gesagt.«

»War er bei den Nazis?«

»Das weiß ich nicht.«

»Ich auch nicht.«

»Aber wahrscheinlich schon.«

»Ich weiß nichts über ihn.«

Wir stießen an.

»Er hat nie viel erzählt. Meine Mutter, sie hat erzählt, auch als sie schon krank war. Aber er nie.«

»Sein Vater hat das Krematorium gebaut, die erste Feuerhalle in der österreichischen Monarchie.«

»Das weiß ich alles gar nicht.«

»Vielleicht haben Sie nicht gefragt.«

»Doch, ich wollte, dass er erzählt. Doch er hat mir so was nie erzählt. Warum erzählt er es Ihnen?«

»Das weiß ich nicht. Er will es vielleicht einfach loswerden. Ich will es nicht, ich kann es auch nicht mehr hören, aber das ist ihm egal, er erzählt einfach. Er erzählt und erzählt und erzählt und dazu liest er aus seinem Buch und bringt alles durcheinander.«

»Er erzählt einfach so, von alleine?«

»Ja.«

»Und Sie erzählen ihm auch etwas?«

»Eher nicht.«

»Fragt er was?«

»Selten. Die meiste Zeit erzählt nur er.«

»Ich war ihm immer egal. Für mich hat er sich nie interessiert.«

Wir bestellten noch Bier.

Und Winterberg schlief immer noch mit dem Kopf auf seinem Buch.

Die Bosnierin brachte ihm ein Kissen.

»Diese Reise tut ihm nicht gut. Er wird verrückt.«

»Er ist schon verrückt.«

»Aber vielleicht ist es gut, dass er fährt, dass er das macht, dass er erzählt.«

»Ich weiß nicht ...«

»Vielleicht ist es wirklich gut.«

Ich schaute sie an.

»Ich weiß, ich hab's verbockt, ich weiß das alles. Ihr Vater hat mir Geld angeboten, wenn ich mit ihm fahre, ich dachte, okay, dann habe ich Kohle, ich kaufe mir was. Ich will das Geld nicht. Nehmen Sie ihn, nehmen Sie das Geld und fahren Sie mit ihm nach Hause. Er braucht Ihre Hilfe, ich kann ihm nicht mehr helfen.«

Die Stadt hinter dem Fenster war schwarz, kalt und nass.

Ich erzählte Winterbergs Tochter, wo wir schon überall waren.

Ich erzählte von Reichenberg.

Von der Feuerhalle auf dem Hügel mitten in der Stadt, die genauso alt ist wie die erste Tschechoslowakische Republik und wie ihr Vater.

Ich erzählte von Jičín.

Von Königgrätz.

Ich erzählte von der Reise nach Praha.

Nach České Budějovice.

Nach Vimperk.

Nach Plzeň.

Nach Linz.

Ich erzählte nochmals von Königgrätz.

Von der Schlacht, die wie eine Feuerflamme durch sein Herz geht.

Von den verschneiten Schlachtfeldern.

Von dem totenstillen Svíber Wald, wo die Erde die vielen Julitoten, wie der Vater von Winterberg sagen würde, nicht verdauen kann und sich immer wieder übergeben muss.

Ich erzählte von der Suche nach den Toten. Nach seinen Vorfahren. Nach ihren Vorfahren. Ich erzählte, wo wir hinwollten. Nach Sarajevo.

Ich erzählte ihr alles, was mir Winterberg erzählt hatte.

Ich erzählte, dass ihr Vater wahrscheinlich wirklich verrückt ist und wirklich Hilfe brauche.

Ich erzählte ihr alles und sie hörte mir zu und nickte, und sie trank im *Sarajevo* ein Bier nach dem anderen aus Sarajevo und sagte kein Wort und Winterberg schlief mit dem Kopf auf dem Buch zwischen uns beiden.

»Warum hat er mir das alles nie erzählt?«

»Das weiß ich nicht.«

Wir bestellten noch ein Bier.

»Sie müssen diese Reise mit ihm zu Ende bringen.«

»Was?«

»Sie müssen es für ihn tun.«

»Ich muss gar nichts.«

»Ich bitte Sie darum.«

»Sie sehen doch, er ist alt, es tut ihm nicht gut, und mir auch nicht. Er soll schnell nach Hause.«

»Sie müssen weiter.«

»Es ist verrückt. Er ist verrückt.«

»Ich bitte Sie.«

»Nein. Sie fahren mit ihm morgen nach Berlin zurück.«

»Herr Kraus, Sie fahren mit ihm weiter. Sonst gehe ich jetzt zur Polizei und sage, ich habe euch gefunden.«

»Das ist gut. Machen wir es so.«

»Ich weiß doch, Sie waren schon mal im Knast.«

»Hm.«

»Es war nicht so schwer rauszufinden, warum Sie da waren.«

»Es ist über dreißig Jahre her. Und ich habe nichts getan.«

»Sagen alle.«

»Was heißt das jetzt?«

»Das heißt, Sie landen für ein paar Jahre im Knast, diesmal für länger, das kann ich Ihnen garantieren. Mein Vater hat mir zwar nie viel erzählt, aber ich habe Jura studiert, ich weiß, wie es läuft.«

»Leck mich am Arsch.«

»Was?«

»Du hast richtig gehört, du blöde Kuh.«

»Wie bitte?«

»Du hast keine Ahnung, was damals passiert ist. Keine Ahnung, verstehst du? Du hast keine Ahnung, wie scheiße alles war. Ich gehe jetzt.«

»Wie Sie wollen.«

»Eine Tochter, die keine Ahnung von ihrem Vater hat. Echt traurig.«

Ich stand auf und nahm meine Jacke.

»Tschüss.«

»Nein, bleiben Sie hier … Wir machen es anders … Bitte, Herr Kraus … Ich gehe zur Polizei und sage, mein Vater wurde nicht entführt, er ist freiwillig mit Ihnen gefahren, alles ist in Ordnung, ihr seid unterwegs zurück nach Berlin, es war alles ein Irrtum, ein Missverständnis. Mein Vater und Sie, ihr seid beste Freunde.«

»Beste Freunde? Ha, ha.«

»Das ist doch so. Sie sind sein einziger Freund.«

»Nein, danke.«

»Und Sie haben auch nicht viele Freunde.«

»Das geht Sie gar nichts an.«

»Nennen Sie es Menschenliebe. Oder Mitgefühl. Empathie.«

»Empathie. Davon brauchen Sie mir wirklich nichts zu erzählen.«

»Ich weiß.«

Ich schaute sie an und sie schaute mich an und Winterberg schlief mit dem Kopf auf dem Buch.

»Warum sollte ich das tun.«

»Weil mein Vater diese Reise wirklich machen muss. Ich meine, es geht nicht um Sarajevo. Nicht um Königgrätz. Nicht um ein Krematorium irgendwo in Reichenberg. Um eine Feuerhalle. Ich fürchte, da geht es um was anderes. Um viel mehr, um wirklich was ganz anderes.«

Ich setzte mich wieder.

»Um was denn?«

»Das weiß ich nicht. Ich weiß nichts über ihn. Sie wissen jetzt schon viel mehr als ich. Die Geschichte mit Reichenberg und Königgrätz, ja, das hat er vielleicht mal erzählt, ich weiß nicht mehr, ich dachte, das ist alles nur ein Witz.«

»Hat er es Ihnen also doch erzählt?«

»Ja, vielleicht … Aber ich dachte, es ist ein Witz, wir alle dachten, es sei ein Witz. Durch mein Herz geht die Schlacht bei Königgrätz, das hört sich doch wie ein verrückter Witz an. Sie müssen rausfinden, was dahintersteckt, Herr Kraus.«

Schweigen.

»Ich bitte Sie darum.«

Schweigen.

»Noch ein Bier?«

Sie nickte.

»Was machen Sie eigentlich beruflich?«

»Ich sitze im Büro.«

»Hm.«

»Und bin viel unterwegs.«

»Das weiß ich … Aber was machen sie genau?«

»Ich bin Anwältin.«

»Scheidungen und so.«

»Eher Ehen.«

»Ehen?«

»Aber auch Scheidungen, Sie haben recht.«

»Verstehe ich nicht.«

»Bin in der Wirtschaft, wenn eine Firma eine andere Firma heiraten will, bin ich so was wie die Trauzeugin und prüfe alles. Wenn eine Firma sich scheiden lassen will, bin ich auch dabei.«

»Macht es Spaß?«

»Ja … Aber Sie haben es viel spannender.«

»Sie meinen, bei der Überfahrt?«

»Ja.«

»Ihr Vater ist der Erste, mit dem ich es nicht geschafft habe. Der Erste, der die Überfahrt überlebt hat.«

»Überfahrt? Sie meinen …«

»Ja, genau, der Erste, den ich nicht zum anderen Ufer gebracht habe. Eigentlich geht es bei uns immer nur in eine Richtung. Man kommt nie zurück.«

»Doch er kam zurück.«

»Genau.«

»Wollen wir uns nicht duzen? Ich bin Silke.«

»Ich weiß. Jan.«

»Jan, der Tscheche.«

»Hm.«

»Ich war nie in Prag. In Warschau war ich, in Budapest, in

Wien auch schon mal, aber nie in Prag. Und nie in Reichenberg oder Königgrätz.«

»Musst du nicht. Du warst in Wien. Prag ist wie Wien, nur kleiner. Aber das Bier ist da besser. Aber das Schnitzel wiederum kleiner, würde dein Vater sagen.«

Sie lachte.

»Warum lebst du nicht dort? Warum bist du in Deutschland?«

»Bin doch abgehauen.«

»Wie ist es damals passiert?«

»Ist egal. Lesen Sie doch die Akte, Frau Juradoktorprofessorin.«

»Ich weiß, was dort steht, ich hab's gelesen. Doch ich möchte wissen, wie es wirklich war. Wie es für dich war.«

»Das ist egal. Noch ein Bier?«

Sie nickte.

»Warum machst du diesen Job.«

»Weil ich nicht Jura studiert habe.«

Winterberg fing zwischen uns an zu schnarchen.

»Ich weiß nicht. Ein Bekannter hat's gemacht. Ich hab es ausprobiert und bin bei der Überfahrt geblieben, bei der Armee der letzten Hoffnung.«

Wir tranken Bier und die alte Bosnierin fing an, im *Sarajevo* aufzuräumen.

»Armee der letzten Hoffnung. Das hast du dir auch ausgedacht?«

»Das war Agnieszka.«

»Deine Frau?«

»Nein. Eine Freundin von mir. Aber eine tolle Frau. Wir waren kurz zusammen.«

»Frau Sikorska, die dich empfohlen hat?«

»Ja, genau …«

»Ich habe sie natürlich angerufen, als ich euch nicht zu Hause gefunden habe … Sie hat sich Sorgen gemacht …«

»Hm …«

»Einen harten Job habt ihr.«

»Gar nicht, es kann auch lustig sein. Mit deinem Vater ist es lustig. Manchmal.«

»Ja, manchmal, ja.«

Wir lachten und stießen an.

»Mehr Spaß würde ich auch nicht vertragen.«

Wir bestellten noch ein Bier.

Das *Sarajevo* war leer. Die Stadt draußen auch. Die Bosnierin wischte die Tische ab. Wir waren die letzten Gäste. Ich, Silke und zwischen uns der schnarchende Winterberg. Und der Mann von der Bosnierin, der immer noch an der Theke schlief.

»Er war ziemlich alt, ich meine, als Vater.«

»Über sechzig. Er wollte nie Vater werden, sagte er mir einmal.«

»Mir hat er es auch gesagt. Er war ja vorher schon zweimal verheiratet. Auf einmal ist man zu alt für Kinder.«

»Hast du Kinder?«

»Nein.«

»Bist du sicher?«

»Ziemlich sicher. Und du … Willst du Kinder?«

»Ich weiß nicht. Ich dachte immer, es hat Zeit. Und jetzt bin ich schon zu alt dafür.«

Ich schaute sie an. Sie war ein bisschen betrunken. Ich auch.

»Ich fürchte, dein Vater hat keine von seinen Frauen richtig geliebt. Auch nicht deine Mutter.«

»Ich weiß.«

»Alles dieses Königgrätz, vielleicht hat er sogar recht damit.«

»Meine Mutter hat er wirklich nicht geliebt.«

»Aber du bist sein Kind.«

»Das passiert schnell, dass Kinder gemacht werden.«

»So schnell auch nicht.«

»Er wusste, wenn er ihr nicht ein Kind macht, wird sich meine Mutter von ihm trennen. Er hatte viele Frauen …«

»Echt?«

»Ja, immer wieder … Meine Mutter wusste es … Er war auch schon ziemlich alt, als er meine Mutter kennenlernte.«

»Wie hat er das alles geschafft, frage ich mich. Vielleicht gibt er nur an.«

»Meine ich nicht. Vielleicht hatte er keine Angst vor Frauen, auch nicht vor den schönen und starken Frauen, so wie meine Mutter. Er ist ein Egoist. Ich denke, er wollte sie haben, damit er jemanden hat, der sich um ihn kümmert, wenn er alt ist. Und siehst du, nicht sie ihn, sondern er hat sie jahrelang gepflegt.«

»Dann hat er sie doch geliebt, wenn er das gemacht hat.«

Sie weinte. Sie schaute mich an. Und ihren Vater.

»Wie ist es passiert?«

»Sie hatte einen Schlaganfall, etwas ist in ihrem Gehirn geplatzt.«

»Aneurysma wahrscheinlich.«

»Genau. So wie bei ihm kurz danach auch etwas im Gehirn platzte, als meine Mutter gestorben ist.«

»Doch dein Vater ist nicht tot. Er scheint ziemlich lebendig zu sein, also, wenn er gerade nicht schläft.«

»Dank dir.«

»Nein, das ist Quatsch.«

»Doch, doch.«

»Blödsinn. Er hatte Glück. Ich habe so was noch nie erlebt.«

Wir bestellten das letzte Bier. Und die Rechnung. Ich wollte zahlen, doch es war Silke, die bezahlte.

»Lenka. Lenka Morgenstern, sagt dir der Name was?«

»Nein.«

»Hm.«

»Lenka Morgenstern?«

»Ja.«

»Sagt mir wirklich nichts. Wer ist das?«

»Die erste Frau im Mond.«

»Was?«

»Dein Vater sagt es so.«

»Ich verstehe es nicht.«

»Ich auch noch nicht ganz.«

»Wer ist sie?«

»Ich meine, dein Vater hat sie geliebt.«

»Die erste Frau im Mond.«

»Ich meine, er sucht sie jetzt.«

»Wie?«

»Deshalb sind wir unterwegs. Lenka Morgenstern ist die Frau, die er wirklich geliebt hat. Und er liebt sie bis heute. Er sagt, unsere Reise sei eine Hochzeitsreise, die er für Lenka und sich geplant hat. Eine nie stattgefundene Hochzeitsreise, eine Abschiedsreise, verstehst du?«

»Nein.«

»Ich habe es auch nicht verstanden …«

»Das ist doch völlig crazy.«

»Ja. Ich hab's nicht verstanden, aber jetzt verstehe ich es.«

»Die erste Frau im Mond. Lebt Frau Morgenstern noch?«

»Nein. Sonst würde er die Reise mit ihr machen und nicht mit mir.«

»Hochzeitsreise zu den Schlachtfeldern und an die Gräber, das ist doch verrückt, das würde sich doch keine Frau wünschen. Auch nicht eine vom Mond.«

»Er sagt, es würde ihr gefallen. Auch seine Modelleisenbahn in Berlin, das hat er alles nicht für sich, sondern für sie gebaut, das ist unsere Reise im Kleinen.«

»Verrückt.«

»Sagt er auch oft. Stimmt auch.«

»Aber was ist heute nicht verrückt.«

»Ja.«

»Eine Hochzeitsreise und eine Abschiedsreise, so ist es.«

Wir schwiegen.

»Hat er euch mal was über einen Engländer erzählt?«

»Was?«

»Sein bester Freund, sagt er.«

»Keine Ahnung. Ich dachte, er hatte keine Freunde. Ein Engländer?«

»Ja.«

»Ich weiß nicht.«

»Egal.«

Wir schwiegen und bestellten dann doch noch ein Bier. Und einen Schnaps. Das habe ich bezahlt.

»Diese Lenka ... Dein Vater sagt, man hat sie umgebracht, sie war eine Jüdin, sie war auf der Flucht, aus Liberec über Brno, Wien, Budapest, Zagreb nach Sarajevo und weiter, er sagt, sie hat ihm Postkarten geschickt, die letzte dann aus Sarajevo, deshalb will er dorthin. Sie wollte nach Palästina. Er glaubt, in Sarajevo ist etwas passiert, oder kurz danach.«

»Etwas ist passiert?«

»Ja. Das erzählt er. Wir suchen ihren Mörder.«

»Den Mörder?«

»Ja.«

»Und wer war der oder die ...«

»Das weiß er nicht.«

»Die Deutschen?«

»Ich weiß nicht. Vielleicht ... Wahrscheinlich.«

Sie schwieg.

Sie weinte.

»Scheiße.«

»Ja.«

»Siehst du, er ist mein Vater und ich weiß nichts über ihn. Nicht mal, was er im Krieg gemacht hat.«

»Das weiß ich auch nicht.«

»Ich weiß nicht, wer diese Frau im Mond war. Lenka Morgenstern. Ich weiß nichts über Königgrätz.«

»Also wie gesagt, über Königgrätz, da kann ich dir schon einiges erzählen, du …«

Sie lachte.

»Das ist jetzt ernst, Mann.«

»Ich weiß.«

»1866. Die Preußen, die Österreicher und die Sachsen … Die Sachsen werden in der Geschichte leider viel zu oft vergessen …«

»Warum die Sachsen.«

»Das erzählt er immer so …«

Sie lachte.

Sie schaute aus dem Fenster.

Sie schaute auf ihren schlafenden Vater.

»Und du?«

»Was ich?«

»Suchst du auch jemanden?«

»Nein. Warum?«

»Einfach so.«

»Ich bin gerne allein.«

»Alle suchen jemanden.«

»Ich suche niemanden.«

»Niemand ist gern allein.«

»Ich bin's aber.«

»Egal, wie oft er es auch sagt.«

»Ich bin nicht allein. Ich habe doch ihn hier. Du hast recht, mein bester Freund, sozusagen, mein einziger Freund.«

Winterberg wachte plötzlich auf. Kurz wusste er nicht, wo er war. Er sah uns an. Er sah sein Buch an. Das Kissen. Das halbleere Glas mit dem abgestandenen Bier. Er trank es leer und winkte der Bosnierin zu.

»Noch drei Schnäpse, zur Verdauung.«

Dann drehte er sich zu uns um.

»Das Sarajevsko Bier ist überraschend gut, oder?«

»Die Brauerei in Sarajevo haben die Tschechen gegründet, sagte die Wirtin.«

»Natürlich, das beste Bier kam in der Monarchie immer aus Böhmen, ja, ja, aus Pilsen … Das beste Bier für das Volk und auch die besten Waffen für die Armee, und die schönsten Frauen für alle … Ach, egal.«

Die Bosnierin brachte uns drei Schnäpse. Silke schaute ihren Vater überrascht an.

»Wo bin ich denn hängen geblieben … Also, ja … Was ich vorher sagen wollte … Ja … Also … Die Böhmen sagten zum Kartoffelkrieg auch Zwetschgenkrieg. Denn als die Preußen den Böhmen alle Kartoffeln geklaut und gefressen hatten, machten sie sich an die Zwetschgen ran, doch die Zwetschgen waren auch nicht reif, und so waren deren Magenkrämpfe noch viel schlimmer, ja, ja, und die Bakterienruhr auch. Lieber Herr Kraus, lesen sie endlich etwas über die Geschichte. Und du, Silke, auch.«

Er nahm sein Schnapsglas in die Hand und schaute uns mit seinen kleinen grünen und plötzlich wieder so lebendigen Augen an.

»Zum Wohl.«

Wir holten mit dem Taxi Silkes Sachen aus ihrem Hotel ab und fuhren dann zu unserem Hotel. Die Stadt war leer und nass, die Straße glänzte, auf dem Asphalt spiegelte sich das weiche, trübe Licht der Straßenlaternen, das die Stadt und auch uns trüb und weich machte. Wir waren alle ein bisschen betrunken. Ein bisschen zu viel.

Silke, Winterberg und ich.

»Das Burgtheater, da, seht ihr?«

Er zeigte auf das Theater.

»Anfang immer um 19 Uhr, so wie heute, habe ich in meinem Buch gelesen. Schade, dass es bis heute kein Theaterstück über Königgrätz gibt, das würde ins Burgtheater passen oder in die Oper, ja, ja, ein Musikstück über Königgrätz im Königgrätz der Baukunst, vielleicht muss ich es selber schreiben. Keiner weiß so viel über die Schlacht wie ich, über die Geschichte, über den Nebel des Krieges, über die Überschienung der Alpen. Ich bin die Schlacht, ich bin Königgrätz, ja, ja, traurig, traurig …«

»Papa, deine Schlacht würde im Theater keinen interessieren.«

»Du hast keine Ahnung. Du schaust historisch nicht durch.«

»Ja, ja.«

» Mein Stück über Königgrätz, das würde alle interessieren! Ich weiß alles. Alles! Doch ich kann keine Theaterstücke schreiben, traurig, traurig.«

Wir stiegen aus.

Die Hoteltür war verschlossen.

»Sehen Sie, lieber Herr Kraus, wie 1913. Nach elf Uhr abends wird geschlossen, so steht es in meinem Baedeker. Nichts hat sich in Wien verändert, ja, ja, nur ein paar Tausend Leichen mehr schlafen auf dem Zentralfriedhof, nur ein paar mehr Wasserleichen und Brandleichen und Strangleichen, ja, ja, auf nichts kann man sich heute verlassen, nur auf mein altes Buch, auf die Eisenbahn und auf den Tod, der immer Hunger hat, ja, ja, so wie Gustav sagte, aber nicht Gustav Adolf, der schwedische König, ein anderer Gustav, ein Kollege von mir von der Berliner Straßenbahn, der Gustav Adolf ziemlich sicher nicht gekannt hat, er schaute historisch überhaupt nicht durch … Also unser Gustav hatte immer Hunger, er hat so viel gefressen, dass er eines Tages nicht mehr in die Fahrerkabine passte, ja, ja, das machte ihn sehr melancholisch, und so hat sich Gustav kurz danach im Landwehrkanal ertränkt, ja, ja, die Wasserleiche von Gustav war keine schöne Leiche, wie mein Vater sagen würde … In meinem Baedeker ist die Welt noch in Ordnung und im Hotel *Astoria* sicher auch, aber wo bleibt der Nachtportier, klingeln Sie noch mal, Herr Kraus, ich muss leider ziemlich schnell … Ja, ja, das Bier von Sarajevo, Sie verstehen es doch, lieber Herr Kraus, das Bier von Sarajevo ist zwar gut, aber … Ja, ja, endlich, da kommt jemand, warum dauert alles so lange. Morgen gehen wir ins *Café Hawelka*, die böhmischen Buchteln essen.«

»Ja, ja, machen wir. Aber jetzt schön schlafen.«

»Auch das *Café Hawelka* wird in meinem Baedeker empfohlen, Sie Powidlkopf.«

»Powidlkopf?«, fragte Silke.

»Das hat man in Reichenberg vor dem Krieg zu den Tschechen gesagt. Vor dem Krieg, im Krieg und nach dem Krieg. Ist nicht schlimm, ich mag Powidl, vor allem in den Buchteln, so hat es immer meine Mutter gemacht.«

Der Nachtportier gähnte, sperrte auf und gähnte wieder.

Winterberg wollte ihm 20 Heller Trinkgeld geben, er sagte, genau so empfehle es sein Baedeker. Doch er hatte keinen Heller. Er schwankte und wollte, dass der Nachtportier es in Cent umrechnet. Er verstand ihn nicht ganz. Silke gab ihm zwei Euro.

Ich lag im Bett und konnte nicht einschlafen.

Ich dachte an Winterberg.

An Silke.

An Carla.

Mein Brustkorb brannte. Mein Herz brannte.

Jemand klopfte an meine Tür.

Es war Silke.

»Ist etwas mit deinem Vater passiert?«

»Nein. Darf ich kurz reinkommen?«

Wir saßen auf dem Sofa. Wir tranken ein Bier. Und sie erzählte von Winterberg. Und von ihrer Mutter. Und von sich. Von ihrer Kindheit. Von ihrer Zeit an der Uni in München und in Paris. Von einem Mann, den sie mal liebte. Von ihrem Job.

Sie erzählte von der Einsamkeit.

Von der Einsamkeit im Gymnasium.

Von der Einsamkeit an der Universität.

Von der Einsamkeit im Büro.

Von der Einsamkeit der Meetings.

Von der Einsamkeit der Telefonkonferenzen.

Von der Einsamkeit auf dem Flughafen.

Von der Einsamkeit in Brüssel.

Von der Einsamkeit in Paris.

Von der Einsamkeit in Warschau.

Von der Einsamkeit in Berlin.

Von der Einsamkeit auf Englisch.

Von der Einsamkeit auf Deutsch.

Von der Einsamkeit im Hotelzimmer.

Von der Einsamkeit im Internet.

Von der Einsamkeit beim Shopping.

Von der Einsamkeit des Fressens vor dem Fernseher.
Von der Einsamkeit des Kotzens im Badezimmer.
Von der Einsamkeit des Laufens im Park.
Von der Einsamkeit im Fitnessstudio.
Von der Einsamkeit beim Bikram-Yoga.
Von der Einsamkeit beim Kundalini-Yoga.
Von der Einsamkeit beim Gravity-Yoga.
Von der Einsamkeit in der Sauna.
Von der Einsamkeit am Morgen.
Von der Einsamkeit am Abend.
Von der Einsamkeit am Wochenende.
Von der Einsamkeit in ihrer Wohnung.
Von der Einsamkeit in der Dusche.
Von der Einsamkeit im Bett.

Sie umarmte mich und ich umarmte sie. Wir küssten uns. Wir liebten uns. Auf dem Sofa. Im Bett. In der Dusche.

Wir liebten uns, und ich dachte die ganze Zeit an Carla, und ich wusste, Silke denkt die ganze Zeit an diesen einen Mann, den sie liebte. Und ich wusste auch, wir waren genauso verloren wie Winterberg, der in jeder Frau Lenka Morgenstern suchte. Es ist nicht die Schlacht bei Königgrätz, die durch sein Herz geht, die Winterberg zerreißt und zerfleischt, es ist die Liebe zu Lenka. Diese Wunde kann man nicht heilen, sie bleibt für immer.

Lenka Morgenstern.

Carla.

Und der Mann, den Silke liebte.

Eine große Leere. Eine große Einsamkeit.

Cornus sanguinea.

Das kann man nicht überschienen, wie Winterberg sagen würde.

Wir lagen im Bett und schauten an die Decke und hörten einen Streit zwischen einer Frau und einem Mann aus dem Nebenzimmer.

»Wie ist es zu sterben?«

»Es ist scheiße.«

»Und was kommt danach, nach der Überfahrt, was meinst du?«

»Das frage ich mich auch die ganze Zeit.«

»Und?«

»Mein Vater meinte, es gibt dort eine Kneipe. Sie hat immer geöffnet, denn das Bier ist umsonst und am Tisch sitzen die, die du gekannt hast, die auf dich warten, deine Familie, deine Freunde und so.«

»Lustig.«

»Ich weiß nicht. Ich will dort nicht mit allen sitzen, die ich gekannt habe. Echt nicht. Und einige wollen sicher auch nicht mit mir da sitzen, da bin ich mir sicher.«

»Umarme mich noch mal.«

Ich umarmte sie.

»Ja, so, genau. Halte mich so die ganze Zeit, ja?«

»Ja.«

»Echt komisch, du weißt wirklich viel mehr über ihn als ich.«

»Komm mit, dann weißt du auch mehr.«

Sie schaute mich an.

»Meinst du, ich soll mitkommen?«

»Warum nicht?«

»Aber … Also … Ich weiß nicht, meinst du wirklich? Vielleicht ist es gar nicht so schlecht. Eine Pause könnte ich jetzt sowieso gut gebrauchen. Ja, ich komme mit, ja? Meinst du, es ist wirklich okay?«

»Ja, warum nicht, er ist doch dein Vater.«

»Ja, du hast recht, ich mache es. Ich komme mit. Ich fahre nicht zurück.«

»Gut. Wir fahren zusammen nach Sarajevo.«

»Ja, ich rufe morgen im Büro an. Wenn ich drei Wochen weg bin, passiert auch nichts. Ich hatte zwei Jahre lang keinen Urlaub. Toll. Ich freue mich sehr.«

»Na siehst du. Es kann so einfach sein.«

»Umarme mich noch mal.«

Ich umarmte sie.

»Ja, so, genau so. Halt mich fest.«

Sie machte die Augen zu und schlief ein. Ich auch. Doch der Streit zwischen einer Frau und einem Mann im Nebenzimmer hörte nicht auf.

DIE SCHLINGE

Als ich am Morgen aufwachte, war Silke weg.

Beim Frühstück war sie auch nicht.

Winterberg saß ganz allein im Frühstücksraum und las mit dem Vergrößerungsglas in seinem Buch.

»Ja, ja, wenn wir in Brno sind, müssen wir das Haus finden, wo meine Lenka untergebracht worden war … Sie hat mir nach Reichenberg eine schöne Postkarte geschickt, mit dem alten Rathaus, einem Krokodil und dem Spielberg, ja, ja, wir müssen uns den Spielberg anschauen, da wollte ich immer hin. Und auch das Gasthaus, wo sich der traurigste Trottel der Geschichte, Lojka, zu Tode gesoffen hat, vielleicht steht es noch. Und wir müssen uns auch den Zentralfriedhof anschauen und die Feuerhalle, ja, ja, das tut auch immer gut. Und ein wenig mit der Straßenbahn rumfahren, das tut auch gut, das beruhigt mich immer.«

»Wo ist Silke?«

»Wer?«

»Ihre Tochter.«

»Meine Tochter?«

»Ja.«

»Ja, genau, wo ist Silke?«

»Na, ich weiß nicht.«

»Ach so. Ja, ja … Silke musste zurück. Nach München oder Madrid oder Paris, ich weiß nicht, wieder zu einer Hochzeit oder zu einer Scheidung, wie sie immer sagt.«

»Sie wollte doch …«

»Was wollte Sie?«

»Nichts.«

»Das soll ich Ihnen geben.«

Winterberg reichte mir einen Umschlag. Drinnen lagen ein kleines Handy und ein Zettel.

»Danke, dass du es machst. Ruf mich an, wenn ihr am Ziel seid. Oder wenn was passiert. Oder wenn ihr Geld braucht. Alles Liebe. S.«

»Vielleicht gehen wir in Brünn auch ins Theater. Warum nicht. Oder in die Oper ... Ich war lange nicht in der Oper, wann waren Sie zum letzten Mal in der Oper, lieber Herr Kraus?«

»Ich war noch nie in der Oper.«

»Na ja, so viel haben Sie auch nicht verpasst. Aber vielleicht gehen wir hin. Oder wissen Sie was, wir fahren lieber nach Austerlitz, das war auch eine schicksalhafte Schlacht, natürlich nicht so schicksalhaft wie Königgrätz, aber schicksalhaft genug, damit es sich lohnt, nach Austerlitz zu fahren, ja, ja, Austerlitz hat sicher auch einige Herzen zerfetzt so wie Königgrätz mein Herz zerfetzt hat, ja, ja, die berühmte Sonne von Austerlitz, vielleicht werden wir es erleben.«

»Hm ...«

Winterberg bestellte ein Omelett mit Schinken und Käse.

»Ich meine, Sie haben sich ein wenig in sie verguckt, Herr Kraus, wenn ich das so sagen darf.«

»In wen denn?«

»In Silke.«

»Das habe ich nicht.«

»Doch, doch, ich sehe es, Sie sind ganz rot geworden.«

»Bin ich nicht.«

»Daraus wird nichts, leider, leider, ich kenne meine Tochter. Es ist noch nie etwas daraus geworden, ja, ja, zu viele Störzonen ... Ich dachte immer, jedes Problem kann man überschienen, so wie Carl Ritter von Ghega die Alpen mit der Semmeringbahn überschient hat. Doch dieses Problem kann man nicht überschienen, ja, ja, uns Menschen kann man nicht mehr überschienen, unser Herzproblem, ja, ja, wir sterben aus, lieber Herr Kraus, so sehe ich es, wenn ich meine Tochter sehe.«

»Vielleicht ist es auch gut so.«

»Ja, vielleicht ja. Vielleicht haben wir nichts Besseres verdient.«

»War es mit Frauen immer so kompliziert, Herr Winterberg?«

»Ja … Aber mit Männern auch. Überall herrscht der Nebel des Krieges, Sie sollten Clausewitz lesen. *Nebel des Krieges* … Nichts anderes ist es.«

»Nebel des Krieges? Alles klar.«

»Durch jedes Schlachtfeld und durch jede Beziehung zieht sich der Nebel des Krieges. Der ist nicht leicht zu überschienen.«

»Ich verstehe Sie wirklich nicht.«

»Schlechte Kommunikation. Der Nebel halt … Man muss sich nur auf sich selbst verlassen, ja, ja, noch schlimmer als der Nebel des Krieges ist der Nebel der Liebe, traurig, traurig, wir sterben einfach aus, nicht heute, nicht morgen, aber übermorgen ganz bestimmt. Sie haben recht, das ist natürlich kein großer Schaden, das Leben geht weiter, nur ohne uns. Doch trotzdem ist es schön, dass Sie noch nicht ganz durchsichtig sind.«

»Durchsichtig?«

»Ja, wie ein Glas. In Ihrem Alter, lieber Herr Kraus, sind schon viele Männer durchsichtig, wenn nicht alle Männer, ja, ja, wenn man zwanzig ist, dann schaut Sie jede junge Frau an, mit dreißig vielleicht jede dritte, mit vierzig vielleicht jede fünfte, doch auf einmal sind Sie als Mann für alle Frauen durchsichtig wie eine Glasscheibe, traurig, traurig … Die Frauen schauen einfach durch Sie weiter, Sie sind nicht mehr da, Sie existieren nicht mehr, lieber Herr Kraus. Doch meine Tochter ist der Beweis, dass Sie doch noch ein wenig existieren, ja, ja, dass Sie noch ein wenig da sind.«

»Und wie ist es mit neunundneunzig?«

»Na, da fängt man wieder an, sichtbar zu werden.«

»Sie sind wieder sichtbar? Für die Frauen?«

»Ja. Sie haben es noch nicht bemerkt?«

»Nein.«

»Alle Frauen schauen mich die ganze Zeit an. Die jungen, die alten, die blonden, die schwarzen, alle.«

»Weil sie Angst haben, Sie brechen jederzeit zusammen. Ich schaue Sie deshalb auch die ganze Zeit an.«

»Nein, nein, so ist es nicht … Die Frauen wissen, ich bin noch jung, ich bin noch da.«

»Jung, ja?«

»Besser gesagt … Wieder jung. Jung und kerngesund, wie neugeboren. Ich habe mich noch nie so jung und gesund gefühlt wie jetzt, ja, ja, wir können es gleich ausprobieren, dann zeige ich Ihnen, wie sichtbar ich wieder bin und wie unsichtbar, ja, ja, durchsichtig Sie schon sind, obwohl Sie so jung sind, obwohl Sie mein Sohn, nein, mein Enkel, nein, mein Urenkel sein könnten.«

Gegen Mittag stiegen wir in eine Straßenbahn ein und fuhren im Kreis.

Wir fuhren und Winterberg wollte nicht aussteigen und sich etwas anschauen, er wollte höchstens umsteigen, um mit einer anderen Ringlinie, wie er sagte, dann weiter- oder zurückzufahren.

So haben wir ganze Stunden im Kreis verbracht, im Straßenbahnkreis von Wien, wie Winterberg sagte, in dieser Straßenbahnschlinge, die die Wiener Innenstadt wie eine Schlinge, wie einen Strang um den Hals trägt, an dem immer wieder gezogen und gezuckt wird, wie er sagte, bis sich die Innenstadt einmal an diesem Straßenbahngürtel aufhängt.

»Ja, ja, wie die Selbstmörder, die sich aufhängen … Strangleichen sind keine schönen Leichen, die Strangleichen mochte mein Vater wirklich nicht, die geschwollenen Gesichter und die geschwollenen Augen und die geschwollenen Zungen und die geschwollenen Lippen und die nassen Hosen, nein, nein, mit denen wollte mein Vater immer schnell fertig werden, sie schnell in der Feuerhalle mit ihrem Schicksal versöhnen.«

Wir fuhren und Winterberg erzählte und schaute sich Wien an und las aus seinem Buch laut vor und schaute wieder aus dem Fenster und erzählte wieder und las wieder aus seinem Buch laut vor.

»Ja, ja, lieber Herr Kraus, und doch sind die Selbstmörder die freiesten Menschen auf der Erde, ja, ja, ich weiß, wovon ich rede, ich wollte mich schon so oft aufhängen oder erschießen, und ich glaube, Sie wissen es auch … Sehen Sie, die Ringstraße, wie die alten Boulevards in Paris auf ehemaligem Festungsgebiet, umzieht mit dem Franz-Josephs-Kai die ganze Altstadt in einer Länge von 5,5 Kilometer bei 57 Meter Breite, mit ihren großartigen Monumentalbauten, vornehmen Wohnhäusern, Denkmälern, Garten- und Parkanlagen, ist sie der Stolz des modernen Wien … Ja, ja, ja, lieber Herr Kraus, Freitodleichen mochte mein Vater nicht besonders, doch auch für jede Freitodleiche hatte er eine schöne Einäscherung vorbereitet … Sehen Sie, lieber Herr Kraus, das muss das Deutschmeister-Denkmal sein, so, so, auf hohem Granitsockel ein Soldat mit der Fahne, darunter vorne die Figur der Vindobona, an den Seiten in zwei Gruppen Tapferkeit und Kameradschaft, wie es in meinem Buch steht, ja, ja, der Sieg über die Türken bei Zenta, der Sieg über die Preußen bei Kolin, da waren wir ja auch schon, lieber Herr Kraus, noch schlimmer als Strangleichen waren die Wasserleichen, sagte mein Vater.«

Wir fuhren und Winterberg erzählte und schaute sich verwundert eine junge Frau an, die ihn ebenso verwundert anschaute, ihm zuhörte, und als er es bemerkte, redete er um so lauter.

»Ja, ja, richtig, ich weiß, was Sie sagen möchten, lieber Herr Kraus, die Wasserleichen werden gerne in Böhmen zum Bier verspeist, ja, ja, sehen Sie, das muss die Börse sein, doch das interessiert mich nicht … Da stand das Ringtheater, das interessiert mich, traurig, traurig, viele Brandleichen, deshalb habe ich immer mein Seil mit, ja, ja, um mich retten zu können, Brandleichen sind keine schönen Leichen, wie mein Vater sagte … Im Krieg habe ich mal einen schlimmen Brand erlebt.«

»In Reichenberg?«

»Nein.«

»Wo?«

»Das ist egal … Aber schön, dass Sie zuhören. Ich dachte, Sie hören mir nicht mehr zu … Wo bin ich denn hängen geblieben … Also … Ja.«

Er schaute aus dem Fenster. Dann schaute er sich eine Frau

an, die ihn auch anschaute. Und dann schaute er wieder in sein Buch.

»Ja, ja, dort die Universität, ja, ja, Geburt der Athene, nach der 1348 gestifteten Prager die älteste deutsche Universität, ja, ja, erst 1365 gegründet, die erste Universität in Prag, die erste Pilsner Brauerei in Pilsen, die erste Feuerhalle in Reichenberg, die erste elektrische Eisenbahn in Tábor, die erste elektrische Feuerhalle in Semil… Ja, ja, die Böhmen können auf so vieles stolz sein, doch wer weiß das heute denn noch, doch ich weiß es, erst danach kam Wien, über 530 Professoren und Privatdozenten, 8500 Studenten und 1800 Hörer, in der Nähe 7, das Korpskommando, das muss irgendwo dort sein… Mein Vater mochte keine Wasserleichen, er sagte, Wasserleichen sind keine schönen Leichen, schön, schön, sehen Sie, der hübsche Rathauspark, doch auch die Wasserleichen wurden durch das Feuer der Feuerhalle mit ihrem Schicksal versöhnt, sagte mein Vater… Nein, nein, er mochte keine Wasserleichen und er konnte auch keine Wasserleichen zum Bier im Ratskeller essen, zu viel haben ihn die wochenlang in Essigsud eingelegten Würstchen an die menschlichen, manchmal wochenlang im Wasser eingelegten Wasserleichen erinnert, die man aus der Neiße oder aus der Reichenberger Talsperre gefischt hat… Ach, sehen Sie, lieber Herr Kraus, die Hofburg und der Heldenplatz, eigentlich ein bisschen kleiner, als man denkt, finden Sie nicht, die Hofburg ist natürlich viel größer, als man denkt, finden Sie nicht. Die Prager Burg ist zwar die größte Burganlage der Welt, trotzdem scheint die Wiener Hofburg viel größer und mächtiger zu sein als alle Burganlagen der Welt, ja, ja.«

Er las und erzählte und Wien zog an uns vorbei und er schaute sich wieder eine Frau an, diesmal eine ältere Dame, und die Dame schaute auch Winterberg an und er sagte zu mir: »Sehen Sie, lieber Herr Kraus, ich bin nicht durchsichtig… Manchmal waren die Gesichter der Wasserleichen kaum zu erkennen, sagte mein

Vater, manchmal konnte man bei einer Wasserleiche nicht mal erkennen, ob es ein alter oder ein junger Mann war, eine alte oder eine junge Frau, ja, ja, manchmal konnte man nicht gleich sehen, ob es überhaupt ein Mann oder eine Frau war, traurig, traurig… Nach gewisser Zeit im Wasser häuten sich die Wasserleichen, ja, ja, Wasserleichen haben meinen Vater immer ein wenig melancholisch gemacht.«

Winterberg schaute mich kurz an.

»Essen Sie gerne Wasserleichen?

»Ja, schon. Doch man kriegt die in Deutschland nicht. Ich mache mir die Wasserleichen immer selber.«

»Wirklich? Nach Ihrem eigenen Rezept?«

»Ja.«

»Machen Sie mal welche für mich?«

»Warum nicht.«

»Ich freue mich.«

Und dann schaute er wieder aus dem Fenster.

»Ach, schauen Sie, lieber Herr Kraus, das Wiener Rathaus, vielleicht gibt es dort auch einen Ratskeller, vielleicht kann man dort auch Wasserleichen zum Bier bestellen, in Wien haben doch so viele Tschechen gelebt, vielleicht finden wir heute Abend ein böhmisches Gasthaus mit Bier und Wasserleichen… Mein Vater hat zum Bier keine Wasserleichen gegessen, nur der Presssack, der Presssack hat ihn an keine Leichen erinnert, zumindest lange war es so, denn dann musste mein Vater einen Rangierer einäschern, der von zwei Wagen mit Holz zusammengepresst worden war, ja, ja, Rangierleichen sind keine schönen Leichen, danach konnte mein Vater lange keine Presswurst essen… Ich esse den Presssack eigentlich gerne, ich muss dabei nicht an Rangierleichen denken… Das Wiener Rathaus, in der Massenwirkung das am meisten hervortretende Gebäude der Stadt nach der Stephanskirche, so ist es auch in Reichenberg mit unserem Rathaus von Franz Ritter von Neumann, der sich bei seinem Entwurf sehr nah an das Wiener Rathaus gehalten hat.«

Wir fuhren weiter und Winterberg erzählte, in Reichenberg wollte man immer Wien einholen und nachmachen, so wie man in Gablonz Reichenberg einholen und nachmachen wollte. Er erzählte, in Prag war es nicht anders. Er erzählte, die Prager waren die Meister im Nachmachen und Einholen. Und es ist sicher bis heute so.

»Ja, ja, immer dieser Kampf, dieser Wettkampf zwischen Gablonz und Reichenberg und Prag und Wien … Den mächtigen 97,9 Meter hohen Turm krönt ein in Kupfer getriebener Bannerträger, so, so, der Eiserne Mann, ja, ja, genau wie in Reichenberg, sehen Sie … Unser Rathaus krönt die Statue des Ritters Roland, der die Stadt vor den Feinden und der Dummheit beschützen sollte … Franz Ritter von Neumann wurde leider zum Opfer des Eisenbahnverkehrs, er brach im Wiener Südbahnhof zusammen, als er mit der Südbahn in den Süden Richtung Semmering fahren wollte, doch der Zug war wegen eines Personenunfalls im Vorbahnhof um Stunden verspätet, er regte sich auf und brach nach einem Herzschlag auf dem Bahnsteig zusammen, ja, ja, man soll sich nie wegen einer Verspätung aufregen, Herzschlagleichen sind keine schönen Leichen, war das dort nicht die Reiterstatue von Radetzky? In Prag in die Luft gesprengt und vergessen, hier lebt Radetzky immer noch.«

Wir fuhren und dann stiegen wir aus und stiegen in eine andere Bahn ein.

Und auch die nächste Straßenbahn fuhr weiter im Kreis um die Wiener Innenstadt, und mir schien, der Kreis würde immer enger. Ich fühlte, wie mich jemand fest umarmte, und ich musste an die Träume denken, in denen mich Carla immer so fest umarmt. Mir war heiß und schwindelig und ich musste das Fenster aufmachen.

»Geht es Ihnen nicht gut, Herr Kraus?«

»Doch, doch.«

»Vielleicht haben Sie Fieber.«

»Das wird schon.«

Die Straßenbahn fuhr weiter wie im Kreis gefangen und Winterberg erzählte wie im Kreis gefangen. Im Kreis seiner Geschichten und der großen Geschichte, die ihm keine Ruhe lassen will. Er schaute sich wieder eine Frau an, eine ganz junge und elegante und ein wenig steife und strenge Frau im Kostüm, die mich an Silke erinnerte. Sie schaute ihn auch an und hörte kurz zu und Winterberg freute sich, dass sie zuhörte, und so erzählte er wieder viel lauter als sonst.

»Mein Vater mochte keine Rangierleichen, und doch hat er später den Presssack zum Bier wieder gegessen, denn etwas muss man essen, wenn man Bier trinkt... Er liebte den Presssack mit Essig und Zwiebeln und ein wenig Pfeffer. In Reichenberg sagt man in manchen Gasthäusern auch Presswurst oder Presskopf zum Presssack, mein Vater sagte aber immer Presssack. Ja, ja, mein Vater mochte den Presssack mit viel Zwiebeln und viel Essig, er sagte, das Leben ist nicht süß, das Leben ist sauer, so wie ein Presssack, und bitter wie das gute hopfige Pilsner Bier, ja, ja... Die Olmützer Quargeln, die mochte mein Vater zum Bier auch, nur nicht zu durchgezogen, denn der Geruch hat ihn dann wieder zu stark an seine Arbeit, an seine Leichen im Keller seiner Feuerhalle erinnert, ja, ja die zu viel durchgezogenen Olmützer Quargeln haben ihn manchmal an die feuchten und morschen Waldleichen erinnert, die man oft erst nach Monaten im Wald gefunden hat, meistens Selbstmörder oder auch Touristen, die sich verlaufen haben, ja, ja, auch das kann im Isergebirge passieren... Waldleichen sind keine schönen Leichen, sagte mein Vater immer, ja, ja, Waldleichen haben ihn immer sehr melancholisch gemacht, da musste er zum Bier noch einen Schnaps trinken, meistens einen Kräuterschnaps der Firma Jan Becher aus Karlsbad.«

Winterberg erzählte und die Frau schaute ihn an und wurde blass und stieg schnell aus.

Winterberg las weiter und unsere Straßenbahn kreiste immer noch um die Wiener Innenstadt, und ich hatte das Gefühl, um meinen Hals liege eine Schlinge. Ein Strang. Mit jeder Kreisbewegung wurde dieser Strang enger. Mir war heiß und schwindelig. Ich musste kurz das Fenster aufmachen.

Und Winterberg erzählte und erzählte. Um seinen Hals lag kein Strang, der immer enger wurde.

»Sehen, Sie, Herr Kraus, das Hofburgtheater nach den Plänen von Semper und Hasenauer, der Zuschauerraum für 1532 Personen, schön, schön, der Zuschauerraum des Reichenberger Stadttheaters ist wesentlich kleiner und der Zuschauerraum der Reichenberger Feuerhalle sowieso … Ja, ja, der Raum ist im Louis-XVI.-Stil gehalten, an den Logenbrüstungen Marmorbüsten von Schauspielern des alten Burgtheaters von Tilgner und reizvolle Camaïeumalereien von Hynais.«

Er schwieg kurz und schaute aus der Straßenbahn.

»Volksgarten, ja, ja, und da das Parlamentsgebäude, Sitz des Abgeordnetenhauses und des Herrenhauses, ja, ja, hier haben sich die tschechischsprachigen Böhmen mit den deutschsprachigen Böhmen auf Deutsch und Tschechisch einige Sprachschlachten geliefert, die viel schlimmer waren als die Bierschlachten im Reichenberger Ratskeller, wie mein Vater immer sagte, Bier kann zwar viele Menschen versöhnen, doch einige auch ein wenig melancholisch machen … Wo bin ich denn hängen geblieben …«

Winterberg las in seinem Buch weiter und schaute sich wieder eine Frau an, eine Dame um die siebzig, die ihn auch anschaute.

»Ja, ja, ich weiß … Ein mächtiger, von 1874 bis 1883 von Hansen im griechischen Stil errichteter Bau … Eine breite Rampe mit vier bronzenen Pferdebändigern von Lax und acht Marmorsitzbildern griechischer und römischer Geschichtsschreiber von Kauffungen und Seib und anderen, führt zu dem achtsäuligen Portikus, in dessen Giebelfeld ein Marmorrelief, Verleihung der Verfassung, von Hellmer… Rechts der Sitzungssaal der Abgeordneten mit 516 Sitzen, links der des Herrenhauses mit 261 Sitzen, ja, ja, sehr leidenschaftliche Schlachten haben sich hier die deutschen und tschechischen Abgeordneten geliefert, keiner hat gewonnen, alle haben verloren, ein Königgrätz nach dem anderen, und wenn sich da noch die Magyaren oder Bosnier eingemischt haben, ja, ja, da sind einige Ohrfeigen gefallen, da jagte man sich mit den Hosengürteln zwischen den Bänken, alles viel schlimmer als im Reichenberger Ratskeller, sagte mein Vater, denn im Ratskeller hat das letzte Bier die Tschechen und Deutschen immer versöhnt, mindestens bis zum nächsten Tag, mindestens bis der Henlein gekommen ist, sagte mein Vater, danach hat die Deutschen und die Tschechen das Bier nicht mehr versöhnt… Das hat meinen Vater nicht nur ein wenig melancholisch gemacht, das hat ihn sehr melancholisch gemacht, dieser Henlein, dieses Schwein, dieser Dorftrottel, der seine böhmische Mutter, Frau Dvořáčková, die mein Vater gut kannte, aus seinem Leben ausradiert hat, so wie die Sachsen den Architekten Bitzan vom Leipziger Hauptbahnhof ausradiert haben, ja, ja, dieser Henlein, dieser schlechte, untalentierte Sportler, wie mein Vater sagte, der wie alle schlechten und untalentierten Sportler nicht zu einem guten Sportler, sondern zu einem schlechten Sportlehrer wurde, dieser Kleinwurm Henlein mit seiner piepsigen Stimme und Vorliebe für Uniformen und hohe Stiefel… Henlein hat meinen Vater sehr melancholisch gemacht, Henlein hat ihn viel melancholischer gemacht als alle Wasserleichen und Rangierleichen und Waldleichen und Strangleichen zusammen, um die sich mein Vater im Keller seiner Feuerhalle gekümmert hat, denn mein Vater wusste, Henlein kann man nicht so einfach wie die Alpen überschienen, nein, nein, so wie man die menschliche Dummheit nicht überschienen kann.«

Und dann war es still.

Winterberg gähnte.

Ich dachte, es ist vorbei, jetzt ist er müde, jetzt schläft er ein. Oder wir fahren wieder ins Hotel zurück und er legt sich hin und ich gehe Bier trinken.

Doch Winterberg wollte nicht ins Hotel.

Er schaute sich wieder eine Frau an. Er schaute aus dem Fenster. Er putzte seine Brille und schwieg. Er gähnte wieder. Und dann fing er wieder zu erzählen an und aus dem Baedeker vorzulesen und alles zu vermischen. So wie immer. Ich wollte aussteigen, doch die Straßenbahn machte den nächsten Kreis um die Wiener Innenstadt.

»Ich weiß, verrückt, alles verrückt … Vor dem Reichsratsgebäude steht seit 1902 der 15 Meter hohe Pallas-Athene-Brunnen … Inn und Donau von Haerdtl und Elbe und Moldau von Kundmann, ja, ja, die vier schicksalhaften Flüsse, von wegen Österreich war nur eine Donaumonarchie, ich sage es doch die ganze Zeit, da irrt sich mein Buch ein wenig, ja, ja, vier schicksalhafte Flüsse wie die vier schicksalhaften Eisenbahnlinien, die Südbahn und die Nordbahn und die Westbahn und die Ostbahn …«

Winterberg war wieder nicht zu bremsen und mir war wieder heiß und schwindelig und ich musste wieder das Fenster aufmachen.

»Unweit der Nordspitze des Parkes steht seit 1907 ein Denkmal der Kaiserin Elisabeth, ja, ja, ihre letzte Eisenbahnreise führte 1898 nach Genf, eine Eisenbahnreise in die Schweiz macht nicht alle Menschen glücklich, obwohl für Eisenbahnmenschen wie Sie und mich natürlich die Schweiz ein Eisenbahntraum, ja, ja, ein Eisenbahnparadies ist, doch auch im Paradies kann man untergehen, ja, ja … Architektur von Ohmann, das Sitzbild der Kaiserin von Bitterlich, ja, ja, die Olmützer Quargeln können wirklich unangenehm stinken, in der Schule haben wir aus den Quargeln kleine Stinkbomben gemacht und sie im Lehrerzimmer versteckt … Dort, das ist das Maria-Theresia-Denkmal, so, so, die Kaiserin, die auf hohem, von vier Doppelsäulen eingefassten Granitsockel thront, ist als 35-jährige Frau dargestellt, mit der zeptertragenden Linken die pragmatische Sanktion umfassend, am Sockel Reitergestalten der Feldherrn.«

Er las weiter und schaute sich wieder eine Frau an, die ihn auch anschaute. Eine junge Frau, die im Gesicht einen chinesischen Drachen eintätowiert hatte.

»Sehen Sie, Herr Kraus, ich bin nicht durchsichtig … Einer der Feldherrn ist General Laudon, dachte ich mir, der Sieger über die Preußen von Kolin 1757 und 1788 über die Türken bei Dubitza und Belgrad, der Verlierer von Liegnitz 1760, was allerdings nicht seine Schuld war.«

Winterberg erzählte und ich musste wieder kurz das Fenster aufmachen, weil mir heiß und schwindelig war.

»Auch die vom Zug zerstückelten Selbstmörder mochte mein Vater nicht, man musste sie oft ganz zusammensetzen, wie Teile einer Maschine, die aber nicht mehr funktionierte, immer haben auch ein oder zwei oder sogar mehrere Teile gefehlt, doch auch die vom Zug zerstückelten Eisenbahnleichen wurden durch das Feuer der Feuerhalle mit ihrem Schicksal versöhnt … Ach, das Kunsthistorische Hofmuseum, ja, ja, wunderschön, in der bildenden Kunst hat allerdings Wien erst zum Ende des 15. Jahrhunderts an Bedeutung gewonnen, trotzdem ist das Museum eine der ersten Kunstsammlungen der Welt, mehrmals wurden die Schätze vermehrt, alles als Verherrlichung der Habsburger als Förderer der Kunst … Wenn es im Reichenberger Ratskeller keinen Presssack oder Olmützer Quargeln zum Bier gab, aß mein Vater gerne einfache Wurst mit Zwiebeln und Essig, die geschnittenen Speckwürstel erinnerten ihn nicht an Wasserleichen … Vielleicht gehen wir doch mal hin, aber nicht heute, auf der Balustrade Statuen von Künstlern und Kunstfreunden, ja, ja, Porträtköpfe der Künstler, so, so, allegorische Darstellungen, ja, ja, die einzigen Freitodleichen, die mein Vater wirklich mochte, waren die Frostleichen und Leichen von Menschen, die sich mit Gas umgebracht hatten oder mit Medikamenten, mit Morphium zum Beispiel, ja, ja, Gasleichen und Morphiumleichen, das waren schöne Leichen, sagte mein Vater, da musste mein Vater die Leichen nicht zusammensetzen, die Toten sahen aus, als wären sie gerade eingeschlafen, sagte mein Vater, doch leider waren Freitodleichen wie diese in Reichenberg eher ein seltener Fall, sagte mein Vater, die meisten Selbstmörder haben sich aufgehängt, die meisten Männer und auch die meisten Frauen, oder sich die Pulsadern mit einem Messer oder einer Rasierklinge aufgeschlitzt oder sich erschossen oder sich aus dem Fenster auf die Straße gestürzt, doch alle wurden durch das Feuer der Feuerhalle mit ihrem Schicksal versöhnt, ja, ja, sehen Sie, lieber Herr Kraus, das Naturhistorische Hofmuseum stimmt, im Äußeren wie in den Verhältnissen, abgesehen von etwas geringerer, ja, ja, Tiefe minus 70 Meter, mit dem Kunsthistorischen Hofmuseum überein, wer hätte das gedacht …«

Winterberg erzählte weiter und schaute weiter aus dem Fenster.

»Wer weiß, wie es heute mit den Selbstmördern in Reichenberg ist, ob sich auch die meisten Menschen aufhängen, nächstes Mal müssen wir uns erkundigen, wer weiß, wie es in Wien ist, in Königgrätz, in Sarajevo, in Winterberg … Die meisten Menschen haben sich in Reichenberg im Spätsommer in den Krisenjahren aufgehängt, viele Deutsche, und dann im Spätsommer 1938 viele Tschechen und Juden, ja, ja, wie es weiterging, das weiß ich nicht, denn kurz danach war mein Vater auch tot, er, der treue und überzeugte Republikaner und Tschechoslowake, ja, ja, der letzte deutsche Republikaner in Reichenberg, der letzte Demokrat, traurig, traurig, ich weiß, vielleicht der treuste Tschechoslowake unter allen Reichenberger Deutschen überhaupt, dem die Tschechoslowakei seine Feuerhalle auf dem Feuerberg in Reichenberg geschenkt hat, und er wusste dieses Geschenk zu schätzen.«

Winterberg erzählte und schaute aus dem Fenster der Straßenbahn, die immer im Kreis fuhr. Mir war heiß und schwindelig, ich musste wieder das Fenster öffnen, doch es ging nicht, es war eine neue Straßenbahn.

»Meinen Vater hat der Zusammenbruch der Tschechoslowakei 1938 sehr melancholisch gemacht ja, ja, die menschliche Dummheit ist endlos, ja, ja, oft ist man dumm, wenn man jung ist, doch viele sind dumm, auch wenn sie alt sind, schauen Sie sich doch um, was jetzt überall passiert, ja, ja, die menschliche Dummheit siegt wieder an allen Fronten … Ja, ja, und so vergeht die Zeit, es geht alles vorüber, es geht alles vorbei, oh, wie die Zeit vergeht …«

Wir stiegen aus und stiegen in eine andere Straßenbahn wieder ein und sind weiter im Kreis gefahren, und Winterberg erzählte und erzählte und fing an zu zittern.

Der nächste historische Anfall.

»Ja, ja, sehen Sie, die Hofoper, die Wiener mochten das neue Opernhaus nicht. Als die Hofoper drei Jahre nach der Schlacht bei Königgrätz mit *Don Giovanni* eröffnet wurde, haben die Zeitungen über die Oper als ein Königgrätz der Baukunst geschrieben, keinem hat die neue Oper gefallen, zu klein, zu niedrig, zu einfach war das erste neue Gebäude, diese versunkene Kiste auf der Wiener Ringstraße für die Wiener Bevölkerung, ja, vielleicht wäre die Baude gut für Reichenberg, Budweis oder Laibach, aber auf keinen Fall für Wien, auch dem Kaiser hat die neue Oper nicht gefallen, nichts als ein Königgrätz der Baukunst war die neue Oper, und so hat sich der Architekt van der Nüll noch vor der Eröffnung in seiner Wohnung aufgehängt, ja, ja, das geschwollene Gesicht und die geschwollenen Augen und die geschwollene Zunge und die geschwollenen Lippen und die nasse Hose, ja, ja. Schade, dass mein Vater van der Nüll nicht durch das Feuer seiner Feuerhalle mit seinem Schicksal versöhnen konnte, so liegt van der Nüll jetzt in seinem Ehrengrab auf dem Zentralfriedhof begraben, kurz vor seinem Tod haben ihn die Wiener gehasst, kurz nach seinem Tod verehrt, seine Beerdigung war ein Fest und die Eröffnung der Hofoper ein Ereignis, doch das ist noch nicht alles, lieber Herr Kraus, sein bester Freund und Partner, Architekt Sicard von Sicardsburg, brach ein paar Wochen danach mit einem Herzschlag über seinem Schreibtisch zusammen, er hat die Kritik an der Hofoper auch nicht ertragen, dazu der grausame Tod von seinem Freund, ja, ja, das Architektenleben kann mühsam sein, der böhmische Architekt Bitzan wurde von den Sachsen in Leipzig aus der Geschichte ausradiert, Architekt van der Nüll hat sich in Wien aufgehängt, Architekt Sicard von Sicardsburg ist in Wien an einem Herzschlag gestorben so wie der Architekt von Neumann, der Schüler von von Sicardsburg und van der Nüll, sagte mir mein Vater, der sich für die Baukunst interessierte und mit Bitzan gut befreundet war, und das alles wegen Königgrätz, wenn Sie mich fragen würden, ja, ja, Sie haben recht, es gibt kein Entkommen, lieber Herr Kraus, so wurde auch mein Vater durch das Feuer der Feuerhalle in seiner Flammengruft mit seinem Schicksal versöhnt, Cornus sanguinea, so hat die Tschechoslowakische Republik einen der treuesten Republikaner verloren, so wurde meine Mutter zur Witwe, so wurde mein Leben zum Königgrätz, ja, ja, es macht mich ein wenig melancholisch, heute trinken wir Bier und essen Wasserleichen, was bleibt, ist nur the beautiful landscape of battlefields, cemeteries and ruins und die Straßenbahnen und Eisenbahnen, immer nach vorne, immer in Bewegung sein, nicht aussteigen, nur umsteigen, immer nach vorne treiben, nach Sarajevo, das kann vielleicht helfen, immer in die Freiheit bis in den Tod hinein.«

Und dann klappte Winterberg sein Buch zusammen, schaute aus dem Fenster und sagte lange nichts mehr.

Nach einer Weile drehte er sich zu mir um, und ich sah, dass er wieder die ganze Zeit weinte.

»Was denken Sie, lieber Herr Kraus, ist das Naturhistorische Hofmuseum wirklich um siebzig Meter niedriger als das Kunsthistorische Hofmuseum?«

»Ich weiß nicht.«

»Ich auch nicht.«

»Haben Sie den Unterschied gemerkt?«

»Nein.«

»Ich auch nicht. Vielleicht stimmt in meinem Buch nicht alles.«

»Vielleicht.«

»Vielleicht stimmt mit mir nicht alles.«

»Vielleicht.«

Wir fuhren noch mal im Kreis um die Wiener Innenstadt. Wir fuhren und Winterberg schlief ein und ich fühlte, wie die Schlinge um meinen Hals immer enger wurde, und ich dachte, ich müsste gleich aufstehen und aussteigen und frische Luft schnappen.

Doch dann wurden wir plötzlich befreit, denn auch die Straßenbahn befreite sich aus dieser engen Schleife, aus diesem Strang.

DER ZENTRALFRIEDHOF

Wir fuhren ewig, ich war schon müde, doch Winterberg strahlte wieder.

Und ich dachte mir, nein, das kann nicht sein, ich halte es nicht mehr aus.

Winterberg erzählte wieder und las in seinem Buch und schaute sich die Stadt an. Und die Frauen. Junge und alte und Wienerinnen und Touristinnen, mit offenen Haaren und mit Kopftuch.

Er schaute, ob sie ihn anschauten. Und sie haben ihn wirklich angeschaut, was vielleicht an der besonderen Art lag, wie er sie anschaute. Mit leicht geöffnetem Mund und mit so einem Blick, als würde er sie gern gleich ausziehen und aufs Bett legen, als würde er durch sie gleich einen Tunnel bohren.

Wir saßen in der Straßenbahn der Linie 71 Richtung Zentralfriedhof, und Winterberg freute sich, dass auch in seinem Baedeker für die Reise zum Zentralfriedhof die Straßenbahnlinie 71 wärmstens empfohlen wurde.

»Nichts hat sich verändert, ja, ja, nichts hat sich verändert.«

Er sagte, wie toll er es findet, dass neben den Sehenswürdigkeiten und Bahnhöfen und Hotels oder Cafés auch Zentralfriedhöfe so eine besondere Rolle in seinem Baedeker spielten. Jede größere Stadt in der Monarchie hat sich damals mit Bahnhof und Kaserne und Brauerei und Kirche und Museum und Opernhaus und Theaterhaus und mit einem Zentralfriedhof geschmückt. Eine Stadt ohne Zentralfriedhof oder Oper oder Theater oder

Museum oder Kirche oder Brauerei oder Kaserne oder Bahnhof war keine Stadt mehr, sie war zu einer Randexistenz verdammt, zu einer Randnotiz, zu einer bedeutungslosen Kleinstadt.

Am liebsten würde er sich alle Bahnhöfe und alle Friedhöfe und alle Schlachtfelder anschauen, natürlich auch alle Feuerhallen, erzählte er und schaute aus dem Fenster

»Ja, ja, lieber Herr Kraus, ich habe die Gräber gehasst, das ganze Bestattungsunternehmen meines Vaters, das nach seiner Einäscherung meine Mutter führte, bis zu ihrem Tod in Karlsbad, bis die ganze Feuerhalle in den Kriegsflammen unterging … Und sehen Sie, lieber Herr Kraus, wo wir jetzt sind.«

Die Fahrt dauerte ewig. Winterberg las aus seinem Buch vor und schaute aus dem Fenster und sagte ja, ja, nein, nein, ja, ja, und las wieder weiter oder schaute sich die Frauen an, um sich zu überzeugen, dass er nicht durchsichtig war, dass er jung war, um mich davon zu überzeugen, um mich zu demütigen, dass ich es bin, der durchsichtig und alt sei.

Eine elegante Frau um die vierzig stieg ein und setzte sich uns schräg gegenüber.

Sie telefonierte.

»Das ist doch gut, Mama.«

Winterberg schaute auf ihre Beine, die sie übereinanderlegte.

Die Frau schaute auf ihn und dann schaute sie aus dem Fenster.

»Ja, das ist doch gut, dass es negativ ist. Genau. Ja, Mama …«

Winterberg schaute auf ihre Brust.

Die Frau schaute wieder auf ihn und dann schaute sie wieder aus dem Fenster.

»So musst du es sehen, Mama … Es ist positiv, dass es negativ ist.«

Winterberg schaute auf ihren schlanken, hohen Hals.

Die Frau schaute wieder auf ihn und dann schaute sie wieder aus dem Fenster.

»Mama … Mama! … Mama!!! … Nein. Mama, bitte, negativ ist anders gemeint.«

Winterberg schaute auf ihre roten Lippen.

Die Frau schaute wieder auf ihn und dann schaute sie wieder aus dem Fenster.

»Nein, nein, Mama, sie würden dir doch sagen, wenn es wirklich positiv wäre.«

Winterberg schaute in ihre Augen. Und sie schaute ihn auch wirklich an.

»Es ist positiv, dass es negativ ist, Mama … Und du musst auch positiv sein. Was bringt es, wenn du so negativ bist … Nein … Nein, Mama … Ich bin nicht negativ. Ich bin auch positiv … Ach, Mama, es ist nicht leicht.«

Winterberg schaute nochmals auf ihre Brust.

Die Frau schaute wieder auf ihn und dann schaute sie wieder aus dem Fenster.

»Bis später, Mama.«

Winterberg schaute immer noch auf ihre Brust.

Plötzlich stand die Frau auf. Winterberg lächelte sie an, doch sie lächelte überhaupt nicht, sie gab ihm eine Ohrfeige und stieg aus.

Alle Menschen, die mit uns in der Straßenbahn fuhren, schauten jetzt Winterberg an.

»Sehen Sie, Herr Kraus, ich bin wirklich nicht durchsichtig, ja, ja, das war der beste Beweis.«

»Das sehe ich.«

»Sie sind leider ziemlich durchsichtig, lieber Herr Kraus, ich habe es beobachtet, sie waren der Frau ganz egal, und nicht nur dieser, ja, ja, ich kann Ihnen leider nicht helfen. War das eine schöne Ohrfeige.«

Er drehte sich um, als würde er die Frau, die ihm die Ohrfeige verpasst hatte, noch mal sehen wollen, als ob er sich bedanken wollte.

»Das muss schon Simmering sein, oder? Gleich sind wir da, da muss schon irgendwo die Feuerhalle sein, ja, ja, ich weiß, was Sie sagen möchten, lieber Herr Kraus, die Hofburg und Schönbrunn und die Museen und das Arsenal und das Burgtheater und vielleicht noch die Kaisergruft, das ist alles schön, deshalb lohnt es sich, in Wien auch sie zu besuchen, und das stimmt auch, da haben Sie recht, das wird alles auch in meinem Baedeker unbedingt empfohlen, doch wer die erste Feuerhalle in Österreich besuchen möchte, muss nach Reichenberg und nicht nach Wien, ja, ja, was die Feuerhallen angeht, hat Reichenberg wirklich etwas geleistet, Reichenberg hat Wien überholt, und so musste Wien Reichenberg einholen, und dabei bleibt es für immer, die Reichenberger sind sicher bis heute stolz auf diesen Sieg über Wien, wo die erste Feuerhalle erst 1922 gebaut wurde.«

Winterberg schaute kurz aus dem Fenster, putzte seine Brille und las dann in seinem Buch weiter.

»Ja, ja, der Zentralfriedhof, 1873 von Bluntschli und Mylius gebaut, ein schöner Name, Mylius, ein sehr ungewöhnlicher Name, merkwürdig, noch nie gehört, Bluntschli, auch ein schöner Name, auch sehr ungewöhnlich, auch noch nie gehört, vielleicht ein Schweizer, ja, ja, ein Schweizer oder ein Egerländer …«

Er schaute wieder kurz aus dem Fenster und las weiter in seinem Buch.

»Zentralfriedhof… In der Folge mehrmals vergrößert, ja, ja, sicher noch mehrmals vergrößert seit 1913, ja, ja, wir müssen durch das zweite Tor zu den Arkaden, nahebei links südöstlich das Denkmal für die Opfer des Ringtheaterbrandes, ja, ja, ein Theaterbesuch kann immer gefährlich sein, vor allem für die Psyche, sagte mein Vater immer, der in seiner Feuerhalle auch den bekanntesten Theaterkritiker der Reichenberger Zeitung, Franz Reimann, eingeäschert hat, Reimann hatte einen Schlaganfall während der Aufführung von Schillers *Wallenstein* in der ersten Reihe des Reichenberg-Theaters erlitten, ja, ja, weil ihn die Aufführung so aufgeregt hat, dass ihm im Kopf eine kleine Vene geplatzt ist, traurig, traurig, Theaterleichen sind keine schönen Leichen … Zu seiner Einäscherung sind natürlich alle Schauspieler gekommen und auch der Direktor und der Regisseur, Nowotny hieß er, sagte mein Vater, dem die Witwe von Reimann vorgeworfen hat, Nowotny habe ihren Mann und Vater von fünf Kindern absichtlich mit der schlechten Inszenierung von *Wallenstein* umgebracht, ja, ja, sie sagte, seine Inszenierung war ein hinterhältiges Attentat auf den Theaterkritiker und Ehemann und Vater Reimann, Nowotnys Attentat war genauso niederträchtig wie das Attentat auf den Thronfolger 1914 in Sarajevo, hat die Witwe den Regisseur angeschrien, ja, ja, wie Sie sehen, lieber Herr Kraus, schaute die Witwe von Reimann historisch ziemlich gut durch … Nowotnys Attentat auf Schillers *Wallenstein* war als Attentat auf meinen Mann geplant, sagte sie noch, Nowotnys Attentat auf Schillers *Wallenstein* und auf meinen Mann war genauso kaltblütig durchdacht und inszeniert wie das Attentat auf Wallenstein selbst in Eger 1634, in Eger, wohin sich Wallenstein zurückgezogen hatte, nachdem ihn alle Verbündeten verlassen haben, und als seine einzige Hoffnung blieben die Schweden, die er vorher mit vollem Tatendrang bekämpft hatte, ja, ja, genau, im Nebel bei Lützen zum Beispiel … Doch die Schweden sind nicht gekommen, und so musste Wallenstein sterben, so wie auch ihr Mann, weinte die Witwe, ja, ja, lieber Herr Kraus, der Regisseur Nowotny hat mit dem Theater nach der Aufführung von *Wallenstein* in Reichenberg aufgehört, er ist zur Eisenbahn gegangen und galt nach Stalingrad als verschollen, traurig, traurig, er war ein großes Talent, sagte mein Vater … Wo bin ich denn schon wieder hängen geblieben, lieber Herr Kraus?«

»Beim Ringtheaterbrand.«

»Ja, ja, danke, ich weiß, zu viele Geschichten, zu viel Geschichte, man kann sich in der Geschichte immer so schnell verlieren, ja, ja, doch vielleicht muss man sich auch verlieren … In Wien war es wirklich schlimm, viel schlimmer als der Brand des tschechischen Nationaltheaters in Prag im selben Jahr, vierhundert Tote, wenn nicht eintausend … An dem Abend haben sie *Hoffmanns Erzählungen* von Jacques Offenbach gespielt, als sich das Ringtheater in ein Feuertheater, ja, ja, in eine Flammengruft verwandelte, Lenka und ich haben im Reichenberger Stadttheater mal *Hoffmanns Erzählungen* gesehen, ja, ja, Lenka liebte Theater, das Theater in Reichenberg war immer für sein Musiktheater bekannt und auch für den Vorhang von Gustav Klimt.«

Die Straßenbahn fuhr und zitterte und er erzählte weiter. Der nächste historische Anfall.

»Ja, ja, die Wiener haben Reichenberg wegen der Feuerhalle beneidet. Für die Freunde der Feuerbestattung und der Hygienebewegung war Reichenberg die Hauptstadt der Moderne, die Hauptstadt der Zukunft, die Hauptstadt der Hoffnung. In Wien haben immer viele Freunde der Einäscherung gelebt, doch als die Feuerhalle in Reichenberg am 31. Oktober 1918 feierlich eröffnet wurde, hat das alte Österreich ein paar Tage lang nicht mehr existiert, die Feuerhalle in Reichenberg war nicht mehr in Österreich, sondern in der Tschechoslowakei, die am 28. Oktober entstanden ist, ja, ja, so kommt es im Leben. Das machte die Freunde der Feuerbestattung aus Wien sehr melancholisch, viele haben sich das Leben genommen, ja, ja, viele Strangleichen und Kopfschussleichen und Fenstersturzleichen gab es danach in Wien, sagte mein Vater.«

Winterberg gähnte ein wenig und ich dachte, jetzt, jetzt ist er wieder ein wenig müde, endlich ein wenig Ruhe.

Doch er war noch nicht müde.

Die Straßenbahn quietschte in der Kurve, mir war es wieder warm und schwindelig, ich musste das Fenster aufmachen, und er erzählte weiter.

»Das Ringtheater hat sich an jenem Abend in eine furchtbare Feuerhalle verwandelt, ja, ja, in eine Flammengruft … Im Reichenberger Theater hat es nie gebrannt, doch natürlich musste mein Vater die Opfer verschiedenster Brandunglücke in seiner Feuerhalle einäschern, ja, ja, er sagte immer, die verkohlten Brandleichen sind für die Öfen der Flammengruft eine schwierige Kost, man brauchte um einiges länger, damit sich die Brandleichen in Asche verwandeln. Er wusste nicht, warum es so war, aber es war so, ja, ja, das Leben ist voller Rätsel, die einmal Verbrannten haben sich bei der zweiten Verbrennung gewehrt, verrückt, alles verrückt, ich weiß.«

Winterberg erzählte und las wieder laut aus seinem Buch vor.

»Zentralfriedhof … Ja, ja … Hinter den Arkaden befinden sich die Ehrengräber, und, nein, nein, das ist nicht möglich … Carl! Carl Ritter von Ghega! Sehen Sie, lieber Herr Kraus, von Ghega wird im Baedeker erwähnt, gleich neben Mozart und Beethoven und Brahms, ja, ja, der Eisenbahnpionier wird den größten Künstlern gleichgestellt, ja, ja, der große Eisenbahnmensch von Ghega auf Augenhöhe mit den größten Musikkomponisten, damals war es möglich, heute wäre das unmöglich, ja, ja, auch während der Zugfahrt entsteht eine wunderschöne, die Seele beruhigende Eisenbahnmusik, alles entspannt sich, das Böse wird vergessen … Deshalb fahre auch ich so gerne Bahn, ja, ja, in Prag hat vor dem Ersten Weltkrieg ein Frauenarzt und Psychiater die hysterischen Anfälle und Nervosität bei Frauen mit einer langen Zugfahrt zu heilen versucht, ja, richtig, Herr Kraus, die hysterischen Anfälle und die Nervosität und die geistige Umnachtung zu überschienen, er meinte, am besten eigneten sich die langen Bergstrecken mit vielen Brücken und Schluchten und Tunneln, denn in einem engen Bergtal fühle man sich wieder wie ein Kind in der Kinderwiege, in einem engen Bergtal entstehe während der Zugfahrt eine besonders schöne Eisenbahnmusik, vor allem im Dunkel der Tunnel, da hört man oft eine sehr schöne Musik, dass man weinen muss, sagte der Frauenarzt. Doch seine Eisenbahnkur hat leider nicht gut funktioniert. Er war auch kein Frauenarzt und Psychiater, sondern ein Tierarzt, wie es später in der Zeitung stand, er wurde mehrmals angeklagt, doch nicht von den Frauen, die er behandelte, nein, nein, eher von ihren Ehegatten, alles feine reiche Leute, die keine Zeit für ihre Ehegattinnen hatten, viele der Frauen haben sich in den Arzt verliebt, und es war ihnen egal, dass er kein richtiger Frauenarzt und Psychiater, sondern ein Tierarzt war … Als er dann im Weltkrieg in Piava im Trommelfeuer, ja, ja, richtig, in der Feuerhalle der Artillerie unterging, wurde in Prager Caféhäusern viel geweint. Ja, ja, lieber Herr Kraus, die schönen Bergbahnen, die hohen Brücken und tiefen Schluchten und die langen Tunnel, ja, ja, so wie der Semmeringtunnel und die Semmeringbahn von Carl Ritter von Ghega, ja, ja, nur wegen von Ghega fahren wir auch hin, denn nur Carl Ritter von Ghega, der Sohn der albanischen Eltern aus …«

Und endlich war es so weit.

Winterberg schlief plötzlich ein, so wie er immer plötzlich einschlief.

Stöpsel raus.

Luft raus.

Augen zu.

Gute Nacht.

Die Fahrt dauerte noch eine Weile und die Straßenbahn der Linie 71 wurde immer leerer. Niemand wollte mit uns heute zum Zentralfriedhof.

Winterberg schlief mit dem Kopf an das Fenster gelehnt und mit dem aufgeschlagenen Baedeker auf dem Schoß und dem Vergrößerungsglas in der Hand. Er schnarchte. Dann bog die Straßenbahn ab, quietschte und seufzte und stöhnte in der Wendeschleife und blieb stehen.

Die Tür ging auf und die kalte Luft strömte herein. Ich weckte Winterberg und wir stiegen aus.

Wir schauten uns das riesige weiße Tor des Friedhofs an und gingen an den Ständen vorbei, wo man Kerzen und Kränze verkaufte.

Winterberg kaufte einen Kranz und fragte die Verkäuferin, ob sie nicht wüsste, wo wir die Grabstätte von Carl Ritter von Ghega finden könnten, doch die Verkäuferin wusste es nicht. Sie wusste nur, wo sich der Kinderfriedhof befand und wo der Sänger Falco begraben lag. Nach Falco fragten viele, nach von Ghega hatte bei ihr noch keiner gefragt.

Wir gingen durch das Tor und waren auf dem Friedhof. Winterberg hielt den Kranz und schaute sich um und sah das Gebäude des Bestattungsmuseums. Er sagte, Carl Ritter von Ghega kann uns auf dem Zentralfriedhof nicht entkommen und das Bestattungsmuseum würde ihn auch interessieren, denn er war noch nie in einem Bestattungsmuseum.

Und so gingen wir dorthin.

Winterberg wollte den Kranz für Carl Ritter von Ghega in der Garderobe lassen. Er schimpfte ein wenig, dass die Schränke auf dem Zentralfriedhof nicht groß genug seien, und der Museumsaufseher bot ihm an, auf den Kranz aufzupassen, während wir uns die Ausstellung anschauten. Und so lag der Kranz für Carl Ritter von Ghega auf dem schwarzen Tisch vor dem runden roten Gesicht des Museumsaufsehers, der gerade dabei war, einzuschlafen, denn außer uns waren keine Besucher in seinem Museum der Bestattungskunst in Wien, dessen Bau und Stimmung Winterberg an den Ratskeller in Reichenberg erinnerte.

»Nach Mitternacht hat es dort immer genauso ausgestorben ausgesehen.«

Wir gingen durch das leere Museum und schauten uns die Ausstellung an. Doch schon bei dem ersten Bild mit dem ersten Grab blieben wir stehen.

»Ja, ja, schade, dass mein Vater nicht bei uns ist, der würde sich über die Ausstellung sehr freuen, noch viel mehr als ich, denn ich wollte mein ganzes Leben lang nichts wie weg von den Gräbern und Feuerhallen und der Bestattungskunst, ich wollte nichts mit dem Tod zu tun haben, und wo bin ich jetzt, lieber Herr Kraus, wo bin ich denn hingeraten … Unsere Reise ist nichts anderes als eine Beerdigungsreise durch the beautiful landscape of battlefields, cemeteries and ruins, wie der Engländer immer sagte, ja, ja, niemand hat so schön über Böhmen und Mitteleuropa erzählt wie der Engländer, the beautiful landscape of battlefields, cemeteries and ruins, alles verrückt, Cornus sanguinea, es gibt kein Entkommen, der Engländer hat es auf den Punkt gebracht, der Engländer schaute historisch durch, nicht so wie Sie, warum lesen Sie keine historischen Bücher, lieber Herr Kraus, der Engländer wäre der richtige Begleiter für meine historische Reise, doch der Engländer ist wahrscheinlich selbst schon zur Geschichte geworden, zu einer Leiche, ja, ja, wahrscheinlich wurde er schon in einer Feuerhalle mit seinem Schicksal versöhnt… Und so sind wir jetzt hier und reisen zusammen von Schlachtfeld zu Schlachtfeld und von Grab zu Grab, ja, ja, ich dachte, ich werde mich mal von der Geschichte befreien können, doch es gibt kein Entkommen, warum versteht es niemand, der Engländer würde es verstehen, warum verstehen Sie es nicht, lieber Herr Kraus?«

Winterberg zitterte schon wieder ein wenig.

»Mein Vater würde es hier lieben und zugleich auch hassen, weil hier so wenig über die Feuerhallen erzählt wird, das muss sich ändern, ich schreibe einen Brief an das Museum, nein, ich werde es hier gleich erledigen.«

Als Winterberg es dem Museumsaufseher sagte, der in der Versuchung war einzuschlafen, nickte der Mann nur kurz und sagte: »Immer geradeaus.«

Wir waren die Einzigen im ganzen Museum, wir und der dicke Museumsaufseher in meinem Alter in der viel zu engen Uniform, die Hände auf dem riesigen Bauch geschlossen.

Auf seinem schwarzen Tisch lagen kein Buch und keine Zeitung. Nur der Kranz von Winterberg. Sonst nichts.

»Immer geradeaus.«

Und so sind wir auch gegangen, immer geradeaus durch das Bestattungsmuseum der Bestattungskunst in Wien. Immer geradeaus durch die Geschichte, wie Winterberg sagte.

Wir gingen immer geradeaus und waren sehr leise und Winterberg freute sich über die Leichenstraßenbahn, mit der man die Toten durch die ganze Stadt zum Zentralfriedhof brachte.

»Mein Vater hat zwar in Reichenberg die erste Feuerhalle in Österreich gebaut, doch sein Traum von einer Leichenstraßenbahn und einer Straßenbahnlinie bis zu den Toren der Feuerhalle und einer Straßenbahnschleife auf dem Vorplatz vor der Feuerhalle und einer Straßenbahnschienenverbindung der Straßenbahnschienen der Spurweite 1000 Millimeter mit den Schienen der gleichen Spurweite im Keller der Feuerhalle, die da sicher bis heute einbetoniert sind, ja, ja, unten in der Flammengruft, dieser große Traum von ihm ging leider nicht in Erfüllung, traurig, traurig, ich weiß, was Sie sagen möchten, lieber Herr Kraus, die Schienen und die Züge und die Feuerhallen, ich weiß … Doch daran ist mein Vater nicht schuld, er hat die Weichen nicht falsch gestellt, er kann nichts dafür, dass die Menschheit immer wieder entgleist, er nicht.«

Wir gingen immer geradeaus und Winterberg freute sich über die Wiener Beerdigungsmode und sagte, sein Vater habe vor der Einäscherung die Toten auch immer sehr schön hergerichtet.

»Auch die unschönsten Leichen machte er zu den schönsten Leichen.«

Wir gingen immer geradeaus und Winterberg freute sich über den kleinen Eisenbahnwagen, der mal für die Kaiserin Elisabeth von Österreich gebaut worden war, die so wie ich, so wie wir, so gerne und so viel mit dem Zug unterwegs war.

»Immer in Bewegung, immer nach vorne, ja, ja, immer die Sehnsucht nach der Freiheit, nach der langen Eisenbahnfahrt, nach einem neuen Abenteuer. So wie ich, so wie wir.«

Ich sah, wie Winterberg wieder leicht zu zittern begann und wie er immer lauter sprach, als wollte er die Toten wecken. Und ich wusste, man kann ihn nicht bremsen, er war wieder in diesem Sturm gefangen.

Er schaute sich die Fotografie des kleinen Wagens an und erzählte, diesen Wagen baute man in der Wagenfabrik in Sanok für die Kaiserin, und zwar nicht für ihre Eisenbahnfahrten mit der Kaiserin-Elisabeth-Bahn, nicht für ihre Eisenbahnfahrten nach Bad Ischl, nicht für ihre Eisenbahnfahrten nach Gödöllö. Er erzählte, für diese Fahrten wurde der Kaiserin ein zweiter, viel noblerer Salonwagen zu Verfügung gestellt, mit welchem sie nach einer Entgleisung 1889 nicht mehr so oft unterwegs war.

»Ja, ja, ich weiß, lieber Herr Kraus, für die Kaiserin und den Kaiser war das Jahr 1889 kein glückliches Jahr, der Kronprinz Rudolf hat im Schloss Mayerling seine Geliebte und dann auch sich erschossen, ja, ja, die beiden waren keine schönen Leichen, und danach noch eine Entgleisung auf dem Weg von Wiesbaden nach Wien, schlimm, schlimm, ein Königgrätz nach dem anderen, ich weiß, diesen schönen, schlichten schwarzen Wagen, den wir hier sehen, den baute man in Sanok.«

Winterberg schaute mich an und fragte: »Sanok, ich hoffe, der Name sagt Ihnen etwas … Die Karpaten zu überschienen war übrigens nicht weniger schwierig, als die Alpen oder den Böhmerwald zu überschienen. Sagt Ihnen der Name Sanok was?«

Winterberg wartete nicht auf meine Antwort und erzählte, das wundere ihn nicht, dass mir Sanok nichts sagt.

Er erzählte, keiner kennt heute Sanok in Galizien. Er erzählte, vor dem Ersten Weltkrieg war es anders. Er erzählte, in der Eisenbahnwagenfabrik in Sanok wurden viele Güterwagen und Personenwagen gebaut. Er erzählte, auch die ersten modernen Leichenwagen für die Eisenbahn wurden in Sanok gebaut, die die Leichentransporte wesentlich leichter und angenehmer gemacht haben. Er erzählte, vorher wurden die Soldatenleichen vom Schlachtfeld in den ganz üblichen offenen Eisenbahnwagen für Kohle und Holz oder Zuckerrüben gebracht. Er erzählte, dass die Soldatenleichen wie in einem riesigen offenen Sarg übereinanderlagen. Er erzählte, die Einführung der Leichenwagen war eine Eisenbahnrevolution. Er erzählte, nach dem Zweiten Weltkrieg hörte man in Sanok mit der Eisenwagenproduktion auf. Er erzählte, aus der Eisenbahnfabrik wurde eine Busfabrik. Er erzählte, das sei wieder ein Zeichen des Untergangs des Eisenbahnwesens.

»Ja, ja, wieder ein Königgrätz, lieber Herr Kraus, das hat mir mal ein Pole im *Heidelberger Krug* erzählt… Nichts hasse ich mehr als Busse, der Busverkehr ist das Königgrätz des Personenverkehrs, die Busse werden im schlimmsten Fall als Schienenersatzverkehr eingesetzt, nichts hasse ich mehr als Busse, doch noch mehr hasse ich den Schienenersatzverkehr, das ist der wahre Untergang der Reisekultur, da muss ich mich gleich übergeben.« Winterberg zitterte und schaute mich wieder nicht an, er schaute vor sich hin, auf den Leichenwagen und noch weiter. In eine weite Leere.

»Vor dem Ersten Weltkrieg, da war die Eisenbahnwelt noch in Ordnung, da wurden in Sanok viele Güterwagen und Militärwagen und Sanitätswagen und Leichenwagen gebaut, und auch dieser einzigartige und wunderschöne Salonwagen für Kaiserin Elisabeth wurde in Sanok an der San in Galizien gebaut, den man nur für eine einzige Eisenbahnfahrt von Genf nach Wien benutzt hat, ja, ja, damals, als man in die Brust der Kaiserin auf der Promenade vom Genfer See vor dem Hotel *Beau-Rivage* mit einer Feile einen schmalen Tunnel bohrte, einen noch viel schmaleren Tunnel als später in Sarajevo in den Hals des Thronfolgers, diese Tunnelarbeit des Anarchisten Luigi Lucheni, auch so ein Trottel der Geschichte, hatte die Kaiserin erst gar nicht bemerkt, erst als das Schiff Richtung Caux auslief, fühlte Elisabeth, dass sie aus diesem schmalen Eisenbahntunnel in ihrer Brust blutete, traurig traurig.«

Winterberg erzählte und schaute sich weiter den schwarzen Salonwagen an.

»Dieser Salonwagen, lieber Herr Kraus, wurde nur für ihre letzte Eisenbahnfahrt hergestellt, ja, ja, dieser Salonwagen, eigentlich ein Salonleichenwagen, wie wir lesen können, ist er nicht schön, dieser Salonleichenwagen der ersten Eisenbahnwagen-Leihgesellschaft in Wien, deponiert am Wiener Westbahnhof, wie hier steht… Wer weiß, vielleicht steht der Wagen noch unbemerkt da auf einem Abstellgleis, ja, ja, auf einem Stumpfgleis. Was ich mich nur fragen würde, lieber Herr Kraus, und vielleicht fragen Sie es sich ja auch, wie es nur die Eisenbahner geschafft haben, mit dem Sarg über diese enge Treppe in den Wagen hochzusteigen, vielleicht war ja der Sarg nicht besonders lang und breit, vielleicht ging es auch durch das Fenster, vielleicht konnte man ihn auch durch das Dach schieben.« Winterberg schaute sich weiter den schwarzen, sehr schlichten Salonleichenwagen auf der Fotografie an.

»Sehen Sie? Der eine Bahnangestellte wartet schon, in jedem Augenblick muss der Sarg mit der Kaiserin Elisabeth eintreffen, ja, ja, und der zweite da. Der steht schon bereit, den Salonleichenwagen jeden Augenblick mit einer Lokomotive zu verkuppeln, ja, ja, zu verschrauben, damit sich der Leichenzug gleich Richtung Wien in Bewegung setzen kann, ja, ja … Die Weichen waren sicher schon gestellt.«

Winterberg zitterte, er war wieder erschöpft, ich musste ihn stützen. Doch er wollte sich nicht setzen, er wollte weitergehen. Als wir das Bestattungsmuseum der Wiener Bestattungskunst verließen, fragte Winterberg den Aufseher, der immer noch auf seinem Stuhl und in seiner Uniform in der Versuchung einzuschlafen war, wo wir das Grab von Carl Ritter von Ghega finden können.

Er zeigte zur Tür und sagte: »Immer geradeaus.«

Und als wir wieder draußen waren, sagte Winterberg:

»Hoffentlich hat der Mann alle Rechnungen beglichen, haben Sie seinen roten Kopf gesehen, lieber Herr Kraus? Hoher Blutdruck. So wie sie … Blutdruckleichen sind keine schönen Leichen.«

Ich zündete mir eine Zigarette an.

»Sie sollten nicht so viel rauchen … Ihre Lunge sieht von innen sicher schon wie der Schornstein der Reichenberger Feuerhalle aus.«

Wir gingen immer geradeaus und fanden dann wirklich das Grab von Carl Ritter von Ghega.

Der Himmel war grau und der Friedhof war es auch. Es war still, nur aus der Ferne hörte man Züge an dem Friedhof vorbeifahren. Die Schnellzüge und die schweren Güterzüge, mit Kohle oder Stahl oder Schotter beladen, wie Winterberg sagte, und jedes Mal, wenn ein Zug vorbeifuhr, horchte er kurz auf. Er sah aus wie ein kleiner neugieriger Hund, der in der Luft einen Geruch erschnüffelte.

»Ja, ja, das ist sicher ein Kohlezug, mindestens dreißig Wagen.«

Winterberg schaute sich die weiße schlanke Ehrengrabstätte von Carl Ritter von Ghega an, die wie ein Stellwerk über dem Wiener Zentralfriedhof in die Höhe ragte, hoch über den Hauptfriedhof, der Hauptbahnhof der Wiener Toten, wie Winterberg sagte.

»Ja, ja, wie ein Zentralstellwerk steht sein Grab auf diesem großen Bahnhof, der kein Rangierbahnhof und kein Güterbahnhof oder Personenbahnhof ist, sondern ein Abstellbahnhof, ja, ja, ein Abstellbahnhof der Toten, ein Abstellbahnhof wird oft unterschätzt, einige sagen, ein Abstellbahnhof ist kein richtiger Bahnhof, das ist eher ein Unterbahnhof, doch für das Eisenbahnwesen ist ein Abstellbahnhof von großer Bedeutung …«

Er erzählte weiter und lobte nochmals den Bau und die Architektur und die Lage der Grabstätte von Carl Ritter von Ghega, dem Helden vom Semmering, dem Sohn albanischer Eltern aus Venedig, der nach dem Bau der Semmeringbahn in den Ritterstand erhoben worden war.

Er schaute in den Himmel und dachte kurz nach.

»Wegen des Heldenbaus der Tunnel und Brücken auf seiner Strecke.«

Er schaute einem Eichhörnchen nach.

»Oder der Baufälligkeit der Tunnel und Brücken in seiner Lunge.«

Er schaute einer Frau mit einem Blumenstrauß nach.

»Wegen seiner famosen Fähigkeiten.«

Er schaute mich an.

»Oder wegen seiner Schwindsucht.«

Und dann schaute er wieder zur Grabstätte.

»Vielleicht wegen all den Geschichten, ja, ja, das ist gut möglich… Hier ruht er also, der Sieger und der Verlierer, Stolz und Sturz, Jubel und Weinen, hier liegt er, auf dem Wiener Zentralabstellbahnhoffriedhof in Simmering begraben, ja, ja, ich wollte immer sein Grab sehen, ich wollte es auch meiner Lenka immer zeigen, sie hat sich auch für die Eisenbahn interessiert, nicht nur wegen mir, wie Sie denken würden, Lenka war einfach eine Eisenbahnfrau… Nur dank Carl Ritter von Ghega sind wir uns im Zug zwischen Prag und Reichenberg begegnet, ich weiß noch ganz genau, in welchem Bahnhof es war, in Münchengrätz, ja, ja, wo heute Wallenstein begraben liegt, ja, ja, seine Gruft müssen wir uns auch mal anschauen, denn Wallenstein lebte seinen Reichstraum und Carl Ritter von Ghega seinen Eisenbahntraum, Wallenstein hatte man nach dem Tod in Eger dreimal beerdigt, zuerst in Mies, dann in Walditz bei Jitschin und schließlich in Münchengrätz, ja, ja, Carl Ritter von Ghega hat man bis heute zweimal beerdigt, auf dem Währinger Friedhof und dann hier auf dem Zentralfriedhof… Meine Lenka wurde nie beerdigt, weil niemand weiß, wo genau es passiert ist, ja, ja, so ist es, traurig, traurig, aber ich glaube, es war in Sarajevo, deshalb müssen wir dorthin, ja, ja… Wo bin ich denn schon wieder hängen geblieben, ja, ja, ich weiß, Lenka war damals bei ihrer Tante zu Besuch und suchte einen Platz, und in unserem Abteil war noch ein Platz frei, es war Sommer, ein ganz heißer Sommertag, und ich sehe immer noch die langen, schiefen Streifen vom weichen Sonnenlicht am späten Nachmittag auf ihrem schönen Gesicht, auf ihrem Kleid, auf ihrem Buch, das sie las, ja, ja, lieber Herr Kraus, Lenka hat viel gelesen, ja, ja, lieber Herr Kraus, es war Carl Ritter von Ghega, der uns zusammengeführt hat, der uns zu Eisenbahnmenschen gemacht hat, denn er hat sich alles ausgedacht, er hat das ganze Eisenbahnnetz der Monarchie entworfen, ja, ja, so war es … Dank Carl Ritter von Ghega kann heute jeder schnell von einem Dorf am Semmering zu der Feuerhalle in Simmering reisen, ja, ja, zum Zentralfriedhof, zum Grab von Carl Ritter von Ghega.«

Winterberg erzählte, und es war ihm egal, ob ich ihm zuhörte oder nicht.

Er erzählte und ich wusste, man kann ihn nicht unterbrechen.

Er war krank.

Er musste erzählen.

Er musste es loswerden.

Ich wusste, gleich fängt er wieder an zu zittern. Ich wusste, gleich fällt er vielleicht wieder um. Ich wusste, gleich muss ich ihn aufhalten und retten.

Ich drückte die Zigarette aus und wartete.

Ein Güterzug fuhr am Friedhof vorbei und Winterberg sagte, das waren Kesselwagen, sicher mindestens fünfundzwanzig Wagen mit Öl. Einen Zug mit Kesselwagen erkennt er sofort, auch im Schlaf würde er den Kesselwagenzug den Geräuschen nach erkennen.

Er schaute dabei immer noch auf die Grabstätte von Carl Ritter von Ghega und sagte, von jedem Stellwerk aus sollte man einen guten, nein, einen perfekten, nein, einen unbeschränkten Überblick über den Eisenbahnverkehr haben, ja, ja, ein Stellwerk ist für das Eisenbahnwesen genauso wichtig wie eine Kanzel in der Kirche, eine Kommandobrücke auf dem Schiff, ein Hochsitz im Wald, ein Schanktisch im Gasthaus oder ein Beobachtungsposten in einer Schlacht, denn sowohl vom Schanktisch als auch von der Kanzel und vom Beobachtungsposten aus muss man einen guten Überblick über das Schlachtfeld haben

»Egal, ob es um Bier oder Gott oder Züge oder Soldaten geht … Man muss einen Überblick haben, ja, ja, nur so kann man durch den Nebel des Krieges schauen … Dieses Stellwerk ist der glückliche Fall, von hier kann man den Eisenbahnbetrieb auf dem gesamten Wiener Zentralfriedhof sehr gut beobachten und steuern, hier droht kein Nebel … Ja, ja, die Einfahrt der Züge mit den Leichen, die ganze Rangierarbeit mit den Toten und mit dem Tod, von hier aus hat man einen sehr guten Überblick.«

Winterberg hielt den Kranz in der Hand.

»Wenn Sie mich fragen würden, lieber Herr Kraus, sind Stellwerke die wichtigsten Eisenbahnbauten überhaupt, denn über das ganze Eisenbahnwesen wird auf so einem Stellwerk wie diesem entschieden, hier werden die Weichen und Signale gestellt, ja, ja, hier wird alles in Bewegung gesetzt, ja, ja, hier wird aber der Verkehr auch eingestellt, wie Sie sehen können, wenn sie sich umschauen.«

Ich schaute mich um, doch Winterberg nicht.

Er schaute sich immer noch die hohe und edle und stille Grabstätte von Carl Ritter von Ghega an, und ich dachte schon wieder, unsere Reise kann kein gutes Ende haben, denn die Weichen für unseren Zug waren von Anfang an schlecht gestellt, verschneit und eingefroren.

Und Winterberg sagte, so als ob er hörte, was ich nur für mich sagte:

»Genau, genau, die Weichen … Man muss aufpassen, dass die Weichen im Winter nicht einschneien und einfrieren, denn der

Winter ist der größte Feind des Eisenbahnverkehrs. Eine einzige eingefrorene Weiche kann den Eisenbahnverkehr für Stunden, wenn nicht für Tage einstellen und unter Schnee begraben … Ach, ist das schön hier. Nicht nur von Ghega, sondern auch Riepl und Etzel und von Gerstner und Lott und Perner und viele andere Eisenbahnpioniere hätten so ein schönes Ehrengrab, so ein Ehrenstellwerk auf dem Wiener Zentralfriedhof verdient, finden Sie nicht, Herr Kraus? Ich finde schon.«

Dann legte Winterberg endlich den Kranz unten ans Grab. Er versuchte, die Kerze anzuzünden, der Wind war schwach, und doch zu stark und die Kerze ließ sich nicht leicht anzünden.

Er schaute sich die Stadtwappen von Wien und Laibach und Graz und Triest und Zagreb an. Er schaute sich die Stadtwappen der Städte an, die von Ghega mit der Eisenbahn verband und die Winterberg mit seinem Leben auch verband. Mit seinem Eisenbahnleben. Er schaute sich das Wappen von Venedig an, wo von Ghega geboren wurde. Er schaute sich die Widmung an der Seite des Denkmals des genialen Erbauers der Semmeringbahn an. Er schaute sich die Grabstätte an, den Sarkophag, der wie eine breite Badewanne ganz oben unter dem kleinen Dach lag. Er schaute sich das blasse Gesicht von Carl Ritter von Ghega an der Wand an, der auf ihn runterschaute.

Ich wartete auf den nächsten Geschichtsvulkanausbruch, doch Winterberg blieb ruhig und zitterte nicht und sagte nichts mehr. Er schaute sich nur das Grab an, hörte kurz dem nächsten Güterzug zu und schwieg.

»Und?«

»Was und?«

»Warum sagen Sie nichts mehr?«

»Was sollte ich denn sagen?«

»Ich weiß nicht. Einfach etwas.«

»Aber warum?«

»Sie erzählen doch immer so viel. Und plötzlich …«

»Ich erzähle überhaupt nichts.«

»Dann ist es jemand anders, der die ganze Zeit erzählt.«

»So ist es. Was soll ich denn erzählen?«

»Das mit der Zeit zum Beispiel, das würde doch passen … Und so vergeht die Zeit, es geht alles vorüber, es geht alles vorbei, oh, wie die Zeit vergeht.«

»Hier ist doch schon alles gesagt worden, lieber Herr Kraus. Ich höre die Musik.«

»Welche Musik?«

»Sie hören es nicht?«

»Nein. Sie hören Musik?«

»Ja. Ganz klar.«

»Und welche Musik denn?«

»Das Vorspiel zu *Parsifal.*«

»Ach so. Klar. Die Musik aus der Feuerhalle in Reichenberg.«

»Ganz genau.«

»Aber hier spielt keine Musik. Wirklich. Man hört nichts.«

»Schön, dass Sie es auch hören.«

»Ich höre nichts.«

»Schön, dass Sie es auch hören, lieber Herr Kraus.«

»Ja, wirklich schön.«

Ich nickte so, wie ich immer nickte, und dachte mir das, was ich mir immer dachte.

Und dann legte Winterberg zwei kleine getrocknete rote Blätter auf dem Grab nieder. Cornus sanguinea. Ich weiß nicht, woher er sie hatte. Vielleicht noch aus dem Svíber Wald bei Königgrätz. Vielleicht hatte er sie irgendwo in Wien gepflückt.

Winterberg schaute nochmals zum Sarkophag von Carl Ritter von Ghega hoch.

»Schön, schön.«

Plötzlich wendete er sich um und ging los. Und blieb dann

kurz vor den zwei hohen weißen Säulen stehen, die das Tor zum Zentralfriedhof bildeten.

»Genau, genau, ein Stellwerk und hier die zwei Signalmasten, die die Einfahrt in den Bahnhof sichern, so muss es auf jedem richtigen Bahnhof sein. Ich höre schon die schöne Musik der Hebel und Schalter und Tasten, ja, ja, es ist eine viel schönere Musik als der *Parsifal*, der macht mich nur melancholisch. Ach, schade, dass ich nicht Musik spielen kann.«

Dann horchte er kurz auf und sagte:

»Wieder ein Güterzug, wahrscheinlich Holz, mindestens dreißig Wagen, ja, ja, einen Güterzug mit Holz würde ich auch im Schlaf erkennen.«

Ich dachte, wir würden zur Straßenbahn gehen und in die Stadt zurückfahren, doch Winterberg kehrte um.

Wir gingen durch den Friedhof und Winterberg schwieg.

Wir gingen ohne Ziel und ohne Plan.

Und bald verliefen wir uns.

Und immer, wenn in der Ferne ein Zug an dem Friedhof vorbeifuhr, blieb Winterberg kurz stehen und horchte auf.

In diesem Teil des Friedhofs waren keine Ehrengräber mehr. Die Grabstätten, die wir sahen, waren keine Stellwerke.

Die Gräber waren zerbröckelt.

Zerfallen.

Zerstört.

Winterberg blieb immer wieder stehen und las die Namen der Toten laut vor.

»Horváth. Musil. Kraus. So wie Sie, Herr Kraus, vielleicht seid ihr verwandt.«

Er ging an den Gräbern vorbei und las die Namen laut vor, als würde er in einem alten Telefonbuch blättern.

»Bloch. Morgenstern. Morgenstern. Sehen Sie, wie meine Lenka, vielleicht waren sie verwandt.«

Es war eiskalt und Winterberg ging weiter und weiter durch den verlassenen und verschlafenen Wiener Zentralfriedhof.

»Lenka hat die Friedhofsspaziergänge sehr geliebt, vor allem die Spaziergänge im Urnenhain an der Feuerhalle in Reichenberg, wo man eine schöne Aussicht auf die Altstadt genießen kann und wo natürlich keine Gräber mit Särgen wie hier unter der Erde sind, denn in Reichenberg war man schon damals viel weiter, in Reichenberg war man schon vor hundert Jahren modern, in Reichenberg war man nicht so altmodisch wie in Wien, in Reichenberg hat man nur die kleinen Urnen mit der Asche im Urnenhain begraben, man spart viel Platz, sagte mein Vater, man spart Geld, sagte mein Vater, man spart auch die schwere Arbeit der Grabhauer, sagte mein Vater, ja, ja, man spart auch den Schnaps, den man den Grabhauern zum Lohn noch geben muss, sagte mein Vater, man kann die Grabhauer zu Friedhofsgärtnern umschulen, sagte mein Vater, und ich sage, die Asche kann die Erde viel besser vertragen als die Leichen und muss sich nicht so oft übergeben so wie die Erde bei Königgrätz … Ja, ja, ich weiß, was Sie jetzt sagen möchten, lieber Herr Kraus, Sie haben recht, ich muss auch an die Wälder bei Auschwitz und Treblinka denken, ich kann mir nicht vorstellen, dass dort die Landschaft mit den Toten den Frieden gefunden hat, dort muss sich die Erde auch ständig übergeben, auch dort kann man die Erde nicht beruhigen, gegen diese Krankheit, gegen diese menschliche Entgleisung gibt es keine Medizin, doch in Reichenberg im Urnenhain ist es anders, da herrscht Frieden, das haben wir doch gesehen, da muss sich niemand übergeben.«

Winterberg ging und der Schnee unter seinen Füßen knirschte.

»Sehen Sie, Herr Kraus, hier liegen lauter Böhmen aneinandergereiht, Polacek, Nowotny, Sykora und Duch. Was heißt Duch noch mal? Ich habe mal in Gablonz auch einen Duch gekannt.«

»Duch ist der Geist.«

»Genau, ich habe einen Geist, einen Duch, gekannt… Sein Vater war Optiker in der Prager Straße, er hat sich mal im Isergebirge verlaufen und wurde erst im Frühjahr gefunden, ja, ja, die Berge darf man nicht unterschätzen, nicht mal die kleinen Berge wie das Isergebirge, ja, ja, Waldleichen sind wirklich keine schönen Leichen… Den Urnenhain in Reichenberg hat der Architekt Rudolf Bitzan gemeinsam mit der Feuerhalle entworfen, der Urnenhain war ein wichtiger Teil von seinem Gesamtkunstwerk, genauso wie die Möbel der Feuerhalle, wie mein Vater immer sagte, ja, ja… Wo bin ich denn hängen geblieben…«

»Bei den Waldleichen.«

»Ja, ja, richtig, Lenka hat die Friedhofsspaziergänge sehr geliebt, sie hat sich alle Grabsteine angeschaut und immer gerechnet, wie alt die Menschen geworden sind, ja, ja, sie war immer sehr gerührt, wenn sie jung gestorben sind, schau mal, schrie Lenka immer auf, er ist nur neunzehn geworden, das ist schrecklich, schau mal, sie ist nur siebzehn geworden, das ist so traurig, sagte Lenka immer und wollte, dass ich sie umarme und dass ich ihr verspreche, dass ich sie nie verlasse und ganz alt werde, damit sie nicht an meinem Grab weinen müsse, ja, ja, Lenka hat mich sehr geliebt, traurig, traurig, und ich habe Lenka auch sehr geliebt, traurig, traurig, meine Lenka, die erste Frau im Mond, die kein Grab hat, keinen Grabstein, an dem man gerührt sein könnte, wenn man ausrechnet, wie jung Lenka gestorben ist. Und so habe ich ihr versprochen, dass ich sie nicht verlasse und dass ich alt werde, und sehen Sie, lieber Herr Kraus, so ist es auch gekommen, ich bin wirklich alt geworden, ich bin so alt wie die Tschechoslowakische Republik, so alt wie die Feuerhalle in Reichenberg, das jetzt Liberec heißt, wo bin ich denn hängen geblieben…«

»Bei der Frau im Mond.«

»Ja, ja, also ich habe es Lenka versprochen und sie umarmt und mir mit ihr den Grabstein von dem jungen Verstorbenen angeschaut, doch dabei habe ich im Hintergrund die überraschend niedrigen Schornsteine der Feuerhalle betrachtet, die Rudolf Bitzan sehr geschickt in seinem Baukunstwerk ganz hinten versteckt hat, wie mein Vater immer sagte, von vorne hat man die Schornsteine gar nicht gesehen, nur von hinten, aus dem Urnenhain, doch den Rauch des Ofens konnte Bitzan nicht verstecken, ja, ja, lieber Herr Kraus, der Rauch ist nach oben gestiegen und hat sich über der Stadt Reichenberg aufgelöst und sich mit den Wolken vermischt, ja, ja, man sagt, in keiner Stadt in Böhmen regnet es so oft wie in Reichenberg, vielleicht hängt es ja auch mit den Rauchwolken zusammen, die aus der Feuerhalle hochsteigen und sich mit den Wolken im Himmel vermischen, ja, ja, den Rauch der Feuerhallen kann man nicht verstecken, da haben sich Heydrich und Himmler und Hitler und Henlein geirrt und verrechnet, ja, ja, so wie man den Rauch der Dampflokomotiven auch nicht verstecken kann, wie mir der Engländer erzählte, und er muss es wissen, denn der Engländer hat einige Kessel der Dampflokomotiven mit seinem Flieger und mit seinen Maschinengewehren durchsiebt, ja, ja, viele Lokführer und Heizer wurden nach so einem Durchschuss und der Explosion des Kessels vom heißen Dampf verbrüht und sind an dieser Verbrühung auch gestorben, Brühleichen sind keine schönen Leichen, sagte mein Vater immer, ja, ja, Brühleichen und Brandleichen und Wasserleichen, die mochte mein Vater nicht … Für Freital in Sachsen hat Rudolf Bitzan eine sehr ähnliche moderne Feuerhalle entworfen wie für Reichenberg, auch mit Möbeln und Urnenhain, doch er ging noch weiter, für Freital hat Bitzan sogar das gesamte neue Stadtbild entworfen, in dessen Zentrum wie eine Burg die neue Feuerhalle thronen sollte, wie das Herzstück von Freital, doch die Sachsen haben ihn abgelehnt und das machte ihn sehr melancholisch, ja, ja, man muss sich nicht wundern, dass man die Sachsen in der Geschichte so oft vergisst, so wie bei Königgrätz, die Sachsen sind oft selber an diesem Vergessen schuld, ja, ja, lieber Herr Kraus, immer dieses Ablehnen, traurig, traurig, man darf sich nicht wundern, dass man die Sachsen so oft vergisst … Wo bin ich denn hängen geblieben, zu viele Geschichten, zu viel Geschichte, ich weiß … Man kann sich so schnell verlieren und verlaufen, man muss sich auch vielleicht verlieren und verlaufen, um es zu verstehen … Wo bin …«

»Bei den Brühleichen.«

»Ja, ja, genau, so war sie, meine Lenka, ich mochte ihre lange Nase sehr und ihre langen Beine, meine Lenka hat sich so oft und gerne rühren lassen im Reichenberger Urnenhain, als ob sie selbst wüsste, wie jung sie sein würde, wenn sie stürbe, ja, ja, das macht mich heute noch melancholisch, das lässt mich derangiert zurück, wir müssen den Mörder fassen, vielleicht finden wir ihn noch, vielleicht lebt er noch in Sarajevo, Lenka hat die Friedhofsspaziergänge sehr geliebt und ich habe sie gehasst, weil ich vielleicht schon damals wusste, was auf uns zukommt, was mit Lenka passiert, was mit mir passiert, ja, ja, ich weiß, was Sie sagen möchten, lieber Herr Kraus, viele Menschen schauen sich die Grabsteine und Gräber an und rechnen aus, wie alt die Lebenden waren, als sie sich in Tote verwandelten, und hoffen dabei, sie werden älter als die Toten, und möchten nicht wahrnehmen, dass es kein Entkommen gibt, ja, ja, und ich sage Ihnen, es ist auch gut so, in dem Augenblick wissen sie auch, sie werden bald auch nur eine Zahl auf einem Grabstein sein und mehr nicht, ja, ja, es gibt kein Entkommen, so wie hier, sehen Sie, Richard Scharf, Privatier, Elisabeth Scharf, Privatiersgattin, Alexandrine Scharf, Redakteursgattin, Alexander Scharf, Eigentümer der Sonntagszeitung und der Montagszeitung, ja, ja, wenn ich mich recht entsinnen kann, war der Chefredakteur der Zeitschrift *Die Einäscherung* in Reichenberg auch ein gewisser Scharf, ja, ein guter Name für einen Journalisten, ja, ja, das Einzige, was man machen kann, ist unterwegs sein, immer nach vorne, immer der Freiheit nach, sonst kann man sich nur erschießen oder aufhängen und sich in der Reichenberger Feuerhalle einäschern lassen, ja, ja, man muss immer nach vorne gehen, immer weiter und weiter, so wie wir es tun, lieber Herr Kraus, und doch endet man zum Schluss auch auf einem Friedhof oder in einem Urnenhain oder auf einem Schlachtfeld oder in einer Feuerhalle, traurig, traurig.«

Winterberg ging weiter und blieb vor dem nächsten, im Boden fast versunkenen Grabstein stehen.

»*Die Einäscherung* war eine gute Zeitung, sagte mein Vater immer, sogar in Wien hat man *Die Einäscherung* viel gelesen … Er wollte, dass aus *Die Einäscherung* eine große Zeitung wird, die nicht einmal im Monat, sondern jede Woche und vielleicht später jeden Tag erscheint, schon gleich am Anfang war die *Einäscherung* bekannt für ihr sehr gutes Feuilleton und auch für den guten Sportteil, ja, ja, mein Vater hat einmal über die Aufführung von *Parsifal* in Prag geschrieben und auch über Rapid Reichenberg, wie Sie wissen, hat er *Parsifal* geliebt, ja, ja, obwohl, noch mehr mochte er *Die Moldau* von Smetana … Ich weiß, was Sie sagen möchten, das stimmt alles nicht, ich habe es mir ausgedacht, doch es stimmt, genau so war es, wenn Sie wollen, gehen wir morgen gemeinsam hier in die österreichische Nationalbibliothek, da müssen mindestens einige Ausgaben von *Die Einäscherung* liegen, ja, ja, auch in Berlin habe ich die Ausgaben gefunden, meine ganze Geschichte stimmt … Sehen Sie, hier, Frau Goldberg, geborene Wolff, medizinische Doktorswitwe, geboren in Warschau, gestorben in Wien, ja, ja, Witwe, das war auch in Reichenberg früher ein sehr beliebter Frauenberuf.«

Winterberg zitterte und ging weiter auf dem langen schmalen Weg zwischen den stummen, verlassenen Gräbern und ich ging mit ihm und achtete darauf, dass ich ihn aufhielte, falls er stolperte oder rutschte oder sich endgültig in der Geschichte verlor.

Er blieb wieder an einem Grab stehen und studierte die zerfallenen Namen, die hier von den Toten geblieben sind.

»Sehen Sie, lieber Herr Kraus, das liest sich fast wie ein Gedicht! Ja, ja, Lenka liebte Lyrik, so wie viele Frauen, dieses Gedicht würde ihr sicher auch gefallen, dieses Friedhofsgedicht mit den fehlenden Buchstaben, dieses Friedhofsrätsel, dieses Friedhofsspiel der Zeit und der Witterung, ja, ja Knöpflmacher, Pflmacher, Nöpflmacher, Plfm ... Schade, dass es nicht weitergeht, ja, ja, aber vielleicht muss es nicht weitergehen, vielleicht ist das schon das ganze Gedicht, Knöpflmacher, Pflmacher, Nöpflmacher, Plfm, ja, ja, Knöpflmacher ist ein sehr ungewöhnlicher Name, und so vergeht die Zeit, es geht alles vorüber, es geht alles vorbei, oh, wie die Zeit vergeht, lieber Herr Kraus, ja, ja, man kann sich aufhängen, man kann sich erschießen, man kann sich in die Tiefe stürzen oder man kann immer nach vorne gehen, mit der Zeit und mit der Geschichte kämpfen, so wie wir kämpfen, und doch sind auch wir verloren, ja, ja, ich weiß, alles verrückt.«

Er ging weiter mit dem Kopf nach vorne gebeugt, er ging auf seinen kurzen Beinen und zitterte und litt wieder an einem historischen Anfall und erzählte weiter vor sich hin, so wie er immer erzählte, und ich dachte mir, was ich mir immer dachte, und passte auf ihn auf.

»Ich habe mich nie für Gräber und für den Tod interessiert, ich habe das alles gehasst, die Feuerhalle, die Einäscherungen, den leicht süßlichen Geruch des Todes in den Kleidern von meinem Vater, den meine Mutter nicht auswaschen konnte, Sie können sich nicht vorstellen, lieber Herr Kraus, wie ich das alles gehasst habe, ja, ja, doch trotzdem hat mir mein Vater alles beigebracht, ich habe mich gewehrt, doch er hat es trotzdem geschafft, er hat mich überwältigt, ja, ja, vergewaltigt hat er mich mit seinem Bestattungswissen, er hat mich mit seinen Feuerhallen und dem süßlichen Geruch des Todes vergewaltigt und angesteckt, verrückt, verrückt, ich wollte immer nichts wie weg davon, weg von den Toten, weg von ihm, weg von meiner Familie, weg von den Beerdigungen, weg von der Feuerhalle, weg von den Freunden der Feuerbestattung und den Freunden der Hygienebewegung, weg von Reichenberg, ich habe die ganze Zeit von den endlosen Eisenbahnstrecken geträumt, und ich habe es auch geschafft, ich ging weg, leider nicht zur Eisenbahn, nur zur Straßenbahn, doch ich habe es geschafft, mich von meiner Familie zu befreien, von dem süßlichen Geruch des Todes, ja, ja, doch inzwischen kamen der Krieg und die nächsten Toten und die nächsten Gräber, die ich gesehen habe, ja, ja, die ich auch ausheben musste und ausheben sah, ja, ja, so war es, der Krieg hat mich auch beinah begraben, so wie er Lenka begraben hat, doch auch das habe ich geschafft zu überschienen und hinter mir gelassen, ich habe mich wieder befreit, ja, ja, ich habe mich für die Geschichte interessiert, ich wollte sogar in Berlin Geschichte studieren, doch ich wurde nicht aufgenommen, ja, ja, das hat mich sehr melancholisch gemacht, dann dachte ich, ich werde mich umso mehr für Eisenbahnen und Geschichte interessieren, doch jetzt, wenn ich darüber nachdenke, sehe ich, umso mehr ich mich für Eisenbahnen und Geschichte interessiert habe, umso mehr habe ich mich auch für Gräber und den Tod interessiert, je mehr ich über die Geschichte weiß, umso mehr gehe ich in der Geschichte verloren, ja, ja, the beautiful landscape of battlefields, cemeteries and ruins, wie der Engländer immer sagte, denn sehen Sie, lieber Herr Kraus, wo ich jetzt bin, wo wir jetzt sind?«

Er schaute mich an. Wir standen auf dem Wiener Zentralfriedhof unter einer hohen Eiche.

»Verrückt, alles verrückt. Cornus sanguinea.«

Er schaute mich nochmals an und ich schaute ihn auch an.

»Es gibt kein Entkommen, lieber Herr Kraus. Nein, nein, es gibt keine Hoffnung mehr, es gibt nur ein Grab im Svíber Wald oder die Feuerhalle in Reichenberg, traurig, traurig, doch trotzdem müssen wir kämpfen, trotzdem müssen wir nach Sarajevo weiter und den Mörder von Lenka finden.«

Es war kalt, es fing an zu schneien und wir gingen weiter. Der Weg war vereist und ich musste Winterberg kurz helfen, damit er nicht ausrutschte.

Und plötzlich sahen wir etwas im Gebüsch.

Es war ein Reh.

Ein kleines Reh im Schnee.

Es kam auf uns zu und stand mitten auf dem Weg, zwischen zwei Grabreihen.

Es schaute uns an.

Und dann kam noch eins und noch eins, und plötzlich versammelte sich eine kleine Horde von Rehen um uns herum.

Es schneite und es fror und wir standen zwischen den verlassenen Gräbern und schauten uns an.

Winterberg.

Ich.

Und die Rehe.

Wir alle standen da wie auf einem alten Gemälde von Václav Sochor, wie Winterberg sagte.

Ein Güterzug fuhr an dem Friedhof vorbei. Die Lokomotive pfiff und in einem einzigen Augenblick verschwanden die Rehe zwischen den Gräbern und kleinen Bäumen.

Winterberg schaute ihnen eine Weile nach.

»Wieder ein Zug mit Kohle oder Koks. Wahrscheinlich aus Polen, oder aus Ostrava, ja, ja, die Nordbahn hat man nur wegen der Kohle gebaut, ja, und wegen Stahl natürlich, ja, ja, wenn ich ein Reh wäre, würde ich mich auch hier verstecken, hier sind die Rehe in Sicherheit, hier wird nicht auf sie geschossen, hier wird nicht umgebracht und geschlachtet, hier sind schon alle tot, ja, ja, und die Rehe passen auf die Toten auf. Mein Großvater war Jäger, er sagte mir immer, die Tiere zu töten ist nicht gut, doch wenn du schon ein Tier töten musst, mach es schnell. Ich habe nie ein Tier umgebracht, kein Tier, lieber Herr Kraus. Wenn mein Großvater zu uns zu Besuch kam, gab es oft Rehgulasch, manchmal auch Rehschnitzel, doch meistens gab es Rehgulasch … Die Tiere werden sich mal an uns rächen, sagte mein Großvater immer, einmal werden sich die Rehe für alles rächen, ja, ja, und so werden es auch die Menschen tun, die wir umgebracht haben.«

Und als ich ihn ansah, sah ich, dass er weinte.

Ich dachte, Winterberg wolle sich noch die Simmeringer Feuerhalle anschauen, wenn wir schon hier waren. Doch er wollte sich nichts mehr anschauen. Er war müde und erschöpft und zitterte und ich musste ihm beim Gehen helfen.

Wir gingen zur Straßenbahnhaltestelle. Es war kalt. Die Autos zogen in beiden Richtungen in zwei endlosen Schlangen an uns vorbei. Die Fahrer telefonierten und fluchten und rauchten und schauten resigniert vor sich hin und rauchten und fluchten und telefonierten.

Dann kam endlich die Straßenbahn. Wir stiegen ein und saßen zwei eleganten Frauen um die vierzig gegenüber, für die Winterberg und ich durchsichtig waren. Sie unterhielten sich über einen Mann, den sie beide geliebt hatten und der jetzt auf dem Zentralfriedhof begraben lag und an dessen Grab sie sich alle zwei Wochen trafen.

Eine andere Frau neben uns unterhielt sich mit einer anderen Frau über das Krematorium.

Winterberg neigte sich zu mir.

»Krematorium ist kein schönes Wort … Schade, dass sich das Wort Feuerhalle nicht durchgesetzt hat, oder Flammengruft, ich habe diese Wörter gehasst, weil sie mein Vater so liebte, aber so ist es im Leben, jetzt mag ich sie … Mein Vater war ein stolzer Republikaner, ein stolzer Bürger der Tschechoslowakei, weil es die Tschechoslowakei war, die ihm und seinen Freunden der Feuerbestattung und der Hygiene die Feuerhalle und die erste Einäscherung schenkte, ja, ja, und weil ich meinen Vater nicht nur liebte, sondern auch hasste, wie alle Jungs die Väter auch hassen können und müssen, um sich von dem Vater zu befreien und weiterzukommen, hasste ich auch die Tschechoslowakei und ich war sogar für Henlein, ja, ja, verrückt, ich weiß, ich liebte Lenka und war für Henlein, ich dachte, es ist alles ein Missverständnis, ich dachte, alles wird gut und Lenka wird zurückkehren, so wie die anderen zurückkehren werden, die flüchten mussten, nicht nur die Juden, auch Tschechen und Deutsche, die Kommunisten waren, ja, ja, als der besoffene Hilfsarbeiter einer Zementfabrik im Ratskeller meinem Vater den Kopf zertrümmert hat, da dachte ich sogar das, was auch meine Mutter dachte, mein Vater war selber schuld, er hat das ganze Unglück angezogen.«

»Schon verrückt.«

»Ich weiß.«

»Was haben Sie im Krieg gemacht?«

»Ich habe gemalt.«

»Klar.«

»Wirklich, leider nicht so gut wie Václav Sochor. Und daher musste ich auch das tun, was man so im Krieg tut.«

»Was denn.«

»Gräber ausheben.«

»Hm.«

»Und wo haben Sie gemalt?«

»Das ist egal.«

»Hm.«

»Im Krieg bin ich Lokführer geworden.«

»Ein Lokführer, der Gräber ausgehoben hat.«

»Ja, auch das musste ich tun. Im Krieg war es egal, dass meine Augen schwach waren. Ich war Lokführer bei der S-Bahn.«

»In Berlin.«

»Nein.«

»Wo?«

»Das ist egal.«

»Aber Lenka, Lenka war doch …«

»Ja … Ich habe Lenka geliebt.«

»Und den Engländer.«

»Das hat damit überhaupt nichts zu tun. Lassen Sie mich.«

»Also, ich meine …«

»Lassen Sie mich.«

»Es ist wirklich nicht einfach.«

Winterberg schwieg und mir war wieder ein wenig schwindelig und ich musste das Fenster aufmachen.

Ich schaute ihn an und dachte mir, es ist mir egal.

Es sind seine Probleme.

Sein Krieg.

Ich will nur mein Geld.

Mein Schiff.

Wenn wir in Sarajevo sind, nehme ich es und fahre los.

Nach Amerika.

Egal wohin.

Hauptsache weg von hier.

Ich gehe aufs Meer.

Ich verschwinde.

Für immer.

Wir fuhren zurück in die Stadt, in der Bahn war es angenehm warm und Winterberg schlief ein. Und ich dachte daran, was ich bei der Überfahrt schon alles erlebt hatte. Mich überraschte nichts mehr.

Ich schaute mir Winterberg an und musste an Hildegard denken, die mich Karl nannte, nach ihrem toten Mann, der eingerahmt in der schwarzen SS-Uniform auf ihrem Nachttisch stand. Ein junger blonder Mann mit strengem, kantigem Gesicht. Eine Granate zerfetzte ihm bei Kursk den Bauch.

Sie nannte mich Karl und mir war es egal.

Sie sagte zu mir, Karl, Karl, das ist schön, dass du zurück bist, wie war es, erzähl. Und ich erzählte ihr, dass es in Russland sehr schön war, vor allem die Landschaft und der tiefe Wald. Die

Taiga. Und die Seen. Und auch die Menschen. Sie waren sehr gut zu uns. Und es war mir egal.

Sie fragte mich, und war es dir nicht zu kalt.

Und ich sagte, nein, überhaupt nicht. Und es war mir egal.

Sie fragte, und hattest du keine Angst, ich hatte so viel Angst um dich.

Und ich sagte, ich hatte keine Angst. Wenn du ein Soldat bist, darfst du keine Angst haben.

Und es war mir egal.

Sie fragte, und hattest du nicht Hunger.

Und ich sagte, nein, überhaupt nicht, wir wurden sehr gut bekocht. Es gab Gulasch und Schweinebraten und Schnitzel.

Und es war mir egal.

Sie fragte, hast du an mich gedacht, ich habe die ganze Zeit an dich gedacht.

Und ich sagte, dass ich die ganze Zeit an sie gedacht hatte.

Und es war mir egal.

Sie sagte, dass wir jetzt ein Kind haben können, ein schönes deutsches Kind, dass sie es sich wünscht.

Und ich sagte, ja, das ist eine schöne Idee, ich wünsche mir auch ein schönes deutsches Kind von dir.

Und es war mir egal.

Alles war mir egal, denn es muss einem egal sein.

Es gibt kein Mitleid. Es gibt keine Hoffnung. Es gibt keine Barmherzigkeit. Es gibt kein Mitgefühl. Es gibt keinen Altruismus.

Es gibt nur Lügen. Es sind die Lügen, die trösten. Die die anderen trösten. Die uns trösten.

Alles war mir egal. Und trotzdem saß ich da und hielt ihre Hand, so wie ich auch die Hand von Winterberg hielt.

So ist es bei der Überfahrt.

In der Nacht träumte ich von der Jagd.

Wir waren im Wald. Winterberg und Carla und Lenka und ich. Und dann sah ich auch Silke. Und Josefa.

Winterberg sagte, alles zerfällt, doch hier ist die Welt in Ordnung. Wie in meinem Buch.

Die Bäume waren hoch und schlank und nackt, fast ohne Äste.

Die Baumrinde war ganz glatt. Wie poliert. Wie aus Glas.

Wir gingen durch den Wald.

Auf einer Lichtung sahen wir viele Rehe.

Der Schnee rieselte herunter.

Es war still.

Und dann hörten wir die Schüsse. Und die bellenden Hunde. Und die Jäger.

Die Rehe rannten.

Wir rannten.

Wir waren die Rehe.

Wir liefen durch den Wald.

Wir stolperten und fielen und standen wieder auf.

Wir liefen weiter.

Wir wurden umzingelt.

Die Jäger trugen graue Uniformen und Gewehre.

Sie schauten uns an und rauchten und lachten.

Einer der Jäger sagte, die Tiere zu töten ist nicht gut, doch wenn du schon ein Tier töten musst, mach es schnell.

Und drückte ab.

Ich umarmte Carla und Carla umarmte mich.

Sie drückte mich so fest, dass ich nicht atmen konnte. Dass sie mein Herz zerdrückte.

Ich wachte auf und schwitzte und konnte nicht Atem holen.

VON WIEN NACH BRÜNN

Wir trieben weiter.

Weiter und weiter.

Immer in Bewegung, wie Winterberg sagte.

Immer der Freiheit nach.

Immer auf der Flucht.

Vor der großen Geschichte.

Vor der kleinen Geschichte.

Vor seiner Geschichte.

Vor meiner Geschichte.

Wir saßen im Zug Richtung Norden, in einem Railjet von Wien nach Prag.

Winterberg wollte nach Brünn.

Nach Brno.

Er wollte die Stadt von Leopold Lojka besuchen, die Stadt des Fahrers von Sarajevo, der sich in Brno nach seiner Irrfahrt durch Sarajevo ein Gasthaus kaufte und sich in diesem Gasthaus zu Tode soff, weil ihm die einen sagten, er sei ein Trottel, weil er falsch abgebogen sei und den Thronfolger in den Tod fuhr, weil ihm die anderen sagten, er sei ein Held, weil er abgebogen sei und den Thronfolger in den Tod fuhr.

Und so liegt Lojka jetzt auf dem Brünner Zentralfriedhof in der Näher der Brünner Feuerhalle und wird auch heute noch gehasst und geliebt, wie Winterberg sagte.

Er wollte in Brno sein Grab aufsuchen, so wie er in Wien das Grab von Carl Ritter von Ghega aufsuchte, und dort Blumen niederlegen. Er wollte auch erfahren, was mit Lenka in Brno passiert war.

Sie war in Brno, das wusste er.

Sie hat ihm eine Postkarte geschickt.

Der Zug raste durch die flache Landschaft und mein Herz raste auch und Winterberg las aus seinem Buch laut vor und zwei ältere Damen und ich mussten ihm zuhören.

»Brünn, Bahnhofsrestaurant, das ist klar, das versteht sich von alleine, vielleicht können wir dort gleich eine Kleinigkeit essen, die Reise dauert nicht lange, Hauptstadt von Mähren mit 125 000 Einwohnern, zwei Drittel Deutsche, ja, ja, das muss wohl jetzt ein wenig anders sein, ja, ja, es liegt am Fuß des Spielbergs, zwischen der Schwarzawa und Zwittawa ... Wie zwei Schwestern, finden Sie nicht, diese zwei Flüsse, falls ich nochmals Vater werden sollte, würde ich meine Kinder genauso taufen lassen, Schwarzawa und Zwittawa, ja, ja, in schöner fruchtbarer Umgebung, geht es Ihnen nicht gut, Herr Kraus?«

»Alles gut, danke.«

»Soll ich das Fenster ein wenig aufmachen? Verdammt, verdammt, die neuen Züge, hier kann man keine Fenster öffnen.«

»Das wird wieder gut, bin nur ein wenig müde.«

»Sie sind wieder ganz rot im Gesicht.«

»Ja, ich weiß.«

»Wo bin ich denn hängen geblieben ... Ja, ja, die innere Stadt ist an der Stelle der 1860 niedergelegten Festungswerke mit Anlagen und Ringstraßen umgeben, um die sich ansehnliche Vorstädte angebaut haben ... Brünn ist eine der bedeutendsten österreichischen Industriestädte, ja, ja, Tuch und Maschinen und Leder, dafür war Brünn bekannt, aber auch Waffen, ja, ja, Pistolen und Kanonen, dafür war Brünn auch bekannt ... Die Fabriken liegen in den südlichen und östlichen Vorstädten, wahrscheinlich wegen dem Wind und den Luftverhältnissen, oh ...

War das nicht Dürnkrut? Das war sicher Dürnkrut, nächstes Mal nehmen wir die Lokalbahn und steigen in Dürnkrut aus, jeder sollte in Dürnkrut aussteigen, ja, ja, genau, lieber Herr Kraus, die Schlacht bei Dürnkrut 1278, die berühmte Ritterschlacht auf dem Marchfeld, ja, ja, genau, hier fand der böhmische König Ottokar II. Přemysl den Tod, hier wurde der berüchtigte Löwe aus Böhmen durch eine List besiegt… Nein, nein, das war nicht schön, das war das Königgrätz des 13. Jahrhunderts… Geht es Ihnen wirklich gut, lieber Herr Kraus?«

Er schaute mich besorgt an.

Wir waren in Břeclav, schon wieder in Tschechien, und fuhren gleich weiter und der Zug raste und mein Herz raste auch. Mein Herz wollte schneller sein als unser Zug.

Wir fuhren weiter.

»Vranovice, war das schon Vranovice, Herr Kraus?«

»Ich weiß nicht.«

Der Zug raste so schnell durch die flache Landschaft, dass man die Bahnhöfe und Haltestellen kaum wahrnehmen konnte.

»Ich meine, das war schon Vranovice, schade, dass der Zug hier nicht hält… Vranovice ist auch ein schicksalhafter Ort, ja, ja, Königgrätz würde ohne die Schlacht bei Königgrätz niemand kennen und Vranovice würde ohne das Eisenbahnunglück auch niemand kennen, ja, ja, sie müssen sich vorstellen, hier spielte sich das erste Eisenbahnunglück in Österreich ab, und das ausgerechnet an dem Eröffnungstag der Bahnstrecke von Wien nach Brünn, sechzig Verletzte, und das alles wegen ein paar Schrauben, die sich gelockert haben, und wegen des Lokführers, welcher mit seinem Festzug die Verspätung aufholen wollte und dabei vergessen hat, dass vor ihm ein anderer Festzug fuhr, der auch eine kleine Panne hatte, ja, ja, man musste an der Lokomotive auch ein paar Schrauben nachziehen… Und so musste der Zug auch auf der halben Strecke halten und der andere Festzug ist dann in diesen Festzug reingefahren, ja, ja, traurig, traurig, sechzig Verletzte an diesem so schönen und sommerlichen und wichtigen Tag der Eisenbahngeschichte. Doch die Eisenbahn ist nicht schuld, so wie die Feuerhallen nicht schuld sind, nein, nein, nur die Menschen, die sind an solchen Katastrophen und Entgleisungen immer schuld, an unserem Untergang, egal, was die Menschen auch sagen, egal, welche Ausreden sie finden, traurig, traurig... Der 7. Juli 1839 bei Vranovice bei Brünn war ein trauriger Tag für das Eisenbahnwesen, ein trauriger Tag für alle Eisenbahnmenschen, ein trauriger Tag für die vielen Verletzten, ein trauriger Tag für den Lokführer der Lokomotive Namens Gigant. Der Lokführer, ein Maschinenführer, wie man damals noch zu sagen pflegte, war übrigens ein Engländer, ja, ja, die ersten Lokführer in Österreich waren oft Engländer, so wie die Böhmen in Österreich die ersten Braumeister und die ersten Feuerbestatter waren, was für ein trauriger Tag in der Eisenbahngeschichte, ja, ja, schlechte Kommunikation, schlechte Sicht auf die Bahnstrecke, schlechte Bremsen, ja, ja, und schon nimmt das Unheil seinen Lauf... Ich weiß, was Sie sagen möchten, lieber Herr Kraus, schon wieder legt sich über die Geschichte der Nebel des Krieges, wie es Clausewitz beschrieben hat, alles ist so unsicher, so unvollständig, so ungewiss, ja, ja, schon wieder kann man sich nur auf sich und den eigenen Verstand verlassen, auf die eigenen Augen, schwierig, schwierig, oft sehen die Augen nichts, sie verlieren sich, sie schauen nicht durch den Nebel, so wie viele Menschen leider historisch auch nicht durchschauen, doch so ist es, so kommt es im Leben, man darf sich nicht wundern, dass es immer wieder so katastrophal endet, egal, ob im Eisenbahnverkehr oder auf dem Schlachtfeld oder in einer Beziehung, ja, ja, lieber Herr Kraus, den Nebel des Krieges darf man in einer Beziehung auch nicht unterschätzen, ich weiß, wovon ich rede, ich war dreimal verheiratet, und doch habe ich die Frau geliebt, die ich nicht heiraten konnte, meine Lenka, Lenka Morgenstern aus Reichenberg, die erste Frau im Mond, ja, ja … Wo bin ich denn hängen geblieben, ja, also, ja, ja, genau, ich fürchte, auf jeden von uns wartet ein Eisenbahnunglück, eine ganz persönliche Eisenbahnkatastrophe, ein ganz persönliches Königgrätz, und oft bleibt es leider nicht nur bei einem Königgrätz, so ist es, im Leben reiht sich oft ein Königgrätz an das andere, es gibt kein Entkommen, die Geschichte hält uns fest in den Händen, die große Geschichte und die kleine Geschichte auch, das ist nicht zu überschienen, geht es Ihnen wirklich gut, Herr Kraus? Sie sehen nicht gut aus.«

»Doch, doch.«

»Aber Sie sehen wirklich sehr derangiert aus. Sie sollten sich entspannen, vielleicht ein bisschen Yoga üben, so wie es meine Tochter tut, vielleicht hilft das doch ein wenig. Oder einfach eine Frau haben.«

»Mir geht's gut«, sagte ich und fühlte mich so müde und erschöpft.

»Ja, ja, Mähren, schauen sie sich die Landschaft an, schön, schön, das kleine Gebirge in der Ferne, das müssen die Pollauer Berge sein, da war mein Vater mal, ja, ja, die guten Weißweine, ich trinke eigentlich keinen Weißwein, davon bekomme ich immer Sodbrennen, er ist mir zu sauer, da muss ich mich oft übergeben, aber heute würde ich ein Achtel vom Grünen Veltliner aus den Pollauer Bergen trinken, da muss irgendwo Nikolsburg sein, ja, ja, genau wie es in meinem Baedeker steht, mit hochgelegenem stattlichem altem Schloss des Fürsten Dietrichstein-Mensdorff, bekannt durch den Präliminarfrieden vom 26. Juli 1866, eigentlich wurde eine Vorkapitulation von Österreich in Nikolsburg abgeschlossen, die Kapitulation vor der Kapitulation, ja, ja, es ist kompliziert, ich weiß, doch keiner sagt, die Geschichte und das menschliche Leben seien unkompliziert, niemand sagt, es wird leicht sein, nein, nein, warum glauben alle Menschen, dass unser Leben leicht und unkompliziert sein muss? Dass alle glücklich sein müssen? Warum denn?«

Er schaute kurz zu dem kleinen Gebirge am Horizont.

»Ja, ja, eigentlich müssen wir nach Nikolsburg, wenn wir schon hier sind, ja, ich weiß, was Sie sagen möchten, lieber Herr Kraus, das ist unser Problem, zu viele Geschichten, zu viel Geschichte, zu viele Strecken und nur ein einziges Leben, das uns immer so kurz vorkommt, auch wenn man so alt ist wie die Tschechoslowakische Republik, wie die Feuerhalle in Reichenberg, so wie ich, ja, ja, Sie haben recht, Sie schauen doch schon ein wenig historisch durch, das ist unser Problem, das ist unser Mitteleuropa, ja, ja, the beautiful landscape of battlefields, cemeteries and ruins, wie der Engländer immer sagte, das macht mich alles sehr melancholisch, kein Wunder, dass hier so viele Menschen so verrückt sind und an geistiger Umnachtung leiden … Es gibt kein Entkommen.«

Winterberg schwieg kurz und schaute aus dem Fenster. Das Gebirge sah man nicht mehr. Nur die Felder. Die endlosen schwarzen Felder. Und die vielen schwarzen Vögel.

Und dann las er wieder laut aus seinem Buch vor.

»Das mährische Flachland, das sich im Südosten an das böhmische Massiv anschließt, bildet einen im Mittel 70 Kilometer breiten, gegen Nordosten schmäler werdenden Streifen zwischen diesem und den Karpaten, ja, ja, die Weißen Karpaten, das muss irgendwo in der Richtung sein, ja, ja, es besteht zum Teil aus den jungtertiären Ablagerungen des Karpatenvorlands, das sich bei Austerlitz … Ja, ja, dort müssen wir unbedingt hin, ja, ja, die unglückliche Schlacht bei Austerlitz 1805, wie in meinem Buch steht, wieder eine glorreiche österreichische Niederlage, so wie Wagram 1809, ach, Wagram, da müssen wir auch noch hin, so wie Solferino 1859, da müssen wir eigentlich auch hin, so wie

Königgrätz 1866 … Eigentlich müssen wir uns alle die großen historischen Niederlagen anschauen, um unsere eigenen Niederlagen zu verstehen, ja, ja … Ich weiß, was Sie sagen möchten, lieber Herr Kraus, man kann sich eigentlich fast nicht erinnern, wann Österreich eine Schlacht gewonnen hat, doch natürlich hat Österreich viele Schlachten gewonnen, auch viele schicksalhafte Schlachten, doch in Böhmen und in Österreich erinnert man sich nur an die Niederlagen, ja, ja, so wie im menschlichen Leben, die Niederlagen kommen immer hoch, man kann sie nicht verdauen und so einfach wie die Alpen überschienen, man muss sich immer übergeben, genau so ist es, lieber Herr Kraus, und vor allem, was wir beide schon wissen, eine Niederlage ist ein Sieg und ein Sieg ist eine Niederlage, ja, ja, auch die glorreichsten Siege sind nichts anderes als glorreiche Niederlagen, ja, ja, es gibt kein Entkommen. Wenn wir nächstes Mal im Heeresgeschichtlichen Museum sind, schauen wir uns die Sammlungen zu Austerlitz und Wagram und Solferino genauer an, man kann nicht alles schaffen, zu viele Geschichten, zu viel Geschichte, das muss doch jeden melancholisch machen, nicht nur einen, der historisch durchschaut … Wenn wir schon in Brünn sind, müssen wir unbedingt nach Austerlitz, ja, ja … Wo bin ich denn schon wieder hängen geblieben, Sie dürfen mich nicht so oft unterbrechen … Ja, ja, ach so, ja, die hohe Volksdichte zeugt von der Fruchtbarkeit des Bodens … Geht es Ihnen nicht gut, lieber Herr Kraus? Sie sind ganz blass, noch vor Kurzem waren sie so rot, jetzt sind Sie ganz blass.«

Und dann waren wir in Brno. Man sah die Kirche auf einem Hügel über der Stadt, einige hohe neue Häuser, einen Zug in Gegenrichtung. Unser Zug raste nicht mehr, er fuhr immer langsamer und ratterte über die Weichen.

In meinem linken Arm zuckte es vom Schmerz und in meiner Brust loderte ein großes Feuer.

Wie in einer Schlacht.

Wie in einer Feuerhalle.

Wie in einer Flammengruft.

Ich hatte das Gefühl, jemand rufe nach mir. Es war Carla. Ich habe sie gehört, wie sie nach mir gerufen hat. Ich fühlte sie. Sie umarmte mich wieder. Sie drückte mich so fest, dass ich nicht atmen konnte. Carla wollte, dass ich zu ihr komme.

Mir war übel.

Ich wollte raus.

Alles drehte sich.

In dem Augenblick, als ich aufstand, brach ich zusammen. Das Letzte, an das ich mich erinnern kann, sind die zwei Damen, die mich anschauten und schrien. Und Winterberg, der sich zu mir neigte und ich das Gefühl hatte, er lege eine schwarze schwere Decke über meinen Kopf.

Danach sah ich nichts mehr.

Mein Herz raste nicht mehr.

Wir waren in Brno.

In Brünn.

DIE HEILIGE ANNA

Um mich war das Nichts und das Nichts war weiß und still.

Ich schaute mich um und sah nur endlose weiße Leere.

Ich schwebte in der Luft und zappelte mit den Beinen und bewegte die Hände. Ich drehte mich um. Ich dachte, ich bewegte mich. Doch ich habe mich nicht bewegt. Ich zappelte mit den Beinen und blieb stehen.

Ich rief.

Ich schrie.

Ich hörte nur die Stille.

Ich schlief ein.

Und wurde von einem Geräusch geweckt. Zuerst war es nicht zu hören, es kam irgendwo aus der Ferne.

Doch dann wurde es immer deutlicher und klarer und stärker.

Und plötzlich wurde alles um mich von diesem Lärm erfüllt. Ich wusste, was für ein Lärm das war. Ich sah das Flugzeug. Es kam auf mich zu und flog dann knapp über meinen Kopf hinweg.

Und dann hörte ich einen Schuss.

Und dann hörte ich Hanzi schreien.

Und dann hörte ich die anderen schreien.

Und dann war es still.

Ich war allein.

Und dann hörte ich Carla nach mir rufen. Aus der Ferne. Aus der Leere. Aus dem Nichts.

Nimm mich mit. Nimm mich mit.

Egal, wohin, aber nimm mich mit.

Das Erste, was ich sah, waren fünf Bierflaschen. Sie standen auf meinem Nachttisch nebeneinander. Grüne und braune und große und kleine.

Ich wusste nicht, ob es Tag war oder Nacht.

Ich wusste nicht, wo ich war.

Ich schaute mir die Bierflaschen an und sah auch die Kabel und die kleinen Monitore, die blinkten und piepsten. Durch das Fenster sah ich nur den grauen Himmel. Es schneite und in meiner Brust brannte es nicht mehr. Das Feuer war gelöscht.

»Na, endlich wach. Guten Morgen.«

Es war eine Krankenschwester.

»Wo bin ich?«, fragte ich auf Deutsch.

»Bei der heiligen Anna.«

»Wo?«

»Im Krankenhaus. In Brno.«

»Wo?«

»In Brno. Im Krankenhaus zur heiligen Anna.«

»In Brno?«

»Na ja, in Prag sind Sie wohl nicht.«

»Wieso sprechen Sie Tschechisch?«

»Wie soll ich denn sonst sprechen.«

»Wir sind in Brno?«

»Ja.«

»Und Sie sind auch aus Brno?«

»Ja, ja.«

»Wie bin ich denn hierhergekommen?«

»Na, wie denn wohl? Wie alle. Mit der Leichentaxe.«

»Leichentaxe?«

»So nennen wir das. Mit dem Krankenwagen natürlich …

Ein Herzinfarkt, lieber Herr … Ja, ziemlich schwer, der Chefarzt meinte, mit Ihnen wird das wohl nichts mehr, auch das Koma danach, aber sehen Sie, Sie haben es geschafft. Schauen Sie sich das Bett neben Ihrem an …«

Ich schaute mir das Bett an.

»… da lagen zwei, die haben es nicht geschafft. Und der eine war viel jünger als Sie, Herr Kraus.«

»Hm.«

»Ja, ja, das Herz, das bricht so schnell zusammen, man muss gar nicht unglücklich verliebt sein. Ich sag's immer, mehr Bewegung, aber wer will sich heute schon bewegen, oder? Alle sitzen vor der Glotze und lassen sich bekochen, mein Mann auch, und wenn er schon aufsteht, dann nur, um in die Kneipe mit seinen Freundchen zu gehen … Alles wird gut. Sie müssen hier wohl ein paar Wochen bleiben.«

»Das geht nicht.«

»Doch, das geht. Das muss gehen.«

»Ich muss … Wir müssen weiter …«

»Weihnachten werden Sie wohl in Brno verbringen müssen, das ist doch schön, ich bringe Ihnen etwas vom Weihnachtsmarkt mit … Keine Angst, Sie schaffen es, wir haben Ihre Leitung ordentlich geputzt.«

»Welche Leitung?«

»Na, Ihre Leitung … Ihr Herz! Die Leitung war verstopft und wir haben sie geputzt. Es ist nichts anderes wie ein mit Dreck verstopfter Abfluss im Bad. Man gießt dort ein wenig von dem Chemiezeug hinein, das frisst alles weg und das Wasser kann weiterfließen. Eigentlich ist unsere Abteilung nichts anderes als eine Putzkolonne.«

Sie lachte. Ich wollte auch lachen. Doch ich konnte nicht. Ich war zu erschöpft.

Ich schaute mir die Bierflaschen an.

»Das hat Ihr Vater mitgebracht.«

»Mein Vater ist tot.«

»Nein, nein, ist er nicht.«

»Doch.«

»Mein Vater, der ist tot, er liegt rechts ganz hinten auf dem Zentralfriedhof hier in Brno, falls Sie den kennen … Aber Ihr Vater, der ist nicht …«

»Ach so, ich weiß, der alte Mann … Er ist nicht mein Vater …«

»Er kommt jeden Tag und bringt immer ein Bier mit. Für meinen Sohn, sagt er immer, er liebt Bier, das hat er sogar schon auf Tschechisch gelernt. Ihr Vater ist ein lustiger Opa, ich würde nie denken, dass ein Deutscher so lustig sein kann … Und wie er erzählen kann … Nur ich verstehe ihn nicht ganz, doch das ist ihm egal. Er erzählt und erzählt und erzählt.«

»Er ist nicht mein … Egal, es ist kompliziert. Aber erzählen, das kann er, das stimmt.«

»Ich kann ihn leider nicht so gut verstehen, ich habe zwar Deutsch in der Schule gehabt, doch das ist schon so lange her, ach … Wo haben Sie Deutsch gelernt?«

»In Deutschland.«

»Ach so … Trinken dürfen Sie die Bierchen aber nicht, nur anschauen, das ist klar.«

Sie schaute sich die Bierausstellung auf dem Nachttisch an.

»So was hatten wir hier noch nie. Blumen, das ja, Familienfotos, Teddybären … Aber Bierflaschen, da kann ich mich nicht erinnern.«

Ich schlief wieder ein.

Und als ich aufwachte, stand auf dem Nachttisch die sechste Bierflasche. Und an meinem Bett saß Winterberg. Er saß da mit den Händen auf dem Bauch und mit seinem Kopf ein wenig nach vorne gebeugt und putzte sich die Brille. Draußen war es schon dunkel und Winterberg lächelte mich an.

»Ich dachte, die kleine Biersammlung würde Sie freuen, lieber Herr Kraus.«

»Ja …«

»Das letzte Bier kommt aus Austerlitz.«

Er schaute auf die letzte Bierflasche in der Reihe.

»Ja, das muss ich Ihnen gleich erzählen, sind Sie mal da gewesen?«

»Nein.«

»Ich war heute da, auf dem Schlachtfeld der Dreikaiserschlacht, ja, ja, ich dachte, wenn ich schon in Brünn bin und wenn ich jetzt ein wenig Zeit habe, muss ich nach Austerlitz, ja, ja, ich weiß, lieber Herr Kraus, natürlich, die Dreikaiserschlacht war eine schicksalhafte Schlacht, doch im weitesten Sinne nicht so schicksalhaft wie die Schlacht bei Königgrätz, das versteht sich, und es hängt nicht damit zusammen, dass die Schlacht bei Königgrätz durch mein Herz geht und mich zerfetzt, nein, nein, so ist es nicht … Ich bin sehr früh am Morgen nach Austerlitz gefahren, ich habe es auch nicht weit zum Bahnhof, ich habe mir ein Zimmer im *Grandhotel* gegenüber genommen, das *Grandhotel* wird auch in meinem Baedeker empfohlen, gleich als erstes Hotel, sie haben mir ein ruhiges Zimmer nach hinten gegeben, doch ich wollte ein Zimmer nach vorne, zum Bahnhof hin, ja, ja, wo bin ich denn hängen geblieben … Ja, ja, ich weiß, ich habe den ersten Zug nach Austerlitz genommen, denn ich wollte le Soleil d'Austerlitz erleben, ja, ja, die Sonne von Austerlitz kann man nur hier genießen, obwohl Napoleon natürlich anderer Meinung war, so kommt es aber in der Geschichte vor.«

Winterberg erzählte so, wie er immer erzählte, und ich dachte mir das, was ich mir immer dachte.

Ich konnte nichts behalten, ich war zu müde und ich schlief immer wieder kurz ein. Doch das störte ihn nicht.

»Der Zug war fast leer, es war noch dunkel und Austerlitz lag im Nebel, ja, ja, genau, Sie haben recht, so wie am 2. Dezember 1805, ja, ja, ich weiß, was Sie sagen möchten, lieber Herr Kraus, der Nebel des Krieges, richtig, richtig, Sie schauen doch schon ein wenig historisch durch, der Nebel des Krieges, so wie bei Königgrätz am 3. Juli 1866, so wie bei Lützen am 16. November 1632, ach, ich freue mich so, dass Sie am Leben sind, lieber Herr Kraus, ich habe mir schon ein wenig Sorgen um Sie gemacht und die Ärzte auch.«

Winterberg erzählte, so als würde er während dieser Tage niemanden treffen, dem er etwas erzählen könnte. Und ich dachte an den Traum, an die Geräusche in dem leeren Raum ohne Wände. An die Geräusche, die sich wie Flugzeuggeräusche anhörten und die wirklich Flugzeuggeräusche waren.

»In Austerlitz habe ich zwei Österreicher getroffen, ja, ja, gleich auf dem Bahnhof, einen pensionierten Gymnasiallehrer aus dem Burgenland und seine sehr hübsche Frau, ja, ja, was für ein schöner Zufall, sie wollten auch le Soleil d'Austerlitz erleben, und der Gymnasiallehrer, der ein Geschichtslehrer war, meinte, die Schlacht bei Austerlitz sei die wichtigste und größte und schicksalhafteste Schlacht im 19. Jahrhundert gewesen, die sich in Böhmen und Mähren und in Österreich abgespielt hat … Sie hätten es hören müssen, lieber Herr Kraus, wie lange und wie wunderschön wir uns über die Geschichte gestritten haben, das war auch eine schicksalhafte Schlacht, die wir uns auf dem Schlachtfeld bei Austerlitz geliefert haben, und ich habe diese Schlacht, dieses Austerlitz, natürlich gewonnen … Der Geschichtslehrer schaute historisch überhaupt, aber überhaupt nicht durch, und wenn ich sage, überhaupt nicht durch, dann meine ich auch wirklich überhaupt nicht durch, einem so geschichtsleeren Geschichtslehrer bin ich noch nie begegnet, er kommt auch aus dem Burgenland, und das Burgenland ist das einzige Bundesland in Österreich, wo sie bis heute keine einzige Feuerhalle haben, da werden immer noch mühsam die tiefen Gräber ausgehoben, ja, ja, und das ist eine schwere Arbeit, und zwar nicht nur im Winter wie jetzt, ja, ja, das sagt schon einiges über das Land aus, würde mein Vater sagen, sogar in Kärnten steht schon eine Feuerhalle, ja, ja, aus Kärnten und dem Burgenland haben mein Vater und Rudolf Bitzan viele sehr böse Briefe bekommen, als in der *Wiener Zeitung* stand, dass in Reichenberg die erste Feuerhalle in Österreich gebaut wird, Rudolf Bitzan und mein Vater und die ganze Stadt Reichenberg wurden von den Katholiken verflucht, und wenn es nur ginge und wenn nicht alle Soldaten schon an der Front gewesen waren oder im Grab oder im Spital lagen, würden die Kärntner sicher einen Kreuzzug zusammenrufen, um die Reichenberger zu bestrafen, ja, ja, so war es, sagte mein Vater, seine Feuerhalle hat in Österreich viele Feinde gefunden, doch noch viel mehr an böser Post haben Rudolf Bitzan und mein Vater aus dem Burgenland bekommen, ein Pfarrer aus Eisenstadt wollte meinen Vater sogar kreuzigen lassen, ja, ja, wie Sie sehen können, lieber Herr Kraus, war das Zusammenleben in Österreich nicht leicht, und zwar nicht nur zwischen den Slawen und den Deutschen … Wo bin ich denn hängen geblieben, ja, ja, ich weiß, der Geschichtslehrer … Wir haben uns über die Schlacht und über die Waffen und über die Uniformen und über Clausewitz und schließlich über alles gestritten, über was man nur streiten kann, und seine hübsche, sehr feine Frau, sie sagte, sie arbeite in der Stadtbibliothek, ja, ja, seine hübsche Frau, die mich an meine erste Frau erinnert hat, ja, ja, die gleichen, ein wenig scheuen blauen Augen, der gleiche, ein wenig scheue Blick, schade, dass meine erste Frau historisch auch nicht durchschaute … Wo bin ich denn wieder hängen geblieben …«

Winterberg erzählte und ich hörte das Dröhnen der Flugzeugmotoren.

»Also ja, seine hübsche Frau … Sie wollte uns beruhigen, sie wollte auch etwas erzählen und sie hatte auch sicher etwas zu erzählen gehabt, eine Dame aus der Stadtbibliothek eben, ja, ja … Doch ihr Mann, der alte Geschichtslehrer, hat sie überhaupt nicht zu Wort kommen lassen, schrecklich, schrecklich, das verstehe ich nicht, diese Ignoranz, diese Arroganz, mit so einem Menschen kann man kein Gespräch führen, mit so einem Menschen kann man sich nur streiten, und das habe ich auch gemacht, doch er hat sich in langen, langweiligen, leeren Monologen verloren und hat auch nicht mal mich zu Wort kommen lassen, das müssen Sie sich vorstellen, lieber Herr Kraus! Doch ich habe ihn immer wieder mit meinen Gedanken und Argumenten, mit meinem ganzen historischen Wissen angegriffen, ja, ja, ich habe ihn vor mir hergetrieben mit meinem Wissen, und in der Zwischenzeit stieg aus dem Nebel die Sonne hoch, ich schwöre, es war genau so wie am 2. Dezember 1805, ja, ja, le Soleil d'Austerlitz, die Sonne von Austerlitz, ich habe es leider nicht bemerkt und der Geschichtslehrer hat es auch nicht bemerkt, weil wir uns die ganze Zeit gestritten und angeschrien haben, ja, ja, genau wie zwei Hunde, ein schrecklicher Mensch, doch seine Frau hat es zum Glück bemerkt, und so sind wir plötzlich dort gestanden, auf dem kleinen Hügel Santon, ja, ja, richtig, genau so wie Napoleon und seine Artillerie, so sind wir dort gestanden und haben in die Landschaft geschaut, alle drei geblendet von der rotgelben Sonne am Horizont, von der Sonne von Austerlitz, ja, ja, plötzlich war alles ganz still, plötzlich wurden wir alle von le Soleil d'Austerlitz geblendet, der Nebel hatte sich verzogen, die ganze winterliche Landschaft lag unter uns, das ganze Schlachtfeld von Austerlitz, wie damals, wie am 2. Dezember 1805 … Schade, dass Sie nicht dabei waren, lieber Herr Kraus, le Soleil d'Austerlitz, ja, ja, wenn Sie möchten, können wir nochmals nach Austerlitz fahren, wenn es Ihnen besser geht, vielleicht haben wir Glück und erleben zusammen le Soleil d'Austerlitz …«

Winterberg erzählte.

Ich hörte aus weiter Ferne Carla rufen.

Bring mich weg, bring mich weg von hier.

Bring mich bitte weg.

»Es war so schön, ja, ja, so was Schönes habe ich in meinem Leben noch nie erlebt, le Soleil d'Austerlitz über the beautiful landscape of battlefields, cemeteries and ruins, wie der Engländer sagen würde, ja, ja, schade, dass Sie nicht dabei waren, schade, dass der Engländer nicht dabei war, schade, dass Lenka nicht dabei war … Die Sonne war rot und danach rotgelb und danach gelbrot, und so verwandelte sich auch die ganze weiße, leicht verschneite Landschaft, man sah sie unter uns bluten, ja, ja, the beautiful landscape of battlefields, cemeteries and ruins, das hat mich sehr melancholisch gemacht, und ich gebe zu, in dem Augenblick habe ich angefangen, ein wenig zu weinen, und Sie würden, lieber Herr Kraus, auch sicher weinen … Ich war sehr gerührt, und Sie wären auch sehr gerührt gewesen, da bin ich mir sicher, auch die hübsche Frau des Geschichtslehrers war sehr gerührt und hat geweint, ich dachte, der pensionierte Geschichtslehrer schwiege endlich auch ein wenig, er musste doch auch gerührt sein, wenn wir gerührt waren … Doch nein, er hat alles zerstört, die ganze Stimmung, den ganzen Morgen in der Sonne von Austerlitz, er hat wieder angefangen, sich über die Geschichte zu streiten, und so habe ich ihm eine Ohrfeige verpasst und seine Frau wollte die Polizei rufen, ja, ja, was hätte ich machen sollen, das war doch richtig so, so ein schrecklicher Mensch, und nicht nur, weil er historisch nicht durchgeschaut hat … Im Vergleich mit diesem geschichtsleeren Geschichtslehrer, lieber Herr Kraus, sind Sie ein promovierter Historiker …«

Winterberg erzählte und die Stimme von Carla verstummte und das Dröhnen der Flugzeugmotoren war wieder stärker.

»Ich musste mich während der Rückreise im Zug immer wieder fragen, wie kann es sein, dass Menschen, die historisch nicht durchschauen, Geschichtslehrer werden können … Nein, nein, da muss man sich nicht wundern, dass sich die Fehler der Geschichte wiederholen, die historischen Unfälle und Zufälle und Sackstraßen und Sackgassen, die immer zu Katastrophen führen, ja, ja, die immer in die Feuerhallen führen, zu den Gräbern mit den Leichen, die die Erde nicht verdauen kann und sich ständig übergeben muss, ja, ja, Sie, lieber Herr Kraus, Sie würden es verstehen, der Engländer auch und Lenka auch und vielleicht sogar meine Tochter würde es verstehen, doch der Geschichtslehrer hat es einfach nicht verstanden.«

Das Dröhnen der Flugzeugmotoren war so stark, dass ich dachte, jederzeit kommt ein Flieger in das Zimmer und bringt mich weg.

Ich hörte den Flieger und dann hörte ich wieder Carla nach mir rufen.

Bring mich weg.

Bring mich weg.

Und dann hörte ich wieder den Schuss und spürte, wie die Kugel sich mir näherte und durch meinen Kopf drang.

Ich hörte Carla schreien und der Schuss hallte lange nach.

Mir war schlecht.

»Stellen Sie sich vor, lieber Herr Kraus, der Geschichtslehrer war noch nie bei Königgrätz, ja, ja, ich weiß, was Sie sagen möchten, wie kann jemand, der historisch nicht durchschaut, Geschichtslehrer werden, ich war das ganze Leben lang Straßenbahnfahrer und ich schaue trotzdem historisch durch, traurig, traurig, ich habe über die Geschichte viel mehr gelesen als er, er hat *Die Überschienung der Alpen* gar nicht gekannt und meinen Baedeker auch nicht … Doch sonst war es sehr schön bei Austerlitz, ja, ja, the beautiful landscape of battlefields, cemeteries and ruins, dem Engländer würde es auch sehr gefallen und Ihnen und Lenka sicher auch, Lenka hat lange Winterspaziergänge geliebt, ja, ja, und danach ein schönes Glas mit heißem Grog… Es war schön bei Austerlitz, eine schöne, hügelige und sehr sanfte Landschaft, die mit den Händen nach den Menschen greift, die jeden Menschen umarmen möchte, umarmen und erwürgen und begraben, ja, ja, ich habe viele schöne Denkmäler und Gräber gesehen, ja, ja, alle ähnlich schön gepflegt wie bei Königgrätz, ich frage mich nur, wer pflegt all die Gräber heute? Sie müssten doch alle längst selbst im Grab liegen, ich meine, alle die Verwandten… Ja, ja, schön, schön, es war nur ein wenig zu kalt und zu windig auf dem Schlachtfeld bei Austerlitz, doch das war es damals sicher auch, am 2. Dezember 1805… Das Bier soll gut sein, sagte mir ein Eisenbahner im Bahnhof von Austerlitz, ja, ja, der Bahnhof ist natürlich viel kleiner als der *Gare d'Austerlitz* in Paris, wo ich mit meiner zweiten Frau war, meine zweite Frau litt an Frankreich, sie war krank und süchtig nach diesem Land, wir waren mehrmals da, in Frankreich wusste niemand, wo Austerlitz liegt, so wie in Frankreich niemand etwas von Königgrätz wusste, ja, ja, ich weiß, zu viele Geschichten, zu viel Geschichte, man kann sich nur verlieren, man muss sich verlieren, es gibt kein Entkommen… Aus verkehrstechnischer Sicht fand ich übrigens den Bahnhof in Austerlitz viel interessanter als den *Gare d'Austerlitz*, denn in Austerlitz werden die Weichen noch mit der Hand gestellt, ja, ja, so wie 1913, so wie in meinem Baedeker, ich habe es genau beobachtet… Ja, ja, ich weiß, was Sie sagen möchten, lieber Herr Kraus, viel zu viele Weichen, viel zu viele Geschichten, ja, ja, ich weiß, die Weichen der Geschichte werden auch immer mit der Hand gestellt, mit der menschlichen Hand und mit der menschlichen Dummheit, ja, ja, viel zu oft sind es leider Trottel, die die Weichen der Geschichte stellen, nein, nein, ich weiß, die Weichensteller bei der Eisenbahn sind natürlich keine Trottel, so wie die Rangierer keine Trottel sind… Ja, ja, ich weiß, was Sie sagen möchten, lieber Herr Kraus, der

Alte spinnt schon wieder, der alte Winterberg ist verrückt, ja, ja, so ist es, Sie haben recht, ich bin verrückt, ich leide wirklich an der Geschichte, ich leide an Königgrätz und an Sarajevo und an der Feuerhalle in Reichenberg und jetzt auch an Austerlitz, ich leide an den historischen Anfällen, ja ja, so ist es, das Rangieren der Geschichte hat mich vollkommen derangiert zurückgelassen … Es tut mir leid, lieber Herr Kraus, dass Sie so oft Opfer von meinen historischen Anfällen waren, doch ich meine, es ist vielleicht besser, an den historischen Anfällen als an den hysterischen Anfällen zu leiden, ja, ja, so wie meine zweite Frau, sie war nie zu beruhigen, sie hat ihre Ruhe erst an der Mauer des Friedhofs Heerstraße in Berlin gefunden, wo sie neben meiner ersten und meiner dritten Frau liegt, ja, ja, ein schöner Platz in der Sonne direkt hinter den Mülltonnen, niemand wollte den Platz haben, so war es ganz günstig, ein wirklich schöner Platz, wen stören die Mülltonen schon, wenn man tot ist, ja, ja, vor allem am späten Nachmittag ist es dort wirklich sehr schön, ja, ja, auf dem Friedhof Heerstraße werde ich auch meine Ruhe finden, schon ganz bald werde ich da liegen und mir zusammen mit meinen drei Frauen die schöne Musik anhören, ja, ja, die Eisenbahnmusik, die Musik der Züge, ja, ja, die an beiden Seiten des Friedhofs vorbeifahren, ja, ja, ich weiß, was Sie sagen möchten, lieber Herr Kraus, als Böhme muss man in Berlin seine Ruhe auf dem böhmischen Gottesacker in Böhmisch-Rixdorf finden, ja, ja, das wollte ich auch, es ist ein sehr schöner Friedhof, sehr bescheiden, sehr versteckt, so wie die böhmische Brüdergemeinde … Doch die Züge, die Züge haben mir dort gefehlt, in Böhmisch-Rixdorf war es mir zu ruhig … Ich habe mir alle Friedhöfe in Berlin angeschaut, um mich dann für den Friedhof Heerstraße zu entschieden, und ich bedaure diese schwere Entscheidung nicht … Denn ohne Eisenbahnmusik kann ich nur schwer einschlafen, da muss ich immer Schlafpillen nehmen wie meine Tochter … Ja, ja, da werde ich liegen, nur leider ohne Lenka ... Ja, ja, Lenka würde ich gegen meine drei Frauen tauschen, ich weiß, verrückt, ich bin wirklich verrückt, Sie haben recht, lieber Herr Kraus, doch so ist es, ich bin wirklich verrückt ... Doch eingeäschert will ich in Reichenberg werden und nicht in Berlin im Krematorium in Ruhleben, wo meine drei Frauen eingeäschert wurden, nein, nein, ich möchte in der Feuerhalle von Rudolf Bitzan und meinem Vater eingeäschert werden, das müssen Sie mir jetzt versprechen, lieber Herr Kraus, dass Sie mich zur Einäscherung nach Reichenberg bringen, mit der Bahn natürlich, vielleicht besitzt die Bahn noch ein paar Leichenwagen auf einem Abstellgleis, auf einem Stumpfgleis ... Ja, ja, das wird schön, als Leiche nach Reichenberg, als Asche nach Berlin zu meinen Frauen ... Nur bitte keinen Wagner spielen, in Reichenberg nicht und in Berlin schon gar nicht, ich will nicht, dass sich die Gräber öffnen, ja, ja, das könnte vorkommen, wenn man Wagner auf einem Friedhof spielt, die Musik ist für einen Friedhof zu schön, zu groß, da öffnen sich gleich die Gräber, da muss sich die Erde übergeben, lieber etwas von Smetana, ja, ja, da öffnen sich keine Gräber, da muss sich niemand übergeben, also lieber Smetana, lieber Herr Kraus, etwas aus der *Moldau*, das müssen Sie mir auch versprechen ... Oder doch Wagner ... Ich weiß nicht ... Also bei der Einäscherung in Reichenberg Wagner, ja, ja, genau, so machen Sie es bitte, das Vorspiel von *Parsifal*, wie 1918, und bei der Urnenbestattung in Berlin Smetana, so verbinden wir schön Böhmen mit Deutschland, ja, ja, so wie die Pilsner Brauerei in Pilsen Böhmen und Bayern verbindet ... Das wird schön ... Und bitte keine Blumen, nein, nein ... Oder vielleicht doch, Cornus sanguinea, Svída krvavá, nur das, aus dem Svíber Wald bei Königgrätz, wenn ich Sie darum bitten darf ... Und keine Reden, das müssen Sie mir auch versprechen, Sie können höchstens ein paar Zeilen aus meinem Baedeker vorlesen, nein, lieber aus der *Überschie-*

nung der Alpen … Ja, ja, das wird gut … Etwas über den Bau der Semmeringbahn … Und vielleicht dann doch etwas aus meinem Baedeker dazu, ja, ja, in Reichenberg bei der Einäscherung aus *Die Überschienung der Alpen* und in Berlin etwas aus dem Baedeker, die Beschreibung der Schlacht bei Königgrätz zum Beispiel, mich rührt die Stelle sehr, sie ist so wortkarg, so kalt, und doch so stark und warm … Wo bin ich denn schon wieder hängen geblieben, ja, ja … Ich weiß … Was ich eigentlich sagen wollte, ich war in Austerlitz und habe Ihnen eine Flasche Austerlitzer Bier mitgebracht. Wie geht es Ihnen eigentlich? Ich habe mir große Sorgen um Sie gemacht, lieber Herr Kraus, Sie sehen sehr derangiert aus … Wie geht es Ihnen denn?«

Und plötzlich war das Dröhnen weg.

Ich hörte nur Winterberg.

Und das Piepsen der Monitore und Geräte, an die mein Herz angebunden war.

»Gut.«

»Gut?«

»Ja.«

»Das freut mich. Ich habe mir wirklich große Sorgen gemacht.«

»Sie waren wirklich jeden Tag hier?«

»Ja. Natürlich. Und jeden Tag habe ich Ihnen ein anderes Bier mitgebracht. Wenn Sie hier in den Supermarkt gehen, finden Sie so viele Biere … Doch Sie haben immer geschlafen und ich wollte Sie nicht wecken, einmal habe ich es probiert, doch es ist mir nicht gelungen, Sie haben nach jemandem gerufen … Nach Carla, ja, nach Carla.«

»Nach Carla?«

»Nach Carla, genau … Wer ist Carla?«

»Carla ist … Carla war … Das ist eine lange Geschichte.«

»Und Sie haben im Traum etwas über ein Flugzeug erzählt.«

»Ja …«

»Der Arzt hat mir heute gesagt, dass er sich auch große Sorgen gemacht hat … Ich habe mich sehr gefreut, als ich gehört habe, dass es Ihnen besser geht. Auf dem Bett hier gleich neben Ihnen sind inzwischen zwei gestorben, der eine war viel jünger als Sie, ein Computeringenieur, ja, ja, die Computermenschen leiden oft an Störzonen, ja, ja, an Herzschwäche, sagte mir der Arzt … Der andere Mann war älter, aber nicht so alt wie ich, ein Rentner, ein Kommunist, nein, ein Stalinist war er, es hat ihm nicht gefallen, dass ich hier Deutsch gesprochen habe, ja, ja, er war immer noch im Krieg … Und trotzdem hatte er dann einen Pfarrer rufen lassen, ja, ja, auch ein Stalinist möchte in den Himmel kommen … Ein Herzinfarkt ist nicht so einfach wie die Alpen zu überschienen, doch ich wusste, Sie werden es überschienen, lieber Herr Kraus. Wenn ich es schon geschafft habe.«

»Sie haben ihnen gesagt, Sie sind mein Vater?«

»Nein. Das haben sie gesagt, sie haben es so behauptet. Ich wollte es nicht verkomplizieren. Wenn Sie wollen, sage ich denen, wer Sie sind und wer ich bin.«

»Nein, nein.«

Ich wollte Winterberg noch etwas sagen, doch plötzlich war alles so schwer.

Meine Augen.

Meine Lippen.

Meine Zunge.

Mein Herz.

Es war mir alles zu viel.

Zu viel Winterberg.

Zu viel Leben.

Ich schlief wieder ein.

In der Nacht träumte ich wieder von dem Flug.

Ich war der einzige Mensch an Bord und ich wusste nicht, wohin der Flug geht.

Ich wachte auf und schaute an die Decke, die auf mich einstürzte.

Dann schlief ich wieder ein.

Am nächsten Tag stand auf meinem Nachttisch die siebte Bierflasche.

Winterberg erzählte, wie es den ganzen Tag schneite und regnete und wieder schneite und er den ganzen Tag im Hotel verbringen musste, was ihn aber überhaupt nicht störte und verstimmte, denn er stand den ganzen Tag am Fenster und beobachtete die Züge auf der Brücke am Brünner Hauptbahnhof.

Er erzählte, wie er sich an der Rezeption das aktuelle Kursbuch der Tschechischen Bahnen auslieh. Er erzählte, wie froh er war, dass sie an der Rezeption überhaupt ein Kursbuch hatten, damit hatte er nicht gerechnet. Er erzählte, wie er dann mit dem Kursbuch am Fenster stand.

Er erzählte von den Zügen nach Prag.

Nach Budapest.

Nach Wien.

Nach Berlin.

Nach Ostrava.

Nach Uherské Hradiště.

Nach Přerov.

Nach Znojmo.

Nach Austerlitz, das heute Slavkov heißt.

Er erzählte, wie er nicht nur auf die Züge, sondern auch auf die Straßenbahnen schaute. Er erzählte, wie er gegen Mittag kurz zum Bahnhof ging, um sich etwas zu essen zu holen und auf dem Bahnsteig einen Mann sah, der die Züge abfertigte, obwohl er kein Eisenbahner war. Er erzählte, wie der Mann um sich herum gestikulierte, nicht wild und chaotisch, sondern sehr konzentriert und überlegt. Er erzählte, dass der Mann wie ein Dirigent dastand, dessen Orchester die Züge waren. Er erzählte, wie er den Zügen und den Lokführern salutierte und wie er sich aufregte, wenn ein Zug verspätet ankam oder abfuhr. Er erzählte, wie ihn der Mann sehr rührte.

Er erzählte, wie er trotz der Kälte im Hotel jede Nacht bei geöffnetem Fenster schlief, weil ihn die Züge nicht störten. Er erzählte, wie die Eisenbahn die schönste Musik der Welt komponierte, und wenn sich die Eisenbahnmusik mit der Musik der Straßenbahnmusik vermischte, entsteht eine noch viel größere und schönere Musik. Es entsteht eine Schienenoper. Er erzählte, dass die Musik so schön war, dass sie ihn aus dem Schlaf lockte und zu sich zog und er so gegen halb fünf zum Fenster ging, sich auf die Fensterbank mit den Füßen nach außen setzte und sich die Schienenmusik anhörte. Er erzählte, dass es ganz schön hoch war, weil sein Zimmer im dritten Stock lag. Er erzählte, wie er sich auf der Fensterbank sitzend die schöne Schienenoper anhörte und in die Tiefe unter sich schaute.

Er erzählte, wie eine Frau mit einer Plastiktüte ihm von unten zuschrie, weil sie dachte, er stürze jetzt. Er erzählte, wie die Frau den Hotelportier alarmierte und dieser dann die Polizei und die Feuerwehr alarmierte und wie der Hotelportier mit der Polizei und mit der Feuerwehr plötzlich in der Tür stand und er sie alle beruhigen musste, dass er nicht springen wolle, denn er wollte sich im Fenster nur die Schienenoper anhören, die aber außer ihm niemand hörte oder hören wollte.

Er erzählte, wie er nach diesem kleinen Zwischenfall wieder in sein Bett ging und bis neun Uhr schlief.

In der Nacht träumte ich von Carla.

Ich sah ihr eingefallenes Gesicht.

Ich sah ihre großen grauen Augen.

Ich hörte sie weinen.

Bring mich weg.

Bring mich weg.

Egal, wohin, aber bring mich bitte weg.

Ich wusste nicht, wie ich ihr helfen konnte, genauso wie ich es damals nicht wusste. Ich umarmte sie.

Bring mich um.

Bring mich um.

Dann kam das Flugzeug, brachte mich weg und ich hörte den Schuss und sah das Blut.

Viel Blut.

Ich wachte auf und dachte, ich sei tot.

Doch ich war nicht tot.

Am nächsten Tag stand auf meinem Nachttisch die achte Bierflasche.

Winterberg erzählte, wie er das ehemalige Deutsche Haus suchte, dessen Besuch in seinem Baedeker empfohlen wird, auch wegen der offenbar guten Bierstube, und er es nicht fand und es auch nicht finden konnte, weil man am Ende des Krieges alle Deutschen aus Brünn vertrieben und das Deutsche Haus in die Luft gejagt hatte, wie ihm eine Dame erklärte.

Er erzählte, wie es ihn melancholisch machte.

Er erzählte, wie er vor dem Deutschen Haus das Bronzestandbild Kaiser Josephs II. von Brenek von 1892, das auch in seinem Baedeker erwähnt wird, suchte und es auch nicht fand und es auch nicht finden konnte, weil man die Statue schon 1918 gleich nach dem Zusammenbruch und Umsturz und der Entstehung der Tschechoslowakei in die Luft gejagt hatte, wie ihm ein Mann erklärte.

Er erzählte, wie es ihn noch melancholischer machte.

Er erzählte, wie er an der Ringstraße das von Fellner und Helmer 1882 erbaute Stadttheater suchte, das erste elektrisch beleuchtete Theater in Europa mit einem eigenen Dampfkraftwerk, und so glücklich war, als er das Theater fand und feststellte, dass es niemand in die Luft gejagt hatte, dass er sich gleich eine Karte für die Vorstellung von Schillers *Wallenstein* für die erste Reihe kaufte.

Er erzählte, dass er nichts verstand, weil das Stück auf Tschechisch war. Er erzählte, wie er die ganze Zeit an Lenka denken musste, da eine Schauspielerin ihr ähnlich sah. Er erzählte, dass Lenka gerne ins Theater ging und heimlich davon träumte, Schauspielerin wie Gerda Maurus zu werden.

Er erzählte, wie er während der Vorstellung auch an den Ringtheaterbrand in Wien denken musste, weil das Theater in Brünn als erstes Theater in Österreich nach dem Ringtheaterbrand gebaut wurde und so brandmodern und brandsicher sein sollte, dass sich kein Theaterbrand mehr wiederholt. Er erzählte, wie er sich trotzdem mehrmals versicherte, dass er in seiner Tasche sein Seil hatte, falls es doch im Theater brennen sollte. Er erzählte, wie ihn die Tatsache, dass er das Seil in seiner Tasche hatte, beruhigte.

Er erzählte, wie er die ganze Zeit an die Einsamkeit von Wallenstein in Eger denken musste, der da von allen verlassen unbeirrt auf den Irländer wartete, der ihn dann erstach.

Er erzählte, wie er auch an die sächsische Lokomotivflucht nach Eger 1866 denken musste und sich die Frage stellte, wie lange es gedauert hat, bis alle Lokomotiven wieder in Sachsen einsatzbereit waren.

Er erzählte, wie er auch an den Theaterkritiker Reimann von der *Reichenberger Zeitung* denken musste, der immer in der ersten Reihe des Reichenberger Stadttheaters saß, bis ihm vor lauter Aufregung bei Schillers *Wallenstein* eine kleine Vene im Gehirn platzte.

Er erzählte, wie ihm plötzlich alles so nah vorkam, als sei das nicht vor Jahrzehnten und Jahrhunderten passiert, sondern gestern. Er erzählte wieder von Wallenstein und Austerlitz und Königgrätz und Sarajevo und the beautiful landscape of battlefields, cemeteries and ruins. Er erzählte, wie er ganz aufgeregt war, als ihm klar wurde, dass er auch in der ersten Reihe saß und sich auch *Wallenstein* von Schiller anschaute.

Er erzählte, wie er ganz froh war, als er in der Pause gehen konnte und ihm keine Vene im Gehirn geplatzt und er nicht auf der Stelle tot umgefallen war. Er erzählte, dass ihm die Aufführung eigentlich ganz gut gefiel. Er erzählte, vielleicht schaue er sich morgen die zweite Hälfte von *Wallenstein* an.

In der Nacht träumte ich von Carla.

Sie war gesund.

Sie konnte sich bewegen.

Sie konnte laufen.

Sie konnte gehen.

Sie konnte sich lieben.

Ich war in dem Traum der, der sich nicht bewegen konnte.

Ich war der, der auf den langsamen Tod wartete.

Ich war der, der sagte, bring mich weg, bring mich weg.

Am nächsten Tag stand auf meinem Nachttisch die neunte Bierflasche.

Winterberg erzählte, wie er den ganzen Tag in der Straßenbahn verbrachte und sich alle Straßenbahnschleifen von Brünn anschaute, denn die Straßenbahnschleifen sind die wichtigsten Bestandteile des Straßenbahnlebens, denn die Straßenbahnschleifen stehen für die ewige Wiederkehr, was jeder Straßenbahnfahrer und jeder Schienenmensch natürlich weiß.

Er erzählte, wie er sich in den Straßenbahnen die Frauen anschaute und feststellen musste, dass er für die Frauen in Brünn leider mehr durchsichtig war als für die Frauen in Wien, und wie es ihn melancholisch machte.

Er erzählte, dass die schönste Straßenbahnschleife von Brünn die Straßenbahnschleife am Zentralfriedhof ist. Er erzählte, wie ihm dort ein Straßenbahnfahrer, der ein wenig Englisch konnte, erzählte, wie sich am Rand der Straßenbahnschleife einmal ein unglücklich verliebter Kollege aufhängte.

In der Nacht träumte ich von Johann und Franjo und Eugen und Hanna und Simone und Hildegard und Andrzej und Jonas. Ich träumte von meinen Matrosen, die ich mit meinem Schiff bei der Überfahrt zum anderen Ufer gebracht hatte.

Ich sah ihre verfallenen, fahlen Gesichter.

Ich hörte ihre Schreie.

Ein Sturm kam und brachte sie alle wieder zum Leben.

Als wir im Hafen ankamen, wollten sie mein Schiff nicht verlassen.

Ich musste sie mit dem Ruder umbringen.

Dann kam ich vor Gericht und wurde zum Tod verurteilt.

Zum Freitod.

Ich stürzte mich ins Meer und schwamm tiefer und tiefer.

Doch ich konnte mich nicht umbringen.

Ich fing an, im Wasser zu atmen, und ich wusste, ich würde für immer im Wasser bleiben.

Bis ich zu einer Wasserleiche würde.

Am nächsten Tag stand auf meinem Nachttisch die zehnte Bierflasche.

Winterberg erzählte, wie er die letzte Adresse von seiner Lenka in der Augustinerstraße 17 fand, die jetzt Jaselská ulice heißt. Er erzählte, wie er versuchte, mit mehreren Nachbarn zu sprechen, doch keiner wusste etwas über Lenka, so wie keiner etwas über das Böhmische Theater wusste, das laut dem Baedeker noch 1913 in der Nähe stand, bis es jemand in die Luft jagte.

Er erzählte, wie es ihn melancholisch machte.

Er erzählte, wie ihn am Ende von der Jaselská ulice ein Mann ansprach, der ein wenig Deutsch konnte und ihm erzählte, dass die Erde nicht rund, sondern flach sei, und wenn nicht überall, dann in Brünn sicher.

Er erzählte, wie ihm der Mann erzählte, dass die wahre Stadt Brünn unter der Stadt Brünn liegt und dass die Stadt, die wir sehen, nur eine Spiegelung der Stadt unter der Stadt ist. Er erzählte, wie ihm der Mann erzählte, der Eingang zur Stadt Brünn unter der Stadt Brünn liegt irgendwo zwischen dem Hauptbahnhof und dem Kohlmarkt und er findet bald raus, wo genau er ist.

Er erzählte, wie er die Brünner Kapuzinergruft besuchte, wo zwar niemand von der Familie Habsburg begraben liegt, aber dafür viele Mumien der Mönche, alle schön grau und von der Luft aus den tiefsten Tiefen der Brünner Unterwelt für die Ewigkeit getrocknet. Er erzählte, wie er sich den Sarg mit der Mumie von Baron Franz von der Trenck anschauen wollte, die in seinem Baedeker wärmstens empfohlen wird.

Er erzählte, in der Gruft war es kalt und er war ganz allein da, bis er am Sarg von Trenck einem Japaner begegnete, der dachte, die grauschwarze Mumie sei nicht der Baron von Trenck, sondern Wallenstein. Er erzählte, wie ihn die Tatsache, dass der Japaner in der falschen Stadt am falschen Grab steht, sehr berührte und zugleich sehr melancholisch machte. Er erzählte, wie er draußen vor der Gruft feststellte, dass der Japaner ein Koreaner ist und als Professor für moderne Geschichte in Seoul an der Universität lehrt.

Er erzählte, wie der Koreaner und er sich auf dem Kohlmarkt im Schneegestöber die spätbarocke Dreifaltigkeitssäule anschauten und wie die Heiligen sie sanft und versöhnlich oben von der Säule anschauten, darunter auch Nepomuk, die bekannteste Wasserleiche aus der Moldau. Er erzählte, wie er trotz der versöhnlichen und barmherzigen Blicke der Heiligen der Dreifaltigkeitssäule die ganze Zeit an die wunderliche Dreifaltigkeit des Krieges von Clausewitz denken musste, denn diese Dreifaltigkeit kannte keine Versöhnung und Barmherzigkeit, und wie es ihn melancholisch machte.

Er erzählte, wie sich der Koreaner und er in der St. Jakobskirche hinter dem Hochaltar das Grabdenkmal des Feldmarschalls Radwit Graf von Souches anschauten, der 1645 Brünn nur mit wenigen Soldaten gegen die große Überzahl der Schweden heldenhaft verteidigte. Er erzählte, wie er an den Sarg klopfte und sich ziemlich sicher war, dass der Feldmarschall dort immer noch begraben lag, und nicht geklaut und an die Japaner verkauft worden war wie die Leichen der Familie Habsburg in der Wiener Kapuzinergruft.

Er erzählte, wie er und der Koreaner auf dem Weihnachtsmarkt Punsch tranken und dann noch einen Glühwein. Er erzählte, wie sie sich den beleuchteten Weihnachtsbaum anschauten. Er erzählte, dass der Koreaner eigentlich ziemlich gut historisch durchschaute, auf jeden Fall viel besser als der Geschichtslehrer aus dem Burgenland. Er erzählte, wie ihm der Koreaner mit besorgter Stimme sagte, er verstehe nicht, wie er

Brno mit Münchengrätz und den Sarg mit der Mumie des Barons von der Trenck mit dem Sarg mit der Leiche von Wallenstein verwechseln konnte und wie er sich nicht sicher sei, ob er nochmals nach Europa kommen könne, um die richtige Grabstätte von Wallenstein zu besuchen, denn er gehe bald in Rente, müsse Geld sparen, und als Koreaner komme man nach Europa sowieso nur einmal im Leben.

Er erzählte, wie der Koreaner und er sich danach verabschiedet haben und er sich wirklich die zweite Hälfte von *Wallenstein* im Theater anschauen wollte, doch das Theater spielte *Wallenstein* nicht mehr, *Wallenstein* kommt nach Brünn erst im Januar wieder.

Er erzählte, wie es ihn noch melancholischer machte als alles, was er an diesem Tag in Brünn erlebte.

Noch mehr als die Tatsache, dass er für die Frauen in Brünn so durchsichtig war.

In der Nacht träumte ich von meiner kleinen Schwester.

Es war ein Sommerabend.

Ich stand in der Kurve und sah den grünen sowjetischen Lastwagen kommen.

Ich sah sie am Straßenrand gehen.

Sie sang ein Lied.

Es war ein altes Lied.

Ich sah den Lastwagen kommen.

Ich schrie sie an.

Doch meine kleine Schwester hörte mich nicht.

Am nächsten Tag stand auf meinem Nachttisch die elfte Bierflasche.

Winterberg erzählte, wie er in Husovice das grüne Gasthaus fand, wo sich Leopold Lojka mit nur vierzig Jahren im Bier ertränkte, der unglückliche Fahrer von Franz Ferdinand in Sarajevo, der unglücklichste Trottel der Geschichte. Er erzählte, wie er mit einem älteren Herrn ins Gespräch kam, der ihm erzählte, was ihm sein Großvater erzählte, wie Lojka die Geschichte des Attentats jeden Abend allen Gästen erzählte und wie er anfing, sich jeden Abend in Tränen und Bier zu ertränken, und wie sein Großvater Lojka immer hoch in seine Wohnung helfen musste.

Er erzählte, wie er dann an der Tür klingelte und die Frau, die die Tür aufmachte, dachte, er komme wegen des Yoga, denn das Gasthaus, wo früher Lojka Bier zapfte, ist heute ein Zentrum für Yoga, Meditation, glückliche Schwangerschaft und gute Stimmung. Er erzählte, seine Tochter mache viel Yoga und trotzdem sei sie nicht glücklicher als er, der kein Yoga mache.

Er erzählte, wie er dann auf den Spielberg hochstieg und sich die alte Burg und das Zuchthaus anschaute, welches zu den österreichischen Zeiten als eines der bekanntesten Zuchthäuser galt, worüber viele aufständische Magyaren und Italiener und auch der Baron von der Trenck uns sicher erzählen hätten können, wenn sie nicht schon längst gestorben wären und wenn von der Trenck nicht zu einer grauen Mumie vertrocknet wäre.

Er erzählte, dass es oben sehr windig war, doch weil die Luft auch so klar war, sah er die Alpen und die Türme von Wien, denn von Brünn war es immer viel näher nach Wien als nach Prag, und wenn man vom Spielberg auf die Stadt ganz genau runterschaute, kam es einem vor, als wäre man in Wien.

In der Nacht träumte ich von Hanzi.

Er kam zu meinem Bett.

Um seinen Hals herum hing der Schnürsenkel, mit dem er sich erhängte.

Hanzi wollte wissen, wie es mir geht.

Ich wollte ihm was sagen.

Ich habe es mehrmals versucht.

Doch ich konnte nichts sagen.

Mein Mund war zugenäht.

Am nächsten Tag stand auf meinem Nachttisch die zwölfte Bierflasche.

Winterberg erzählte, wie er auf dem Marktplatz vor der Pestsäule den Geschichtslehrer aus dem Burgenland traf, ihn freundlich begrüßte und ansprach, doch der Geschichtslehrer tat so, als ob er Winterberg nicht kennen würde, und ging einfach weiter, doch seine hübsche Frau erkannte ihn und begrüßte ihn sehr herzlich, worauf sich der Geschichtslehrer aus dem Burgenland mit seiner Frau zu streiten anfing.

Er erzählte, die Pestsäulen gehören zu Mitteleuropa genauso wie die Bahnhöfe und Schlachtfelder und Feuerhallen und Friedhöfe und Irrenanstalten und Burgruinen, so wie die Wasserleiche von Nepomuk, denn überall im Mitteleuropa findet man nicht nur einen Bahnhof oder ein Schlachtfeld oder eine Irrenanstalt oder eine Feuerhalle oder einen Friedhof oder eine Burgruine, sondern auch eine Pestsäule und eine Statue von Nepomuk, denn überall in Mitteleuropa schwören die Menschen auf den Tod und hoffen auf die Erlösung.

Er erzählte, wie er danach mit der Straßenbahn zum Brünner Zentralfriedhof fuhr und sich den Tunnel anschaute, der den Bahnsteig mit dem Zentralfriedhof verband. Er erzählte, wie er dachte, über den Bahnsteig hätte sich sein Vater gefreut, denn davon hat er geträumt, über eine direkte Straßenbahnverbin dung zwischen dem Reichenberger Bahnhof und der Reichenberger Feuerhalle. Er erzählte, der Tunnel scheine sehr praktisch zu sein. Wenn es zu einer Massenveranstaltung auf dem Zentralfriedhof oder in der Feuerhalle käme, zum Beispiel zu einer Massenbeerdigung, dann gingen sicher Massen von Trauermenschen durch den Tunnel und niemand käme dabei zu Schaden, denn niemand würde bei der Überquerung der Schienen von einer Straßenbahn überfahren und in eine Straßenbahnleiche verwandelt. Er erzählte, sein Vater sagte immer, Straßenbahnleichen sind keine schönen Leichen.

Er erzählte, wie er ein paar Blumen und eine Kerze kaufte. Er erzählte, wie er dann stundenlang das Grab von Leopold Lojka in Kälte und Schneefall und Wind suchte, bis er es schließlich fand. Er erzählte, wie er auf Lojkas Grab die Blumen niederlegte und die Kerze anzündete, was bei dem starken Wind nicht leicht war. Er erzählte, dass auf dem schwarzen, flachen Grabstein die Grabinschrift »Hier ruht der Hauptfahrer des Automobils des Todes« steht, die ihn wütend machte. Er erzählte, dass Lojka den Thronfolger und seine Gattin nicht in den Tod fuhr. Lojka war vielleicht ein Trottel und Trinker, doch kein Mörder, wie die Grabinschrift andeutete. Lojka war vor allem ein Opfer der Geschichte. Er erzählte, außerdem war Lojka ein Fahrer und kein Hauptfahrer, weil es neben Lojka keinen anderen Fahrer gab, da es auch keinen anderen Fahrer geben konnte, weil es im Automobil immer nur Platz für einen Fahrer gibt.

So war es damals.

So ist es jetzt.

So wird es in Zukunft sein.

Er erzählte, wie er sich stundenlang auf dem Zentralfriedhof in Brünn, der natürlich viel kleiner als der Zentralfriedhof in Wien ist, durch Marschieren im Schnee beruhigen musste.

Er erzählte, wie ihn dabei eine ältere Frau beobachtete, die allerdings etwa um dreißig Jahre jünger war als er. Er erzählte, wie sie ihn durch die leeren Friedhofsalleen und zwischen den Gräbern verfolgte und wie sie ihm dann erzählte, sie passe auf dem Friedhof jeden Tag auf das Grab des Komponisten Leoš Janáček auf, damit niemand die Blumen von seinem Grab klaut.

Er erzählte, wie sie dann zusammen in die Feuerhalle gingen, um sich aufzuwärmen, und sich vier Feuerbestattungen in dichter Folge, die ihn an die dichte Zugfolge der Berliner Stadtbahn erinnerte, hintereinander anschauten. Er erzählte, wie er das Gefühl hatte, für die Frau sei er nicht durchsichtig, denn sie lehnte kurz ihren Kopf an seine Schulter und schlief ein.

Er erzählte, wie ihn der Besuch der wunderschönen Brünner Feuerhalle beruhigte und wie er darüber nachdenken musste, dass der Architekt Ernst Wiesner sich sicher in Reichenberg bei seinem Vater und bei Rudolf Bitzan beraten und inspirieren lassen musste, weil die Feuerhalle in Brünn erst 1929 gebaut wurde.

Er erzählte, wie er der Frau, die früher als Musiklehrerin arbeitete, versprach, sich morgen um elf wieder mit ihr auf dem Zentralfriedhof am Grab von Leoš Janáček zu treffen, um gemeinsam aufzupassen, damit niemand die Blumen von seinem Grab klaut. Er erzählte, dass er morgen nicht hingehen werde. Er erzählte, er möchte der Frau, die seine Tochter sein könnte und die ihm sagte, sie warte auf dem Brünner Zentralfriedhof seit Ewigkeiten auf jemanden wie ihn, keine Hoffnungen machen. Er erzählte, er möchte sich das Leben nicht noch komplizierter machen, denn er weiß, sich zu verlieben ist zwar schön, doch was danach kommt, oft nicht mehr.

Er erzählte, dass es morgen die Frau sicher melancholisch machen wird. Er erzählte, ihn mache es jetzt schon ein wenig melancholisch. Doch so kommt es im Leben und in der Liebe, immer sei der eine oder die eine enttäuscht.

In der Nacht träumte ich von Carla.

Wir saßen auf meinem Schiff und ich brachte sie zum anderen Ufer.

Die Wellen waren niedrig und das Meer ruhig und die Luft klar.

Die Sonne schien und Carla schlief.

Plötzlich war sie mit allem versöhnt.

Sie kämpfte nicht mehr.

Sie schlug mich nicht mehr.

Sie verletzte sich nicht mehr.

Sie schrie nicht mehr.

Sie weinte nicht mehr.

Dann wachte sie auf und sagte, ich weiß, ich werde sterben.

In der Ferne sah man schon das andere Ufer und unseren Hafen.

Und dann kam das Flugzeug wie ein großer schwarzer Vogel mit Krallen und brachte mich von Carla weg.

Ich wachte mehrmals in der Nacht schreiend und verschwitzt auf und ich wusste, ich muss weg, ich halte es hier nicht mehr lange aus.

Am nächsten Tag stand auf meinem Nachttisch die dreizehnte Bierflasche.

Bevor Winterberg zu erzählen anfing, sagte ich ihm, dass ich es nicht aushalten kann und wegmuss, dass ich weiterfahren muss, sonst werde ich hier sterben.

»Sehen Sie, und ich wollte Ihnen sagen, wir fahren zurück.«

»Was?«

»Ja, ja, wir brechen unsere Reise ab und fahren nicht nach Sarajevo …«

»Warum nicht?«

»Es hat keinen Sinn. Sie müssen gesund werden … Ja, ja, ich dachte, wir fahren vielleicht erst mal nach Bad Ischl, ich habe in meinem Baedeker nach einem guten Kurort für Herzkranke gesucht, und ich denke, Bad Ischl könnte für Sie der richtige Ort sein, obwohl der Kaiserin Elisabeth die Kur in Bad Ischl bei ihrem Herzleiden nicht geholfen hat, nein, nein, sie war mit ihrem kranken, schweren Herz, mit ihrem Herzleiden, immer auf der Flucht, so wie wir …«

»Nein, ich will nicht nach Bad Ischl …«

»Wir können auch nach Karlsbad fahren.«

»Nein.«

»Oder nach Sankt Joachimsthal, auch in Westböhmen, nach Jáchymov … Warten Sie kurz …«

Winterberg schlug seinen Baedeker auf.

»Ja, genau, hier … Sankt Joachimsthal … Gasthäuser, Dependance des Radium-Kurhauses unweit des Bahnhofs mit Café-Restaurant, ja, ja, soll gut sein, dann Stadt Dresden, Kaiser von Österreich, heißt heute sicher anders, wenn es überhaupt noch steht … Beide am Markt, Bahnhofshotel, eher bescheiden, ja, ja, das werden wir lieber nicht nehmen, dann lieber doch Stadt Dresden, ja, ja, Dresden, sehen Sie, hier werden die Sachsen nicht vergessen … Die Frage ist nur, ob Dresden noch steht, das weiß man leider heute nie … Hier geht's weiter … Städtchen mit 6000 Einwohnern Uranpech-Erzbergwerk, genau, hoch radiumhaltige Quellen … Mit k. u. k.-Tabaksfabrik … Der im 16. Jahrhundert ergiebige Bergbau auf Silber ist seit 1900 eingestellt … Graf Schlick schlug hier 1520 die ersten Joachims-Taler, ja, ja, interessant … Vom Bahnhof geradeaus abwärts, nicht so interessant … Ah, hier ist es … Die Kuranstalt für Radiumtherapie, ja, ja, mit Radium-Laboratorium und mit dem großen, 1911 erbauten Radium-Kurhaus, hören Sie, lieber Herr Kraus?«

Ich wollte etwas sagen, doch Winterberg ließ mich nichts sagen.

»Ja, ja, Sankt Joachimsthal ist das älteste Radium-Bad der Welt, ja, ja, Radium war 1913 neu und sehr beliebt, Radium tut bis heute den Menschen gut, Radium ist gut gegen alle Krankheiten, auch gegen Herzleiden … Schade, dass die Kaiserin Elisabeth nicht regelmäßig ein Radium-Bad nehmen konnte, vielleicht hätte es auch bei ihrem Herzleiden geholfen, ja, ja, und dann wäre sie nicht so oft auf der Flucht gewesen und der Kaiser wäre nicht so einsam und traurig gewesen und die Kaiserin wäre nicht in Genf erstochen und nicht zurück nach Wien im schwarzen Salonleichenwagen gebracht worden, der für die Kaiserin in Sanok gebaut wurde, ja, ja, vielleicht sollte auch meine Tochter regelmäßig ein Radium-Bad nehmen, denn auch Silke ist seit Langem herzkrank und allein, vielleicht würde es ihr helfen, ihre Störzonen zu überschienen, ja, ja, ihr persönliches Königgrätz, ja, ja, vielleicht sollten wir alle regelmäßig ein Radium-Bad nehmen, ja, ja, vielleicht würde es mir helfen, Lenka zu vergessen … Wo bin ich denn schon wieder hängen geblieben …«

»Was denn für ein Radio im Bad?«

»Nicht Radio. Radium! Nicht Radio-Bad, ich meine ein Radium-Bad!«

»Ich will nicht …«

»Doch, doch, ein wenig Strahlung kann doch nicht schaden … Alle Menschen sollten vielleicht ein Radium-Bad in Sankt Joachimsthal nehmen, ja, ja, vielleicht wirkt es auch gegen die menschliche Dummheit … Vielleicht wären danach auf der Erde ein paar Trottel weniger. Ja, ja, wir fahren nach Jáchymov, ich freue mich schon.«

»Ich will nicht nach Jáchymov.«

»Ach nein?«

»Da war mein Großvater eingesperrt … Der andere, der von Mutter, der war kein Kommunist.«

»Im Kurhaus?«

»Im Arbeitslager.«

»Ach so … Über ein Arbeitslager steht in meinem Buch nichts.«

»Das war später unter den Kommunisten das Uranwerk. Ein kommunistisches KZ. Er hat zehn Jahre wegen Republikflucht gekriegt. Er musste Uran für die Russen abbauen, für die Atombomben.«

»Ach so … Dann doch lieber Karlsbad?«

»Nein.«

»Marienbad?«

»Nein.«

»Oder Franzensbad? Dort sind allerdings im Winter alle Gasthäuser geschlossen, wie ich gerade lese … Schade … Das Theater für Operette und Lustspiel, im Winter leider auch geschlossen … Das Moorbad und Stahlbad sicher auch …«

»Nein.«

»Dann doch Bad Ischl? In Bad Ischl ist es schön, da gab's keine Lager …«

»Nein.«

»Obwohl … Wer weiß. Nach Ebensee oder nach Mauthausen ist es von Bad Ischl mit dem Zug leider auch nicht so weit … Ja, ja, lieber Herr Kraus, Sie haben recht, the beautiful landscape of battlefields, cemeteries and ruins … Die Lager gehören leider auch dazu, zu der ganzen schönen Landschaft und zu uns, ja, ja, es gibt kein Entkommen, überall wächst die Cornus sanguinea, ja, ja, Svída krvavá, man muss sich immer wieder übergeben oder sich im Radium-Bad ertränken oder im Bier ertränken, so wie Sie es machen, lieber Herr Kraus, ja, ja ich verstehe ihre Neigung zum Alkohol immer mehr … Ich muss nur nachschauen, ob wirklich nicht alle Gasthäuser und Kurhäuser in Bad Ischl im Winter geschlossen sind, wie es im Baedeker steht, das kann gut sein, aber vielleicht haben wir Glück und finden doch eine Unterkunft … Der Kaiser war in seiner Kaiservilla auch nur im Sommer, und dann immer auf der Jagd, den ganzen Sommer lang von morgens bis abends, ja, ja, in seinen Liebesbriefen an die Kaiserin hat er immer viel über die Jagd geschrieben, die Jagd war seine Kaiserin, die Jagd hat für ihn alles bedeutet, so wie für den Thronfolger, ja, ja, doch das ist nicht gut, wenn man Tiere nur aus Spaß und zum Vergnügen erlegt, wird man selbst einmal erlegt, wird man selbst zu Freiwild, wie mein Großvater immer sagte, er musste es wissen, er war Jäger … Wo bin ich denn hängen geblieben …«

»Schluss jetzt!«

»Was ist los?«

»Schluss jetzt, verdammt! Ich halte es nicht mehr aus! Ich will weiter … Ich will nach Sarajevo.«

»Nach Sarajevo? Sie?«

»Ja … Ich muss weg, ich muss raus, ich halte es hier nicht mehr aus. Ich kann nicht zurück. Ich muss weg. Ich halte es hier nicht aus. Bitte, bringen Sie mich weg von hier. Bringen Sie mich weg … Wir müssen weiterfahren.«

»Aber Sie sind doch krank.«

»Nein, mir geht's gut. Ich will nur weg. Ich schaffe es. Die Leitung ist geputzt.«

»Welche Leitung denn?«

»Meine Leitung, verdammt.«

»Gut. Dann ist es gut, die Leitung muss sauber sein, richtig, geputzt … Das hat mir mal ein pensionierter Braumeister im *Heidelberger Krug* erklärt, sonst schmeckt auch das beste Bier der Welt nicht, ja, ja, das wird leider in Berlin oft unterschätzt und vergessen, dass man die Bierleitungen putzen muss …«

»Herr Winterberg …«

»Und so schmeckt das Bier in Berlin so dämlich …«

»Herr Winterberg … Ich …«

»Ja, ja, genau, Herr Kraus, ich weiß, was Sie sagen möchten, so sauer, nein, nein, was man als Bier in Berlin verkauft, das ist kein Bier, kein Weihwasser und Heilwasser wie in Böhmen, wie mein Vater sagte, das ist ein Leichenwasser, ja, ja, ein Grabwasser, das man sieht, wenn ein altes Grab geöffnet wird …«

»Ich …«

»Ich verstehe nicht, warum Berlin gerade so beliebt ist, ich verstehe die ganzen Massentouristen nicht, die hierherkommen, sagte immer der Braumeister, das Bier ist hier doch so schrecklich, sagte er mir …«

»Herr Winterberg …«

»Ja, ja, das muss mindestens vor vierzig, wenn nicht vor fünfzig Jahren gewesen sein … Der Braumeister war ein sehr trauriger Mensch, auch ein Kriegsgestrandeter, so wie ich, er war eigentlich aus Bamberg, ja, ja, in Berlin ging er von einer Kneipe zur anderen und kämpfte überall für die sauberen Leitungen, doch alles vergeblich … Ja, ja, traurig, traurig, in Berlin herrscht schon lange der Untergang, der Untergang der Bierkultur, sagte er, der Braumeister musste sich in Berlin nach dem Bier oft übergeben, ja, ja, er konnte das schlechte Bier nicht vertragen so wie die Erde bei Königgrätz die Leichen nicht vertragen kann …«

»Lassen Sie das, bitte …«

»Man darf sich nicht wundern, dass sich der Braumeister aufgehängt hat, ja, ja, Strangleichen sind keine schönen Leichen …

»Herr Winterberg …«

»Eigentlich kann man in Berlin das Bier nur im *Heidelberger Krug* in Kreuzberg trinken. Da werden die Leitungen geputzt … Ich glaube, in Brünn werden überall Leitungen geputzt … Ich bin natürlich kein Experte wie Sie, lieber Herr Kraus, aber gestern Abend …«

»Ich kann nicht mehr …«

»Was?«

»Ich kann nicht mehr.«

»Ja, ich weiß, ja, ja, entschuldigen Sie bitte, zu viele Geschichten … Alles wird gut … Ich bin gleich da.«

Er stand auf und ging. Kurz danach kam er zurück mit einem Rollstuhl.

»Ich sagte der Schwester, ich bringe Sie kurz in die Kantine. Wo sind Ihre Sachen?«

VON BRÜNN NACH BUDAPEST

Winterberg schob mich im Rollstuhl durch die graue, dunkle Stadt. Es schneite. Es war rutschig. Die Menschen schauten sich nach uns um.

Ich hatte Lust auf eine Zigarette, doch Winterberg wollte nicht, dass ich rauche. Ich wollte aufstehen und gehen, ich hätte es geschafft, doch Winterberg wollte nicht, dass ich aufstehe und gehe. Er schob mich durch die kalte nasse Stadt. Und dann konnte er nicht mehr und wir nahmen die Straßenbahn.

Und plötzlich versteckte sich Winterberg hinter dem Rollstuhl.

»Die Frau da, sehen Sie? Das ist die alte Witwe.«

»Welche Witwe denn schon wieder?«

»Die Witwe vom Zentralfriedhof, die da herumspukt … Gut, dass wir morgen weg sind … Sonst würde Sie mich noch kriegen und heiraten.«

Wir kamen zum Bahnhof. Es schneite immer mehr und der Platz war vom gelben matten Licht überflutet. Und dann waren wir in seinem Hotel.

Hier sind wir doch noch zwei Tage geblieben.

Winterberg brachte mir warmes Bier.

Er sagte, es hilft gegen alles.

Und dann trieben wir weiter.

Wir saßen im Zug nach Budapest. Von dort bekam Winterberg auch eine Postkarte von Lenka. Der Zug kam wegen einem Schneesturm verspätet an und die Heizung funktionierte nicht. Winterberg schaute aus dem Fenster. Er wollte den Bahnhof von Vranovice nicht verpassen, wo sich das erste Eisenbahnunglück der österreichischen Geschichte ereignete. Doch der Zug fuhr schnell und er verpasste Vranovice auch dieses Mal. Und ich merkte, wie es ihn melancholisch machte, wie er sagen würde. Doch er sagte nichts und schaute weiter aus dem Fenster.

Wir waren wieder in Břeclav und dann fuhren wir nicht nach rechts Richtung Wien, sondern nach links Richtung Bratislava. Der Zug ratterte über eine kurze Brücke und wir waren in der Slowakei.

Wir fuhren durch den verschneiten Wald, und es war nicht Winterberg, der an jenem Morgen zu erzählen anfing.

Ich war's.

Ich erzählte ihm von meiner Reise von Vimperk nach Karlovy Vary. Von unserem Treffen an der Kolonnade. Ich erzählte ihm, ich habe nur Hanzi gekannt, die anderen nicht. Ich erzählte ihm, alle waren jung, doch ich war der Jüngste. Ich erzählte ihm, wie Hanzi sagte, er kümmert sich um alles allein. Ich erzählte ihm von meinem ersten und letzten Flug in meinem Leben. Ich erzählte ihm von dem Flug nach Prag, der nicht nach Prag ging. Ich erzählte ihm, wie Hanzi kurz nach dem Start aufstand, zu den Piloten in die Kabine ging, seine Pistole zog und sagte, wir fliegen nicht nach Prag. Ich erzählte ihm, wie sich einer der Piloten der kleinen Maschine weigerte, den Kurs zu wechseln. Ich erzählte ihm, wie sie sich stritten und wie der Pilot dann nach Hanzis Pistole griff. Ich erzählte ihm von dem Schuss, den ich bis heute noch höre. Ich erzählte ihm von dem Blut.

Am Hals des Piloten.

An seiner Hand.

Am Boden.

An den Händen von Hanzi.

An den Händen von Pítrs, der dazukam.

An den Händen von Kamil.

An den Händen von der Schwarzen, wie Hanzi seine Freundin nannte, weil ihr Haar schwarz und lang wie die Nacht im Winter war.

Ich erzählte ihm vom Blut an meinen Händen.

Ich erzählte ihm von der Panik. Ich erzählte ihm von der Angst. Ich erzählte ihm von dem Geschrei der Passagiere. Ich erzählte ihm von dem Schock in den Augen von Hanzi. Ich erzählte ihm, wie wir über den Böhmerwald nach Bayern flogen und ich zum ersten und letzten Mal Vimperk von oben sah.

Der Zug fuhr weiter und weiter durch das flache Land und es schneite. Es war kalt und ich war müde, doch ich musste erzählen. Und Winterberg hörte mir zu.

Ich erzählte ihm von der Landung in Weiden. Ich erzählte ihm, wie wir vielleicht alle kurz noch dachten, dass wir frei seien, obwohl uns klar war, dass wir es nicht waren. Ich erzählte ihm, wie wir gleich verhaftet wurden.

Ich erzählte ihm von der U-Haft.

Von dem Prozess.

Vom Knast.

Ich erzählte ihm, wie ich mit dem Duden von 1938 Deutsch lernte. Ich erzählte ihm von dem Tag, als ich erfuhr, dass Hanzi sich in seiner Zelle erhängt hatte. Ich erzählte ihm von dem Tag, als ich erfuhr, dass auch die Schwarze gestorben war. Ich erzählte ihm von den Sowjets und von meiner kleinen Schwester, die an einem Sommerabend von einem sowjetischen Lastwagen überfahren wurde. Ich erzählte ihm von meinem Vater, der wegen meiner Flucht degradiert wurde und dann erst richtig mit dem Saufen loslegte, bis er anfing, Geister zu sehen, wie mir meine Mutter später in den Knast schrieb, kurz bevor er unter den Geistern verschwand. Ich erzählte ihm von meiner Mutter, die zwar im Krankenhaus arbeiten durfte, aber nicht mehr als Krankenschwester, sondern als Putzfrau. Ich erzählte ihm von dem Tag, als mich die Nachricht erreichte, dass mein Vater gestorben war. Ich erzählte ihm von dem Tag, als mich die Nachricht erreichte, dass meine Mutter gestorben war.

Ich erzählte ihm von den Prügeleien.

Im Zimmer.

Im Bad.

In der Werkstatt.

Ich erzählte ihm von den Messern.

Von den Narben.

Vom Schweigen.

Ich erzählte ihm von meiner Entlassung. Ich erzählte ihm von meiner Ausbildung zum Altenpfleger. Ich erzählte ihm von meiner Ausbildung zum Krankenpfleger. Ich erzählte ihm von der Angst, dass ich auf der Straße in ein Auto geschleppt und im Kofferraum über die Grenze in die Tschechoslowakei gebracht würde. Ich erzählte ihm von dem Tag, als ich von der Samtenen Revolution erfuhr, und davon, wie es nichts mit mir machte.

Ich erzählte ihm alles und Winterberg hörte mir zu. Er schaute nicht aus dem Fenster. Er blätterte nicht in seinem Buch. Er redete nicht und ging nicht in der Geschichte und in seinen Geschichten verloren.

Ich erzählte ihm von meiner ersten Überfahrt.

Ich erzählte ihm von Carla.

Von unseren Nächten und Geheimnissen.

Von unserer Liebe.

Von unserer Überfahrt.

Von ihrem langen, langsamen Sterben.

Ich erzählte ihm, wie Carla in den Träumen nach mir greift und schreit und weint.

Ich erzählte ihm vom Saufen. Ich erzählte ihm, wie ich mich versuchte umzubringen. Ich erzählte ihm, dass ich keine andere Frau je so geliebt habe wie Carla.

Ich erzählte Winterberg, was ich keinem vorher erzählte.

Und Winterberg hörte mir zu, bis ich nichts mehr zu erzählen hatte.

Der Zug fuhr und ich schwieg und weinte.

»Ja, ja, Herr Kraus, wie gut ich Sie verstehen kann … Ja, ja, das menschliche Leben ist nichts anderes als ein Grab. Wenn Sie jung sind, heben Sie das Grab aus, und dann schütten Sie es mit dem ganzen Müll zu … Doch auch das tiefste Grab ist nicht tief genug, ja, ja, die Erde bewegt sich, die Erde kann nicht atmen, die Erde kann es nicht verdauen, die Erde muss sich übergeben, ja, ja, unser Leben ist nichts anderes als ein feuchtes, namenloses Grab im Svíber Wald bei Königgrätz … Ich weiß ganz gut, wovon ich rede, ich weiß ganz gut, wie es Ihnen geht … Vielleicht sollten Sie ein Radium-Bad nehmen, doch ich bin mir nicht sicher, ob es hilft, mir würde es nicht helfen … Nur dieses Buch hilft mir ein wenig zu vergessen … Schön, dass wir zusammen fahren.«

»Ja.«

»Das freut mich wirklich sehr, lieber Herr Kraus. Soll ich Ihnen ein Bier aus dem Speisewagen holen?«

»Vielleicht später.«

Doch er stand auf und holte mir ein Bier.

Ich trank das Bier und schaute aus dem Fenster und Winterberg schlug seinen Baedeker wieder auf.

»Bei Blumenau, magyarisch Lamacs, erreicht die Bahn die hier an die Donau herantretenden Kleinen Karpaten, ja, ja, das müssen die Berge da am Horizont sein, ja, ja, Blumenau ist ein schöner Name, finden Sie nicht, dann kommt ein Tunnel… Unfassbar, in dem Buch sind wirklich alle Tunnel von Österreich-Ungarn aufgezählt, der arme Mann, der sie damals alle aufgeschrieben hat, ist sicher auch verrückt geworden, stellen Sie sich vor, er hätte einen Tunnel vergessen, das wäre nicht gegangen, ein Baedeker ist wie ein Fahrplan, wie eine Bibel, da muss alles stimmen, auch die Anzahl der Tunnel, ja, ja, bald müssen wir schon in Preßburg sein, ungarisch, Pozsony, jetzt Bratislava, Staatsbahnhof, magyarisch *Államvasúti indóház*, nein, das kann ich mir nicht merken, 78 000 Einwohner, darunter 33 000 Deutsche, Sitz des Korpskommandos des 5. Armeekorps, das kann ich mir merken, die frühere Haupt- und Krönungsstadt der ungarischen Könige aus dem Hause Habsburg, Gasthöfe *Savoy*, *Deák*, soll gut sein, *König von Ungarn*, *Goldener Hirsch*, ja, ja, Wein und abends warme Küche beim Schmidt-Hansl, Bier beim Horváth, na ja, das brauchen wir eigentlich nicht zu wissen, wir fahren sowieso nach Budapest weiter, vielleicht ein anderes Mal, was denken Sie, lieber Herr Kraus? Oder möchten Sie in Preßburg einen Halt machen?«

Er schaute mich an, doch ich sagte nichts und trank das Bier.

»Entschuldigen Sie bitte, lieber Herr Kraus, ich weiß, ich bin ein wenig verrückt.«

»Ich auch.«

»Wir sind beide verrückt… Das ist doch schön.«

»Ja.«

»Und beide verloren … Das ist auch schön.«

»Ja.«

»Die Verrückten müssen zusammenhalten. Und die Verlorenen auch.«

Wir schauten beide aus dem Fenster auf die endlose, flache kalte slowakische Landschaft, die an uns verschwommen und gleichgültig vorbeizog.

Ich sagte nichts mehr und Winterberg auch nicht.

Plötzlich fing der Zug heftig an zu bremsen.

Trat-trat-trat-trat-trat.

Es ratterte, als wären wir über einen Baum gefahren.

Trat-trat-trat-trat-trat.

Der Zug hielt an.

Man sah den Wald. Einen Feldweg. Ein Autowrack vor dem verlassenen Wächterhaus. Die Masten der Oberleitung. Ein Signalmast. Das zweite Gleis. Und die knallroten Streifen und Tropfen im weißen Schnee am Bahndamm.

Es war still.

Es stank nach verbrannten Bremsen.

Die Schaffnerin eilte an uns vorbei mit einem Verbandskasten und Winterberg schaute ihr nach.

Und dann sagte er:

»Eisenbahnleichen sind keine schönen Leichen.«

Nach einer Stunde wurden wir aus dem Zug evakuiert.

»Nicht nach rechts schauen, nur nach links schauen. Nicht nach rechts schauen. Weitergehen«, wiederholte die Schaffnerin auf Slowakisch.

Wir gingen an dem langen Zug vorbei, stolperten mit unserem Gepäck in Kies und Schnee, ich half Winterberg, und Winterberg half mir, und plötzlich blieb er stehen und starrte nach rechts unter den Zug. Zwischen den Schienen lag ein Arm.

»Nicht nach rechts schauen, nur nach links schauen. Weitergehen. Weitergehen.«

Der Arm lag da, als ob ihn dort jemand nur kurz hingelegt hätte, um ihn gleich wieder zu nehmen und weiterzutragen. Weiter zu halten. Man sah einen Ehering an der Hand. Man sah die rot lackierten Nägel an den langen, schmalen Fingern.

»Nicht nach rechts schauen, nur nach links schauen.«

Man sah Feuerwehrleute. Man sah die Polizei. Man sah einen Arzt. Man sah den Krankenwagen. Man sah den rot besprühten Schnee.

»Bitte weitergehen!«

Das Rot war genauso rot wie das Rot der rot lackierten Fingernägel.

»Nicht nach rechts schauen, nur nach links schauen.«

Man sah die zerfetzten Kleidungsstücke. Teile von einem blauen Wintermantel. Schuhe. Hose. Eine Handtasche.

»Nicht nach rechts schauen, nur nach links schauen.«

Wir stolperten durch den rot besprühten Schnee und gingen an dem slowakischen Lokführer vorbei. Er stand an seiner blauweißen Lokomotive, gestikulierte unruhig und redete aufgeregt mit dem Schaffner, der ihm zuhörte und nichts sagte. Nur nickte und rauchte. Und ich bekam auch Lust auf eine Zigarette. Eine furchtbare Lust.

»Ich kann nicht weiterfahren. Auch wenn ich weiterfahren könnte, ich kann es nicht, es geht nicht, die müssen mich ablösen, ich kann nicht weiterfahren, mir ist es schon zum dritten Mal passiert, ich fasse es nicht, warum immer nur ich? Der Alois macht es schon viel länger als ich und ihm ist es noch nie passiert … Verstehst du es? Ich verstehe es nicht. Warum immer ich? Was habe ich getan? Ich kann nicht weiterfahren, auch wenn ich weiterfahren könnte, es geht nicht, sie müssen mich jetzt ablösen, das ist Vorschrift. Ich kann nicht weiterfahren …«

Die Eisenbahner führten uns zu einem kleinen Triebwagen, der auf dem zweiten Gleis wartete. Man hörte immer noch den Lokführer reden.

»Mir ist es immer im Winter passiert, immer vor Weihnachten … Ich kann nicht weiterfahren, ich würde es vielleicht schaffen, sicher, ich habe immer alles geschafft, doch das geht nicht, ich kann nicht weiterfahren, das ist Vorschrift.«

Der kleine, überfüllte Zug fuhr mit uns langsam nach Bratislava weiter.

Man sah viele schwarze Vögel auf den kahlen schwarzweißen Feldern.

Man sah kleine Bahnhöfe.

Bauernhäuser.

Gärten.

Obstbäume.

»Eisenbahnleichen sind wirklich keine schönen Leichen, ja, ja, eigentlich gibt es keine schönen Leichen … Vielleicht die Giftleichen und Gasleichen und Frostleichen und Tablettenleichen, wie mein Vater sagte … Die einzigen wirklich schönen Leichen sind die Moorleichen, die wie echte Menschen aussehen, sagte mein Vater, ja, ja, er hat allerdings nur eine einzige Moorleiche eingeäschert, die man im Moor hoch im Isergebirge gefunden hat, sie war mindestens eintausend Jahre alt und ein Opfer von Mord oder Totschlag, wie die Ärzte herausgefunden haben, ja, ja, und der Polizist, ein gewisser Schulze aus Tannwald, hat danach den Verstand verloren, weil er nicht rausfinden konnte, was damals vor eintausend Jahren passiert ist, wer der Mörder der Moorleiche war … Er hat im Isergebirge alle Mörder gefasst, nur diesen einen einzigen Mörder nicht, und so musste er die letzten Jahre in der Irrenanstalt verbringen … Wo bin ich denn schon wieder hängen geblieben …«

»Was macht man, wenn einem so was passiert, ich meine als Lokführer?«

»Was kann man machen … Bremsen und beten … Doch ich kann nicht beten. Man kann Schnaps trinken, ja, ja das kann man machen … Das muss man machen.«

Der Triebwagen fuhr und wackelte und der Motor dröhnte und die Reisenden schauten auf ihre Handys.

»Sie waren wirklich der letzte Straßenbahnfahrer in Westberlin?«

Die Reisenden schauten sich die Bilder von dem Unglück an, die sie gemacht hatten.

»Ja. Glauben Sie es mir nicht?«

»Doch.«

Sie verschickten die Bilder vom Unglück an ihre Verwandten und Liebhaber und Freunde.

»Sie müssen es mir nicht glauben, aber so war es, ja, ja, ich fuhr am 2. Oktober 1967 mit der letzten 55.«

Und mit jedem verschickten Bild fingen sie an, das Unglück zu vergessen.

»Das war eine schöne Strecke, doch dann war Schluss… Ja, ja, damals glaubte niemand an den Schienenverkehr, ja, ja, die menschliche Dummheit kann man leider nicht so einfach überschienen wie die Alpen oder den Böhmerwald.«

Winterberg erzählte, der 2. Oktober 1967 war ein Montag und auf den Straßen standen überall Menschen, um sich von der Straßenbahn zu verabschieden. Er erzählte, wie es ihn an eine große Beerdigung erinnerte, an eine Massenbeerdigung, wie wenn ein Präsident oder ein großer Künstler stirbt.

Und doch waren die Menschen nicht traurig, sie freuten sich schon auf die neuen Busse.

Auf die neuen Autos.

Auf die neue Zeit.

Er erzählte, nur die Straßenbahnmenschen wie er waren traurig. Er erzählte, die Straßenbahnmenschen sind sehr empfindliche Menschen. Er erzählte, wie auf dem Anhängerwagen das Orchester der Berliner Straßenbahner das Vorspiel aus *Parsifal* von Richard Wagner spielte. Er erzählte, wie ihn die Musik sehr berührte. Er erzählte, als er in der rotgelben Nachmittagssonne mit seiner Straßenbahn in die Tore der Halle des Straßenbahnhofes zum letzten Mal einfuhr, war es ihm, als wäre er im Sarg in die Tore des Ofens in der Flammengruft der Reichenberger Feuerhalle eingefahren. Er erzählte, als er sah, wie hinter ihm die Tore der Halle langsam geschlossen wurden, war es ihm, als würden die Tore des Ofens der Flammengruft langsam geschlossen. Er erzählte, es war ihm plötzlich so heiß, dass er ein Bier nach dem anderen trinken musste, doch das Feuer in seinem Körper konnte er nicht löschen.

Er erzählte, wie er zusammenbrach.

Er erzählte, wie ihm angeboten wurde, zur U-Bahn zu gehen. Er erzählte, wie er bei den Verkehrsbetrieben kündigte und die letzten Jahre vor der Rente als Hausmeister in einer Schule verbrachte, wo er seine dritte Frau kennenlernte, die frisch geschieden war und die er tröstete. Er erzählte von der Nacht, als Silke gezeugt wurde. Er erzählte von der Nacht, als sie geboren wurde. Er erzählte von dem Tag, als seine Frau zusammenbrach. Er erzählte, wie er sie zu pflegen anfing. Er erzählte von dem Tag, als sie starb. Er erzählte von dem Tag, als sie in Ruhleben eingeäschert wurde. Er erzählte von dem Tag, als er sie neben seiner ersten und zweiten Frau an der Mauer des Friedhofs Heerstraße in Berlin begrub.

»Drei Linien und drei Frauen. Das war mein Straßenbahnleben in Berlin, lieber Herr Kraus, ja, ja, die 53, die 54 und die 55. Die 55 war die schönste Linie.«

»Doch die schönste von den schönsten Linien war die 1, oder?«

»Ja.«

»Lenka.«

»Ja. So war es.«

Plötzlich war es um uns herum dunkel.

»Aha, schauen Sie, lieber Herr Kraus, das muss der Tunnel vor dem Hauptbahnhof in Preßburg sein, schön, schön, wir wollten in Preßburg nicht aussteigen und doch müssen wir in Preßburg aussteigen, ja, ja, so kommt es im Leben, so ist es immer, man will etwas und es passiert immer etwas, was man nicht will, ja, ja, bei der Straßenbahn in Berlin war einer, der immer in den Süden nach Italien ans Mittelmeer wollte, auch so ein Romantiker wie Sie, lieber Herr Kraus … Er wollte auf einer Jacht als Kapitän durchs Mittelmeer kreuzen und ist dann in Holland auf einer Luftmatratze in der Nordsee ertrunken, nach drei Tagen wurde seine Wasserleiche am Strand von Scheveningen bei Den Haag angespült, eigentlich ein Zufall, in der Nordsee gehen die meisten Wasserleichen verloren, ja, ja, genau, die Nordsee ist tief und stürmisch, ja, ja, die Wasserleichen werden vom Meer verschluckt, ja, ja, die starke Strömung, ja, ja, die Nordsee ist geizig, die Nordsee hat immer Hunger, die Nordsee will alle Wasserleichen für sich behalten, ja, ja, die Nordsee darf man nicht unterschätzen … Ich weiß es gut, ich war in Holland ja, ja, leider war ich da, damals im Krieg, ja, ja, mein persönliches Königgrätz … Was mich nur interessieren würde, wie Sie diesen Tunnel gebaut haben, war es die österreichische Bauweise oder die belgische oder die englische oder die italienische? Was denken Sie, lieber Herr Kraus?«

In Bratislava mussten wir auf den nächsten Zug nach Budapest warten.

Wir saßen in der Kneipe gleich vor dem Bahnhof. Ich trank Bier aus der Ostslowakei und studierte die Speisekarte mit den verschiedensten Schnitzeln, die es hier gab.

Tatraschnitzel.

Fatraschnitzel.

Bärenschnitzel.

Ich bestellte zuerst eine Gulaschsuppe.

Winterberg studierte in seinem Baedeker die Karte von Österreich-Ungarn von 1913. Er überlegte, ob es sich nicht lohnen würde, von Bratislava nach Wien zu fahren und von Wien über den Semmering nach Graz oder Villach und Maribor oder über Ljubljana nach Zagreb und dann weiter nach Sarajevo.

Eigentlich wollte er sich doch das Denkmal von Carl Ritter von Ghega im Bahnhof Semmering anschauen. Eigentlich wollte er ans Grab von Feldzeugmeister von Benedek auf dem St.-Leonhard-Friedhof in Graz gehen, um dort die letzten Blätter von Cornus sanguinea niederzulegen, die er noch in seinem Gepäck hatte. Eigentlich wollte er in Wien nochmals ins Heeresgeschichtliche Museum gehen, um sich nochmals das Gemälde von Václav Sochor von der Schlacht bei Königgrätz anzuschauen.

»Vielleicht ist uns was entgangen, ein kleines Detail … Vielleicht würden wir beim zweiten Mal das Bild anders verstehen, ja, ja, die Schlacht bei Königgrätz und den ganzen Untergang und Zusammenbruch anders verstehen und anders deuten und anders wahrnehmen, man sollte sich jedes Gemälde mindestens zweimal, ja, ja, wenn nicht dreimal, ja, ja, oder viermal anschauen, eigentlich sollte man sich jedes Gemälde mindestens zehnmal anschauen, das habe ich in unserem Kunstverein der Berliner Straßenbahnfahrer gelernt, ja, ja, ich weiß, wovon ich rede, ich habe auch ein wenig gemalt, nein, nein, natürlich nicht so erfolgreich wie Sochor. Wessen Idee war es eigentlich, dass wir nach Sarajevo über Budapest und nicht über Wien und Graz fahren?«

»Ihre.«

»Meine? Nein, das war sicher Ihre Idee.«

»Nein. Sie haben mich gar nicht gefragt. Sie wollten nach Budapest. Sie sagten, Lenka war auch da …«

»Ja, das stimmt, aber trotzdem … War das wirklich meine Idee, ja?«

»Ja.«

»Vielleicht werde ich wirklich langsam alt.«

Neben uns saß ein Mann in Eisenbahneruniform, vor ihm ein Gulasch und Bier. Das Gulasch war schon kalt und das Bier abgestanden. Der Eisenbahner schlief.

Und Winterberg war schon wieder nicht zu bremsen. Er war wieder wie ein schwerer Güterwagen, der beim Rangieren nicht aufgehalten wird, der sich loslöst, der einen Bremsschuh nach dem anderen wegschmeißt, der den Berg herunter zum nächsten Bahnhof rast, bis er in einer Kurve entgleist, bis er zu Stöpsel raus und Luft raus und Augen zu und Gute Nacht kommt.

Winterberg war nicht zu bremsen.

Nicht zu steuern.

Der nächste historische Anfall.

Er erzählte, eigentlich wollte er sich auch den Busserltunnel bei Gumpoldskirchen anschauen, den ältesten Tunnel Österreichs, der natürlich mehr ein schlechter Witz über einen Tunnel als ein richtiger Tunnel ist.

»Ja, ja ein Spaßtunnel für Kaiser Ferdinand, wie man damals sagte, ein kurzer Tunnel für einen kurzen schnellen Kuss.«

Der Mann in der Eisenbahneruniform wachte auf, aß ein wenig von dem kalten Gulasch, nahm einen Schluck von dem warmen Bier, schaute vor sich hin und schlief wieder ein.

»Ja, ja, der Busserltunnel ist kein richtiger Tunnel, der ist nicht gefährlich, die gefährlichen Tunnel kommen erst später, wenn der Zug hoch Richtung Semmering durch die vielen Kurven steigt, vor diesen Tunneln hatten die ersten Eisenbahnreisenden der Semmeringbahn Angst gehabt, vor den vielen Tunneln und auch vor den hohen Brücken und tiefen Schluchten, doch vor allem vor den Tunneln, ja, ja, warum haben Sie, lieber Herr Kraus, nicht *Die Überschienung der Alpen* gelesen? Das müssen Sie unbedingt lesen. *Die Überschienung der Alpen* ist vielleicht das wichtigste Buch von allen Eisenbahnbüchern, es ist natürlich kein komplexes, kein wissenschaftliches Buch, eher umgekehrt, es ist ein sehr einfaches Buch, doch gerade, weil es so einfach, so unkompliziert, ja, ja, so schlecht geschrieben ist, ist es so gut und so wichtig, ja, ja, in dieser Einfachheit versteckt sich sehr viel Leidenschaft und Wahrheit und Wissen, ja, ja, in *Die Überschienung der Alpen* geht es natürlich nicht nur um die Eisenbahn, sondern auch um die Geschichte und auch um die menschlichen Ängste, ja, ja, denn das kann man nicht trennen, ja, ja, die Eisenbahn, die Geschichte, die Feuerhallen und die Ängste, alles ist immer noch da… Wo bin ich denn schon wieder hängen geblieben…«

Der Mann in der Eisenbahneruniform beugte sich im Schlaf so tief über den Teller mit dem Gulasch und den Knödeln, als ob er jederzeit mit seinem Gesicht in den Teller stürzen würde.

»Ja, ja… Ich weiß, die ersten Reisenden der Semmeringbahn haben vor Angst geschrien, und so mussten die Türen der Wagen immer versperrt werden, damit niemand während der Fahrt zu körperlichem Schaden komme, ja, ja, doch viele der Reisenden sind trotzdem zu Schaden gekommen, nicht am Körper, sondern an der Seele, daran hat man nicht gedacht, was die Dunkelheit der Tunnel mit der Seele machen, dass eine Tunnelfahrt in der geistigen Umnachtung enden kann, ja, ja, wir müssen auf der Rückreise unbedingt in Semmering aussteigen und uns das Denkmal von Carl Ritter von Ghega anschauen, die kühle, frische Bergluft einatmen, das tut ihrer Raucherlunge gut, die frische Bergluft ist viel besser als ein Radium-Bad… Ja, ja, und trotzdem hat die frische Bergluft dem Ritter von Ghega nicht geholfen und er ist an Schwindsucht gestorben…«

Der Eisenbahner erwachte wieder, aß ein wenig von dem kalten Gulasch und nahm einen Schluck von dem warmen Bier, kaute langsam und schaute traurig vor sich hin.

Ich bestellte ein Bärenschnitzel.

Und ein Bier.

»Das freut mich, dass es Ihnen schon besser geht, lieber Herr Kraus… Bestellen Sie bitte auch ein kleines Bier für mich und auch ein Gulasch mit Knödeln, so wie es der Herr da hat… Was ich mich noch frage, sein Grab in Wien, ich meine der Sarkophag, Sie erinnern sich, Herr Kraus… Wie haben sie seinen Leichnam da hochgebracht, das sind schon einige Meter? Vielleicht mit einem Aufzug? Oder mit einer kurzen Seilbahn? Was denken Sie? Das muss ich noch rausfinden, mit einer Urne wäre es natürlich viel unkomplizierter gewesen, eine Urne spart Platz und Geld und auch die Arbeit der Grabhauer, sagte mein Vater immer, ja, ja, viele Grabhauer in Österreich haben damals gegen den Bau der Reichenberger Feuerhalle protestiert, es kam sogar zu einem Grabhauerstreik.«

Die Wirtin brachte mir das Schnitzel und der Mann in der Eisenbahneruniform schlief wieder ein. Das Bärenschnitzel war riesig wie eine Bärenpfote. Ich fing an zu essen und Winterberg erzählte weiter und weiter.

»Die Grabhauer hatten Angst, sie würden arbeitslos, wenn alle Leichen eingeäschert werden, denn ein Grab für eine Urne kann jeder Trottel ausheben, ja, ja, und die meisten Menschen werden sich sowieso für die Kolumbarien entscheiden, ja, ja, für die schönen kleinen Vitrinen, die wie die schönsten Szenen aus dem Leben inszeniert sind, wie die schönsten Theaterszenen, wie meine Lenka immer sagte, die die Kolumbarien und das Theater sehr liebte… Die Grabhauer haben meinen Vater und seinen Freund Rudolf Bitzan gehasst, ja, ja, so wie die katholische Kirche und später die Henleintrottel meinen Vater gehasst haben, ja, ja, die Grabhauer waren damals sehr verunsichert, sie fühlten sich in ihrer Existenz bedroht… Wo bin ich schon wieder hängen geblieben, lieber Herr Kraus?«

Ich aß das Schnitzel und trank das Bier und der Mann in der Eisenbahneruniform schlief wieder ein.

»Ja, ja, wirklich schade, dass wir nicht über Wien fahren, ja, ja, zu viele Möglichkeiten, zu viele Bahnstrecken, zu viele Geschichten, zu viel Geschichte, man kann sich nur verlieren, man muss sich verlieren, um es zu verstehen, um zu versuchen es zu verstehen, und doch wird man am Ende davon nur verrückt, traurig, traurig, der einzige Weg ist eine Tunnelfahrt in die geistige Umnachtung, es gibt kein Entkommen, da hilft die frische Bergluft nicht, da hilft das Radium-Bad nicht, ja, ja, da hilft Yoga auch nicht, denken Sie nur an meine Tochter, die ist…«

Winterberg schlief plötzlich ein und lag mit seinem Kopf auf dem aufgeschlagenen Buch. Auf der aufgeschlagenen Karte von Österreich-Ungarn 1913.

Der Mann in der Eisenbahneruniform erwachte wieder und schaute zu Winterberg, der schlief, dann schaute er traurig vor sich hin, dann schaute er mich an. Die Augenringe um seine Augen herum sahen wie zwei tiefe grauschwarze Aschenbecher aus.

Ich hob das Glas und neigte mich zu ihm.

Wir stießen an.

Wir sagten kein Wort.

Der Eisenbahner lächelte ein wenig und schnitt sich ein Stück von dem Knödel ab. Doch plötzlich schlief er wieder ein, mit dem nicht zerkauten Knödel im Mund. Er beugte sich wieder ganz tief über den Teller, so als würde er in dem kalten Gulasch lesen.

Und so saßen wir da, in unserer Ecke.

An einem Tisch der schlafende Winterberg.

An einem anderen Tisch der schlafende Eisenbahner.

Und in der Mitte ich.

Ein Teller Gulasch landete vor dem schlafenden Winterberg. Und ein Bier.

Es war still und ich zog aus meinem Rucksack das Buch, das Winterberg mir in Liberec schenkte. *Chronologische Notizen zur Geschichte von Winterberg und Umgebung 1195–1926, verfasst von Josef Puhani, Schwarzenberg'scher Waldheger.* Ich schaute mir das alte Bild der Stadt auf dem Umschlag an. Ich sah die Kirche und den Glockenturm, den steilen Marktplatz und das Schloss, das auf dem Bild viel größer schien als in der Wirklichkeit. Ich schlug das alte, graue deutsche Buch auf. Ich wollte anfangen zu lesen. Doch in dem Augenblick krachte es.

Der Eisenbahner landete mit seinem Gesicht im Gulasch.

Und Winterberg wachte auf.

»Ja, ja, wo bin ich denn hängen geblieben …«

Er schaute den im Gulasch schlafenden Eisenbahner an.

»Wahrscheinlich ein Opfer einer Nachtschicht … Ja, ja, ein Eisenbahner zu sein, das ist nicht leicht, die jungen Menschen wollen heute immer etwas erleben und nichts ist ihnen genug, der eine schwimmt mit den Haifischen, der andere klettert ohne Seil in den Alpen, ja, ja, so wie meine Tochter, immer diese Sehnsucht nach Abenteuer, ja, ja, nach den neuen Erlebnissen, immer diese Unzufriedenheit, immer diese Störzonen, und eigentlich würde es reichen, wenn meine Tochter zur Eisenbahn gehen würde, da würde sie während einer einzigen Nachtschicht so viel erleben, dass sie davon zwei Monate lang beim Yoga erzählen könnte, ja, ja, oder ihrer Ärztin, die ihr jeden Monat die Pillen verschreibt, damit sie nicht so derangiert ist … Haben Sie bemerkt, lieber Herr Kraus, wie sich alle Eisenbahner ähnlich sind? Das beruhigt mich … Es hat sich nicht so viel verändert. Der Fahrdienstleiter von Preßburg könnte sicher sofort in Winterberg oder in Laibach anfangen, und er würde gleich wissen, was zu tun ist und wie das Leben läuft, ja, ja, das beruhigt mich, die Eisenbahner sind die einzigen wahren Europäer, die Eisenbahner und die Eisenbahnmenschen, ja, ja, nur, wenn die Eisenbahnmenschen untergehen, geht auch unser Europa unter, ja, ja, und so schnell wird es nicht passieren, ja, ja, das beruhigt mich … Wir fahren über Budapest weiter. Doch auf der Rückreise müssen wir uns das Denkmal von von Ghega in Semmering anschauen, ja, ja die Semmeringbahn … Lesen Sie doch das Buch?«

Ich schüttelte den Kopf.

»Schade … Aber vielleicht kommen Sie noch dazu, ich finde es wirklich interessant, ein Standardwerk zur Geschichte von Winterberg, würde ich sagen, so wie *Die Überschienung der Alpen* ein Standardwerk zur Geschichte der Eisenbahn ist.«

Ich steckte das Buch wieder ein.

»Wir müssen natürlich mit der Semmeringbahn fahren … Ja, ja, vielleicht verbringen wir dort in einem schönen Hotel Weihnachten zusammen.«

Winterberg fing an, sein Gulasch zu essen.

»Wie Weihnachten?«

»Ja, warum eigentlich nicht?«

»Ich feiere kein Weihnachten.«

»Ich auch nicht, aber ich dachte, mit Ihnen …«

Der Mann in der Eisenbahneruniform erwachte wieder und schaute zu uns herüber. Sein Gesicht war mit Gulasch beschmiert. Er stand auf und ging zur Toilette.

»Und dann fahren wir nach Kraków und Lemberg, da war ich auch noch nie.«

»Ich dachte, Sie wollen in Sarajevo bleiben.«

»Ja, ja vielleicht bleibe ich auch. Vielleicht aber auch nicht … Ich werde sehen. Ich muss vor allem den Mörder von Lenka finden.«

»Aber warum dort. Es hätte doch auch woanders passiert sein können.«

»Es ist in Sarajevo passiert, die letzte Postkarte kam von dort, sie schrieb mir, sie ist im *Hotel Europe*, sie wartet da auf mich, es ist dort passiert.«

»Warum sind Sie damals nicht gleich losgefahren?«

Doch er hörte mir schon nicht mehr zu.

»Das Gulasch ist vorzüglich, ein wenig kalt, aber gut gewürzt.«

Er wollte nicht zuhören.

»Und Ihr Schnitzel? Darf ich ein wenig probieren?«

Ich schnitt ihm ein Stück ab.

»Was haben Sie in Holland gemacht?«

Er wollte mir nicht antworten.

»Toll. Es schmeckt ganz wunderbar. Meinen Sie, es ist wirklich Bärenfleisch?«

»Eher Schweinefleisch.«

»Nein, nein, es ist sicher Bärenfleisch. In der Slowakei gibt es Bären … Ich bin mir sicher, auch in Sarajevo bekommen wir ein gutes Schnitzel, ja, ja, das können Sie in Holland vergessen, es gibt nicht nur ein Knödelmitteleuropa, sondern auch ein Schnitzelmitteleuropa, da bin ich mir sicher.«

Der Mann in der Eisenbahneruniform kam zurück und bestellte einen Kaffee und die Rechnung.

»Und Sie, was machen Sie, Herr Kraus, wenn wir in Sarajevo sind?«

»Ich nehme das Geld, fahre nach Bremen, baue mir ein Schiff und fahre los.«

»Wohin?«

»Nach Amerika.«

»Nach Amerika?«

»Ja, wir wollten damals nach Amerika.«

»Nach Amerika fliegt man doch.«

»Ich kann nicht fliegen.«

»Das ist doch Unsinn mit Amerika.«

Ich nahm einen Schluck Bier. Und Winterberg auch.

»Ich weiß.«

»Kommen Sie mit … Das Reisen hilft.«

»Wie hilft?«

»Na, beim Vergessen. Wir können noch zweihundert Jahre mit den Zügen rumfahren … Amerika hat keinen Sinn, Österreich-Ungarn schon. Das ist unsere Geschichte, ja, ja.«

»Hm … Warum eigentlich nicht.«

»Gut, das freut mich.«

»Aber eins müssen Sie mir versprechen.«

»Was denn?«

»Dass Sie ein bisschen weniger quatschen.«

»Ich? Ich quatsche doch nicht. Das ist die Geschichte. Ich weiß, ich bin ein wenig historisch krank, ja, ja, meine historischen Anfällen, ich weiß … Aber das ist doch nicht Quatschen, das ist kein Unsinn, das ist ernst, ich bitte Sie, Herr Kraus.«

»Ja, aber es ist zu viel.«

»Es kann nie zu viel sein, wenn man über Geschichte redet.«

Der Mann in der Eisenbahneruniform trank langsam seinen türkischen Kaffee und schaute müde vor sich hin.

Wir fuhren weiter. Und waren beide so müde, dass wir gleich einschliefen. Wir wurden geweckt von den alten, holprigen Weichen vom Bahnhof in Nové Zámky. Der Schaffner bemerkte es.

»Die Strecke wird in zehn Jahren modernisiert. Aber das haben die schon vor zehn Jahren gesagt.«

Er ging weiter.

Und Winterberg sagte, dass es ihn gar nicht stört.

»Mir macht es nichts aus, Hauptsache, die Züge fahren … Ja, ja, 1913 war man vermutlich schnell in Kraków und in Lemberg und sicher auch in Sarajevo oder in Hermannstadt, ja, ja, das war sicher so, man war dort mit Sicherheit viel schneller als heute, man muss nur die Kursbücher vergleichen, das habe ich früher oft gemacht … Doch ich war immer für die Langsamkeit, als Straßenbahnfahrer in Reichenberg musste man immer langsam fahren und in Berlin sowieso, die Schienen waren nach dem Krieg so schief, so marode, so derangiert, dass man jeden Tag entgleist ist, ja, ja, neulich habe ich im Radio gehört, wie junge Leute Entschleunigung suchen, ja, ja, so wie meine Tochter, morgen ist sie in Madrid, übermorgen in Paris und überübermorgen muss sie entschleunigen, und so liegt sie zusammengebrochen im Bad und muss sich übergeben und Pillen nehmen, ja, ja, meine Tochter nimmt viel mehr Pillen, als ich nehme, dann muss sie immer Yoga machen und nur gesund essen, doch glücklicher ist sie nicht, ja, ja, sie sollte auch mal mit dem Zug nach Sarajevo fahren oder ein Radium-Bad nehmen, doch das wird nichts, ich kenne meine Tochter … Alle wollen schnell am Ziel sein, doch wozu? Ich hasse schnelle Züge, ja, ja, am liebsten würde ich nur mit den Lokalbahnen reisen, ja, ja, das hat keinen Sinn, wenn man eine Stunde schneller am Ziel ist, das hat doch alles keinen Sinn, alles nur verrückt. Das, was mich interessiert, entgeht mir nicht... Die Geschichte, die Eisenbahnstrecken, die Schlachtfelder, die Gräber, ja, ja, the beautiful landscape of battlefields, cemeteries and ruins, die Leichen und die Geister entgehen uns nicht, lieber Herr Kraus.«

Er schlug seinen Baedeker auf. Und ich machte die Augen zu, ich war wieder müde. Mir war es wieder ein wenig schwer ums Herz. Doch einschlafen konnte ich nicht.

»Die Bahnhöfe in Budapest sind der Ostbahnhof, der Staatsbahnhof, auf Ungarisch Keleti pályaudvar, merken Sie sich das, bitte, und zwar für Wien über Bruck und Graz über Raab-Fehring und für Bosnien, ja, ja, also wahrscheinlich auch für Sarajevo, und für Kronstadt und Siebenbürgen und Bukarest über Predeal und Fiume und Lemberg und Ruttka, und Tatra und Oderberg und wahrscheinlich heute auch für uns, für diesen Zug aus Prag, wenn wir da aussteigen werden... Ja, ja, dann kommt der Westbahnhof, ja, ja, wie in Wien, auch Staatsbahn, auf Ungarisch Nyugati pályaudvar, merken Sie sich das, ich kann es mir nicht merken, für Wien über Marchegg, den Orientexpress nach Konstantinopel entweder über Belgrad, der Orientexpress, das waren noch Zeiten, lieber Herr Kraus, mit dem Orientexpress nach Budapest, und dann weiterzufahren...«

Winterberg erzählte und war wieder nicht zu bremsen. Ich dachte an Carla. An ihren jungen, bleichen und weichen Körper, der immer weicher und bleicher wurde, umso länger unsere Überfahrt dauerte.

»Aha, Vorsicht, lieber Herr Kraus, eine wichtige Anmerkung, die anderen Züge fahren vom Ostbahnhof ab, ja, ja, habe ich doch gerade eben gelesen, oder über Orsova–Bukarest–Konstanza, für Sillein und Tatra und Oderberg und Gran... Dann kommt der Südbahnhof der Südbahn, Déli pályaudvar, das kann sich doch keiner merken, hoffentlich ist alles zweisprachig ausgeschildert, in Ofen...«

Ich machte die Augen auf und schaute mir die schwarzen Bäume an.

»Mit Ofen ist hier natürlich nicht der Ofen in einer Feuerhalle gemeint, Ofen steht hier auf Deutsch für Buda … Es ist aber nicht uninteressant, finden Sie nicht, wie steht es wohl mit der Einäscherungskultur in Ungarn, was denken Sie?«

Die leeren Äste der hohen, kahlen schwarzen Bäume griffen nach den Wolken.

»Vom Südbahnhof fährt man nach Pragerhof und Graz oder Triest, nach Triest müssen wir, der Kaffeehafen der Monarchie …«

Sie griffen nach dem Zug.

»… Vielleicht wenn wir in Laibach sind.«

Sie griffen nach uns.

»Ja, ja, wir müssen unbedingt ans Meer fahren, nach Triest. Oder nach Fiume.«

Winterberg blätterte schnell in seinem Buch und ich schaute weiter aus dem Fenster.

»Ja, ja, hier … Triest, das Tergeste der Römer, seit 1382 zu Österreich gehörig, die Hauptstadt des Küstenlandes und der einzige große Seehandelsplatz Österreichs, mit 230 000 Einwohnern, Italiener und Slowenen und Deutsche, ja, ja, eine vorwiegend moderne Stadt …«

Überall sah man die großen Vögel.

»Ohne die Gunst eines Naturhafens verdankt Triest seine erste Bedeutung der Fürsorge Kaiser Karls VI., ja, ja, wir sind ihm auch in der Kaisergruft begegnet, der die Stadt 1719 zum Freihafen machte, und seinen Aufschwung dem Bau der Semmeringbahn, ja, ja, *Die Überschienung der Alpen*, ich sage es die ganze Zeit, das Buch habe ich übrigens in einer Mülltonne gefunden, ja, ja, ein Standardwerk zur Geschichte der Eisenbahn, zur Geschichte der Menschheit, ja, ja, was man heute nicht alles im Müll findet, finden Sie nicht, lieber Herr Kraus?«

Die Vögel breiteten ihre Flügel aus.

»Ja, ja, Sie haben recht, man soll sich nicht davor ekeln, in einer Mülltonne zu wühlen, ich mache es sehr gerne, es beruhigt mich, ich habe ganze Teile meiner Modelleisenbahn in Mülltonnen gefunden … Seebäder gibt es allerorten, der Hai kommt, wenn auch selten, überall vor und gefährdet selbst bei Triest die Badenden, ja, ja, auf die Haifische müssen wir aufpassen.«

Die Vögel wurden immer mehr.

»Für meine erste Frau habe ich mal in der Mülltonne eine neue Bratpfanne gefunden, ich habe sie bis heute noch, ja, ja, sie ist so schwer, man könnte mit ihr jemanden erschlagen, ja, ja, so ist es mal in Reichenberg passiert, eine Frau hat ihren Mann am Sonntag mit einer Bratpfanne erschlagen, weil dem Mann ihre Schnitzel nicht gut genug waren, er hat ihr gesagt, die Schnitzel von seiner Mutter waren besser … Ja, ja, Bratpfannenleichen sind keine schönen Leichen, sagte mein Vater immer … Wenn jemand heute Entschleunigung sucht, soll er mit der Eisenbahn reisen und in Mülltonnen wühlen, doch können Sie sich vorstellen, wie meine Tochter in einer Mülltonne wühlt? Sie macht lieber Yoga und nimmt Pillen … Und trotzdem ist sie nicht glücklich.«

Sie saßen an den schwarzen Feldern.

»Ja, ja, die Semmeringbahn und Triest … Die Semmeringbahn hat das Handelsgebiet auch auf Deutschland erweitert, schön, schön, dem erfolgreichen Wettbewerb des deutschen Seeverkehrs nach dem Mittelmeer, der Genua bevorzugt, hofft man durch die 1909 eröffnete Tauernbahn zu begegnen, ja, ja, der Tauerntunnel und der Dössentunnel, immer aufwärts und dann abwärts, malerische Aussichten.«

Sie saßen an den Bäumen.

»Der Tauerntunnel war ein wichtiger Durchstich durch die Hohen Tauern, damals mit zweiundzwanzig Stunden die schnellste Verbindung zwischen Berlin und Triest über Halle und Nürnberg, doch wer fährt heute von Berlin oder Halle nach Triest, nur die Verrückten, nur die historisch Kranken, nur die, die an historischen Anfällen leiden, nur die Eisenbahnmenschen wie ich, wie Sie, lieber Herr Kraus, ja, ja … Wir müssen auch mal mit der Tauernbahn fahren, von Villach nach Salzburg.«

Sie kreisten in der Luft.

»Der Hafenverkehr belief sich 1912 auf 12 614 einlaufende Schiffe, eingeführt werden Kaffee und Reis und Baumwolle und Gewürze und Erz und Kohle und aus der Levante Südfrüchte und Olivenöl, ja, ja, ausgeführt werden Zucker und Bier und Industrieartikel, ja, ja, genau, das gute Bier und die modernen Waffen aus Pilsen, das waren die Exportschlager der Monarchie, und auch die psychisch Kranken, die hätte man auch tonnenweise ausführen können, doch die hat man nicht ausgeführt.«

Die Vögel waren ganz schwarz.

»Wir können auch nach Pola fahren … Die Wirtin im *Heidelberger Krug* hieß auch Pola, doch sie stammte nicht aus Pola, sondern aus Königsberg, ja, ja, Pola war in meinem Alter, sie muss sicher schon tot sein, in meinem Alter kennt man nur wenige, die noch am Leben sind, die genauso alt sind, wie Sie es sind, in meinem Alter sind die meisten Gleichaltrigen meistens schon tot, man hat keine Freunde mehr, man hat keine Geliebten mehr, alle wurden längst eingeäschert und begraben ja, ja, ich weiß, was Sie sagen möchten, lieber Herr Kraus, es ist traurig, und es ist wirklich traurig, doch die Toten tun mir nicht leid, mir tun immer nur die Lebenden leid, ja, ja, die Überlebenden, ja, ja, die Übriggebliebenen, ja, ja, nur die Leidtragenden tun mir leid, ja, ja, mir tun nicht die Soldaten leid, die bei Königgrätz begraben liegen, mir tun nur die Soldaten leid, die es überlebt haben und das ganze Leben lang das ganze Elend und den Tod vor Augen hatten … Ja, ja, Pola hat die besten Königsberger Klopse gekocht, sie hatte so schöne Beine und kein Glück mit Männern …«

Die Vögel glänzten in der späten Nachmittagssonne.

»Der erste Mann war Trinker und der zweite Mann war Trinker und der dritte Mann war auch Trinker, erst mit dem vierten Mann hatte Pola Glück, doch der hat sich mit dem Rasiermesser beim Rasieren die Kehle durchgeschnitten, ja, ja, Rasiermesserleichen sind keine schönen Leichen, sagte mein Vater immer … Augenblick!«

Und dann sah ich die Rehe. Zehn, zwanzig, dreißig Rehe im Winter. Winterberg sah die Rehe nicht. Er blätterte in seinem Baedeker weiter.

»Pola … Pola war schön, Pola hat sich einen guten Mann verdient … Pola … Seit 1866 der Hauptkriegshafen Österreich-Ungarns, mit 36 200 Einwohnern und starker Garnison, ja, ja, schon zur Römerzeit eine der wichtigsten Flottenstationen am Adriatischen Meer, wie Sie sehen, lieber Herr Kraus, wieder das Jahr 1866, ja, ja, der Untergang bei Königgrätz einerseits, Gründung des Hauptkriegshafens andererseits, ja, ja, die Welt muss im Gleichgewicht bleiben, Sie haben recht, wenn Sie sagen, Sie müssen trinken, weil die anderen nicht trinken, ja, ja, Sie haben recht, es geht um das Gleichgewicht, in Italien hat Österreich im Krieg 1866 mehrmals glorreich gesiegt, bei Königgrätz hat Österreich alles glorreich verloren, ja, ja, so muss es sein, so entsteht das Gleichgewicht, man muss nicht gleich Yoga machen, es reicht, wenn man historisch durchschaut, und Sie schauen schon historisch durch, lieber Herr Kraus … Wo bin ich denn schon wieder hängen geblieben … Ja, ja, Gleichgewicht … Wir müssen unbedingt nach Pola, Sedlatschek, ein guter Freund von meinem Vater, war im Ersten Weltkrieg als Oberheizer bei der Marine in Pola, mein Vater hat ihn in seiner Marineuniform in Reichenberg eingeäschert, er sagte, der Oberheizer Sedlatschek war eine sehr schöne Leiche.«

Winterberg erzählte und war nicht zu bremsen und ich sah aus dem Fenster, in dem er sich widerspiegelte.

»Der Hafen ist schön geteilt, wie Sie auf der Karte sehen können, Porto di Commercio und Porto Militare, ja, ja, Porto Militare scheint viel größer zu sein als Porto di Commercio.«

Wo ich mich widerspiegelte.

»Ja, ja, wir gehen ins Hotel *Zentral* an der Via Arsenale mit Hofgarten und gutem, von Offizieren viel besuchtem Restaurant und Café, ja, ja, an der Via Arsenale besuchen wir auch das Marinemuseum, mit Schiffsmodellen und Trophäen und Waffen … Und dann fahren wir mit dem Zug nach Abbazia, da wollte ich auch immer hin.«

Winterberg blätterte in seinem Buch.

»Ja, ja, wir steigen in Abbazia-Mattuglie aus und können gleich am Bahnhof ein Zimmer nehmen, ja, ja, mit prächtigem Blick auf das Meer, das steht hier wirklich, nordöstlich das Städtchen Castua mit einer Kirchenruine, schön, schön, doch dort müssen wir nicht hin, von den Ruinen haben wir schon genug gesehen … Die Station ist Haltestelle für das sechs Kilometer südlicher gelegene Abbazia, genau, genau, da fahren wir hin, elektrische Straßenbahn, welche Spurweite, das steht hier leider nicht, Fußgänger folgen der neuen Kaiser-Franz-Joseph-Jubiläums-Reichsstraße.«

Ich schaute aus dem Fenster und ich sah die schwarzen Felder und die schwarzen Bäume und die schwarzen Vögel.

»Abbazia … Gasthöfe … Zimmervorbestellung ratsam, Seebäder für Damen und Herren gemeinsam, warme Seebäder im Erzherzog-Ludwig-Viktor-Bad, auch Wasserheilanstalt, neben dem Hotel *Stephanie*, Dr. Schalk's Neues Kurhaus und Wasserheilanstalt des Dr. K. Szegő, beide am Nordstrand, wahrscheinlich kein Radium-Bad.«

Ich sah Winterberg und mich im Fenster gespiegelt.

»Abbazia … Seebad und Winterkurort, hören Sie, lieber Herr Kraus, ein Winterkurort! Endlich, hier sind die Gasthäuser im

Winter nicht geschlossen, hier wird getanzt und gegessen und gekurt und geliebt, ja, ja, der richtige Ort für uns, ja, ja, Abbazia liegt in geschützter Lage an der Westküste der Quarnero und am Fuß des Monte Maggiore, mit stattlichen Häusern, schönen Parkanlagen und großen Lorbeerhainen, wenn meine zweite Frau Gulasch gekocht hat, hat sie immer ein wenig Lorbeer mitgekocht, ja, ja, nur zwei Blätter reichen … Abbazia wird jährlich von über 42 000 Kurgästen besucht, das Lorbeerblatt ist eigentlich immer gut, auch für die Suppen, für den Braten, nur zum Fisch ist es nicht so gut, sagte meine zweite Frau, die mittlere Jahrestemperatur beträgt 13,2 Grad Celsius … Lenka hatte zwischen den Schulterblättern ein kleines Muttermal, das wie ein Lorbeerblatt ausgesehen hat, ich habe Lenka gern auf ihr Lorbeerblatt geküsst, Lenka hatte Angst, falls wir ein Kind haben sollten, dass es ihr Muttermal auf der Stirn tragen muss, denn die Muttermale wandern, ja, ja, so wie die Sterne am Himmel wandern, doch wir haben kein Kind gehabt … Wo bin ich denn schon wieder … Ja, ich weiß … Östlich vom Angiolina-Park der neue Kursaal mit Theater im Bau, das Theater muss doch eigentlich schon längst fertig sein, oder, Herr Kraus?«

Und plötzlich sah ich noch etwas.

»Unweit des Hotels *Quarnero* ein Büstendenkmal des Direktors der Südbahn und Gründers des Badeortes, Friedrich Schüler, gestorben 1894, richtig, richtig, die Eisenbahn verbindet nicht nur Städte und Häfen und Schlachtfelder und Feuerhallen und Menschen und Geschichte und Geschichten, sondern auch Kurbäder.«

Ich sah in der Spiegelung des Fensters, wie jemand neben uns saß.

»Ja, ja, immer wieder die malerischen Aussichten aus dem Fenster, wie es hier steht.«

Neben Winterberg saß eine junge hübsche Frau. Und ich wusste, es ist Lenka.

»Die hohen Berge, das blaue Meer, die tiefen Schluchten und Wälder.«

Neben mir saß Carla.

»Ja, ja, richtig, Herr Kraus, wir müssen immer weiter über die Brücken und durch die Tunnel, bloß nicht zu lange an einem Ort bleiben, immer weiter durch the beautiful landscape of battlefields, cemeteries and ruins, wie der Engländer sagte.«

So saßen wir alle vier da im Zug Richtung Budapest.

Richtung Sarajevo.

Richtung Unendlichkeit.

Richtung Endlichkeit.

Und in dem Augenblick war mir auch bewusst, dass unsere Reise wirklich kein gutes Ende nehmen konnte.

Mir war es schwer ums Herz.

Und doch war ich auch glücklich.

»Der Hauptspaziergang ist der Strandweg, der sich von Volosca bis Lovrana 10 Kilometer lang am klippenreichen Meeresstrand entlangzieht… Ein anderer lohnender Spazierweg führt vom Slatinabad über die Kaiser-Franz-Joseph-Anlagen, den Königin-Elisabeth-Fels, die Aurorahöhe, wie schön das klingt, hoffentlich ist die Aurorahöhe nicht viel zu hoch, das wäre nichts für meine Lenka, Sie wissen, die Höhenangst.«

Der Zug bremste und hielt an. Wir waren in Štúrovo und plötzlich sah man nichts mehr. Der ganze Bahnhof lag im Nebel. Die ganze Stadt. Das ganze Land.

Ich sah nur zwei Polizisten mit einem Hund auf dem Bahnsteig stehen. Sie rauchten. Der Hund bellte.

Und dann schlief ich kurz ein.

Als ich aufwachte, trieben wir weiter.

»Wir sind schon in Ungarn.«

Winterberg blätterte in seinem Buch. Er war immer noch nicht müde. Eine ungarische Familie saß neben uns. Der Mann schaute Winterberg misstrauisch an.

»In Ungarn beschränken sich die landschaftlichen Reize hauptsächlich auf die Karpaten.«

Winterberg schaute kurz in den Nebel und er sah so interessiert aus, also wären wir irgendwo in den Karpaten, doch man sah nur den Nebel.

»Ja, ja, klar, die Hohe Tatra, bekannt für kleine Schmalspurbahnen, welche Spurweite, das weiß ich leider nicht, dazu steht im Baedeker leider nichts Näheres, das finden wir raus, wenn wir dort sind… Wo bin ich denn schon wieder hängen geblieben… Ja, ja, die landschaftlichen Reize.«

Der Zug fuhr langsam und man sah wieder etwas.

Es war ein Fluss.

Die Donau.

»Ja, ja, der Donaudurchbruch zwischen Báziás und Orsova, Siebenbürgen, die große, fruchtbare ungarische Tiefebene ist ganz einförmig und im Hochsommer oft drückend heiß, gut, dass wir im Winter reisen, lieber Herr Kraus, ja, ja, keine Touristen, keine Hitze, ich kann die Touristen nicht ertragen und die Hitze kann ich auch nicht ertragen, wenn sich die Sommertage in Feuerhallen verwandeln, das macht mich immer sehr melancholisch, da fühle ich mich sehr derangiert, ja, ja, ist es nicht schön, dass wir im Winter reisen, lieber Herr Kraus?«

Die Donau war glatt und dunkel und breit. Die Bäume spiegelten sich im Wasser.

»Sehen Sie, Herr Kraus, wie die alten Witwen, so sehen die Bäume aus. Mein Vater liebte die Witwen, vor allem die jungen Witwen. Er hat sie gerne getröstet, ja, ja, ich weiß, ich habe auch viele Frauen getröstet, ja, ja, ich weiß, was Sie sagen möchten, das war gegenüber meinen eigenen Frauen nicht gerade nett.«

Winterberg wollte, dass wir jetzt Ungarisch lernen.

Er sagte, es mache immer einen guten Eindruck, wenn man als Fremder in ein Land komme und man wenigstens ein paar Wörter kenne.

Er sagte, er wollte sowieso immer Ungarisch lernen, denn nur wenn man Ungarisch versteht, kann man auch seinen Baedeker vollständig verstehen.

Seinen Baedeker.

Unser Mitteleuropa.

Unsere Welt.

»Wenn man kein Ungarisch spricht, versteht man unsere Welt nur zur Hälfte.«

Der Mann schaute ihn böse an. Doch Winterberg bemerkte es nicht. Oder wollte es nicht bemerken.

Er las aus seinem Baedeker vor:

»Eisenbahnen ... Auf den Stationen werden die Ortsnamen auf Magyarisch ausgerufen, vorherige Verständigung mit dem Schaffner daher ratsam, die Schnellzüge fahren langsamer als in Deutschland und sind häufig überfüllt, ja, ja, Verspätung der Personenzüge, besonders auf den Nebenbahnen, nicht selten, da bin ich gespannt, was uns erwartet, dieser Zug ist auch schon ein wenig verspätet.«

Er fragte mich, ob ich ein ungarisches Wort kenne, und ich sagte, eins kenne ich, *Pálinka*. In Regensburg, wo die Donau noch nicht so glatt und breit wie zwischen Szob und Nagymaros ist, in Regensburg in der Bachgasse trank Herr Horváth gerne

Pálinka. Auch er war mein Matrose. Auch ihn habe ich zum anderen Ufer gebracht.

Unsere Überfahrt dauerte fast zwei Jahre, es war eine meiner längsten Überfahrten überhaupt. Herr Horváth sagte immer, wenn er schon mit zehn Jahren Pálinka getrunken hätte, hätte er später keine Magengeschwüre und keinen Magenkrebs bekommen. So trank Herr Horváth mit siebzig alle drei Tage eine Flasche Pálinka aus. So musste ich mit ihm immer auf die Gesundheit anstoßen, das wollte er, damit er nicht allein trinkt, denn der, der allein trinkt, ist Alkoholiker, und der, der in Gesellschaft trinkt, nicht. Davon wusste ich auch schon einiges.

Ich musste den Pálinka nicht austrinken, das hat er immer allein erledigt. Ich trank lieber Bier. Nur das Anstoßen war ihm wichtig. Das kleine Ritual. So was lernt man während der Überfahrt.

Sein Krebs zog sich wirklich aus der Tiefe seines Körpers zurück, vielleicht verschwand er irgendwo in der ungarischen Puszta, aus der der Pálinka stammte, oder noch weiter. Herr Horváth starb an einem Schlaganfall, nachdem er erfuhr, dass Bayern München gegen Honvéd Budapest spielen soll, das hat seine Seele zerrissen, denn er wusste, Bayern München wird gewinnen und Honvéd Budapest wird verlieren und er wird dann weinen müssen, so wie nur Ungarn weinen können, wie er mir sagte.

Ich erzählte Winterberg, ich kenne noch ein anderes ungarisches Wort, *jelen*, was auf Ungarisch hier und auf Tschechisch *Hirsch* heißt. Wir Tschechen sagen oft *jsem z toho jelen*, was *ich bin verwirrt* heißt, oder *ich habe keine Ahnung*. Herr Horváth sagte mir gleich am Anfang unserer Überfahrt, gleich am ersten Tag unserer gemeinsamen Reise zum anderen Ufer des Flusses seines Lebens, *jelen* heißt *hier*, so meldet man sich beim ungarischen Militär.

»Ich bin *jelen*, ich bin hier, heißt also nicht wie ein Hirsch im

Wald verloren und verwirrt zu sein, sondern wie ein böhmischer Soldat in der ungarischen Armee verloren und verwirrt zu sein.«

Der Mann schaute mich misstrauisch an.

Und Winterberg sagte:

»Sehen Sie, Herr Kraus, schön, Sie schauen immer mehr historisch durch, Herr Horváth war ein kluger Mann, schade, dass wir mit ihm nicht Pálinka trinken können, ich habe schon ein wenig Hunger.«

Er schlug sein Buch auf.

»In den größeren Städten gibt es überall gute, den modernen Anforderungen entsprechende Hotels. In den großen Badeorten und Sommerfrischen gibt es vielfach nur Logierhäuser, gespeist wird dann in einem besonderen Café-Restaurant, ja, ja, die Zimmerpreise sind überall angeschlagen, man speist am besten in den Restaurants der Gasthöfe oder in den Bahnhofsrestaurants größerer Städte, ja, ja, eine nicht jedem Fremden willkommene Landeseigentümlichkeit bildet die in vielen Gasthäusern übliche, oft bis tief in die Nacht währende allabendliche Zigeunermusik… Gegen Musik habe ich nichts und gegen Zigeuner auch nicht.«

Der Mann schaute Winterberg und mich immer böser an.

»Was war Herr Horváth von Beruf?«

»In Regensburg war er Schlosser. In Budapest aber, früher, hat er in einem Tunnel direkt an der Donau gelebt.«

»Wie, im Tunnel?«

»Er war Tunnelwächter. Er hatte eine Wohnung direkt im Tunnel… So hat er es mir erzählt.«

Winterberg schüttelte mit dem Kopf und fing dann an, mit seinem Baedeker Ungarisch zu lernen.

Szálloda.

Sör.

Szappan.

Sörház.
Tányér.
Pohár.
Villa.
Messer.
Kanál.
Pályaudvar.
Váróterem.
Bejárat.
Kijárat.
Állomásfőnök.
»*Állomásfőnök, Állomásfőnök, Állomásfőnök.*«

Winterberg wiederholte das Wort und der Ungar schaute immer finsterer zu uns rüber und seine Frau auch und sein Kind spielte mit dem Handy.

»*Állomásfőnök* ist der Bahnhofsvorsteher … *Állomásfőnök* … Ich fürchte, man kann es nicht lernen, lieber Herr Kraus … Oder das hier … *Ennyibe kerül a vezető X töl Y ig* … Was kostet der Führer von X nach Y … Vielleicht sollten wir das Wort Führer auch in Ungarn lieber nicht benutzen … *Beszél itt valaki németül* … Spricht hier jemand Deutsch … *Kérem vezessen hozzá* … Führen Sie mich bitte zu ihm, können Sie es sich merken, lieber Herr Kraus? Ich kann es mir nicht merken … Höchstens *sörház*, das Bierhaus, das kann ich mir merken, oder das Bier, *sör* … Mehr kann ich mir nicht merken, doch wie ist das ungarische Bier, was denken Sie, als Experte? Also ehrlich? Vielleicht sollten wir lieber Pálinka trinken … War Herr Horváth wirklich ein Tunnelwächter?«

»Ja. Er sagte, in einem Tunnel unter der Burg.«

»Wirklich? Gegenüber der Kettenbrücke?«

»Ich weiß nicht.«

»Da ist ein Tunnel.«

»Das weiß ich nicht.«

»Ich auch nicht, ich kenne es nur aus meinem Buch … *Állomásfőnök … Állomásfőnök …* Das werde ich mir nie merken … Wer hat sich so was ausgedacht?«

Der Mann wendete sich uns zu.

»Ich mag nicht, wenn sich jemand über Ungarn lustig macht«, sagte er auf Deutsch.

»Wir machen uns nicht lustig … Ich will Ungarisch lernen.«

»Du machst dich lustig.«

»Nein, das ist ernst.«

»Ich mag es nicht.«

»Er lernt nur Ungarisch«, sagte ich.

»Genau. Ich lerne Ungarisch.«

»Ich mag es nicht, wenn jemand unsere Sprache kaputtmacht.«

»Ich mache sie nicht kaputt. Ich will sie lernen.«

»Sie machen sich lustig über uns.«

»Sie sprechen auch Deutsch, eigentlich ganz gut. Finde ich, oder, Herr Kraus? Es klingt gut, nicht lustig.«

»Sie müssen uns ja nicht zuhören.«

»Wo haben Sie Deutsch gelernt?«

»In der Schule.«

»Sehr gut.«

Der Mann knurrte.

Und Winterberg sah auf dem anderen Ufer der Donau eine Burg. Er blätterte in seinem Baedeker.

»Das muss Visegrád sein, auf Deutsch Hohe Feste …«

Der Mann meldete sich wieder.

»Wie, Hohe Feste. Es war immer Visegrád.«

»Ja, ja, gut … Auf Deutsch hieß es früher so …«

»Es war immer Visegrád.«

Winterberg ließ sich nicht stören. Er las weiter laut aus seinem Buch vor.

»Marktflecken mit 1500 magyarischen und deutschen Einwohnern, sehen Sie … Hotel *Gisela* … Ich kannte auch eine Gisela, die allerdings nicht aus Hohe Feste Visegrád war, sondern aus Thüringen, sie hat als Buchhalterin bei der Straßenbahn gearbeitet, eine sehr schöne Frau … Doch hier geht es vermutlich um die Gisela von Österreich, sie war in Ungarn genauso beliebt wie ihre Mutter Kaiserin Elisabeth, ja, ja, in Österreich hat man nach ihr sogar eine Eisenbahn benannt, die Giselabahn, die müssen wir auch mal nehmen, so wie die Rudolfsbahn … Schade, dass wir nicht aussteigen können, das würde mich interessieren, ob es sich um diese Gisela oder um eine andere Gisela handelt, vielleicht steht in Hohe Feste immer noch das Hotel *Gisela*, langsam habe ich Hunger, bald sind wir aber schon in Budapest und wir gehen Paprikahuhn essen, oder Halászlé, oder Gulyás, wir müssen doch schon bald da sein, nur noch Vác, auf Deutsch Waitzen, Gasthaus *Curie*, Bischofsitz, Kathedrale, im Stadtmuseum römische Votivtafeln, ja, ja …«

Der Mann sah Winterberg immer wütender an. Er fing an, seine Ärmel hochzukrempeln.

Der Zug seufzte in der Kurve und neigte sich der Donau zu und Winterberg las weiter.

»An der Donau ein Gefängnis … Sehen Sie, Herr Kraus, ist das nicht das Gefängnis von Vác, da, das müssen Sie doch erkennen, ob es ein Gefängnis ist oder nicht, Sie kennen sich doch ein wenig mit der Gefängnisarchitektur aus …«

Und der Mann hörte ihm zu und schaute uns böse an. Und ich wollte etwas sagen, doch Winterberg war schneller.

»Sie brauchen keine Angst zu haben. Das war nur eine Kleinigkeit, er hat mal ein Flugzeug entführt und jemanden dabei abgeknallt. Kennen Sie das Wort? Abknallen?«

Der Mann schaute mich verwundert an.

»Lassen Sie das, Herr Winterberg.«

»Herr Kraus ist ein harter Junge, doch Sie brauchen keine Angst zu haben …«

»Halt endlich die Schnauze!«

Winterberg starrte mich an.

Ich starrte ihn an.

Und der Mann starrte mich auch an. Seine Frau auch. Nur das Kind spielte weiter mit dem Handy.

»Was ist, willst du eine in die Fresse!?!«, rief ich dem Mann zu.

»Nein …«

»Gut, dann verpiss dich!«

Er packte seine Sachen, seine Frau und sein Kind und ging in einen anderen Wagen.

»Das haben Sie gut gemacht, lieber Herr Kraus.«

Ich sagte nichts. Ich packte meine Sachen und ging in den anderen Wagen. Mein Herz raste. Ich ging durch den ganzen Zug, machte eine Tür nach der anderen auf und blieb dann vor der letzten Tür stehen und schaute durch die Tür auf die Gleise, die unter mir verliefen. Auf die Bahnstrecke, die sich in einer langen Kurve verlor.

Ich zündete mir eine Zigarette an. Und drückte sie gleich wieder aus.

Ich war der Letzte, der aus dem Zug ausstieg. Ich hatte keine Lust. Ich war müde. In meiner Brust brannte es wieder. Der Bahnsteig war leer. Ich ging am Zug entlang und sah Winterberg ganz vorne stehen. Er wartete auf mich.

»Der Mann hatte dann wirklich Angst bekommen, deshalb habe ich es gesagt, ja, ja, ich glaube, er hätte uns sonst aus dem Zug rausgeschmissen, ihm war egal, dass seine Frau und der Junge dabei waren. Wir haben doch nichts gemacht, nur Ungarisch gelernt.«

»Sie haben Ungarisch gelernt, ich nicht. Ich kann nicht mehr … Sie haben ihn provoziert, ganz klar.«

»Ich weiß, tut mir leid … Wir suchen uns ein Quartier. Entschuldigen Sie, Herr Kraus …«

»Hm.«

»Aber zuerst die Fahrkarten …«

Wir gingen zum Schalter und Winterberg fragte nach zwei Fahrkarten nach Sarajevo

»Sarajevo?«, sagte die Frau verwundert.

»Yes, Sarajevo.«

»Sarajevo?«, wiederholte sie.

Die Frau schüttelte den Kopf. Sie tippte auf die Tastatur. Und schüttelte wieder den Kopf. Dann tippte sie noch mal. Auf dem Kühlschrank stand ein kleiner Weihnachtsbaum aus Plastik.

»No Sarajevo.«

»Wie, no Sarajevo?«

»Sarajevo don't exist.«

»Sarajevo don't exist?«

»Yes, no Sarajevo.«

Winterberg zeigte ihr das Buch.

»Sarajevo yes, Sarajevo existiert … Sarajevo ist hier. In Bosnien.«

Er blätterte in seinem Baedeker und zeigte ihr den alten Stadtplan von Sarajevo.

»Hier ist Sarajevo.«

»Yes, but in the system no Sarajevo. Sarejevo nicht existiert. Hier gibt es no Sarajevo. No trains to Sarajevo.«

»Und von wo fahren die Züge nach Sarajevo?«

»Aus Wien vielleicht.«

»Aus Wien …«

»Oder Belgrad? Zagreb? Ich kann Ihnen eine Fahrkarte nach Zagreb verkaufen. Then you will see.«

»Gut.«

»Von Déli, Südbahnhof, morgen?«

»Gut, machen Sie es bitte, danke«, sagte Winterberg und wendete sich mir zu. »Wie, Sarajevo existiert nicht, natürlich existiert Sarajevo, wir fahren doch nach Sarajevo, es muss existieren, wenn wir dort hinfahren, oder glauben Sie auch, dass Sarajevo nicht existiert? Natürlich existiert es … Es steht doch in meinem Buch, es muss existieren, Lenka hat mir auch eine Postkarte aus Sarajevo geschickt, aus dem *Hotel Europe*, warum sind wir bloß nicht gleich über Wien gefahren?«

Es war schon spät. Wir gingen an einer arabischen Familie vorbei, die hier auf Decken mit den Kindern übernachtete. Der Mann sah grau und müde und erschöpft und noch grauer aus. Und seine Frau auch. Wir gingen an einer Romafamilie vorbei. An zwei Betrunkenen. An Polizisten, die Ausweise kontrollierten.

Wir standen auf dem Bahnhofsvorplatz und Winterberg drehte sich um und schaute sich das große Bahnhofsgebäude an, das in den Abend strahlte.

»Wie ein Schrein«, sagte er. »Wie eine Kathedrale, ja, ja, wie ein Grandhotel, ja, ja, wie eine Gruft, ja, ja, wie eine Feuerhalle, ja, ja, …«

Dann schaute er in den Stadtplan. Wir gingen zum Kerepescher Friedhof, der ganz in der Nähe vom Bahnhof liegen soll.

Winterberg war begeistert von der hervorragenden Lage des Friedhofs, er freute sich, dass wir uns gleich die Gräber von Batthyány und Deák und Kossuth und den anderen großen Ungarn anschauen konnten. Er erzählte, er könne sich vorstellen, auch auf dem Kerepescher Friedhof neben Batthyány und Deák und Kossuth und den anderen ungarischen Helden begraben zu liegen, denn hier höre man sicher die Züge von Keleti pu, vom Ostbahnhof also. Er erzählte, wenn sich die Nacht über Budapest legt, hört man sicher diese wunderschöne Eisenbahnmusik vom Rangieren und Bremsen und Pfeifen der Züge und Lokomotiven, so wie auf dem Friedhof Heerstraße in Berlin oder auf dem Wiener Zentralfriedhof. Er erzählte, auch der Zentralfriedhof in Brünn sei schön, doch da hört man leider keine Züge, nur Straßenbahnen, und daher kann er sich nicht vorstellen, auf dem Zentralfriedhof in Brünn begraben zu liegen. Er erzählte, Lenka hat ihm auch eine Postkarte aus Budapest geschickt, doch er kann sich leider nicht erinnern, in welchem Hotel sie untergebracht war. Er erzählte, er weiß nicht, was Lenka in Budapest machte, bevor sie weiterfuhr, doch er ist sich sicher, Lenka schaute sich den Kerepescher Friedhof an und war an Gräbern der Frühgestorbenen sicher gerührt. Er erzählte, wie er das damals immer ein wenig albern empfand. Er erzählte, wie ihn die Erinnerungen an Lenka, die an den Gräbern der Frühgestorbenen weinte, jetzt umso mehr rühren und melancholisch machen würden.

Wir gingen zum Eingang des Kerepescher Friedhofs, doch dort blieben wir mit unserem Gepäck stehen.

Der Friedhof war schon geschlossen.

Es war kalt und wir gingen weiter in einem großen Kreis um den Kerepescher Friedhof herum. Winterberg wollte kein Taxi nehmen. Keine Straßenbahn. Wir gingen durch die dunkle Stadt an der Friedhofsmauer vorbei, es dampfte aus unseren Mündern und dann wählte Winterberg endlich aus seinem Baedeker das Hotel *Bristol* aus.

Doch er wollte nicht schlafen gehen.

Er wollte noch etwas essen.

Er wollte noch etwas erleben, wenn er schon in Budapest war.

Doch vor allem wollte er sich den Tunnel anschauen, wo Herr Horváth gewohnt und gearbeitet hat. Denn er glaubte es mir immer noch nicht.

Und so standen wir später auf der alten Kettenbrücke und schauten in die Donau. Es war schon Nacht und die Stadt war schwarz und der Fluss auch und es war kalt und außer uns war niemand da. Wenn ein Auto oder ein Bus kam, zitterte die Brücke ein wenig. Und Winterberg drücke sich mit dem Bauch an das Geländer, stellte sich auf die Fußspitzen und schaute in die Tiefe. Wie schon vorher in Linz. Wie schon vorher auf dem Hotelbalkon in Hradec Králové.

Wir gingen zum Tunnel, in den die Brücke mündete. Wir gingen an zwei großen Löwen vorbei, die die Brücke bewachten. Man sah ihre Zähne und Pfoten, sie schauten von der Brücke zum Tunnel. Wir gingen und sahen dann wirklich die kleine Wohnung in der Einfahrt des Tunnels.

In einem Zimmer brannte Licht. Und Winterberg schaute sich die Klingel an, wo kein Schild und kein Name stand. Und dann klingelte er.

Eine sehr alte Frau machte das Fenster auf. Sie hatte einen weißen Schal um den Kopf, sie wirkte klein, viel kleiner und zerbrechlicher als Winterberg, der schon sehr klein war, und erzählte uns etwas, was wir nicht verstanden. Es war auf Ungarisch. Sie erzählte und die Autos dröhnten durch den Tunnel. Es stank nach Benzin und Diesel und Rauch und die Frau erzählte und erzählte und Winterberg nickte und nickte, als ob er alles verstünde.

Und dann machte die Frau das Fenster zu und blieb am Fenster stehen und schaute auf uns runter. Sie rührte sich nicht. Sie stand einfach da und schaute auf uns. Wie eine Statue. Wie eine Sphinx.

Wir gingen und Winterberg sagte:

»War Herr Horváth eigentlich verheiratet?«

»Ja, ich habe zuerst seine Frau und dann ihn begleitet. Das passiert oft, der eine stirbt und der andere wird davon krank und stirbt dann auch. Ich war lange in Regensburg.«

»Und vorher, in Ungarn, war er verheiratet?«

»Das weiß ich nicht.«

»Etwas sagt mir, die alte Dame wartet auf jemanden, und wir waren es nicht. Vielleich ist es die alte Frau Horváth.«

Wir gingen über die Brücke und ich drehte mich noch mal um. Im Zimmer brannte immer noch das Licht und ich hatte das Gefühl, die alte Frau stehe immer noch am Fenster und schaue uns hinterher.

Wir gingen zurück in die Stadt.

Und saßen dann in einer Kneipe und aßen nicht Guylás oder Pörkölt, sondern einfache Schnitzelbrote. Das Schnitzel war gut. Und das Bier auch. Ich war schon müde und wollte ins Bett, doch Winterberg war nicht müde, er wollte erzählen. Er wurde wieder von einem historischen Anfall übermannt.

Er erzählte wieder von Ludwig von Benedek, der Ungar war. Von dem traurigen Helden der Schlacht bei Königgrätz. Von dem Trottel, wie Kaiser Franz Joseph nach der Schlacht über ihn sagte. Denn die, die verlieren, sind immer Trottel, obwohl es oft Helden sind, wie Winterberg sagte.

»Die, die gewinnen, sind auch Trottel, lieber Herr Kraus, denn es gibt keine Sieger bei einer Schlacht wie Königgrätz, die durch mein Herz geht, durch meinen Leib, durch meine Seele, ich spüre es immer noch, auch hier in Budapest, ja, ja, es gibt kein Entkommen, ja, ja, Benedek würde verstehen, wie es mir geht, er hätte in Italien bleiben sollen, hätte sich wehren sollen, als sie ihm befohlen haben, die Führung der Nordarmee zu übernehmen, so ist er jetzt der traurige Held dieser Schlacht, das traurige Opfer der Geschichte, der traurige Trottel von Königgrätz, so wie ich, so wie Sie, so wie wir alle, ja, ja, wir alle sind Täter und Opfer und Trottel, eigentlich sollte man einen Aufsatz über die Trottel der Geschichte schreiben, ein ganzes historisches Buch sollte man über die Trottel schreiben, ein Theaterstück oder eine Oper … Denn oft sind es die Trottel, die die Geschichte in die Sackstraße oder Sackgasse führen, die die Weichen falsch stellen und die Geschichte in den Abgrund führen, ins Grab, eigentlich sind die Trottel die wahren Helden der Geschichte, ja, ja, wir müssen nach Graz an das Grab von Benedek gehen und dort Blumen niederlegen, ja, ja, Cornus sanguinea, ja, ja, Svída krvavá … In Graz können wir uns auch das Geburtshaus von dem Thronfolger Franz Ferdinand anschauen, Palais Khuenburg, ja, ja, auch dort können wir Blumen niederlegen … In der Sackstraße von Graz geboren, in der Sackgasse von Sarajevo gestorben, die eigentlich keine Sackgasse ist, wie Sie in Sarajevo sehen werden, die aber der Fahrer Leopold Lojka in eine Sackgasse verwandelte, ja, ja, in eine Falle, in eine Feuerhalle, ja, ja, so kommt es im Leben, es reicht, einmal mit dem Auto falsch abzubiegen, und schon landet man in der Sackgasse vor einem Café und schon ist man tot und Ihre Frau liegt tot neben Ihnen, schon sind Sie, lieber Herr Kraus, äußerlich verblutet, und schon ist Ihre Frau innerlich verblutet, ja, ja, nicht einen, aber zwei Tunnel dieser besonders schmalen bosnischen Schmalspurbahnspurweite hat der Tunnelbauer Gavrilo Princip durch das Habsburgische Gebirge gebaut, ja, ja, mit diesen zwei Tunnels hat er das mächtig hohe Habsburgische Gebirge überschient … Nur zwei kurze Tunnel hat er gebaut, und doch hat er viel mehr gebaut, er hat die Gleise gelegt zum Ersten und zum Zweiten Weltkrieg und zum Kalten Krieg, ja, ja, ein Trottel biegt falsch ab, weil ein anderer Trottel ihm nicht sagt, er soll geradeaus fahren und nicht abbiegen. Und ein anderer Trottel sitzt zufällig vor dem Café und trinkt Kaffee und denkt darüber nach, sich umzubringen, und schaut sich das Automobil an, welches der andere Trottel vor seine Nase fährt, vor die Mündung seiner Pistole, was für ein tragischer Zufall der Geschichte, was für ein tragischer Unfall der Geschichte, so wie mein Fall, so wie unser Fall, so wie mein Unfall, lieber Herr Kraus … Warum sind es so oft solche Trottel, die am Anfang einer Katastrophe stehen? Aber die ganze Geschichte hat schon viel früher angefangen.«

»Bei Königgrätz.«

»Genau, genau, Herr Kraus! Sehen Sie, langsam fangen Sie wirklich an, historisch durchzuschauen.«

»So schwer ist es nicht.«

»Ich dachte, Sie hören nicht zu, Sie passen nicht auf, doch Sie sind noch nicht verloren, lieber Herr Kraus..«

»Danke.«

»Sie sind wirklich kein Trottel.«

Ich nickte, so wie ich immer nickte, und dachte mir, was ich mir immer dachte.

Winterberg war wieder von seinem Sturm eingenommen, er war nur mit sich selbst beschäftigt, mit seiner Fahrt durch die Geschichte. Er erzählte weiter und weiter.

»Ja, ja, so ist es … Die ganzen Katastrophen sind nur mit den Trotteln verbunden. Und so ist Benedek das traurige Opfer von Königgrätz und liegt in Graz begraben, und der Thronfolger Franz Ferdinand ist in Graz geboren und ist das traurige Opfer des Attentats von Sarajevo.«

Ein betrunkener junger Mann kam zu uns, hielt sich an dem Holztisch fest und wollte wissen, woher wir kommen, und ich sagte, aus Berlin und er sagte auf Englisch, gut, Hitler war gut, er hat es gut gemacht mit den Juden und Zigeunern. Die Zigeuner sind ein großes Problem, sagte er. Und die Juden. Und die Rumänen. Und die Slowaken. Sie alle sind das große Problem, das wir heute haben.

Und plötzlich war es still.

Winterberg redete nicht mehr.

Er schaute sich den Mann an und sagte, er solle gehen. Doch der Mann wollte nicht gehen, er wollte mit uns Schnaps trinken.

»Hitler was good.«

»Ach so?«, sagte Winterberg und schaute den Mann an, der sich über unseren Tisch beugte.

Winterberg lächelte den Mann an.

Und der Mann lächelte ihn auch an.

Winterberg nahm sein Glas, als wollte er daraus trinken, als wollte er mit ihm wirklich anstoßen. Er lächelte ihn nochmals an und haute dann plötzlich mit voller Kraft mit dem Glas auf seine Finger, und ich schwöre, dass ich hörte, wie sie unter dem schweren Glas zerbrachen.

Der Mann schrie auf, packte seine Hand und fiel um.

Und ich packte Winterberg.

Wir stürmten zur Tür.

Wir waren auf der Straße.

Ich zog Winterberg und Winterberg zappelte und lachte.

»Haben Sie das gesehen? Haben Sie das gesehen?!«

»Ja, ja.«

»Der Trottel. Haben Sie es gesehen?«

Ich schnappte nach Luft.

»Wo haben Sie das gelernt.«

»Im Krieg.«

Wir gingen weiter und Winterberg lachte immer noch.

»Haben Sie es gesehen? Das ist ein alter Trick, so muss man

mit den Trotteln umgehen, ja, ja, haben Sie es gesehen, Herr Kraus?«

Wir gingen und ich schaute mich die ganze Zeit um. Der Mann kam noch mit zwei anderen auf die Straße, sie sahen sich um und ich zog Winterberg in einen Hauseingang, in einen Club, wo junge Leute tanzten, und bestellte uns zwei Bier.

Wie waren die Ältesten.

»Das haben Sie gut gemacht«, sagte ich und lachte.

Er lachte auch.

Wir stießen an.

Die Leute tanzten. Die Musik war laut und die Lichter scharf und grell.

Wir schwiegen und schauten uns die schönen jungen Frauen an.

Winterberg und ich. Beide nicht mehr jung. Beide durchsichtig. Beide unsichtbar. Beide alt, nur der eine ein bisschen älter als der andere. Beide verloren, wie er sagte, und ich wusste, er hatte recht.

Wir schauten uns die jungen, hübschen, tanzenden Frauen an und suchten in ihren Körpern und Bewegungen und Gesten und Blicken die beiden Frauen, mit denen wir tanzen würden. Carla de Luca und Lenka Morgenstern.

VON BUDAPEST NACH ZAGREB

Am nächsten Tag nahmen wir die U-Bahn und fuhren zum Südbahnhof. Den ganzen Weg unter Budapest schaute ich mir einen Mann an, der keine Schuhe anhatte.

Winterberg blätterte in seinem Baedeker.

»Ja, ja, die elektrische Untergrundbahn, sehen Sie, schon 1896 erbaut und 1913 natürlich erwähnt, ganze fünf Zeilen, das war eine Neuigkeit, eine Revolution im Eisenbahnverkehr, eine viel wichtigere Revolution als die Revolution von 1848, wenn Sie mich fragen würden, ja, mit der Untergrundbahn hat es Budapest Wien gezeigt, ja, ja, was Fortschritt ist, was modern ist, so wie Reichenberg es Wien mit der Feuerhalle gezeigt hat, in Wien sind alle noch zu Fuß gegangen, doch in Budapest hat man schon eine Metro gebaut und in Reichenberg eine Feuerhalle.«

Seine Füße steckten in zwei Plastiktaschen, so wie sein Leben in zwei anderen größeren Plastiktaschen auf dem Boden steckte.

»Vom Gizella tér unter der Andrássystraße her in einer Viertelstunde nach dem 3,7 Kilometer entfernten Artesischen Bad im Stadtwäldchen, im Sommer alle 5 bis 7 Minuten.«

Der Mann stank.

»Wie es im Winter war, steht hier leider nicht.«

Zu seinen Füßen lag ein großer Hund.

»Schade eigentlich.«

In den Plastiktaschen, in welchen seine Füße eingewickelt waren, waren Löcher an den Fersen.

»Ja, ja, mein Baedeker ist leider eher für die Sommerreisenden geschrieben, eigentlich hätte man damals auch einen für die Winterreisenden schreiben sollen, so hat man immer das Gefühl, die Sommerreisenden haben von der Reise mehr als die Winterreisenden, als Reisende wie wir.«

Man sah eitrige, blutige Wunden.

»Ja, ja, die Welt war und ist ungerecht.«

Der Hund leckte seine Wunden ab.

»Wo bin ich denn hängen geblieben …«

Der Mann schaute auf seine Hände. Sie waren schwarz und wie verstaubt. Sein Gesicht auch.

»Ja, ja, hier … der letzte Wagen gegen 11 Uhr, das ist für eine Stadt wie Budapest natürlich ziemlich früh, ja, ja, früh schlafen gehen, früh aufstehen, so wie der Kaiser in Wien, ja, ja.«

Der Mann, der dreißig oder vierzig oder sechzig Jahre alt sein konnte, redete mit sich selbst. Doch dann schaute er hoch, lächelte ein wenig, als wäre er überrascht, dass er gerade jemandem in der U-Bahn begegnete, einer ehemaligen Geliebten oder einem Freund, und redete mit ihm.

»Die Stationen Deák tér, tér ist Platz …«

Doch vor ihm stand niemand. Nur zu seinen Füßen lag der Hund, der durch die Löcher in den Plastiktaschen seine verwundeten Fersen ableckte.

»*Váci körut*, Oper, Oktogon, *Vörösmarty utca, utca* ist Straße … *Köröndl, Bajza utca, Aréna út*, was ist *út*, ja, ja, das weiß ich nicht … Zoologischer Garten.«

An der Endstation stiegen wir aus. Der Mann nahm seine Taschen und stand auf. Der Hund tanzte um seine Füße herum und leckte im Gehen weiter seine Wunden. Der Mann stieg in den Zug zurück in die Stadt ein. Beim Gehen machte er kleine Schritte. Er schob langsam einen Fuß vor den anderen und der Hund lief um ihn herum mit der Schnauze an seinen Fersen und tanzte und leckte die Wunden an seinen Fersen ab.

Der Südbahnhof sah traurig aus. Das alte Gebäude, was Winterberg erwartet hat, stand hier schon lange nicht mehr. Der sozialistische Bahnhof war grau und kalt. Noch grauer war nur der Himmel über Budapest.

Wir fuhren los.

Winterberg schlief gleich ein und und ich auch, und als ich erwachte, las Winterberg aus seinem Baedeker nicht über Ungarn, sondern über die Semmeringbahn vor.

»Der Semmering, 980 Meter, ein Bergsattel auf der Grenze zwischen Niederösterreich und der Steiermark, 80 Kilometer südwestlich von Wien, ja, ja, zuerst ein Saumweg, dann eine 1728 vollendete Fahrstraße … Neben der Brennerstraße und der Straße über die Radtstädter Tauern die einzige Passstraße in den östlichen Alpen, eine neue Semmeringstraße wurde 1841 vollendet, hat aber ihre frühere Bedeutung durch die Bahn verloren, ja, ja, und so sollte es auch sein, lieber Herr Kraus.«

Winterberg las aus seinem Baedeker über die Überschienung der Alpen und schaute aus dem Fenster in die flache und schwarze ungarische Winterlandschaft.

»Die Semmeringbahn, ein Teil der Südbahn von Wien nach Triest, wir müssen wirklich nach Triest, ja, ja, war die erste große Gebirgsbahn und wurde 1848–54 von von Ghega gebaut, ja, ja, das wissen wir schon … Wenn auch neuere Alpenbahnen der Semmeringlinie in technischer Beziehung überlegen sind, so ist die Anlage doch in ihrer Art bahnbrechend gewesen und die Kühnheit der Bauten und die prächtigen landschaftlichen Bilder erregen noch immer Bewunderung, ihre Länge beträgt von Gloggnitz bis Mürzzuschlag 55 Kilometer, 15 Tunnel und 16 Viadukte, Maximalsteigung 1 : 40, der höchste Punkt der Linie, 897 Meter, liegt in dem 1430 Meter langen Semmeringtunnel, ja, ja, danach ging es gleich den Berg hinab, ja, ja, der Scheitelpunkt der Semmeringbahn liegt im Semmeringtunnel und der Scheitelpunkt der Eisenbahngeschichte in Mitteleuropa liegt im Jahr 1913, ja, ja, genau, das ist das Jahr meines Baedekers, das wahre Umsturzjahr, danach ging es mit der Eisenbahn und mit der Geschichte und mit Mitteleuropa auch nur bergab, lieber Herr Kraus, es ging steil bergab in die geistige Umnachtung, ja, ja, viele Fahrgäste sind danach in die geistige Umnachtung gestürzt, der eine früher, der andere später, und nein, nein, niemand konnte den Fahrgästen helfen, viele haben sich aufgehängt oder erschossen oder ertränkt und viele wurden erhängt oder erschossen oder ertränkt, und Strangleichen und Schussleichen und Wasserleichen sind keine schönen Leichen, wie mein Vater sagte … Der höchste Punkt der Strecke liegt um etwa einhundert Meter niedriger als der höchste Punkt der Böhmerwaldbahn auf dem Bahnhof von Kubohütten zwischen Winterberg und Wallern, lieber Herr Kraus, ja, ja, doch das weiß heute keiner mehr.«

Winterberg las und erzählte von den Gebirgsbahnen, und wir trieben durch die kalten, flachen Felder. Man sah kurz die Sonne hinter den dichten Wolken, die dann aber schnell wieder verschwand.

»Ja, ja, man sollte nicht nur *Die Überschienung der Alpen* lesen, sondern auch *Die Überschienung des Böhmerwaldes*, doch so ein Buch gibt es nicht, das Buch muss noch geschrieben werden, ja, ja, vielleicht sollten Sie es schreiben, denn ich schaffe es wahrscheinlich nicht mehr zu schreiben, ja, ja, wir sollten unbedingt nochmals nach Winterberg fahren und dann weiter Richtung Kubohütten, vielleicht geht es Ihnen diesmal besser und Sie schaffen es auszusteigen, ja, ja, und Sie zeigen mir die Stadt, so wie ich Ihnen Reichenberg gezeigt habe, gibt es eigentlich in Winterberg auch eine Feuerhalle? Wahrscheinlich nicht, oder? Wahrscheinlich ist der Ort dafür doch zu klein, obwohl manchmal auch kleinere Orte mit schönen Feuerhallen geschmückt wurden, so wie Semil zum Beispiel … Nein, nein, ich weiß, es ist nicht leicht, zu viele Erinnerungen, und nicht alle sind schön, eigentlich sind alle

Erinnerungen nur schrecklich, ich weiß, wie es Ihnen geht, lieber Herr Kraus … Sie haben es doch schon erzählt, ja, ja, man muss sich ständig wegen der eigenen Geschichte übergeben, ich kenne das, oh ja, wie gut ich es kenne … Aussicht bis Gloggnitz rechts, dann meist links … Bei Gloggnitz beginnt die Semmeringbahn, die Berglokomotive wird vorgespannt, die Bahn beginnt zu steigen, was für ein Bild, ich freue mich schon, wenn wir da sind, schön, schön, vielleicht steigen wir in Gloggnitz aus und schauen uns das Vorspannen der Berglokomotiven genauer an, ja, ja, sie sind traurig, lieber Herr Kraus, ich sehe es, ja, ja, die Böhmerwaldbahn kommt in meinem Baedeker viel kürzer als die Semmeringbahn und die anderen Alpenbahnen vor, und Sie haben recht, es ist ungerecht und wir müssen mit diesem Unrecht etwas tun, vielleicht schreiben wir zusammen ein Buch über die Überschienung des Böhmerwaldes, ja, ja, das können wir uns wirklich überlegen, wenn man Bücher liest, ist man weniger verrückt, wenn man Bücher schreibt, muss eigentlich ein Geisteskranker genesen, vielleicht hilft es uns, die Angst und die Trauer zu überschienen, ja, ja, im Schwarzatal links die große Papierfabrik Schlöglmühl, links der Sonnwendstein, im westlichen Hintergrund die Raxalpe.«

Und plötzlich verstummte er. Ich dachte zuerst, er wäre eingeschlafen. Wie so oft nach seinem historischen Anfall. Doch er schaute sich nur den großen flachen See an.

»Das muss der Plattensee sein … Ja, ja, der größte See Ungarns und Mitteleuropas, wie es im Baedeker steht, wie ein Meer, wunderschön, finden Sie nicht?«

»Ja, wie die Nordsee.«

»Nein, wie die Ostsee.«

»Ostsee?«

»Ja.«

»Ich war nicht an der Ostsee. Ich war immer nur an der Nordsee.«

»Ich war an der Ostsee.«

»Ich dachte an der Nordsee, in Holland.«

»Ja, aber vorher war ich auch an der Ostsee.«

Und plötzlich war Winterberg still.

Er legte das Buch ab und schaute aus dem Fenster. Der Zug fuhr direkt am See und hielt in einem Kurort nach dem anderen. Winterberg schwieg und dachte nach.

Ich wusste damals noch nicht, was er wirklich sah.

Worüber er wirklich nachdachte.

Ich schlief ein und wusste nur, später in Gyékénes wurden wir von der ungarischen und kroatischen Grenzpolizei kontrolliert. Der Zug hielt für eine halbe Stunde am Bahnsteig und man durfte nicht aussteigen. Man musste im Wagen bleiben, man durfte nicht mal vor der Tür rauchen.

Wir fuhren dann ganz langsam durch das Tor im Zaun mit Stacheldraht von Ungarn nach Kroatien weiter und Winterberg schaute dem Zaun und Stacheldraht lange nach.

Die Schaffnerin kontrollierte unsere Fahrkarten und fragte uns auf Deutsch, ob wir nach Zagreb wegen des Weihnachtsmarktes führen, denn der sei der größte und schönste Weihnachtsmarkt auf der ganzen Welt.

»Ja, ja, genau, der Weihnachtsmarkt! Deshalb fahren wir wirklich hin ... Wir freuen uns schon sehr, mein Sohn und ich«, sagte Winterberg und lächelte die Schaffnerin an.

Und dann waren wir in Zagreb und auf dem Platz vor dem Bahnhof war wirklich ein Weihnachtsmarkt aufgebaut mit vielen Buden, wo man essen und trinken konnte, und die ganze Stadt strahlte.

Doch auch in Zagreb konnte man keine Fahrkarte für einen Zug nach Sarajevo kaufen. Es wurde uns gesagt, nach Sarajevo fahren keine Züge mehr. Wir sollten den Bus nehmen.

VON ZAGREB NACH SARAJEVO

Es war früh am Morgen, es regnete und der Busbahnhof war überfüllt.

Alle waren müde.

Alle wollten weg.

Alle wollten nach Hause.

So wie Winterberg.

So wie ich.

So wie dieser Tag, der nicht anfangen wollte, der sich an den Bettrand klammerte.

Die Männer gähnten und rauchten, die Frauen gähnten und passten auf die Koffer und eckigen überfüllten Textiltaschen auf, die Kinder gähnten und spielten mit den Handys.

Ich kaufte uns die Fahrkarten. Wir hatten Glück, es waren die letzten Plätze, die noch frei waren, die letzten für einen Bus nach Sarajevo.

Und dann war es endlich so weit.

Der Bus fuhr vor.

Wir packten unser Gepäck in den Kofferraum.

Wir stiegen ein.

Bis auf uns und zwei junge Amerikaner waren alle Reisenden Bosnier, meistens Männer mit rauen Händen und kratzigen Stimmen und so tiefen Falten im Gesicht, dass man sich in ihnen verlaufen könnte, wie in den Tälern in den Bergen, die wir auf unserer Fahrt schon hinter uns hatten, wie Winterberg sagen würde. Man könnte sich in ihnen verlaufen und verlieren wie in der Geschichte, wie in der eigenen Geschichte, wie er sagen würde.

Doch Winterberg sagte nichts.

Gar nichts.

Er schwieg.

Und es ging ihm nicht gut.

Er war bleich.

Er war nervös.

Er starrte aus dem Fenster.

Ich schaute mir die Männer an. Sie waren laut und lachten.

Eine Flasche Schnaps machte die Runde, sie kreiste von Hand zu Hand und von Sitz zu Sitz und von Mund zu Mund. Die Flasche kam auch zu mir, ich nahm einen kleinen Schluck.

Es brannte im Mund.

Es brannte im Rachen.

Es brannte im Magen.

Ich wollte die Flasche weiterschicken, doch Winterberg schnappte plötzlich die Flasche und nahm auch einen tiefen Schluck.

Dann atmete er kurz auf und nahm noch einen Schluck, der noch tiefer war als der erste Schluck.

Tiefer und durstiger.

Und einer der Männer sagte zu uns auf Deutsch:

»Joj, joj, joj! Gut, gut! Ich sage es die ganze Zeit, wer trinkt, stirbt, joj, joj, joj, wer nicht trinkt, stirbt auch, joj, joj, joj. Aber wer trinkt, stirbt glücklicher, joj, joj, joj, weil er weniger merkt, wenn er stirbt, joj, joj, joj.«

Er lachte und die anderen lachten auch.

Der Mann sagte zu Winterberg, er komme aus München, wo er am Bau arbeite, zwei Monate hätte er seine Frau und Enkelkinder nicht gesehen, joj, joj, joj, immer, wenn er zurückkomme, seien seine Enkelkinder nicht um zwei Monate, sondern um zwei

Jahre älter, joj, joj, joj. Er wollte von Winterberg wissen, wo er herkomme, doch Winterberg sagte nichts.

Er saß da in seinem alten Wollmantel und starrte wieder aus dem Fenster.

Auf die Imbissbude.

Auf den Bahnsteig.

Auf die Straßenlaternen, die noch brannten, obwohl es schon längst hell war.

Ich kannte diesen Blick schon gut. Ich wusste, er schaut durch die Dinge, er schaut durch diese Welt, er schaut weiter, er schaut in die Leere, so wie er so oft in diese Leere schaute, in diese Leere, wo er so viel sah, in diese Leere, wo er sah, was die anderen nicht sahen und nie sehen würden.

Und dann sagte er: »Verrückt. Alles verrückt. Cornus sanguinea.«

Und der Arbeiter drehte sich zu ihm um und sagte:

»Und da hast du recht. Zwei Monate München, joj, joj, joj, zwei Wochen Sarajevo, joj, joj, joj, und wieder zwei Monate München, joj, joj, joj. Das ist verrückt. Und mein Chef meint, es ist normal. Ich sagte, joj, joj, joj, lass uns mal tauschen. Wollte er nicht.«

Er lachte und wollte wissen, warum wir nach Sarajevo fahren. Ich sagte, wir möchten da Weihnachten verbringen. Er wollte wissen, ob wir da jemanden haben, der auf uns wartet, uns abholt, jemanden, den wir besuchen, und ich sagte, ja, sie heißt Lenka.

Er meinte, Lenka, Lenka, joj, joj, joj, keine Frau in Sarajevo heißt Lenka. Und ich sagte, aber diese Lenka heißt Lenka, und er sagte, gut, gut, dann muss es wohl stimmen, joj, joj, joj.

Der Busfahrer rauchte mit dem zweiten Fahrer und drei Bosniern noch die letzte Zigarette. Sie erzählten sich noch einen Witz zu Ende, lachten und drückten die Zigaretten an einem Mast auf dem Bahnsteig aus.

Der Fahrer startete den Motor.

Der Bus erzitterte und seufzte.

Und fuhr langsam vom Bahnsteig ab.

Er fuhr zur Kreuzung.

Und dann auf die Hauptstraße.

Der Arbeiter sagte, er kenne keinen, der Weihnachten in Sarajevo verbringen und feiern möchte, also keinen Fremden, denn zu Weihnachten sollte man zu Hause auf dem Arsch sitzen, nur die Amerikaner müssten ihren Arsch bewegen, joj, joj, joj, so wie die zwei im Bus, die auch nach Sarajevo fuhren, sie feierten vielleicht gar kein Weihnachten, joj, joj, joj, wer wisse schon, was die Amerikaner überhaupt feiern. Sein Nachbar feiere Weihnachten nicht, er sei ja auch Muslim, joj, joj, joj, sie hätten sich aber immer gut verstanden, joj, joj, joj, sagte er, wer weiß, ob die Amerikaner an Gott glauben, joj, joj, joj, vielleicht haben Amerikaner kein Zuhause, vielleicht brauchen sie es nicht und deshalb reisen sie viel herum. Auch damals, im letzten Krieg und nach dem Krieg, sind viele Amerikaner nach Sarajevo gekommen, joj, joj, joj, sagte er, wenn wir kein Zuhause in Sarajevo hätten und Lenka auch nicht zu Hause wäre, könnten wir zu ihm kommen, er schreibe uns seine Adresse auf. Und er schrieb uns seine Adresse wirklich auf die leere Zigarettenpackung.

»Danke«, sagte ich.

»Nichts zu danken«, sagte er.

Seine Frau sei ganz lieb, sagte er weiter, joj, joj, joj, er freue sich, sie wiederzusehen, sie freue sich immer über Gäste und koche so gut, dass alle Gäste wiederkommen. So hatte er einmal einen Kroaten nach Hause gebracht, joj, joj, joj, er schlief auf den Treppen der Markthalle.

Ohne Decke.

Ohne Geld.

Ohne alles.

»Es hat ihm bei uns so gut gefallen, dass er eine ganze Woche geblieben ist.«

Er erzählte, dass der Kroate vielleicht noch länger geblieben wäre, hätte er sich an jenem Morgen nicht daran erinnert, dass er vor zwei Wochen in Rijeka Vater geworden war.

»So musste er zurück.«

Wir fuhren und Winterberg schaute weiter aus dem Fenster.

Der Arbeiter sagte, der Kroate war Eisenbahner, joj, joj, joj, Jugoslawische Staatsbahnen, joj, joj, joj, damals sind ja noch Züge gefahren, schöne lange Züge, von Ljubljana bis nach Skopje konnte man damals noch fahren, sagte er, nach Wien und Budapest und natürlich auch nach München.

Ich fragte, warum der Kroate nach Sarajevo fuhr, was hat er dort gesucht.

Und er sagte, joj, joj, joj, das ist es eben, ein Geheimnis. Der Eisenbahner konnte sich daran nicht erinnern, nichts wusste er und schon gar nicht, wie und warum er nach Sarajevo gekommen war und warum er auf den Treppen der Markthalle schlief.

»Er habe ein Loch im Kopf«, sagte er. »Na ja, das Leben besteht aus lauter Geheimnissen, wer hätte das gedacht. Aber die Fahrpläne, die hat er gekannt, joj, joj, joj, man musste nur Rijeka sagen, und er wusste sofort, wie die Züge fahren. Oder Bar. Oder Zagreb. Joj, joj, joj, wir alle haben ein Loch im Kopf, und deshalb müssen wir auch trinken, joj, joj, joj, um das Loch zu verstopfen, doch das geht nicht, denn so ein Loch kann man nicht verstopfen, so war es immer. Vor dem Krieg, joj, joj, joj. Nach dem Krieg, joj, joj, joj. Und so ist es jetzt. Und so wird es sein, wenn es wieder kracht, joj, joj, joj, aber damals, sagte er, damals in Jugoslawien, damals waren wir jung, joj, joj, joj, wir waren so jung und so schön, joj, joj, joj, unsere Frauen auch, joj, joj, joj, jung und schön, wir haben hier alle zusammen in einem Bett geschlafen, joj, joj, joj, das ganze Jugoslawien war ein großes Bett, und alles war gut, alles hat funktioniert, joj, joj, joj, nur, dann haben wir uns gehasst, joj, joj, joj, vielleicht war es doch die Eifersucht, ich weiß es nicht. In München teilte ich mir ein Zimmer mit einem Kroaten und mit einem Serben, viel zu teuer ist die Miete, joj, joj, joj, und so haben wir in München Jugoslawien wieder gegründet. Und es funktioniert, man darf zum Cevapcici nur nicht zu viele Zwiebeln essen, sonst kommt es wieder zu einem Knall, joj, joj, joj.«

Und Winterberg schaute aus dem Fenster und sagte:

»Verrückt. Alles verrückt.«

Und der Mann sagte:

»Da hast du recht, alles ist verrückt, joj, joj, joj, und die Flasche ist leer, joj, joj, joj, und die Reise lang, in den Bergen liegt sicher schon Schnee, in Sarajevo auch, Sarajevo ist nicht München, joj, joj, joj, in München liegen drei Zentimeter Schnee und alle sprechen vom Weltuntergang. Sie haben keine Ahnung, wie ein Weltuntergang aussieht, wie es uns geht.«

Und Winterberg schaute weiter aus dem Fenster und sagte:

»Verrückt. Alles verrückt.«

Und der Mann sagte:

»Ja, ja, so ist es, du hast recht, alles verrückt, die Deutschen sind verrückt, wir sind verrückt, ein Loch im Kopf, man muss viel trinken und viel vergessen, joj, joj, joj, doch so viel kannst du gar nicht trinken, um alles zu vergessen. Jetzt muss ich schlafen. Guten Morgen. Gute Nacht. Gute Reise.«

Er drehte sich um, sank auf seinen Sitz und schlief sofort ein.

Und Winterberg schaute weiter aus dem Fenster und sagte:

»Verrückt. Alles verrückt. Wie bei Königgrätz, wie in dem Wald von Svíb, der Bus wie ein Sarg … Auch Kroaten liegen bei Königgrätz begraben, ja, ja, wir alle liegen in einem tiefen, nassen Grab. Alles verrückt.«

Ich sagte nichts und schaute mir zwei Frauen um die fünfzig an, die zwei Reihen vor uns saßen.

Sie probierten gegenseitig den Kuchen, den sie für die Reise in die Heimat gebacken hatten, wahrscheinlich nach den Rezepten aus der Heimat.

Ich dachte, so ist es, die Kochrezepte, die reisen immer mit, ob man will oder nicht, so wie die Erinnerungen und Ängste und die ersten und letzten Lieben, die man hatte oder nicht hatte.

Sie zeigten sich die Geschenke, die sie für ihre Kinder und Enkelkinder und Männer gekauft hatten.

Weihnachtsschokoladen.

Kinderpuppen.

Flaschen mit Korn.

Ich sah ihre müden Gesichter. Ich sah in ihnen die Nächte ohne Schlaf gespiegelt, und ich wusste, es waren nicht Kinder oder Enkelkinder oder Männer, die ihnen den Schlaf klauten, es war nicht die lange, anstrengende Reise mit dem Zug oder Bus.

Es war der harte Kampf mit den hohen Wellen.

Mit dem starken Wind.

Mit der gefährlichen Strömung.

Ich war mir sicher, sie arbeiteten für die gleiche Firma wie ich.

Für die Überfahrt.

Für die Armee der letzten Hoffnung, wie Agnieszka immer sagte, die keine Hoffnung bringt, höchstens ein wenig Trost.

Ich war mir sicher, dass sie es genauso wie ich wissen, dass es keine Hoffnung gibt.

Nur die Reise.

Die Überfahrt.

Nur das andere Ufer.

Der Nebel.

Der Sturm.

Die Wellen.

Der Wind.

Die Strömung.

Die Endlichkeit.

Die Unendlichkeit.

Die Unwissenheit.

Die Liebe.

Der Tod.

Wir fuhren langsam durch Zagreb. Es staute sich. Zu viele Autos. Zu viele Baustellen.

Winterberg starrte aus dem Fenster auf die Autos und Straßenbahnen und Bauarbeiter und schwitzte.

»Wollen Sie sich nicht ausziehen?«

»Nein.«

»Es wird eine lange Reise.«

Winterberg sagte nichts. Er atmete schwer.

»Geht's Ihnen nicht gut?«

Sein Gesicht war ganz rot.

»Alles in Ordnung?«

Er schnappte nach Luft.

»Sie wissen doch, ich hasse Schienenersatzverkehr. Ich hasse Busverkehr.«

»Es fahren keine Züge, es geht nicht anders … Das ist kein Schienenersatzverkehr, wenn hier keine Züge fahren, oder. Es ist ein ganz normaler Busverkehr.«

»Es ist ein Schienenersatzverkehr, und basta.«

»Hier wird nichts ersetzt. Hier fahren keine Züge, und wo keine Züge fahren, da gibt es keinen Ersatzverkehr.«

»Sie können es gerne nachlesen, ob ich recht habe oder Sie. Ich will nur so reisen …«

Er reichte mir seinen Baedeker.

»Ja, 1913 war es vielleicht so, da gab es auch keine Busse. Aber heute ist es einfach anders. Damit müssen Sie leben.«

»Damit muss ich eben nicht leben, nein, nein, damit will ich nicht leben.«

»Und das ist vielleicht das ganze Problem.«

Er schaute mich aufgeregt an.

»Problem? Problem?! Ich sage Ihnen, was unser Problem ist … Wenn jemand heute nach Lemberg fahren will – Schienenersatzverkehr. Nach Triest – Schienenersatzverkehr. Nach Sarajevo – Schienenersatzverkehr … Bald gibt es in ganz Europa nichts anderes als den Schienenersatzverkehr. Da haben wir es wirklich weit gebracht, ja, ja, der Schienenersatzverkehr, das ist das wahre Königgrätz unserer Zeit, das wahre Königgrätz der Reisekultur, begreifen Sie es wirklich nicht? Ich hasse Schienenersatzverkehr wie die Pest, ja, ja, bald kann man alle Eisenbahnfahrpläne verbrennen und die Baedeker genauso, schön, schön, die ganze Geschichte verbrennen … Der arme Carl Ritter von Ghega, gut, dass er es nicht erleben musste, diesen Untergang der Reisekultur, diesen Zerfall seines Eisenbahntraums, gut, dass er lungenkrank war, gut, dass er so früh an Schwindsucht gestorben ist, gut, dass er auf dem Zentralfriedhof in Wien begraben liegt, der arme Mann.«

Er redete immer lauter und die Leute im Bus schauten sich nach ihm um.

»Ja, ja. Bisschen leiser … Wir sind hier nicht allein.«

Aber ich wusste schon, er wird nicht leiser sprechen.

»Das ist mir egal … Sie haben keine Ahnung, wie es mir geht.«

Winterberg schwitzte und wurde wieder von einem Sturm mitgenommen.

Er wurde wieder von dem nächsten historischen Anfall überfallen, der diesmal sehr ernst und sehr schwer war. Winterberg war dieser Sturm.

»Sie haben keine Ahnung von der Geschichte.«

Ein Sturm, der den Himmel schwarz malt.

»Niemand hat heute Ahnung von der Geschichte.«

Ein Sturm, der sich über uns breitmacht und uns die Muskeln zeigt.

»Niemand schaut heute historisch durch.«

Ein Frühjahrssturm.

»Niemand hat heute Ahnung von der Eisenbahn.«

Ein Sommersturm.

»Niemand hat Ahnung, wie es mir geht.«

Ein Herbststurm.

»Schienenersatzverkehr!«

Ein Wintersturm.

»Traurig, traurig.«

Der nächste Frühjahrssturm.

»Wir haben unser eigenes Grab im Svíber Wald ausgehoben, ja, ja, wir alle sind die Kanoniere der Batterie der Toten der Feuerburg von Chlum, ja, ja, nur nach fünf Stunden sind wir alle tot.«

Der nächste Sommersturm.

»Wir alle hängen heute im Arsenal in Wien auf dem Gemälde von Václav Sochor, ja, ja, die toten Menschen und die toten Pferde, acht Meter lang und fünf Meter hoch.«

Schwarze Wolken.

»Eine Gulaschkanone aus Menschenfleisch und Pferdefleisch.«

Starker Wind.

»Nicht nur Benedek war ein Trottel!«

Platzregen.

»Auch mein Vater war ein Trottel, als er geglaubt hat, eine Feuerhalle kann die Menschen versöhnen … Ja, ja, und ich bin es auch, ich bin auch ein Trottel … Wir alle sind das. Täter und Opfer und Trottel.«

Hagel.

»Und jetzt haben wir es, jetzt müssen wir unsere Suppe aufessen, die wir gekocht haben, ja, ja, die Suppe aus der Gulaschkanone.«

Blitze.

»Schienenersatzverkehr!«

Donner.

»Ich muss mich gleich übergeben.«

Der Bus fuhr immer noch sehr langsam und die Fahrgäste schauten sich nach Winterberg um.

»Vielleicht würde es reichen, wenn Sie sich nur ausziehen und kurz die Schnauze halten.«

»Ich will aber nicht.«

»Es ist warm hier.«

»Mir ist kalt.«

»Es ist warm. Sie schwitzen. Und Sie schreien.«

»Lassen Sie mich.«

»Vielleicht haben Sie Fieber. Sie sind wieder krank.«

»Nein, nein! Mir geht's gut. Trotz des Schienenersatzverkehrs, ja, ja, trotz Königgrätz, ja, ja, trotz des Attentats in Sarajevo. Mir geht es gut, mir ist nur kalt.«

»Wenn sie so schwitzen, dann haben sie Fieber.«

»Ich schwitze nicht.«

»Doch, Sie schwitzen.«

»Ich schwitze nicht.«

»Doch, Sie schwitzen.«

»Dann schwitze ich.«

»Dann ziehen Sie sich aus.«

»Ich will schwitzen, verdammt.«

»Na, dann schwitzen Sie, mir ist es egal. Aber halten Sie bitte kurz die Schnauze.«

»Wenn es Ihnen egal wäre, lieber Herr Kraus, dann würden Sie mich schwitzen lassen, aber nein, das geht nicht, Ihnen ist es eben nicht egal, Sie müssen sich immer kümmern, das ist auch eine ernste Diagnose, das ist eine Berufskrankheit, ja, ja … Ich bin kein kleines Kind.«

»Vielleicht war das der Schnaps. Er brennt ganz schön im Magen.«

»Lassen Sie mich in Ruhe. Warum müssen Sie sich immer so sorgen, verdammt? Lassen Sie mich … Sie schwitzen übrigens auch und sind ganz rot im Gesicht, ja, ja wie die Flusskrebse, die wir immer in der Iser gefangen haben, so einen roten Kopf haben Sie, ja, ja, Sie hätten in Brünn im Krankenhaus bleiben sollen, ja, ja.«

Dann beruhigte er sich ein wenig.

Wir schwiegen.

Wir fuhren.

Und ich dachte, ja, du hast recht, Alter, warum tue ich mir das an. In Sarajevo bringe ich dich in deine Sackgasse, vielleicht warten dort Franz Ferdinand und Leopold Lojka und Gavrilo Princip auf dich, dann kriege ich mein Geld und dann Tschüss und Auf Wiedersehen und Ahoj und Ciao und Bye-bye und dann kannst du mich am Arsch lecken und einen anderen Idioten finden, der dich nach Hause bringt.

Oder in die Irrenanstalt, wo du sowieso hingehörst, mit deinem Thronfolger und Benedek und von Ghega und dem Engländer und den Leichen im Svíber Wald.

Ich haue ab, mir ist egal, was mit dir passiert.

Aber wohin ich abhaue, das wusste ich auch nicht.

Vielleicht zu Josefa.

Ja, vielleicht.

Dort, wo sich die Gräber öffnen, dort, wo man die Geister sieht, dort im Wald der Toten, dort kann man sich sicher gut verstecken, sagte ich mir, und dachte an die Rehe am Wiener Zentralfriedhof, die dort auch keiner jagte, die dort mit den Toten in Frieden lebten. Und außerdem, ich habe doch nichts getan.

Entführung?

Quatsch.

Alles nur Schwachsinn.

Er hat mich entführt.

Nicht ich ihn.

Er hat mich gezwungen. Ich wollte nicht nach Sarajevo.

Ich war müde und machte die Augen zu.

Doch genau in dem Moment sprang Winterberg auf, schubste mich von meinem Sitz in den Gang und rannte nach vorn.

»Anhalten. Anhalten! Aufmachen!«, schrie er den Fahrer an.

Ich ging ihm hinterher.

»Ich muss raus hier. Ich muss raus!«

»Are you crazy?«, sagte der Busfahrer.

»Halt an. Halt an! Mach die blöde Tür auf, verdammt!«

Der Fahrer schüttelte den Kopf und hielt am Straßenrand an.

»Deutsche crazy. Deutsche Krieg.«

Winterberg sprang aus dem Bus, beugte sich am Straßenrand vor und fing an, sich zu übergeben.

Ich versuchte, ihn zu beruhigen, doch er war nicht zu beruhigen.

Ihm war schlecht.

Er kniete auf der kalten Straße unter der Werbung für den Urlaub in Dubrovnik und kotzte alles raus. Den Schnaps. Das Frühstück. Seine Angst. Die Tage auf der Reise. Seine ganze Geschichte.

Der Busfahrer stellte unser Gepäck auf die Straße und sagte:

»No money back for the ticket.«

Und ich sagte: »Ja.«

»Next time you walk to Sarajevo.«

»Sorry.«

»How sorry? No sorry. Germans crazy.«

»I am Czech.«

»Czechs are crazy, too. You Czechs are more Germans then Germans are Germans. You are the worst. I was in Prague once, I know it. You are lost. You are like Germans. You just drink and make this stupid jokes all the time, just like this.«

Der Fahrer schaute mich streng an und schüttelte den Kopf. Dann stieg er wieder ein und der Bus fuhr los. Ich sah im Fenster die Frauen von der Überfahrt, die uns anschauten. Ich dachte, ob sie mich wohl auch erkannten, ob sie wussten, dass ich auch einer von der Überfahrt bin.

Ich sah den alten Bosnier, den Arbeiter, mit dem ich vorher sprach.

Er lachte und zeigte mir die leere Schnapsflasche.

DER HAI

Es regnete und wir gingen am Rand der Hauptstraße in die Stadt zurück. Ich trug unsere Taschen und schaute mich alle zehn Meter nach Winterberg um, der mir am Straßenrand erschöpft und hinkend folgte, ob er noch da und nicht von einem Auto überfahren worden war.

Ich hatte die Schnauze voll.

Ich wollte zur Polizei.

Zur deutschen Botschaft.

Ich wollte endlich weg.

Ohne ihn.

Ich wollte endlich frei sein.

Frei und allein.

Wir gingen und ich dachte an die Erde auf dem Schlachtfeld bei Königgrätz, die die Toten nicht verdauen kann und sie bis heute noch ausbricht, so wie uns jetzt dieser Bus nach Sarajevo nicht verdauen konnte und deshalb rausspuckte. Kein Wunder, Winterberg ist eine schwere Kost.

Da hilft kein Bier.

Kein Schnaps.

Kein Sliwowitz aus Mähren.

Kein Becherovka aus Karlovy Vary.

Kein Marillenschnaps aus der Wachau.

Kein Rakija aus Sarajevo.

Da hilft nichts mehr.

Wir gingen vorbei an einer Tankstelle, wo sich zwei Männer zuerst kurz stritten und danach länger prügelten. Winterberg schaute sich die beiden Männer an und sagte kein Wort. Wir waren die Einzigen, die sich für die prügelnden, schreienden Männer interessierten. Die anderen tankten und bezahlten und fuhren los.

Wir gingen vorbei an einem Einkaufszentrum, wo man nur billige Betten und Matratzen verkaufte. Vorbei an den ersten Einfamilienhäusern. Vorbei an der Endhaltestelle der Straßenbahn, die wir dann zurück in die Stadt nahmen.

Nicht zum Busbahnhof. Zum Hauptbahnhof.

In der Straßenbahn schlief Winterberg ein, und ich dachte an Josefa, was sie jetzt so machte, wie sie Weihnachten feierte, ob sie am Heiligen Abend Karpfenschnitzel mit Kartoffelsalat zubereitete, ob sie schon einen Weihnachtsbaum zu Hause hatte, ob er aus dem Wald von Svíb kam. Ich hatte lange keinen Karpfen zu Weihnachten, so lange nicht, dass ich mich nicht erinnern konnte, wann es gewesen sein könnte. Ich habe lange kein Weihnachten mehr gefeiert. Ich dachte, wenn ich es hinter mir habe, fahre ich nach Königgrätz und zu Josefa und gehe mit ihr Bier trinken.

Wir saßen auf der Bank in der Bahnhofshalle vom Hauptbahnhof. Die Menschen sind an uns vorbeigerast.

Zu den Zügen. Von den Zügen.

Mit Gepäck. Ohne Gepäck.

Wir saßen auf der Bank in der Mitte der Halle. Es war kalt. Ich schaute mir ein paar Tauben an, die zu uns kamen und dachten, wir würden uns mit ihnen etwas teilen. Sie kamen immer näher und dann flogen sie wieder zurück und kamen wieder näher. Sie kamen an und zogen sich wieder zurück, so wie das Meer, so wie die kleinen grauen Meereswellen, so kamen die Möwen auf uns zu und flogen wieder ein paar Schritte von uns weg, die grauen Tauben vom Hauptbahnhof von Zagreb. In der Mitte war eine Taube, die nur ein Bein hatte, sie hüpfte auf diesem einen Bein zu uns und flog dann mit den anderen Tauben weg. Winterberg schaute die ganze Zeit nur auf diese eine Taube, auf diese kriegsversehrte Taube von Zagreb, das im Baedeker Agram heißt, mit 79 000 Einwohnern, darunter 4450 Deutsche und 4000 Magyaren, zwei durch einen Schienenstrang verbundene Bahnhöfe, Staatsbahnhof für Budapest, Fiume, Banja Luka, Sarajevo und Belgrad, und Südbahnhof für Steinbrück, Wien und Triest, wie ich im Buch las.

Und plötzlich war es ganz still, und ich musste daran denken, wie wir ganz ähnlich auf der Bank des Heeresgeschichtlichen Museums saßen. Da waren keine Tauben und auch keine Menschen, nur Winterberg und ich und die Stille nach der Schlacht bei Königgrätz, die wir uns auf dem Gemälde von Václav Sochor anschauten. Die Stille der toten Soldaten. Die Stille der toten Pferde. Die Stille nach dem Sturm. Diese Stille, die jetzt sehr der Stille des Hauptbahnhofs in Zagreb ähnelte.

Winterberg zitterte vor Kälte und wegen seines historischen Anfalls, ich stand auf und ging zum Bäcker. Die Tauben flogen hoch, drehten eine lange, sanfte Kurve über uns und verschwanden. Ich brachte uns Tee mit Rum.

»Danke.«

»Jo.«

Der Tee war warm und der Rum stark. Er tat uns gut.

Ein Mann kam zu uns. Er sah aus, als wäre er vor einer Stunde zusammengeprügelt worden.

»What do you search here. Can I help you?«

Er schaute uns an.

»No.«

»What do you search? I can help you.«

»No, I am afraid, you can't help us.«

Der Mann ging und setzte sich auf einen Schlafsack neben der Tür. Die Tür ging auf und wieder zu, und immer, wenn sie sich öffnete, sah man den Weihnachtsmarkt und auch das Reiterstandbild des Königs Tomislav auf dem Bahnhofsvorplatz, und es schien so, als würde der erste König von Kroatien jeden Augenblick auf seinem Pferd mit der Lanze mit dem Kreuz in der Hand in die Bahnhofshalle einreiten, als würde er für Ordnung sorgen. Oder den Zug nach Rijeka nehmen.

»Ich muss mich bei Ihnen entschuldigen. Ich fühle mich ein wenig derangiert.«

»Schon gut.«

»Ich kann keinen Schnaps trinken.«

»Das hat man gesehen.«

»Als wir die Gräber ausgehoben haben, haben alle Schnaps getrunken.«

»Welche Gräber denn.«

»Eigentlich durften wir keinen Schnaps bekommen, aber wir haben Schnaps bekommen.«

»Welche Gräber jetzt. Bei Königgrätz? In Sarajevo? Welche Gräber, verdammt?«

»In Holland … Das ist egal. Es hat keinen Sinn.«

»Ja, so ist es … Von Anfang an hatte es keinen Sinn.«

»Ich weiß.«

»Das ist schon mal nicht schlecht, dass Sie es wissen.«

»Und so vergeht die Zeit, es geht alles vorüber, es geht alles vorbei, oh, wie die Zeit vergeht.«

»Lassen Sie das. Ich kann es nicht mehr hören.«

»Das ist ein altes Soldatenlied. Das haben wir oft gesungen.«

Dann schwieg Winterberg und schaute in die Ferne, er schaute wieder durch die Menschen und Bauten und Dinge, er schaute in seine Leere, wo er das sah, was die anderen nicht sahen.

Und dann sagte er, er wusste es von Anfang an, diese Reise wird zu seinem persönlichen Königgrätz, zu seiner persönlichen Katastrophe, zu seinem persönlichen Untergang.

Ich fragte, warum sind wir dann gefahren, wenn er es wusste, und er sagte, dass er fahren musste. Er musste diese Reise unternehmen, seine Weltreise mit dem Baedeker für Österreich-Ungarn von 1913. Er musste sein persönliches Königgrätz erleben, denn nur wenn man sein persönliches Königgrätz erlebt, kann man sterben.

»Rache für Sadowa, ja, ja, Rache für mein Leben, ja, ja, Rache für mich. Rache für sie.«

»Für mich?«

»Nein. Für sie, meine Lenka.«

»Ich verstehe Sie schon wieder nicht.«

»Sie verstehen mich die ganze Zeit nicht.«

»Es ist auch nicht gerade leicht, Sie zu verstehen.«

»Ja, ich weiß, Sie haben recht, ich verstehe mich auch nicht gut. Das Geld kriegen Sie. Aber wir fahren nicht mehr weiter.«

»Was?«

»Es hat keinen Sinn.«

»Nein, wir fahren weiter.«

»Nein.«

»Doch, wir fahren. Wir sind doch fast schon dort. Keine Ahnung, warum wir nach Sarajevo müssen oder warum Sie dorthin müssen, aber wir fahren dorthin.«

»Es hat keinen Sinn.«

»Wir schaffen es. Ich will jetzt auch nach Sarajevo, bin neugierig. Wenn der Bus morgen voll ist, nehmen wir ein Taxi.«

»Nein. Wir bleiben hier … Es hat wirklich keinen Sinn.«

»Das hat es nicht, aber wir machen das, wenn wir schon so weit gekommen sind.«

»Ich sehe sie, Herr Kraus.«

»Das ist gut, dass Sie mich sehen.«

»Nicht Sie. Ich sehe sie.«

»Wen schon wieder … Die heilige Jungfrau Maria, die haben viele gesehen, die ich gekannt habe, das können Sie mir glauben.«

»Ich sehe sie jede Nacht, Herr Kraus, ich sehe sie auch jetzt. Sie ist die ganze Zeit mit uns.«

»Lenka?«

»Ja. Lenka. Meine Lenka.«

»Lenka ist tot, Herr Winterberg.«

»Ich weiß. Aber ich sehe sie, ich muss zu ihr, ich muss ihr folgen … Bis jetzt ist sie mir gefolgt, aber jetzt muss ich ihr folgen, ja, ja …«

»Lenka ist tot, Herr Winterberg.«

»Nein, ist sie nicht, ich sehe sie.«

Ich fasste an seine Stirn. Er schwitzte.

»Herr Winterberg … Sie haben wieder Fieber. Wir gehen ins Hotel, Sie legen sich hin. Und morgen fahren wir nach Sarajevo weiter, das tut Ihnen gut …«

Winterberg schwieg und schaute vor sich hin. Er schaute

in seine Leere. Wer weiß, vielleicht sah er doch wirklich seine Lenka. Die Tauben kamen wieder zu uns. Auch die Taube mit nur einem Bein steuerte hüpfend wieder unsere Bank an.

Ich schaute in den Baedeker. Ich fand die Seiten von Agram. Zagreb. Ich schaute mir den Stadtplan an. Und dann las ich davon, dass Zagreb nicht nur die Hauptstadt von Kroatien ist, sondern auch Sitz des Korpskommandos des 13. Armeekorps. Das schien den Schreibern des Baedeker besonders wichtig zu sein, so wie es auch Winterberg wichtig war.

Es geht um die Bahnverbindungen.

Es geht um die Tunnel.

Es geht um die Sehenswürdigkeiten.

Es geht um Übernachtung und Essen und Trinken und Baden.

Es geht um die Armee.

Es geht um den Krieg.

Es geht um den Tod.

Ich las über die elektrischen Straßenbahnen. Über die Post und das Telegraphenamt in Jurišićeva ulica. Über das Dianabad und die Save-Flussbäder links von der Eisenbahnbrücke über die Save. Ich las über die Obere Stadt und die Kapitelstadt und die Untere Stadt. Ich las über die belebte Ilica, die Hauptverkehrsader Agrams, wie es im Buch stand. Ich las über die von dem Kaiser gestiftete Franz-Joseph-Universität und über den Brunnen des Lebens.

»Hier steht weiter, von Agram an schöne Gebirgslandschaft … Vielleicht fahren wir nach Fiume, also Rijeka, und von da nach Sarajevo, das soll eine schöne Strecke sein … Malerische Aussichten … Vielleicht gibt es von da einen Zug, der uns weiterbringt.«

»Malerische Aussichten … Da muss ich mich auch gleich übergeben … Es gibt keine malerischen Aussichten mehr.«

»Aber das Meer tut Ihnen gut. Wenn es mit dem Zug wirklich nicht geht, mieten wir uns ein Auto und fahren nach Sarajevo.«

»Nein.«

Ich schaute in den Baedeker.

»Jetzt gehen wir ins Hotel.«

»Nein.«

»Vorher gehen wir in die *Budweiser Bierhalle* und essen was Schönes, eine richtig kräftige Rindersuppe oder Gulasch oder Wiener Schnitzel und dazu trinken wir ein Budweiser, das wäre doch was, Budweiser hat Ihnen doch geschmeckt… Prerarovićev. Vielleicht steht es noch.«

»Nein.«

»Doch, das machen wir jetzt. Wir können über die Feiertage auch hierbleiben, warum nicht, Weihnachten in Zagreb, das ist sicher auch schön.«

Die Tauben kamen und flogen wieder weg. Nur die hinkende Taube blieb und schaute sich Winterberg an.

Und dann nahm ich den Baedeker und fing an, über Bosnien zu lesen. Und über Sarajevo.

»Der russisch-türkische Krieg von 1878 berührte Bosnien nicht unmittelbar, auf dem Berliner Kongress wurde Österreich-Ungarn gestattet, Bosnien und die Herzegowina zu besetzen… Der Einmarsch der österreichisch-ungarischen Truppen, unter dem Oberbefehl des Feldzeugmeisters von Philippovich, erfolgte am 30. Juli 1878, doch bedurfte es monatelanger Kämpfe, bis das Land unterworfen war. Am 5. Okt. 1908 wurden Bosnien und die Herzegowina der Monarchie als gemeinsamer Besitz einverleibt…«

Ich las und Winterberg hörte zu.

»Die beste Jahreszeit für eine Reise nach Bosnien und die Herzegowina sind die Monate Mai, Juni und September, im Juli und August ist in der Herzegowina die Hitze oft drückend… Der orientalische Charakter der Ortschaften ist vortrefflich erhalten geblieben… Ein gut organisiertes Gendarmeriekorps sorgt für die Sicherheit des Landes … Gasthäuser … In Sarajevo, Ilidža, Mostar, Banja Luka, Jajce und an anderen Orten, wo sich Landesbehörden befinden und die Garnison liegt, findet man gute Gasthäuser mit mäßigen Preisen. Abseits der Poststraßen ist man auf die einfachen, aber sauberen Gendarmeriekasernen angewiesen … Bosnien hat eigene Briefmarken … Landessprache ist das Serbokroatische, das der südlichen Gruppe der slawischen Sprachen angehört, jedoch mit türkischen Wörtern stark durchsetzt ist. Die Beamten, die Gastwirte und fast alle Kaufleute in den größeren Orten sprechen Deutsch … *Svjetlo* ist Licht, *vatra* ist Feuer, *rakija* Schnaps, *pivo* Bier, *voda* Wasser …«

Ich las und Winterberg hörte zu und beruhigte sich.

Er machte die Augen zu.

»Ja, ja, lesen Sie bitte weiter, lieber Herr Kraus, ein wenig lauter bitte … Ich sehe es …«

»Ja.«

»Lesen Sie weiter, ich will nach Sarajevo, ich muss wirklich da durch, Sie haben recht …«

»Sarajevo, zwischen 537 und 682 Meter, sprich *Sarajewo*, die Hauptstadt von Bosnien, Sitz der Landesbehörden, eines Generaltruppeninspektors, des Korpskommandos des 15. Armeekorps, eines römisch-katholischen Erzbischofs, eines serbisch-orthodoxen Metropoliten und des moslemischen Reis-ul-Ulema, mit 51 900 Einwohnern … Davon sind 18 500 Moslems und 6400 Juden … Mit einer Garnison von über 5000 Mann …«

»Fünftausend Mann, sehen Sie, und trotzdem hat es dem Thronfolger und seiner Gattin nicht geholfen.«

»Sarajevo liegt in einem engen, von der Miljacka durchflossenen Tal, am Fuß und Abhang bis zu 1600 Meter aufsteigender, zum Teil bewaldeter Höhen.«

»Ja, ja, ich sehe es.«

»Die zahlreichen Minarette und die kleinen, gartenumgebenen Häuser der weit ausgedehnten Stadt bieten einen sehr malerischen Anblick.«

»Oh, das hat Lenka sicher sehr gefallen.«

»Den Fluss, der dicht oberhalb der Stadt in einer tiefen Schlucht das Gebirge durchbricht, überschreiten mehrere Brücken. Die Straßen am Fluss werden vorwiegend von Serben und Katholiken und Juden und der eingewanderten Bevölkerung bewohnt, während die Moslems mehr am Abhang der Berge ihre Wohnsitze haben.«

»Das muss ich mir merken …«

»Zwischen dem Bahnhof und der Stadt links die Militärkasernen, rechts das Landesmuseum, 1908–12 nach Plänen von Pařík erbaut …«

»Ja, ja, genau, Karel Pařík, bei Jitschin geboren, ein Böhme, ein guter Freund von Rudolf Bitzan, ja, ja … Pařík hat in Sarajevo viel gebaut.«

»Bei beschränkter Zeit: Besuch des Basars und der Husrev-Beg-Moschee, des Landesmuseums … Besteigung des Kastells … Ausflug zur Ziegenbrücke, Koševa-Tal, Miljevići …«

»Beschränkte Zeit … Wir sind nicht beschränkt. Wir haben Zeit. Lesen Sie bitte weiter.«

»Man verlege seinen Besuch auf die erste Hälfte der Woche, womöglich Mittwoch, weil dann Markt ist, am Freitag, Samstag und Sonntag ist die Stadt wegen der islamitischen, jüdischen und christlichen Feiertage weniger belebt.«

»Schön, schön.«

»Fremdenführer, den man sich vom Gastwirt bezeichnen lässt, 80 Heller die Stunde.«

»Ich weiß es alles schon, ich habe es tausendmal gelesen, aber lesen Sie bitte weiter, das beruhigt mich, ja, ja, Sie können sich nicht vorstellen, wie sehr mich das jetzt beruhigt.«

Ich las über die sechs Gebäude des Museums und den botanischen Garten. Über den Bogumilenfriedhof. Über die elektrischen Straßenbahnen. Über die staatliche Tabakfabrik. Ich las über die drei Hauptstraßen am rechten Ufer der Miljacka. Über die Franz-Joseph-Straße, in der die serbisch-orthodoxe Kirche liegt. Über die Ćemaluša-Straße mit der alten serbisch-orthodoxen Kirche. Über die Ferhadija-Gasse mit der Landesbank und der Markthalle. Ich las über den Basar, den Mittelpunkt des Handels- und Gewerbeverkehrs. Ich las darüber, dass der Basar, besonders mittwochs, belebt ist, wenn die Bewohner der Umgegend von weit her hier zusammenströmen. Ich las über das Gewirr von mehr als fünfzig Gässchen. Über die Holzbuden und steinerne Magazine. Über Schuster und Schneider und Grünzeughändler und Sattler und Kupferschmiede und Trödler. Über Silber und Gold und Kupferwaren und Metallarbeiten und Holzarbeiten und Stickereien und Rosenöl und Teppiche. Ich las darüber, dass viele der sogenannten orientalischen Sachen aus Österreich stammen. Ich las über die Husrev-Beg-Moschee. Über die moderne Ausmalung der Vorhalle und des Inneren. Über die fünfzig Heller, die man dem Wächter für das Aufschließen der Moschee geben sollte. Über die Überschuhe, die man vor dem Betreten der Moschee anlegen musste. Ich las über den Vorhof mit einem schönen Brunnen für religiöse Waschungen unter einer alten Linde. Ich las über die Leichen der Muslime, die hier kurze Zeit mit einem grünen Tuch bedeckt ausgestellt wurden. Ich las, dass ein daraufliegender Turban das Zeichen für einen Mann ist. Ich las über den Domplatz und die 1889 geweihte römisch-katholische Kathedrale mit zwei Türmen. Ich las über das Rathaus, 1892–95 in maurisch-byzantinischem Stil erbaut. Ich las über die Sinan-Tekija, wo donnerstagabends nach neun Uhr die heulenden Derwische ihren *Zikr* abhalten. Ich las, dass der Zutritt nicht gestattet ist. Ich las über den Franz-Joseph-Platz und die Franz-Joseph-Kaserne und den Konak, den

Sitz des Landeschefs und Generaltruppeninspektors. Ich las über die Teppichweberei. Ich las über das Militärkasino, Einführung erforderlich. Ich las über das Vereinshaus mit dem Herrenclub, Einführung nötig. Ich las über das Türkische Bad und das andere Schwitzbad mit sanfter Massage.

Ich las und Winterberg hatte die Augen zu und lächelte.

»Der Hauptbahnhof, Kopfstation, liegt drei Kilometer westlich vom Basar … Bahnhof Bistrik der Bahn nach Vardište und Uvac, an der Südseite der Stadt, Bahnhof der Lokalbahn nach Ilidža zwischen Hauptbahnhof und Stadt. Als Gasthöfe werden empfohlen Hotel *Europe*, Franz-Joseph-Straße 40, mit elektrischem Licht und Zentralheizung, 120 Zimmer zu 3 bis 6 Kronen … Oder Hotel *Zentral*, gelobt, oder Hotel *Royal* … Restaurants … Hotel *Europe* und Hotel *Zentral*, Vereinshaus mit Hofgarten und gutem Restaurant und *Friedrich* … Cafés … Hotel *Europe* und Hotel *Zentral* und *Czezner* gegenüber der Landesbank … *Tabory* und *Marienhof*, gegenüber der Tabakfabrik …«

Winterberg hatte die Augen nicht mehr zu. Er starrte vor sich hin. Und fing an zu weinen.

»Da ist es passiert, Herr Kraus, genau dort …«

»Wo?«

»Im Hotel *Europe*, das war die letzte Adresse von Lenka, ihre letzte Postkarte. Dort hat sie auf mich gewartet, ja, ja, und weil ich nicht kam … Ist Lenka aus dem Fenster gestürzt.«

»Was?«

»Ja. Aus dem Zimmer im dritten Stockwerk … Da hat Lenka ihre Höhenangst überwunden und sich in die Tiefe gestürzt.«

»Das stimmt so sicher nicht.«

»Doch, leider stimmt es genau so. Eine Freundin von ihr hat es mir nach dem Krieg erzählt.«

Wir schwiegen. Die Menschen gingen an uns vorbei.

Der verprügelte Mann kam wieder auf uns zu.

»What do you search? What do you need? I can help you.«

Wir sagten nichts und er ging.

»Ich sehe sie … Ich sehe sie wieder. Ich sehe meine Lenka … Ich muss zu ihr, bald.«

Ich klappte das Buch zu. Die Tauben flogen hoch und verschwanden. Auch die Taube mit nur einem Fuß.

»Ich schaffe es nicht, lieber Herr Kraus. Ich muss zu ihr … Nein, nein, ich will nicht nach Sarajevo. Das ist alles Unsinn. Das ist verrückt, ich weiß schon, wer der Mörder von Lenka ist. Ich bin's, Herr Kraus.«

»Was?«

»Ich habe Lenka verraten, Herr Kraus, ja, ja, ich war's, der sie ausgeliefert hat, ja, ja, ich bin schuld … Und die ganze Zeit sehe ich sie, ja, ja, ich muss mich von ihr jetzt verabschieden, ich muss zu ihr, sonst werde ich sie für immer sehen … Ich wollte nach Sarajevo, ich wollte ins Hotel *Europe*, ich wollte mir auch ein Zimmer im dritten Stock nehmen, ich wollte auch aus dem Fenster springen … Für alle Fälle habe ich noch das Seil eingepackt, und meine Pistole, ja, ja, falls das Hotel *Europe* ausgebucht sein sollte, falls ich ein Zimmer im ersten Stock bekommen würde, falls ich es mit dem Sturz in die Tiefe nicht schaffte, ja, ja, denn ich bin feige, lieber Herr Kraus … Ich habe es schon in Brünn probiert, doch ich bin feige, ich bin nicht so stark wie meine Lenka, meine Frau im Mond. Ja, ja, wie oft habe ich es mir vorgestellt, wie oft wollte ich es schon machen … Doch ich bin feige, lieber Herr Kraus, so ist es … Lenka, Lenka war mutig, ja, ja, Fenstersturzleichen sind keine schönen Leichen, so wie alle Freitodleichen, sagte mein Vater immer, doch die Selbstmörder sind die einzigen wahren Helden unserer Zeit, sie sind keine Versager, sie sind keine Trottel, lieber Herr Kraus, sie haben etwas geschafft … Ja, ja, die Kopfschussleichen sind keine schönen Leichen, Strangleichen sind keine schönen Leichen und auch

Fenstersturzleichen sind auch keine schönen Leichen, oft platzt ihnen der Schädel, oft fließt das ganze Gehirn über den Gehsteig, oft werden die Beine gebrochen, sagte mein Vater immer, doch Lenka war sicher eine sehr schöne Leiche, lieber Herr Kraus, sie war sicher die schönste von allen Fenstersturzleichen … Ich weiß, wo wir jetzt hinmüssen, ich weiß, wo wir sie finden.«

Ich hörte ihm zu und dachte, Winterberg ist nicht mehr zu helfen.

»Wir sollten Ihre Tochter anrufen.«

»Nein.«

»Doch.«

»Nein … Wir fahren zurück.«

»Nach Berlin?«

»Nein. An die Ostsee.«

»An die Ostsee. Alles klar … Zuerst nach Sarajevo. Jetzt an die Ostsee.«

»Dort werden wir sie finden. Ich weiß, wo, sie ist dort und wartet auf mich. Ich muss dorthin. Sie wartet.«

»Klar. Und all die anderen, die tot sind, warten dort auch.«

»So ist es … Sie haben mal von der Kneipe erzählt, von der Ihnen Ihr Vater erzählt hat, wo alle auf ihn warten … Das ist ähnlich.«

»Also, schon die Reise nach Sarajevo war verrückt. Aber das hier, das ist richtig bekloppt. Ich mache nicht mit, wir rufen Ihre Tochter an. Jetzt sofort.«

»Nein. Bitte nicht.«

»Diese ganze Reise, das war umsonst?«

Winterberg schwieg und schaute wieder in diese laute Leere, wo er sah und hörte, was die anderen nicht sehen und hören konnten. Er schaute sich die einbeinige Taube wieder an.

»Diese ganze Hochzeitsreise mit Lenka?«

Winterberg schwieg.

»Diese ganze bescheuerte Abschiedsreise?«

Winterberg schwieg und schaute in die Tiefe seiner Leere, in die Tiefe seiner Einsamkeit.

»Diese Beerdigungsreise?«

Winterberg schwieg und schaute zur Decke.

»Alles Unsinn?«

»Ja.«

»Sie sind wirklich krank.«

Winterberg schwieg.

»Was ist damals passiert?«

Winterberg schwieg weiter.

Die Menschen kamen und gingen.

Zu den Zügen.

Von den Zügen.

So wie gestern.

So wie vorgestern.

So wie vor hundert Jahren.

So wie in hundert Jahren.

Und dann stand Winterberg plötzlich auf und lief zu den Gleisen. Ich rannte ihm nach. Ein Zug kam. Winterberg rannte direkt vor den Zug.

Ich riss ihn zu Boden.

Die Leute schrien.

Winterberg lag auf dem Rücken und atmete schwer. Jemand wollte einen Arzt rufen, ich sagte, nein, kein Doktor, jemand wollte die Polizei rufen, und ich sagte, nein, keine Polizei, er ist nur ausgerutscht, no, everything's ok, this is normal, an old man, a little bit crazy.

Es regnete und wir gingen durch den leeren Weihnachtsmarkt.

»Geht es?

»Ja.«

Wir gingen zu der Reiterstatue des Königs Tomislav.

»Da, da ist es.«

»Ja.«

Wir gingen über die Ulica Baruna Trenka, die nach Franz von der Trenck benannt war, der als Mumie in der Kapuzinergruft in Brno begraben liegt, wie Winterberg sagte.

»Vorsicht, ein Auto … Soll ich Ihnen helfen?«

»Nein.«

Wir gingen ins Café im Hotel *Palace*, wo wir die Tage vorher untergebracht waren.

»Was möchten Sie trinken?«

»Einen Tee.«

»Wollen Sie was essen?«

»Nein.«

Wir waren die einzigen Gäste und Winterberg schaute lange auf seine Tasse mit Tee und auf mein Bier.

Und dann sagte er:

»Seebäder gibt es allerorten … Der Hai kommt, wenn auch selten, überall vor und gefährdet zuweilen selbst bei Triest die Badenden.«

»Was?«

»Seite 378 in meinem Baedeker.«

»Wir sind nicht in Triest …«

»Ich weiß.«

»Wir sind nicht mal am Meer. Wir sind in Zagreb. In Agram.«

»Ich weiß.«

»Wir gehen nicht baden. Es ist kurz vor Weihnachten.«

»Ich weiß.«

»Tut Ihnen etwas weh?«

»Nein.«

»Wir sollten vielleicht ins Krankenhaus, vielleicht haben Sie sich etwas gebrochen …«

»Nein, habe ich nicht …«

»Warum haben Sie das gemacht?«

»Mein Großvater war Jäger und sagte immer, die Tiere zu töten ist … nicht gut …«

»Doch wenn du schon ein Tier töten musst, mach es schnell.«

»Genau, so hat er es gesagt, Herr Kraus, sehen Sie, Sie haben sich doch etwas gemerkt.«

»Hm …«

»Der Hai, der kommt … Der Hai bin ich, lieber Herr Kraus, ich bin der Mörder von Lenka, ich habe sie verraten. Ich muss an die Ostsee. Nach Usedom.«

VON ZAGREB NACH BERLIN

Wir fuhren durch die Nacht.

Der Nachtzug nach Wien war nicht voll. Winterberg schaute aus dem Fenster und dann klappte er das Fenster auf, nahm seinen Baedeker und schmiss das rote Buch in die Dunkelheit..

»Mein Vater hatte doch recht, diese Welt existiert nicht mehr, alles nur ein Märchen … Alles nur gelogen.«

Er war nicht aufgeregt.

Er war ruhig.

Und müde.

Er schloss das Fenster und legte sich ins Bett.

Ich konnte nicht schlafen. Ich stand im Flur und schaute aus dem Fenster. Man sah nur einzelne Lichter. Eine Brücke. Straßenübergänge. Kleinere und größere Bahnhöfe mit Fahrdienstleitern, die in der Tür standen und rauchten. Und dann sah ich mich selbst im Fenster gespiegelt.

Ich kaufte mir vom Nachtschaffner ein Bier und holte mir aus dem Abteil das Buch, das mir Winterberg geschenkt hatte. Winterberg schlief, ich machte die Tür zu, ich setzte mich im Gang auf den Boden und fing an zu lesen.

Die Chronologischen Notizen zur Geschichte von Winterberg und Umgebung 1195–1926, verfasst von Josef Puhani, dem Schwarzenberg'schen Waldheger.

Ich las über das Jahr 1195 und über die Erbauung der Burg Winterberg durch den bayerischen Grafen Albrecht III. von Bogen. Ich las, dass man zu Winterberg auch kurz Windberg sagte. Ich las über den goldenen Steig. Ich las über Salz und Südfrüchte und Wein und feine Stoffe, die die Säumer aus Bayern nach Böhmen brachten. Ich las über Hopfen und Schmalz und Butter und Wachs und Fische und Glas und Bier und Branntwein und Silber, die die Säumer aus Böhmen nach Bayern brachten. Ich las über die vielen Überfälle. Über die Hussitenkriege und die Zerstörung von Prachatitz. Über die vielen Stadtbrände. Ich las über den 24. April 1479, als Winterberg vom König zur Stadt erhoben wurde.

Wir fuhren durch die Nacht und man sah nur die Nacht.

Ich trank Bier und las über die ersten Glashütten. Über die Gründung der Brauerei. Über das katholische Winterberg und über das protestantische Winterberg und über das wieder katholische Winterberg. Ich las über die deutsche Bevölkerung und über die tschechische Bevölkerung. Ich las über den Dreißigjährigen Krieg. Über Wallenstein. Über die Erbauung des Schlosses. Über den großen Stadtbrand von 1665 und über die Verarmung und Auswanderung. Ich las über Wälder und Moore und Bären. Über Jagd und Jagdunfälle und Wilderei und Raubschützen aus Böhmen und Bayern. Über den letzten Luchs, der geschossen wurde. Ich las über Gold. Über die neuen Handelsstraßen. Ich las über die Erfindung vom Kreideglas durch Michael Müller und das rasche Aufblühen der Glasindustrie. Ich las über die Kaufleute aus Prag und Wien und Hamburg und Danzig und Moskau und Indien, die wegen Glas nach Winterberg reisten.

Der Zug bremste und wir waren in Ljubljana.

In Laibach, wie Winterberg sagen würde.

Ich schaute kurz ins Abteil.

Er schlief.

Wir fuhren durch die Nacht und ich trank das nächste Bier und las über das Jahr 1694, als jemand zum ersten Mal in Winterberg Erdäpfel anbaute und mit ihnen zuerst nur das Vieh fütterte. Ich las über die Kirchen und Kapellen. Über Raufereien und Morde und Unglücke im Wald. Über die Soldaten, die durch Winterberg 1801 und 1804 und 1805 und 1806 marschierten. Ich las, wie die Soldaten die Wälder plünderten. Ich las, wie sehr der Wildstand darunter litt. Ich las über die Gründung der Landwehr als Ergänzung der Linientruppen. Ich las über den Feldzug von Napoleon gegen Österreich 1809 und über die Mobilisierung. Ich las über den Bau der Passauer-Chaussee. Ich las über die neue Glasfabrik Eleonora und über das weltberühmte Kristallglas.

Und dann sah ich es. Ich sah Krallen und Zungen und Fratzen. Sie waren hell und rot und gelb. Es waren Flammen. Auf einem kleinen Hügel sah ich ein brennendes Haus. Die Flammen waren hoch und sie krochen noch höher, sie griffen nach dem Himmel, sie wollten noch höher, sie griffen nach den Sternen und den Kometen, sie leckten sie ab und wollten noch höher steigen, sie wollten das ganze Universum anzünden.

Anzünden und verbrennen.

Und uns auch.

Ich spürte die Hitze der Flammen. Ich schwitzte.

Wir fuhren durch die Nacht und ich sah keine Menschen, keine Feuerwehr, ich sah nur das alte, brennende Haus auf einem kleinen Hügel im Schnee.

Irgendwo in Slowenien.

Irgendwo in Österreich.

Irgendwo in Europa.

Irgendwo in der Nacht.

Ich trank Bier und schaute noch lange in die dunkle Nacht und sah immer noch die Zungen und Krallen und Fratzen der Flammen.

Dann las ich weiter. Ich las über den neuen Nepomuk-Altar. Über den Tod des Glasfabrikbesitzers Johann Mayr durch einen

Schlaganfall beim Tanzen auf einem Ball. Über die erste Apotheke 1817. Ich las über Missernten und Hunger und Haferbrot und Krankheiten und Auswanderung nach Polen. Ich las über die neuen Glashütten. Ich las über das Klangholz und über die erste Resonanzbodenfabrik im Böhmerwald von Franz Wienert, später bekannt als »der Alte aus dem Böhmerwalde«. Ich las über die letzte Wildkatze, die 1827 erlegt wurde. Ich las über den Winter 1840, der so zeitig kam, dass die Leute die Erdäpfel im September unter dem Schnee hervorschaufeln mussten.

Der Zug fuhr durch die Nacht und ich holte mir noch ein Bier.

Ich las über das Umsturzjahr 1848 und die Gründung der Nationalgarde. Ich las über das Verschwinden von Hochwild und über den letzten Hirsch, der 1848 erlegt wurde. Ich las über das Jahr 1856 und den fürstlichen Auftrag, die Wälder der Herrschaft Winterberg nach der sächsischen Fachwerkmethode einzurichten. Ich las über die Anfänge einer planmäßigen Forstwirtschaft im Böhmerwald. Ich las über Sturm und Hagel und Feuer und Schrecken und Angst und Verwirrung und Tod.

Der Zug hielt in Villach an und blieb hier kurz stehen.

Es schneite.

Der Bahnsteig war leer.

Niemand stieg aus und niemand stieg ein.

Und dann pfiff der Schaffner wieder und wir fuhren weiter durch die Nacht.

Ich las über den Krieg 1866. Über die Niederlage bei Königgrätz. Über den Untergang der österreichischen Nordarmee. Über die Angst der Bevölkerung vor den Preußen. Ich las über die sächsischen Soldaten in Winterberg auf der Flucht nach Linz. Ich las über die Leiche von Nepomuk, die im Gasthof *Zum goldenen Stern* im Geheimen auf verborgenem Weg von Prag nach Salzburg Zwischenhalt machte. Ich las über die hohen Bierpreise und Schmalzpreise und Weizenpreise. Über die neuen Straßen und Waldungen und Waldarbeiter und Nutzholz und das Brennholz. Ich las über das Hochwasser am 30. Mai 1868. Über den Typhus und die Typhustoten. Über die heilige Innocentia. Über die fürstlichen Treibjagden auf Rehe. Ich las über den 1. Juni 1869, als die Pulverfabrik explodierte. Ich las, wie das ganze Werk samt den acht Arbeitern in die Luft ging, wie man den Knall vier bis fünf Kilometer weit hörte und wie die zerrissenen Menschenleichname feierlich beerdigt wurden. Ich las über den Urwald. Ich las über Franz Fuchs, der von einem gewissen Spitzenberger, der ein gefürchteter Raufbold war, am Ostermontag bei der Tanzmusik erstochen wurde.

Der Zug hielt wieder. Klagenfurt. Er blieb hier länger stehen. Der Schaffner sagte, er müsse hier stehen bleiben, sonst wären wir zu früh in Wien.

Wir fuhren weiter durch die Nacht und ich las über den 6. September 1870, als in Husinec die 500-jährige Geburtstagsfeier des Magisters Jan Hus abgehalten wurde, an welcher etwa 30 000 Menschen teilnahmen, wobei auch Gelehrte und Doktoren aus England und Russland und Preußen und Serbien und Polen und einer sogar aus Nordamerika anwesend waren. Ich las viel über den Fürsten Schwarzenberg. Ich las über die Gründung der Buchdruckerei von Johann Steinbrenner 1870. Ich las über das Erdbeben und einen fürchterlichen Knall, der aber keinen Schaden anrichtete. Ich las über die große Kälte im Winter. Über den vielen Schnee. Über die Menschen, die erfroren. Über das schöne Nordlicht am 4. Februar 1872. Ich las über den letzten Wolf, der 1874 erlegt wurde. Ich las über die Überschwemmungen und über noch mehr Schnee und über einen Kometen am Firmament. Ich las über die sechs Toten nach einer Arsenik-Vergiftung. Ich las über die neue Knabenschule. Ich las über die Eröffnung der Lokalbahn Winterberg–Strakonitz am 14. Oktober 1893. Ich las über einen schlimmen Wolkenbruch.

Ich las über die Eröffnung von dem neuen, modernen Schlachthaus. Ich las über die Erbauung der Lokalbahn Winterberg–Wallern 1899. Ich las über die Errichtung der ersten Telefonlinien vom Schloss Winterberg in die Reviere im Böhmerwald. Ich las über das Jahr 1900 und das erste Auto in Winterberg, welches das Personalauto des Herrn Glasfabrikanten Albert Kralik war. Ich las über die Brandkatastrophe vom 27. Juli 1904, die fünf Menschenleben forderte und in nur zwei Stunden 48 Häuser und den ganzen Ringplatz in einen Schutthaufen verwandelte. Ich las über die Feuerwehr und die Schläuche und die großartige Leistung der Winterberger Dampfspritze, die ohne Unterbrechung 38 Stunden pumpte und pumpte und pumpte, und doch konnte die Dampfspritze Winterberg nicht retten. Ich las über Tod und Verzweiflung und Not und Elend und Spenden.

Der Zug blieb wieder irgendwo stehen, es schneite mehr und mehr und ich war nicht müde und trank Bier.

Ich las über den Besuch des Kaisers Franz Joseph I. am 8. September 1905, der damals in der Gegend dem großen Militärmanöver beiwohnte. Ich las, der Landesfürst reiste mit dem Zug an und nach ein paar Stunden reiste er mit dem Zug wieder ab. Ich las über den Winterberger Bildhauer und Schnitzkünstler Franz Igler, der wochenlang in der Waldeinsamkeit den Hirsch belauschte und dann ein Stück des heimlich Erlauschten in naturgetreuer Wiedergabe schnitzte. Ich las, dass eine der schönsten Früchte dieser Studien der »röhrende Brunfthirsch« ist. Ich las, dass Kaiser Franz Joseph I. einige seiner Schnitzereien ankaufte. Ich las, dass Igler in Winterberg nicht die rechte Unterstützung fand und mit der Not zu kämpfen hatte und 1910 nach Wien übersiedelte. Ich las über Johann Steinbrenner, den Gründer des weltbekannten Kalender- und Gebetbuchverlages, der am 6. Mai 1909 starb. Ich las über die fürchterliche Unwetterkatastrophe vom 18. Mai 1911. Über Gewitter und Wolkenbruch und Wassermassen und Brücken, die weggerissen wurden. Ich las über das Elektrizitätskraftwerk Elektra von 1913. Über das Lichtspieltheater von Felix Pohl von 1914. Ich las über den 28. Juni 1914, als das österreichische Thronfolgerpaar in Sarajevo infolge einer großserbischen Verschwörung ermordet wurde. Ich las über den fürchterlichen Weltkrieg, der danach entstand. Ich las über die Mobilisierung und die braven und tapferen und verlässlichen Böhmerwälder im 91sten Regiment. Ich las über die furchtbaren Kämpfe in Serbien und entsetzlichen Entbehrungen und viel Not und die schrecklichen Verluste. Ich las über die Karpaten und Galizien und Italien. Ich las, wie das Regiment schließlich nach Bulgarien verschickt wurde, doch dann kamen der Umsturz und der Zusammenbruch. Ich las über Musterungen und Einrückungen und russische Kriegsgefangenschaft und Sibirien. Über die Verwundeten im Winterberger Schloss. Über Brotkarten und Kriegsanleihen und Flüchtlinge und Einführung der Sommerzeit am 1. Mai 1916. Ich las über die Abnahme von vier Glocken zu Heereszwecken. Über die Verwüstung und das Toben von Riesenschlachten. Über Tote und Vermisste und Gefangene und Verwundete und Invalide und Krüppel. Ich las über die Abnahme des Sterbeglöckleins vom Winterberger Stadtturm zu Heereszwecken 1917. Ich las über Elend und Jammer und Tränen und Murren und Klagen und Teuerung und Mangel und Hunger und Krankheiten und Seuchen und Leiden und Not und Tod und Zuchtlosigkeit der Jugend, welche die Menschheit, und ganz besonders auch die Böhmerwälder, durchmachen mussten. Ich las über den Umsturz und den Zusammenbruch des 600-jährigen Habsburgerreiches, das in kleine Staaten zerfiel.

Wir fuhren durch die Nacht und es schneite und aus einem anderen Abteil kam ein Mann und schaute kurz in die Dunkelheit. Und ging dann wieder schlafen. Und ich wusste kurz nicht, wo wir sind und wohin wir treiben.

Ich las über den 28. Oktober 1918 und das Errichten der Tschechoslowakischen Republik mit dem Präsidenten Dr. T. G. Masaryk an der Spitze. Ich las, wie nach dem Umsturz und dem Zusammenbruch in Winterberg Ratlosigkeit herrschte, wie einige Tage niemand wusste, zu wem die Stadt gehört, ob zu der Tschechoslowakischen Republik oder zu Österreich oder zu Deutschland. Ich las, wie dieser Zustand sehr beunruhigend wirkte, wie sich Unsicherheit und Diebstähle häuften, wie schließlich eine Schutzgarde von zehn ausgedienten Soldaten aufgestellt wurde. Ich las, wie am 23. November plötzlich ein Bataillon tschechoslowakischer Truppen in Winterberg einrückte und die Stadt besetzt hielt.

Wir fuhren weiter und weiter durch die Nacht. Man hörte, wenn der Zug von einem Tunnel verschluckt wurde, um wieder ausgespuckt zu werden. Man hörte das laute eiserne Rattern, wenn der Zug über eine Brücke fuhr.

Ich las, wie 1919 die tschechische Nationalkirche gegründet wurde. Ich las über die Volkszählung in der Tschechoslowakei. Über die 8 760 957 Tschechen und Slowaken und die 3 129 448 Deutschen und die 747 096 Magyaren und die 461 466 Ruthenen und die 75 852 Polen und die 180 535 Juden und die 23 052 anderen Nationen und über die 232 943 Ausländer. Ich las, dass im Gerichtsbezirk Winterberg 15 686 Deutsche und 11 786 Tschechen und 58 Juden und 212 Ausländer lebten. Ich las über die letzten Krieger, die am 2. Juni in Winterberg mit dem Zug aus der russischen Kriegsgefangenschaft vom Weltkrieg ankamen. Ich las über den Nonnenfalter, der am 27. Juli in großen Schwärmen in den umliegenden Waldungen plötzlich erschien.

Wir fuhren durch die Nacht und der Zug kam aus dem nächsten Tunnel und ich sah im Schnee das beleuchtete Denkmal von Carl Ritter von Ghega im Bahnhof Semmering.

Ich las über den Tod des völlig erblindeten Glasfabrikbeamten Julius Blechinger, der ein gemütlicher Böhmerwalddichter und tüchtiger Musiker war und in seinem Werk die Heimatliebe und den grünen Wald verherrlichte. Ich las sein Gedicht »Waldesruhe«.

Ich las über die Auflösung des Schützenvereins wegen der ungünstigen politischen Verhältnisse und den Bau der Militärbaracken hinter dem Bahnhof. Ich las über die Einweihung der vier neuen Glocken. Ich las über den 1. April 1924, als das Bodenamt dem Fürsten Schwarzenberg die Herrschaft über Winterberg kündigte. Ich las über die Einweihung des neuen Sterbeglöckleins. Ich las über den Verein »Winterberg in Wien«. Ich las über die Eröffnung des neuerbauten israelitischen Tempels am 3. Januar 1926 und den Brand im städtischen Eiskeller am selben Tag. Ich las über den Sturmwind und einen großen Wolkenbruch. Ich las über den 28. Oktober 1926, den 8. Geburtstag der Republik, als am Morgen an der Spitze des 36 Meter hohen Stadtturmes eine rot-weiße Fahne flatterte. Ich las über den Sattlergehilfen Eduard Lepschi, der, bereits das vierte Mal, um Mitternacht längs des Blitzableiterkabels hinaufkletterte. Ich las, wie er diesmal beim Zurückklettern unterhalb der Uhr abstürzte und noch am selben Tag starb. Er wollte berühmt werden.

Wir fuhren durch die Nacht und ich las über die Geschichte von Winterberg, das auch Windberg hieß und jetzt Vimperk heißt. Ich las über die Stadt, die ich so hasste und verlassen musste. Ich las über Winterberg und musste an meinen Vater, an meine Mutter und an meine kleine Schwester denken.

Wir fuhren durch die Nacht und ich fühlte, wie ich mit der Stadt zusammenwuchs.

Mit der ganzen Geschichte.

Seite für Seite.

Jahr für Jahr.

Notiz für Notiz.

Geschichte für Geschichte.

Ereignis für Ereignis.

Ich fühlte, wie ich zu diesem Buch wurde.

Wie ich zu Winterberg wurde.

Und dann waren wir in Wien. Und aus der Nacht war der neue Tag geworden. Ein trüber Morgen.

Wir fuhren nach Prag. Es schneite und der Zug war verspätet und ich schlief die ganze Zeit und Winterberg schaute aus dem Fenster und sagte kein Wort. Und wenn ich nicht schlief, sah ich vor mir wieder den alten Mann im Bett, der nur dalag und wartete, bis ihn jemand zum anderen Ufer bringt. Ich sah den alten Mann mit grauem Gesicht. Ich sah Winterberg als meinen Matrosen bei der Überfahrt wieder.

Wir fuhren von Prag nach Dresden und Berlin und es schneite mehr und mehr und der Zug war überfüllt und die Menschen wünschten sich Frohe Weihnachten und einen guten Rutsch ins neue Jahr.

In Berlin nahmen wir ein Taxi zu Winterbergs Wohnung.

Ich habe uns etwas zu essen geholt, und als ich zurückkam, bemerkte ich, dass Winterberg alle die alten Karten und Bilder und Stadtpläne und Schlachtpläne von den Wänden abgehängt hatte. Sie standen im Flur und Winterberg saß in der Küche und reichte mir den Umschlag.

»Das ist das Geld für Sarajevo … Sie müssen morgen nicht mitfahren … Aber ich muss, ja, ja, ich muss es tun.«

»Ich komme mit.«

»Sie müssen wirklich nicht, ich schaffe es allein.«

»Doch, ich komme mit, das ist mein Weihnachtsgeschenk.«

»Ich mag Weihnachten nicht.«

»Ich auch nicht.«

»Ich musste mich immer wieder von dieser Weihnachtsidylle übergeben.«

Winterberg lächelte ein wenig und schaute sich ein Bild an.

Ein kleines, altes Schwarz-Weiß-Foto, das er mir vorher noch nicht gezeigt hatte.

Auf dem Foto war Lenka. Lenka Morgenstern.

Eine junge Frau mit dunklen langen Haaren, schmalem langem Gesicht und schwarzen Augen. Lenka lachte auf dem Bild und draußen fing es an zu schneien.

»Sie hatte schöne Augen, ja, ja, ich liebte auch ihr Haar, ihre Brüste und ihre Beine … Doch am meisten liebte ich das Lorbeerblatt, ja, ja, ihr Muttermal zwischen den Schulterblättern. Dort habe ich sie gerne geküsst, und Lenka mochte es auch, wenn ich sie auf das Lorbeerblatt küsste.«

Das Radio berichtete über Krieg und Vertreibung und Mord und Krise und Angst und Verzweiflung. Und über einen heftigen Schneesturm, der über das Land zog.

Winterberg trank Tee und hörte ihm zu.

»Mein Vater sagte, der Tod kommt in Reichenberg immer mit dem schlechten Wetter, ja, ja, mit einem Wetterumsturz … So las er immer die Wettervorhersagen, ja, ja, er hat sogar öfters über das Wetter für *Die Einäscherung* geschrieben, er sagte, ein Leichenbestatter muss in Reichenberg ein guter Wetterbeobachter sein, ein Leichenbestatter und auch ein Frauenarzt, denn in Reichenberg hängt alles mit dem Wetter zusammen, ja, ja, bei schönem Wetter werden in Reichenberg Menschen geboren und bei schlechtem Wetter sterben die Menschen, wie er immer sagte … Im Sommer war in seiner Feuerhalle viel weniger los als im November oder im Dezember, ja, ja, genau, wenn sich der Nebel über die Stadt wie eine dicke Decke legte, ja, ja, Reichenberg kann für ganze Tage, für ganze Wochen, nein, für ganze Monate im Nebel begraben sein … Und so hat mein Vater die Novemberleichen oder die Dezemberleichen die Nebelleichen genannt.«

Winterberg trank Tee, schaute aus dem Fenster in das Schneegestöber und erzählte von den Sommerleichen.

Von den Herbstleichen.

Von den Winterleichen.

Und von den Frühjahrsleichen.

»Die meisten Menschen sind in Reichenberg im Februar und im März gestorben, ja, ja, es war kalt, doch die Öfen der Feuerhalle sind an den kalten Tagen nie kalt geworden, ja, ja, in diesen Monaten haben die Öfen immer geglüht, und weil sie so geglüht haben, ist immer das Frühjahr gekommen, wie mein Vater sagte, als ich noch ein kleiner Junge war … Im Sommer war es ruhig, doch wenn ein Wetterumsturz vorhergesagt wurde, da wusste mein Vater, es geht gleich los, ja, ja, im Kühlraum seiner Feuerhalle war Platz für fünfunddreißig Leichen und an schlechten Wettertagen waren oft alle Plätze belegt, ja, ja …«

Winterberg erzählte von den Januarleichen. Von den Februarleichen. Von den Märzleichen. Von den Aprilleichen. Von den Maileichen. Von den Junileichen. Von den Julileichen. Von den Augustleichen. Von den Septemberleichen. Von den Oktoberleichen. Von den Novemberleichen. Und dann erzählte er noch von den Dezemberleichen.

»Eine Einäscherung dauert etwa anderthalb Stunden, ja, ja, das bei knapp tausend Grad, mehr sollten es nicht sein, ja, ja, die Knochen müssen schön weiß sein, sagte mein Vater, ja, ja, so schön weiß wie der Schnee da draußen müssen die Knochen sein, lieber Herr Kraus, denn nur so zerfallen die Knochen zu feinem Staub, nur so kann sich die Seele befreien, ja, ja, wie ein Adler abheben und wegfliegen.«

Winterberg schaute in den Schnee und trank den Tee.

»Meine Leiche braucht wahrscheinlich ein bisschen weniger, Ihre Leiche, lieber Herr Kraus, wahrscheinlich ein bisschen länger, ja, ja, es würde auch davon abhängen, in welchen der beiden Öfen wir kommen, mein Vater sagte, der Ofen Nummer 1 hat um ein paar Minuten schneller die Leichen eingeäschert als der Ofen

Nummer 2, der Ofen Nummer 1 war auch immer um ein paar Grad heißer, egal, ob man mit dem Koks oder später mit dem Gas geheizt hat, keiner wusste warum, nicht mein Vater, nicht Rudolf Bitzan, nicht der Heizer Ponocný, das blieb für immer ein Geheimnis … Ja, ja, Sie würden wahrscheinlich ein paar Minuten länger brauchen, weil Sie so sehr das Bier lieben, lieber Herr Kraus, Bierleichen brauchen immer etwas länger, sagte mein Vater, das macht das Fett, das macht die Masse, sagte er … Doch keine Angst, lieber Herr Kraus, auch Sie wird das Feuer der Feuerhalle nach anderthalb Stunden mit ihrem Schicksal versöhnen, falls Sie es nicht vorher schaffen sollten, sich mit ihrem Schicksal selbst zu versöhnen, ja, ja, und jede Leiche, auch die dickste Bierleiche passt dann in eine Dreiliterurne … Keine Angst, lieber Herr Kraus, Sie sind noch nicht an der Reihe, Sie haben noch ein wenig Zeit, Sie sind keine Dezemberleiche … Und morgen, morgen müssen Sie wirklich nicht mitkommen.«

»Doch, ich komme mit.«

»Ich danke Ihnen, Herr Kraus … Wollen wir uns nicht eigentlich duzen?«

»Ich bin Jan.«

»Wenzel … Wenzel Winterberg … Nach dem heiligen Wenzel von Böhmen, nach unserem böhmischen Landespatron, der uns genauso wie die Wasserleiche von Nepomuk oder die Knödel oder das Bier oder die Moldau verbindet und zusammenhält, egal, ob wir Tschechisch oder Deutsch sprechen, ja, ja, lieber Jan, mein Vater schaute historisch durch, wie du sehen kannst, der heilige Wenzel versuchte, die Böhmen mit den Deutschen zu versöhnen und keinen Krieg zu führen, so wie mein Vater es mit seiner Feuerhalle, mit seinem Adler über Reichenberg versuchte, denn er hat seine Heimat genauso geliebt, wie der heilige Wenzel seine Heimat liebte, der heilige Wenzel wurde von seinem Bruder Boleslav am 28. September 929 oder 935 umgebracht, so wie später am 15. März 1939 im Reichenberger Ratskeller mein Vater von einem Henleintrottel, ja, ja, von einem verblödeten Hilfsarbeiter aus einer Zementfabrik, mit einem Bierkrug umgebracht wurde … Ja, ja, genau, der Wenzel war eine schöne Septemberleiche und mein Vater war eine schöne Märzleiche … Wenn am Anfang von einem Land, von einem Staat ein Brudermord steht, kann es nicht gut ausgehen, ja, ja, es gibt kein Entkommen, das kann man nicht so einfach wie die Alpen oder den Böhmerwald überschienen, nicht Königgrätz, aber der Brudermord ist der wahre Anfang von allen unseren Katastrophen, ja, ja, lieber Jan. Nein, nein, ich habe schon lange keine Angst vor dem Tod, die Todesangst kann man überschienen und den Tod auch, ja, ja, die Überschienung des Todes ist die größte Überschienung überhaupt, der wichtigste Durchstich, ich freue mich schon auf die Reise danach, ich hoffe nur, ich sitze nicht mit irgendwelchen Trotteln im Abteil, die historisch nicht durchschauen.«

Es schneite und im Radio lief Musik. Und Winterberg sagte, hör mal, der Anfang von Richard Wagners *Parsifal*.

»Mein Vater wünschte sich, dass ich Wenzel Winterberg heiße, denn wenn ich meine Initialen aufschreibe, also WW, sieht man in den Buchstaben die Berge, die um Reichenberg herumstehen, ja, ja, die die Stadt beschützen, so wie die Berge das ganze böhmische Tal beschützen, so wie die beiden Hüter des Todes seine Feuerhalle beschützen … Und in der Mitte, zwischen den WW, ragt der schönste Berg in den Himmel … Nein, es ist nicht der Jeschken, wie viele denken würden, es ist der Monstranzberg mit seiner Feuerhalle. So weiß ich immer, woher ich komme, sagte mein Vater. Und wohin ich gehen muss … WW.«

VON BERLIN NACH PEENEMÜNDE

Am Morgen schneite es immer mehr.

Der Wintersturm bahnte sich den Weg über Mitteleuropa.

Über uns.

Über Winterberg und mich.

Wir kauften uns die Fahrkarten nach Peenemünde. Wir fuhren los und es schneite und der Zug war verspätet, so wie alle Züge an diesem Tag verspätet waren. Winterberg schaute aus dem Fenster in die verschneite Landschaft. Lang schwieg er und erst irgendwo bei Prenzlau fing er zu erzählen an.

»Durch mein Herz geht nicht die Schlacht bei Königgrätz, nicht das Attentat von Sarajevo, nicht Austerlitz, nicht alle die anderen Schlachten … Die sind nicht mein Grab, lieber Jan. Mein Grab liegt auf Usedom. Und dort ist auch ihr Grab … Ich habe ihr versprochen, ich komme nach … Nach Brünn und nach Wien und nach Budapest und nach Sarajevo und dann weiter, doch ich habe es nicht gemacht, ich war zu feige … Ich habe Lenka verraten, lieber Jan, ich habe sie umgebracht, ich bin der Mörder, den ich suche, ich habe mich von ihr getrennt … Ja, ja, ich war erleichtert, dass sie weg war, lieber Jan, sie war mir eine Last, sie haben mich wegen ihr ausgelacht, meine Freunde, und auch meine Mutter, mit so einer Frau kannst du doch nicht ausgehen, du weißt doch, eine Jüdin, das ist nicht schön, das ist nicht gut, das gefällt mir nicht, so eine kommt mir nicht ins Haus, ich will mich nicht für dich schämen, was sagen die Leute? Ja, ja, so war es damals in Reichenberg … Als Hitler auf dem Marktplatz angekommen ist, war der Platz ganz voll, ich war auch da, alle haben gejubelt, Hitler fuhr wieder ab und dann ging es erst richtig los, ja, ja, die Tschechen hat man durch die Straßen gejagt, die Juden hat man durch die Straßen gejagt, die Kommunisten hat man durch die Straßen gejagt, die Sozialdemokraten hat man durch die Straßen gejagt, alle Volksverräter hat man durch die Straßen gejagt, und meine Mutter machte mit, ja, ja ... An dem Abend hat sich der Vater von Lenka in seinem Geschäft aufgehängt, ja, ja, so war es damals in der wunderschönen Stadt Reichenberg, man kann sich nur übergeben ... Was ich dich immer fragen wollte, Jan ... Kraus, Kraus ist auch so ein jüdischer Name, oder?«

»Das weiß ich nicht.«

»Doch, ich meine ja ... Mit mir ist ein Kraus in die Lehre gegangen ... Leider hat er es nicht geschafft zu flüchten.«

»Darüber habe ich nie nachgedacht. Ich kann auch keinen mehr fragen oder so ... Es ist mir auch egal.«

»So ist es ... Es ist egal, klar ... Lenka wusste es lange nicht ... Bis zu ihr einmal in der Schule zwei Henleintrottel gekommen sind und ihr gesagt haben, du, Lenka, sag mal, du bist doch keine richtige Deutsche, weißt du das? Du kannst hier mit uns nicht sein ... Verpiss dich, du Schlampe ... Sie war vielleicht dreizehn ... Ja, ja, so war es damals in Reichenberg ... Und ich Trottel machte auch mit, ich weiß, alles verrückt ...«

»Das ist doch alles schon vorbei, schon so lange her.«

»Eben, eben ... Es ist nicht vorbei ... Es ist wie gestern.«

Der Schneesturm wurde immer stärker. Man sah nur noch die weißen Wolken, durch die unser Zug raste.

»Ich habe Lenka verraten, ja, ja, ich war sogar erleichtert, als sie wegfuhr ... Ich habe ihr versprochen, ich komme nach, doch ich wusste schon damals am Bahnhof in Reichenberg, in der Unterführung, ich komme ihr nicht nach, umso mehr habe ich sie dann geliebt und umso mehr vermisst, ja, ja, alle meine Frauen waren Lenka ähnlich, alle … Und doch waren sie nicht Lenka … Zu spät, zu spät, ich weiß, was du sagen möchtest, alles verrückt, ich bin verrückt, ich weiß … Ich danke dir, dass du mitkommst.«

»Aber warum dorthin …«

»Ja … Warum … Dort habe ich sie zum letzten Mal gesehen.«

»Es ist wirklich nicht leicht zu verstehen.«

»Du wirst es bald verstehen.«

In Züssow stiegen wir bei Schnee und Wind um. Der Bahnhof war leer und der Triebwagen Richtung Usedom genauso. Winterberg saß gegen die Fahrtrichtung, schaute aus dem Fenster, doch man konnte fast nichts sehen, und dann schaute er auf seine Hände und dann schaute er sich um. Immer wieder drehte er sich um, als wäre hier noch jemand, der mit uns fährt.

Der ihm folgte.

Der ihm verfolgte.

»Verrückt. Alles ist verrückt … Alles ist so weit weg. Und doch ist alles da.«

Dann schaute er wieder aus dem Fenster in den Schnee und Sturm, und ich wusste, unsere Reise wird nicht nur zu seinem, sondern auch zu meinem Königgrätz.

Er ist verrückt.

Ich bin verrückt.

Geistige Umnachtung.

Er landet in einer Irrenanstalt.

Ich lande in einer Irrenanstalt.

Oder im Knast.

Und doch fuhr ich mit.

Winterberg war der erste und der einzige Matrose, den ich bei der Überfahrt zurückbrachte. Und ich wusste, dafür werde ich jetzt bestraft, das darf nicht passieren. Auch unsere Schiffe fahren nach einem Fahrplan. Sie fahren mit den Matrosen nur in die eine bestimmte Richtung. Sie kommen immer leer zurück, nur mit dem müden Kapitän am Steuerrad. Mit einem Kapitän, der dann saufen muss. Es war mir klar, dass ich dafür bestraft würde, dass unser Schiff kenterte.

Ich schaute mir Winterberg an, der gerade schlief. Draußen sah ich ein altes graues Haus mit einer zerfetzten Deutschlandfahne und mit einer neuen Reichsfahne auf einem Mast und mit ein paar Pferden, die im Schneesturm auf der Weide standen und sich den Zug anschauten. Und ich schaute mir wieder den alten kleinen, zierlichen Mann mit dicker Hornbrille an, die er ständig putzte, weil er vielleicht glaubte, so nicht nur besser in die Ferne schauen zu können, sondern auch die Geschichte besser durchschauen zu können. Ich schaute mir den alten, müden kleinen Mann an, der so alt wie die Tschechoslowakische Republik war. Wie die Feuerhalle in Reichenberg.

Ich schaute mir Winterberg an und dachte daran, wie oft ich überlegt hatte, ihn irgendwo zu verlassen.

Mit seinem Baedeker. Mit seinem Vergrößerungsglas. Mit seiner Brille. Mit seinem Wintermantel. Mit seiner Geschichte. Mit Cornus sanguinea. Mit seiner Pistole. Mit seinem Seil. Mit seinen historischen Anfällen. Mit seinem ganzen Wahnsinn. Mit Lenka. Mit allen seinen toten Frauen. Mit dem Engländer. Mit seiner beautiful landscape of battlefields, cemeteries and ruins. Mit allen den Wasserleichen und Strangleichen und Fenstersturzleichen. Mit seinen Feuerhallen. Mit seinen Zentralfriedhöfen. Mit seinen Eisenbahnen. Mit seinen Bahnhöfen. Mit seinen Überschienungen. Mit seinem Krieg. Mit seinem Nebel. Mit seinen Schlachten. Mit seinem Königgrätz.

Ich hätte es tun sollen, doch ich tat es nicht.

Der Zug hielt in Wolgast an und wartete auf den Triebwagen aus der Gegenrichtung. Es schneite immer stärker und man sah immer weniger.

Winterberg zeigte auf die Fahrkarte.

Peenemünde.

»Wir sind gleich da … Ich war hier im Krieg als Soldat, eigentlich als Lokführer, plötzlich war jedem egal, dass meine Augen für einen Lokführer eigentlich zu schwach waren.«

Der Zug fuhr los und Winterberg erzählte.

»Diese Brücke stand hier damals nicht, man musste immer über Swinemünde fahren, diese Strecke bin ich nie gefahren.«

Er erzählte vom Krieg und von der Sperrzone und der Heeresversuchsanstalt und von neuen geheimen Waffen. Er erzählte von den Raketen, die hoch über die Insel flogen. Von den Raketen, die explodierten. Er erzählte von der Brennkammer des Raketenmotors, die man Herzstück nannte und die ihn an die beiden Öfen der Reichenberger Feuerhalle erinnerte, die Ponocný zwei Herzstücke nannte. Er erzählte von Offizieren und Wissenschaftlern und SS-Männern und deren Frauen und den Kindern. Er erzählte vom Baden im Meer. Er erzählte vom Professor im weißen Kittel, der die Raketen entwickelte. Er erzählte von seiner schönen Sekretärin. Er erzählte, wie er nach der Schicht oft im *Schwedenkrug* saß. Er erzählte, wie in die Wände die schweren schwedischen Kugeln einbetoniert wurden, die man in Peenemünde nach dem Dreißigjährigen Krieg gefunden hat. Er erzählte, wie er aus Langeweile zu zeichnen und zu malen anfing. Er erzählte, wie er Lenka malte und wie er sich dabei an den Film *Frau im Mond* erinnerte, den er mit Lenka im Kino Urania in Reichenberg gesehen hatte. Er erzählte, wie sehr Lenka den Film liebte. Er erzählte, wie ein Offizier das Bild von Lenka eines Abends sah und ihn fragte, ob er das Bild nicht haben könnte. Er erzählte, er wollte das nicht. Er erzählte, Lenka war auf dem Bild halbnackt. Er erzählte, er sagte keinem, wer die Frau war. Er erzählte, wie der Offizier seine Zeichnung von Lenka am 3. Oktober 1942 auf den Bug einer Testrakete klebte. Er erzählte, wie die deutsche Nazirakete mit der böhmischen Jüdin Lenka aus Reichenberg als die erste Rakete in der Geschichte der Menschheit zum Himmel flog. Er erzählte, wie die Nazis und der Professor jubelten und die ganze Nacht im *Schwedenkrug* feierten. Er erzählte, die Rakete mit der Frau im Mond, die seine Lenka war, flog bis zum Mond. Er erzählte, es war ihm egal, als die anderen sagten, dass es nicht stimme. Er erzählte von den nächsten Raketen. Er erzählte, dass an den Raketen Blut klebte. Er erzählte, dass bei der Herstellung der Raketen viel mehr Menschen gestorben sind als bei den Anschlägen. Er erzählte von den tschechischen Zwangsarbeitern und den Kriegsgefangenen und den KZ-Häftlingen. Er erzählte von den Luftangriffen. Er erzählte von dem Engländer, der Peenemünde bombardierte und es in the beautiful landscape of battlefields, cemeteries and ruins verwandelte. Er erzählte von Brandleichen und Bombenleichen. Von Geschrei und Chaos und Wut und Panik und Angst. Von den vielen toten Häftlingen. Von den Blindgängern am Strand. Von den Gräbern im Sandboden. Vom Kalk, mit dem man die Leichen bestreuen musste. Davon, dass es aussah, als ob man die Leichen mit Schnee bestreute. Er erzählte, wie er als Lokführer versetzt wurde. Er erzählte von den Zügen mit den Raketen nach Holland. Er erzählte vom Tod in Antwerpen. Er erzählte vom Kriegsende. Von der Kapitulation. Von der Kriegsgefangenschaft. Er erzählte, wie er dort Englisch lernte. Er erzählte, wie er nach drei Jahren nach Berlin kam. Er erzählte von not very beautiful landscape of battlefields, cemeteries and ruins in der zerstörten Stadt. Er erzählte von den leeren Blicken und grauen Gesichtern. Er erzählte von Not und Verzweiflung und Freitod. Er erzählte, wie er wieder Straßenbahnfahrer wurde. Er erzählte von der Einsamkeit der vielen Frauen, die auf ihre Männer warteten und mit ihm schliefen. Er erzählte, er dachte die ganze Zeit an Lenka. Er erzählte, wie er sie vergessen wollte. Er erzählte, wie er sich verbot, an sie zu denken. Er erzählte, wie er alle Zeichnungen von ihr verbrannte. Er erzählte, wie er sie nicht vergessen konnte. Er erzählte, wie er wusste, einmal muss er ihr nach, um sich mit seinem Schicksal zu versöhnen. Er erzählte, wie er an der Geschichte erkrankte. An historischen Anfällen. Er erzählte, wie er sich im Nebel der Geschichte verlor.

Im Zinnowitz stiegen wir um. Winterberg war müde und schaute auf die verschneiten Gleise.

»Einmal musste ich hier helfen, einen Zug auszuladen … Mit Häftlingen. Viele waren tot.«

Wir fuhren weiter und waren die Einzigen, die in Peenemünde aus dem Zug ausstiegen.

Es schneite und der Lokführer stand mit dem Schaffner in der Tür. Sie rauchten und schauten uns an. Der Wind war stark und kalt und trieb über uns die schweren schwarzen Wolken mit Schnee.

»Seid ihr sicher, dass ihr nicht zurückkommt?«, fragte der Schaffner.

»Ja, ja«, sagte Winterberg.

»Das ist heute der letzte Zug«, sagte der Lokführer.

»Aber im Fahrplan steht doch …«, sagte ich.

»Fahrplan ist Fahrplan und Winter ist Winter. Das ist der Polnische, das ist kein Spaß.«

»Wie, der Polnische?«

»Der polnische Sturm. Der bringt nie was Gutes, hat schon meine Mutter gesagt, und die muss es wissen, sie ist da im Osten irgendwo geboren. Also, fahrt ihr mit oder nicht? Das ist für heute der letzte Zug. Und für morgen auch. Ihr kommt hier nicht weg.«

»Ja, ja«, sagte Winterberg.

»Wir sollten vielleicht doch zurückfahren.«

»Ja, dann fahr, ich bleibe hier.«

»Was ist mit ihm los«, fragte der Lokführer. »Hat der noch alle Tassen im Schrank?«

»Nein«, sagte ich.

»Na dann, viel Spaß beim Skifahren,« sagte der Schaffner und stieg in den Zug ein.

Der lange schlanke Triebwagen pfiff kurz und verschwand hinter der Kurve.

Es war still. Man hörte nur den Wind. Den polnischen Wind. Und man sah nur den Schnee.

»Hat mir mal einer in Regensburg ähnlich gesagt, der böse böhmische Wind … Alles, was schlecht ist, kommt aus dem Osten.«

»Was?«

»Nichts. Wo willst du jetzt hin?«

DER STURM

Wir gingen die schmale, vereiste Landstraße entlang.

Vorbei an verfallenen Baracken.

An menschenleeren Häusern.

An schwarzen umgefallenen Bäumen.

Hinter uns blieben tiefe Spuren im Schnee. Dann sah Winterberg eine kleine Kapelle.

Wir standen auf dem Friedhof und schauten uns einen verschneiten, mit grünem Moos bewachsenen Gedenkstein an.

»Hier bin ich an der Geschichte erkrankt, ja, ja, genau an diesem Ort, seitdem bin ich von der Geschichte so derangiert.«

Er erzählte, wie er immer mit dem Zug in Peenemünde ankam und eine halbe Stunde Pause hatte. So ging er hierher und blieb auf dem Friedhof vor diesem Stein stehen.

»Verzage nicht, Du Häuflein klein! Gustaf Adolf landete hier Mittsommer 1630. Deutsche Verehrer des Helden und Freunde seines Volkes errichteten 1930 diesen Stein«, las ich.

»Hier wurde mir alles klar.«

Er erzählte von Gustaf Adolf, der in Peenemünde 1630 mit Tausenden schwedischen Soldaten landete. Er erzählte von der Peenemünder Schwedenschanze. Er erzählte, wie die Schweden im Dreißigjährigen Krieg Reichenberg immer wieder überfielen und plünderten. Er erzählte, wie die Schweden immer von Zittau durch die Straße in die Stadt kamen, die dann Wallensteinstraße hieß und bis heute so heißt, in der er später aufwuchs. Er erzählte, wie Gustaf Adolf im November 1632 bei Lützen auf

Wallenstein traf. Er erzählte, wie Gustav Adolf sich im dichten Novembernebel bei Lützen verlor, in den Arm geschossen wurde und vom Pferd fiel und starb. Er erzählte, wie Wallenstein bei Lützen beinah auch verstarb, als sein Pferd erschossen wurde. Er erzählte, wie die Novemberleiche von Gustaf Adolf in Wolgast auf ein Schiff geladen wurde. Er erzählte, wie das Schiff an Peenemünde und an der Schwedenschanze vorbei langsam Richtung Schweden fuhr. Vorbei an dem Ort, wo Gustav Adolf zwei Jahre früher gelandet war. Er erzählte, zwei Jahre später war auch Wallenstein tot. Er erzählte, Peenemünde blieb fast hundert Jahre schwedisch. Er erzählte, deren Nachbar in Reichenberg hieß Schwejda und glaubte, einer seiner Vorfahren war Schwede, der in Böhmen blieb, weil er sich dort verliebte. Er erzählte, Herr Schwejda trank wie ein Däne, wie man in Böhmen sagt, wie ein Schwede, wie man in Dänemark sagt. Wie ein Finne, wie man in Schweden sagt. Wie ein Russe, wie man in Finnland sagt. Er erzählte, Schnapsleichen sind keine schönen Leichen.

»Ja, ja, so ist es, lieber Jan, hier bin ich an der Geschichte erkrankt, hier habe ich den ersten historischen Anfall erlitten. Ja, ja, und danach war es nur noch schlimmer … Danach habe ich angefangen die Bücher über Geschichte zu lesen, danach musste ich immer an meine Vorfahren denken, die bei Königgrätz gefallen sind, ja, ja, Karl Strohbach und Julius Ewald, der eine aus Tangermünde, der andere aus Ottensheim bei Linz, der eine an der Elbe groß geworden, der andere an der Donau, beide am selben nebligen Tag tot, ja, ja, am 3. Juli 1866, ja, ja, zwei Julileichen … Und als ich es erfahren habe, fühlte ich, wie Königgrätz durch mein Herz geht, mein Herz hat angefangen zu schmerzen, und an diesem Herzschmerz leide ich bis heute, ja, ja, die Öffnung des Leichnams bei lebendigem Leibe, danach habe ich angefangen, von Königgrätz zu träumen. Über alle die

Schlachten, doch vor allem von Königgrätz … Und ich weiß jetzt auch, warum ich so bestraft wurde, ja, ja, alles wegen Lenka.«

Es schneite und der Wind wehte und man sah nicht viel.

Wir gingen weiter.

Wir sahen das große Fabrikgebäude und standen am Tor. Das Tor war verschlossen.

»Damals war hier richtig was los, ja, ja, die neuen Waffen für den Endsieg, ja, ja, die Vergeltungswaffen.«

Wir gingen am Zaun entlang und sahen, dass einer der hohen Bäume über den Zaun gestürzt war, und so kamen wir rein.

Und plötzlich sahen wir sie.

Eine schwarz-weiße Rakete im Schnee. Sie ragte zum Himmel, den man nicht sah, der mit der Erde verschmolzen war.

So schlank.

So hoch.

So schön.

So stumm.

»Da ist sie. Meine Lenka.«

Winterberg ging zur Rakete und wollte sie umarmen.

»Meine Lenka …«

Am Bug der Rakete war wirklich eine Zeichnung. Seine Zeichnung. Frau im Mond.

In Strümpfen.

In hohen Schuhen.

Lenka. Lenka Morgenstern aus Reichenberg.

»Das ist ein Museum. Das ist nur eine Kopie.«

»Das ist keine Kopie, das ist sie, meine Lenka … Lenka … Lenka … Ich habe dich gefunden …«

Er ließ seine Taschen fallen und rannte weg. Ich nahm die Taschen und lief ihm hinterher. Doch der Sturm wurde immer stärker und der Schnee immer schwerer und dicker, und bald sah ich nichts mehr. Nur eine hohe weiße Wand um mich herum.

Winterberg war weg.

Es schneite.

Der Wind wehte und sauste in den Bäumen.

Der ganze Wald sauste und stöhnte.

Die ganze Insel.

Und in meinem Kopf sauste es auch.

Ich suchte nach ihm.

Doch er war weg.

Ich schrie nach ihm.

Doch er war weg.

Ich schaute mich um.

Doch er war weg.

Ich sah ihn nicht.

Ich sah nur den Schnee.

Ich schwitzte und mein Herz raste und ich kam im Schneesturm bald nicht mehr weiter.

Ich blieb stehen.

Und plötzlich hörte ich etwas. Es war ein riesiger Knall. Und dann sah ich das grelle Licht, das langsam hoch in den Himmel stieg. Ich schaute dem Licht nach, diesem starken Licht im dichten Schneegestöber.

Danach war es still und weiß.

»Winterberg!«

Ich suchte ihn.

Ich dachte, er muss doch hier irgendwo sein. Ich taumelte im Schnee, ich fiel hin und stand wieder auf und fiel wieder und ging weiter und schrie seinen Namen, der vom Sturm geschluckt wurde. Ich schrie so lange, bis ich nicht mehr schreien konnte.

Ich kam aus dem Wald und stand auf einer riesigen Betonfläche. Es schneite und schneite.

Ich öffnete seine Tasche und nahm die Pistole in die Hand.

Ich entsicherte, lud durch und schoss in die Luft.

»Wenzel!«

Ich schoss nochmals in die Luft.

»Winterberg!«

Man hörte nur den Sturm.

»Winterberg! Wenzel!«

Es schneite und mir war kalt.

»Winterberg!«

Und dann sah ich im Schneesturm einen Schatten.

Winterberg hat mich doch gehört. Ich dachte, er kommt jetzt zurück.

Ich rief ihm nach.

»Wenzel! Hier, hier! Warte da … Ich komme!«

Ich lief zu ihm.

Doch der Schnee war hoch und ich stolperte und fiel hin und stand wieder auf und lief weiter ihm entgegen.

»Wenzel!«

Es war nicht Winterberg.

Es war ein Reh, das aus dem Schnee zu mir kam.

Ein weißes Reh im weißen Schnee im weißen Sturm.

Das kleine Reh ging ein paar Schritte auf mich zu, blieb stehen, schnüffelte im kalten Wind, dann kam es näher, ich reichte ihm meine Hand und das weiße Reh schnüffelte nochmals. Und plötzlich sah ich noch ein Reh und dann noch eins und noch eins.

Überall um mich herum standen Rehe, eine ganze Horde Rehe, die in dem Schneesturm genauso verloren waren, wie ich in dem Schneesturm verloren war.

Der Sturm tobte um uns herum und ich schaute mir die Rehe an und die Rehe schauten mich an. Es schneite immer dichter und dichter und der Wind wurde immer stärker und stärker und trieb uns den Schnee in die Augen und ich musste an die Rehe denken, die wir so oft gesehen hatten.

An die Rehe im Svíber Wald.

An die Rehe auf dem Wiener Zentralfriedhof.

An das tote Reh neben den Schienen irgendwo auf der halben Strecke zwischen České Budějovice und Linz.

Und dann waren die Rehe verschwunden.

Ich zündete mir eine Zigarette an und sah nichts mehr.

Nur eine weiße Leere.

Eine weiße Einsamkeit.

BERLIN

Wir sitzen in der Küche.
Im Innenhof ist es grau und schwarz.
Nach dem Sturm hat es sich schnell erwärmt.
Der Schnee taute innerhalb weniger Tage weg.
Die Tage sind jetzt warm.
Viel zu warm für Ende Dezember.
Ich erzähle ihr unsere Geschichte.
Sie hört mir zu.
Schaut mich an.
Sie sagt kein Wort.
Ich halte ihre Hand.
Und dann sage ich auch nichts mehr.
Wir schweigen.
Ich mache uns ein Bier auf.
Ich gieße Bier ins Glas.
Ich habe Durst. Ich habe Lust.
Ich mache es zu schnell.
Der Schaum fließt über den Glasrand auf den Tisch.
»Du kannst hierbleiben.«
»Danke, aber das geht nicht.«
»Warum denn nicht?«
»Ich muss fahren.«
»Wohin?«
»Nach Königgrätz, auf die Schlachtfelder … Nach Chlum.«
»Aber warum?«

»Ich muss da noch was erledigen. Jemanden treffen.«

Ich sehe, wie sich der Schaum langsam und doch unerbittlich ergießt wie eine Lawine in den Bergen, die man nicht halten kann.

Und plötzlich erkenne ich im Schaum das Schlachtfeld von Königgrätz.

Ich erkenne eine Lawine von Soldaten, die man ebenso wenig halten kann.

Ich erkenne das blasse Gesicht von Winterberg, seine tiefliegenden grünen Augen hinter der dicken braunen Hornbrille, seine schmalen Lippen, seinen kleinen runden Kopf.

Ich sehe Winterberg, wie er durch den Svíber Wald von Grab zu Grab tanzt.

Durch den Wiener Zentralfriedhof.

Durch das Schlachtfeld bei Austerlitz.

Durch sein Leben.

Durch the beautiful landscape of battlefields, cemeteries and ruins.

Ich sehe ihn im leeren Zug nach Sarajevo sitzen.

Und ich weiß, dieses Mal schafft er das.

Er sitzt da nicht allein.

Er sitzt da mit Lenka.

Lenka Morgenstern.

Es wird langsam dunkel.

Der Bierschaum breitet sich weiter auf dem Tisch aus, und ich sehe, wie immer neue Schaumblasen geboren werden.

Wie sie wachsen.

Wie sie sich berühren.

Wie sie explodieren.

Wie sie untergehen.

Und wie sie wiedergeboren werden.

Dank an

Egbert Pietsch, Christine Rahn, František Pýcha, Petr Pýcha, Radka Pýchová, Jana Rudišová, Jaroslav Rudiš, Irmgard Thanhäuser, Christian Thanhäuser, Susanne Krones, Regina Kammerer, Rebekka Göpfert, Rudolf Bitzan, Wolfgang Biller, Lenka Fialová, Irmgard Langer, Michaela Zamazalová, Miloslava Melanová, Rudolf Anděl, Robert Kvaček, Markéta Lhotová, Kateřina Portmann, Milan Svoboda, Ivana Míšková, Juliane Rahn, Dora Schulz, Uta Rahn, Dževad Karahasan, Markus von Habsburg-Lothringen, Rolf Seelige-Steinhoff, Thomas Hummel, Anne Sturzwage, Flóra Peťovská, Milan Hladík, Rudolf Vltavský, František Gabriel, Ralf Pillatzki, Ladislav Hora, Lucie Valdhansová, Aleš Šteger, Martin Becker, Martin Behnke, Jaromír 99, Dirk Schümer, Štěpán Altrichter, Olmo Omerzu, Alexander Riemenschneider, Katrin Schmitz, Marc Schäfers, Tobias Philippen, Anton August Naaff, Gerda Maurus, A. v. Schweiger-Lerchenfeld, Guido Snell, Fritz Lang, Josef Puhani, Pavel Bělina, Josef Fučík, Karl Prochaska, Reiner Stach, Václav Sochor, Thomas Köhler, Kai Hampel, Gerd de Beek, Walter Kalina, Joachim Dvořák, Nan de Bruin, Hana Schenk, Filip Bloem, Christina Frankenberg, Radek Balcárek, Tomas Friedmann, Erwin Krottenthaler, Petr Vondřich, David Novotný, Silke Bacher & Homebase, Klaus Zeyringer, Ludwig Hartinger, Bernd Gehrmann, Kafka Band, Tocotronic, Karl Baedeker und den unbekannten Autoren des Baedekers für Österreich-Ungarn 1913

Und: An das Heeresgeschichtliche Museum Wien, das Kriegsmuseum 1866 Chlum, das Historisch-Technische Museum Peenemünde, das Museum von Sarajevo, das Nordböhmische Museum Liberec, das Krematorium Liberec, die Kaiservilla Bad Ischl, das Krematorium Brno, die Feuerhalle Simmering, das Bestattungsmuseum am Wiener Zentralfriedhof, das Literarische Colloquium Berlin, das Grand Hotel Praha Jičín, das Seetelhotel Ahlbecker Hof, die Usedomer Literaturtage, das Netzwerk der Literaturhäuser, das Literaturhaus Aargau

Und: An die Deutsche Bahn, Slovenske železnice, Hrvatske željeznice, Slovenské železnice, České dráhy, ÖBB, MÁV

Die Arbeit an diesem Buch wurde gefördert durch: Grenzgänger Stipendium der Robert Bosch Stiftung, The Netherlands Institute for Advanced Study in the Humanities and Social Sciences (NIAS-KNAW) und den Nederlands Letterenfonds/Dutch Foundation for Literature

Lomnice nad Popelkou, Amsterdam, Berlin, Seebad Ahlbeck, 2018